彩图 1　玻璃酒杯作为主体被放置在黄金分割点上

彩图 2　利用色彩对比使主体在背景上显得突出、鲜明

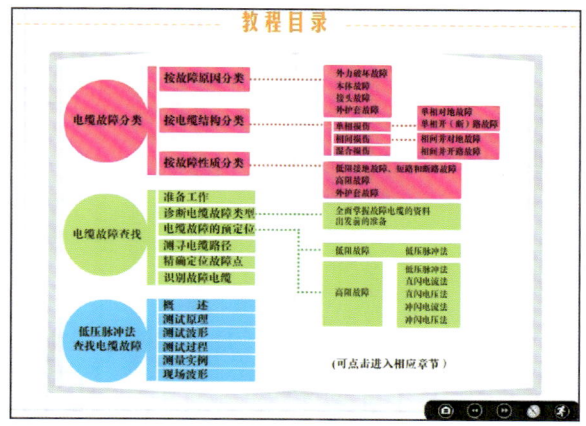

彩图 3　同一页面内的色彩数量应适中

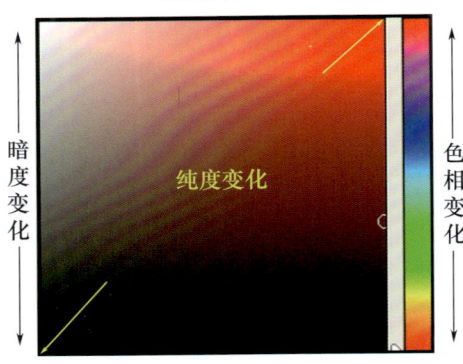

彩图 4　色彩基本属性示意图

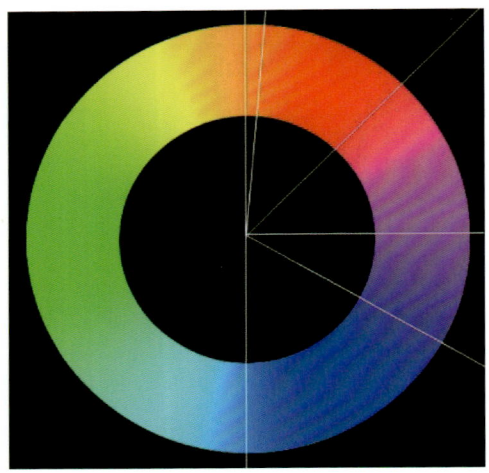

彩图 5　色轮

彩图 6　色相环距离约 30° 的邻接色相配合

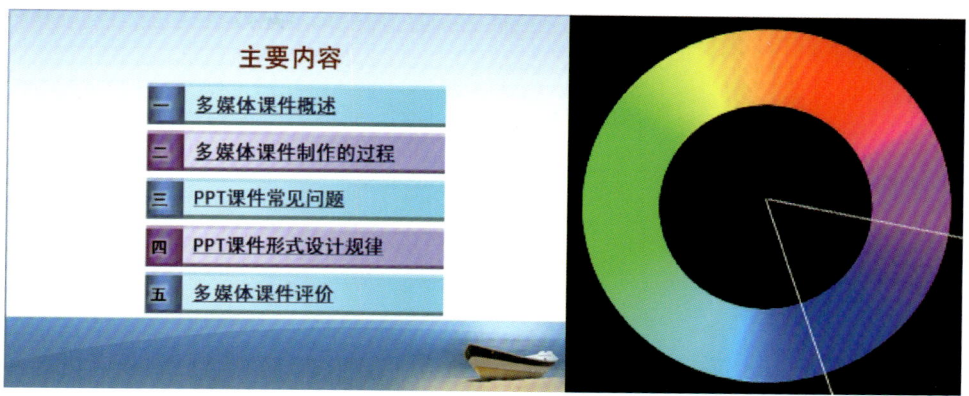

彩图 7　色相环距离约 60° 的邻接色相配合

彩图 8　色相环距离约 90° 的邻接色相配合

彩图 9　色相环距离约 120° 的邻接色相配合

彩图 10　色相环距离约 180°　的邻接色相配合

（a）散射光照明效果　　　　　　　　　　（b）聚光照明效果

彩图 11　散射光照明与聚光照明效果对比

微课程

设计与制作教程

● 吴疆 主编

人民邮电出版社

北京

图书在版编目（ＣＩＰ）数据

微课程设计与制作教程 / 吴疆主编. -- 北京：人
民邮电出版社，2017.9
ISBN 978-7-115-46200-8

Ⅰ. ①微… Ⅱ. ①吴… Ⅲ. ①多媒体课件－教材
Ⅳ. ①G434

中国版本图书馆CIP数据核字(2017)第171078号

内 容 提 要

本书共分为 5 个部分：第一部分主要介绍文字、声音、图像、视频、动画等视听觉媒体的运用与规范；第二部分主要介绍多媒体课件的运用与规范，包括多媒体课件的界面设计、多媒体课件的整体设计以及 PPT 课件的教学设计；第三部分主要介绍微课程的教学设计与评价，包括微课程的教学特点、教学设计和教学技能；第四部分主要介绍微课程教学画面的拍摄，包括画面构图与拍摄技巧、摄影拍摄技巧与规范、影视拍摄技巧与规范；第五部分主要介绍微课程的制作方法与流程。

本书可作为教育技术专业教育技术公共课教材，也适合教学管理人员以及从事多媒体与网络课件制作工作的教师和技术人员阅读。

◆ 主　　编　吴　疆
　　责任编辑　刘　朋
　　执行编辑　杜海岳
　　责任印制　陈　犇

◆ 人民邮电出版社出版发行　　北京市丰台区成寿寺路 11 号
　　邮编 100164　电子邮件 315@ptpress.com.cn
　　网址 http://www.ptpress.com.cn
　　北京隆昌伟业印刷有限公司印刷

◆ 开本：700×1000　1/16　　　　彩插：2
　　印张：25.25　　　　　　　　2017 年 9 月第 1 版
　　字数：421 千字　　　　　　　2017 年 9 月北京第 1 次印刷

定价：59.00 元

读者服务热线：(010)81055410　印装质量热线：(010)81055316
反盗版热线：(010)81055315
广告经营许可证：京东工商广登字 20170147 号

本书编委会

主　编：吴　疆

副主编：刘成锁　周丙锋

编　委：张攀峰　常　樱　李　嬿　吴　琼

| 前 言 |

多媒体课件是由文字、图像、图形、动画、视频和音频等多个视听觉媒体组合而成的，它们也构成了多媒体课件画面中的媒体语言。这些视听觉媒体有各自的表现规律，也有着彼此配合组织的规律。学习这些媒体技术不仅仅是学习其艺术表现方法，更重要的是学习这些画面语言媒体的运用与规范。界面设计是多媒体课件制作过程中需要认真对待的重要环节，其表现形式直接决定了教学信息传播的通畅性。合理的界面设计不仅可以提升课件的艺术品位，而且会增强授课效果。教师只有充分学习和了解这些规律，才能够设计、制作出高质量的多媒体课件。

微课这种将教师授课的微视频和学生课前自主预习、课中教师辅导解疑的教学组织流程相结合的教学模式已经开始在教学中应用。特别是随着智能手机等手持移动数码产品和无线网络的普及，基于微课的移动学习和远程学习将会越来越普及，微课必将成为一种新型的教学模式和学习方式，更是一种可以让学生进行自主学习和探究性学习的平台。微课不仅给我们带来了一种全新的课程教学资源组织形式，更为我们展示了一种全新的教学理念、教学思想和教学方法。如何设计与制作出符合学生的认知特点、能引起学生的学习兴趣、有助于学生自主学习的微课，也是广大教师急需解决的问题。

为使广大教师能够了解、学习微课和多媒体课件的设计与制作方法，掌握微课教学中的各种应用技能，进一步加强理论与规范在教学中的指导性和应用性，我们组织相关教育专家编写了本书。本书包括5个部分：多种媒体的运用与规范、多媒体课件的运用与规范、微课程的教学设计与评价、微课程教学画面的拍摄以及微课程制作方法与流程。本书从教学理念的提出到教学方法的运用，最后到教学技术手段的提高，进行了较为细致的讲述。本着从实际应用出发的原则，本书增加了大量教学案例，更有利于广大教师学以致用。

由于编者水平有限，加之编写时间仓促，书中难免存在疏漏和不妥之处，敬请广大读者批评指正。

作者

目 录
CONTENTS

第一部分　多种媒体的运用与规范

第三部分　微课程的教学设计与评价

第五部分 微课程制作方法与流程

第一部分
多种媒体的运用与规范

第一章　文字媒体的运用与规范

多媒体课件是由计算机将视频、音频、图像、动画及文字等进行处理并使之有机地结合在一起的、一种新的信息载体和工具，这些视听觉媒体也构成了多媒体课件画面中的媒体语言。它们之间有各自的表现规律，也有着彼此配合组织的规律。学习这些媒体技术不仅仅是学习其艺术表现的方法，更重要的是学习这些画面语言媒体的运用与规范。

多媒体画面是声像并重的视觉艺术，其中视像可分为"图"和"文"两种，文字作为抽象的符号和图形（及图片）的补充出现在画面中。文字的主要功能在于强调、概括、说明课件中的某些内容，弥补图形（及图片）和声音的不足，对表达的内容提供联想性和相关性说明。在多媒体课件中，文字的作用是不可忽视的。

第一节　多媒体课件中的文字媒体形态

由于环境和角色的变更，文字在屏幕上的呈现与书本有很大的不同，主要体现在文字的构成形式和呈现形式上。所以，文字在屏幕布局中也是一项重要的构图因素，它直接影响到多媒体课件的整体质量和艺术效果，不仅反映了课件设计者对内容的理解与总体把握程度，还反映了其艺术修养和创作思维能力。

字幕是指屏幕上呈现的文字。它因形、色的差异而有别于图形，也因呈现的方式和扮演角色的不同而有别于书本上的文字。我们阅读的习惯大都是从左向右、从上到下，这种方式体现了我们的视觉习惯。

人的视觉习惯是由于我们的眼球转动造成的。眼球的追踪运动具有方向选择性，如阅读从左到右排版的书报很容易，而阅读从右至左排版的书报就较难。实验证明，眼睛水平（左右）方向的运动快于垂直（上下）方向的运动。

一本书、一份杂志、一张报纸，要想吸引读者的视线，首先是内容的可读性，其次是版面的编排设计。设计人员在版式设计中创新各种编排手法来体现其"创意"，才能极大地刺激读者的视觉器官，达到吸引读者眼球的目的。在构思设计一个版式时，标题、内文文字、背景、色调、留白等构成了设计中的各种元素，内文文字设计和标题文字设计则更是版式编排设计中的重要组成部分。上文提到过，文字在屏幕上的呈现与书本有很大的不同，主要体现在字幕的构成形式和呈现形式上，下面具体说明。

一、课件字幕的构成形式

在课件设计中，文字作为画面的构成要素之一，除了具有传达信息的功能外，它还需要具有视觉上的美感，能够给人以美的感受。文字的笔画是形象构成的基本元素，是文字形状的决定性因素。字是以基本笔画组合而来的，由它决定形成字体的形式感。点、横、竖、撇、折等笔画是文字组合的基本元素。

从艺术的表现角度来看，文字在多媒体课件中通常分为两大类：标题性文字和说明性文字。标题性文字常用于书名、章节标题以及部分菜单等，通常它的艺术性要求较强。说明性文字常用于课文、图形说明、图标名称等。说明性文字的字体一般不要求艺术性，但要求清晰、便于阅读。图1-1和图1-2所示便是这两类文字。

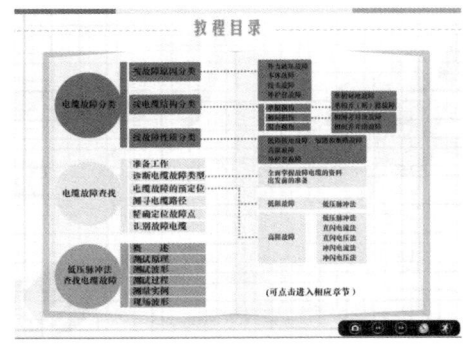

图1-1　标题性文字

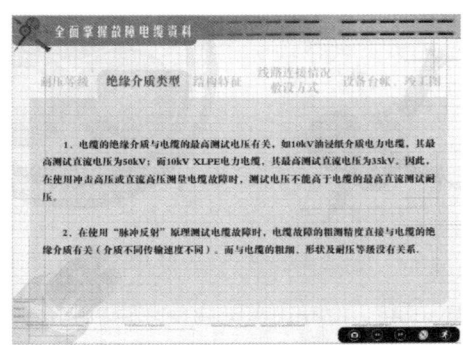

图1-2　说明性文字

画面上的字幕一般由文字和背景两部分构成。一般情况下，背景图形充当文字的陪衬，但是在用文字说明图形时，文字便处于与图形对等的地位，或退居于陪衬的地位，如图1-3所示。

二、课件字幕的呈现形式

字幕按呈现形式分为静态字幕和动态字幕两种。静态字幕用于文字教材、习题、图形说明和菜单等。动态字幕则用于文本的滚动、片头标题的呈现过程等。动态字幕与静态字幕的相同要求是易于辨认、阅读；不同要求是动态字幕还要控制运动的速度和方向，既要有动感刺激的力度，又要让人欣赏到运动中的细节。

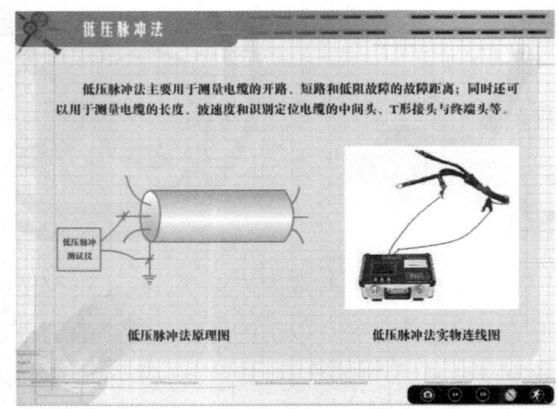

图1-3　文字处于与图形对等的地位

第二节　多媒体课件中的文字运用

一、课件中常用字体的基本特征

课件中常用字体的特征元素包括字号、字体、字间距和行间距等。

1．字号

在Word中，表述字体大小的计量单位有两种。一种是汉字的字号，这是区分文字大小的一种衡量标准。号数制汉字的大小规定为7个等级，按一、二、三、四、五、六、七排列，在字号等级之间又增加了一些字号，如小四号、小五号等。号数越大，字越小。另一种是用国际上通用的点制（也称"磅"），如4、4.5、10、12……48、72等。在国内使用时则以号制为主，点制为辅。

2．字体

字体是指文字的各种不同的形状，也可称为笔画姿态。应根据内容来选择字体，通过字体可以充分表达内容想要传达的信息。常见的基本汉字字体有宋体、仿宋体、楷体和黑体。如果要进行细致的划分，则可以分为传统字体、过渡字体和现代字体。传统字体有楷体、行书、隶书、舒同体和魏碑之分。过渡字体中的宋体有标宋、中宋、大宋和超宋之分。现代字体中的黑体及等线体又有超黑、中黑、中等线及细等线之分。

3．字间距

字间距是字与字之间的距离。字间距可分为正常、紧凑和疏松3种形式，具体使用哪种形式由相关的内容而定。

4．行间距

行间距是行与行之间的距离。行间距也可分为正常、紧凑和疏松3种形式。紧凑行间距一般指行间距小于1，正常行间距是指行间距在1和1.5之间，疏松行间距是指行间距大于1.5。行间距如果过窄，上下行文字容易相互干扰；行间距过宽，太多的空白又使字行不能有较好的延续性。行间距的常规比例为10：12，即文字为10点时，则行间距为12点。

二、课件中常用字体的分类

汉字有多种字体，每种字体都有与其他字体不同的审美特征，比如点画有长短、粗细、曲直、动静之别，结构有长、方、扁的不同，神态有清秀、雄壮、自然、古朴等差异。在计算机内，还有平面、立体、运动、静止等变化。充分利用和发挥汉字的这些审美因素，可以加强汉字媒体的艺术效果和感染力。

字体是文字的书写形式，不同字体具有不同的特点和应用场合。正确选择字体，不仅关系到多媒体画面的艺术效果，还对学习者阅读信息有直接的影响。基本字体是在承袭汉字的各种书写风格的基础上，经过统一整理、修改、装饰而成的，多用于印刷，因而又称为印刷体。按照基本笔画的标准笔形的差异，可将印刷字分为宋体、黑体、仿宋和楷体4种基本类型，如图1-4所示。

文 字 媒 体 运 用 规 范

文 字 媒 体 运 用 规 范

文 字 媒 体 运 用 规 范

文 字 媒 体 运 用 规 范

图1-4 宋体、黑体、仿宋和楷体字体效果

1．宋体类字体的应用

字体设计中的宋体是通过汲取古代印刷工艺中的宋体和明刻书的精粹演变而来的，历史最为悠久，应用最为广泛。宋体风格典雅、工整、严肃、大方，延展出标宋、书宋、大宋、中宋、仿宋、细仿宋等。宋体的基本特征是字形方正，竖粗、横细，在横、竖转折处行钝角，收笔处呈尖峰状，整体形状短而有力。宋体常用于正文。由于宋体的笔画很细，即使文字很小，也很容易辨认，因此也是文档报告类PPT的首选字体。不过同样因为笔画太细，宋体做标题时冲击力不足，即使加粗之

后还是显得有些无力，而且距离太远时，一些很细的笔画就会看不清楚。

2．黑体类字体的应用

黑体结构严谨，庄重有力，朴素大方，引人注目，视觉效果强烈，具有浑厚凝重的气度，可分为粗黑、大黑、中黑、细黑、圆头黑体（圆体）等字体。黑体的基本特征是笔画单纯，粗细一致。一般的黑体起收笔呈方形，但圆头黑体起收笔呈圆形。黑体的使用范围很广泛，做标题和正文皆可，通常用于标题等醒目的位置。

3．楷体类字体的应用

楷体古朴秀美，历史悠久，字体温和。楷体的基本特征是保持楷书顿笔、行笔的形式，笔画富于弹性，横、竖粗细略有变化，横画向右上方倾斜，点、横、竖、撇、折尖锋柔和。楷体也是一种书法字体，字形端正，笔画挺秀均匀，显得文质彬彬，给人的感觉是传统、自然、亲近。楷体的风格接近于手写，适用于文化性说明文字。

4．隶书类字体的应用

隶书是一种比较古老的书法字体，字形略扁，近乎于方，整篇看来具有流动性，笔画生动，造型优美。隶书字体看起来像是用毛笔写成的，宽扁的字形让文字显得庄重大气，但隶书笔画太粗，在显示大量文字的时候会让阅读变得吃力，而且隶书虽然很有古典韵味，但也显得很陈旧，没有现代感。隶书在PPT中并不常用。

三、课件字幕的构成模式

1．以彩色（单色）或纹理为背景的字幕

以单色、多色色块或各种纹理作为底色，在其上面呈现文字时，具有阅读清晰和美观大方的视觉效果。此时要注意文字颜色与背景不能过于接近，否则难以辨别阅读。

2．异色轮廓字幕

当使用活动画面（视频）作为背景时，可以使用异色轮廓效果，使字母与背景隔离，以期达到文字清晰、视觉醒目的效果。

3．以图片为背景的字幕

使用符合一定内容要求的图片作为背景时，要配以与背景图片色调和字体一致的文字，以达到图文统一、形象生动的艺术效果。

4．特技字幕

随着计算机技术的深入发展，字幕软件提供的特技功能越来越丰富，可以生成

种类繁多的特技字幕，如推出式、拉入拉出式、飞跃式等，还可以制作成二维或三维字幕，十分适用于片头制作、广告设计等场合。

第三节　多媒体课件中的文字设计与运用规范

一、课件文字设计的基本要领

文字作为屏幕布局中视觉元素的一部分，放在何处、选用何种字体、以何种颜色以及何种方式显示都是颇需斟酌的事情。有主有从、完整和谐、生动清晰、符合规律是文字设计的重要原则。

1．文字作为画面的主体

文字在多媒体课件中分成两大类：标题性文字和说明性文字。通常，画面上的文字一般由文字和背景两部分构成，当背景图形充当文字的陪衬、文字是画面的主体部分时，文字应设计在屏幕的视觉中心位置上，同时调动大小、形状、对比、色调等造型因素进行突出和美化。此时，这个视觉中心并非屏幕的几何中心，应当在屏幕中央靠左（或靠右、靠上、靠下）1/3处。这样处理符合人们的审美习惯，便于减轻视觉疲劳，刺激大脑兴奋，醒目而完美，如图1-5所示。

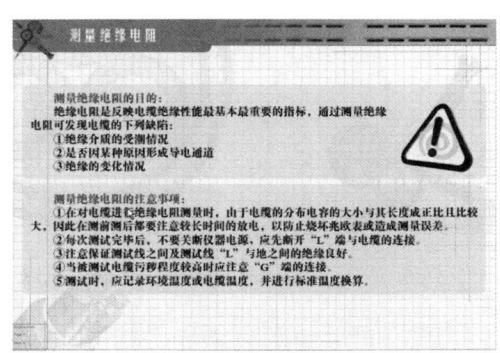

图1-5　文字应调动大小、形状、对比、色调等造型因素进行突出和美化

2．文字作为画面的陪体

当用文字说明图形时，文字便处于与图形对等的地位，甚至退居陪衬地位。作为画面陪体部分时，文字设计应不争不抢、和谐自然，可以"面"或"线"的形式将文字安排在主画面的一侧或一角，使观者的视线首先集中在画面上，然后自然移向文字，进一步理解画面内容，如图1-6所示。

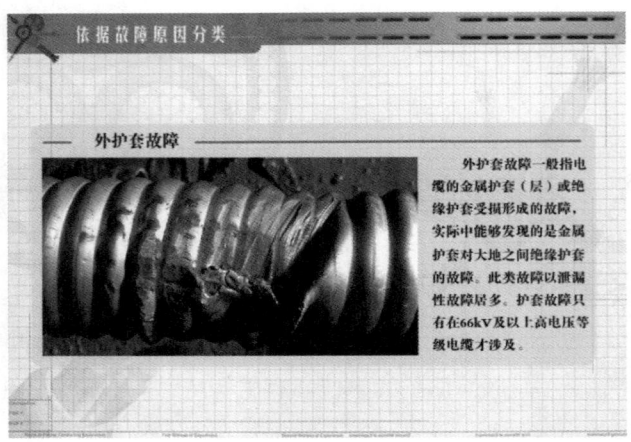

图1-6　作为画面陪体的文字安排在主画面的一侧

3．文字采用多种字体

采用不同字体和不同风格来修饰文字时，可取得较好的阅读效果。研究证明，混合字体文章的阅读速度快于文字风格统一的文章，这是由于混合字体的文字更易识别外形，从而易于辨认。提示信息、菜单、按钮等上的文字可采用混合字体，这是为了与邻近同类元素形成对比。

4．文字用作辅助信息

除了形式上的要求外，对于用作辅助信息的文字还要有文字语义方面的要求。首先，不要使用过于专业的行业词语或术语。其次，避免使用缩写、简写方式或使用负面词语，可使用简单的动词。通过这些方法保证屏幕上的辅助信息易于理解，避免出现歧义和令人费解。

二、课件字体呈现方式的选择

中国的文字已有几千年的历史，有不同的风格、不同的变化，甚至可以代表不同的思想感情。尽管计算机中提供的字体不能像书法家的作品那样以形传神、潇洒自如、千变万化，但几十种风格各异的常用字体足以满足设计者的各种需求。由于不同的字体风格可以表现出不同的情感色彩，所以，字体的选择不是随意的，而是由内容和读者对象决定的。设计者可以根据不同的文字内容、不同的读者对象以及不同的位置，选择不同的字体。

1．标题与内容字幕的选择

汉字有正常体、粗体、斜体可供选择，一般使用正常体。标题、需重点介绍的地方可用粗体。图上的河流注名可用斜体。衬底图案杂乱时，应当用粗体且稍大一些。

对于标题字幕，即片头、片尾字幕，为了增强其艺术性，以激发学习者的兴趣，可以采用草书、隶书、行书等书法味浓的字体。而对于内容字幕则应以易认为标准，采用较正规的字体，如宋体、黑体等，这时字幕的意义在于体现教学内容，传授知识。还要注意标题文字与内容文字应采用统一的字体与颜色。另外，字体的大小也不容忽视，它影响着画面的均衡：若太大，容易破坏画面的和谐美；若太小，则看不清楚，容易使学生疲劳烦躁。

2．字幕呈现方式的选择

随着计算机技术的发展，字幕呈现的特技功能越来越丰富，容易引起学生的注意，给人以耳目一新的感觉。字幕的呈现方式应根据教材的种类、内容和字幕出现的位置等来选择、确定。多媒体课件中的一些字幕是对画面的补充、说明和概括，是面向学生的，不能一闪而过，要给学生以消化理解的时间。因此，内容字幕的呈现方式多采用切入、切出式。片头字幕和一些次要内容的字幕多采用推出式，条片字幕多用来表现歌词、诗歌、对白等。

为强化演示效果，字幕还可采用自定义动画等呈现方式。对于一屏文字资料，文字内容要逐步引入，随着讲课过程逐步显示，这样有利于学生抓住重点。引入时，可采用多种多样的动画效果、清脆悦耳的音响效果，以引起学生的注意。显示较多文字时，可采用滚动文本窗技术，突出文字效果。

三、课件文字的大小设计

在多媒体课件中，汉字媒体的使用不仅需要恰当地选用字体，文字的大小、位置安排以及布局都要做到合情合理。如不能符合约定俗成的使用规律和艺术审美要求，便不能成为较完美的课件。

1．文字用作标题

文字的大小是多媒体课件制作中常遇到的问题。通常标题文字要大于正文文字，不过最多不要超过后者的两倍，因为比例太悬殊时有失和谐，看着不舒服。主标题和副标题的关系也一样（主标题字太少而副标题内容太多者除外），副标题文字的大小一般介于主标题和正文之间，如图1-7所示。

标题只有两三个字时最大高度是屏幕的1/3左右，只有一个字时也不能超过屏幕高度的1/2，如图1-8所示，否则，就要发生涨满现象（特殊情况除外）。

图1-7　标题文字的大小

图1-8　标题只有两三个字时，最大高度是屏幕高度的1/3左右

当然，不论是标题还是正文，文字也不能过小，以防影响观看。通常上下可以控制在8～12行之间（文字最小）。通常大标题至少选用36号黑体字，一级标题和二级标题可选用32号和28号字，如果需要更清晰些，可以进行加粗处理。

2．文字用作正文

在制作PPT课件时，要采用合适的字体、字号与字形，如图1-9所示。文字内容的字号要尽量大，标题一般用44号或40号；正文用32号，一般不要小于24号。不要将文字填充得太满，底部应留白。一行字数以20～25个为好，尽量不超过7行，最多为10行。要合理设定字间距和行间距，留出适当的空隙。成段文字的行间距不应小于字高的0.5倍，正文的每一段文字首行应当缩进（英文段落首行不缩进）。每行字数少于12时可缩进1个字，否则应缩进2个字。文字版式要符合规范和人们的浏览习惯，定理、定义、公式、上下角标等必须表达准确，要符合相关标准。

3．文字的颜色设计

文字颜色的作用在于使观看者的阅读过程更加轻松愉快。文字在每一个界面中正是通过自身的大小、形状、色相、明暗及纯度的变化，不断给观看者以新鲜、跳跃、运动的感觉，使其观看过程更加明快、轻松。

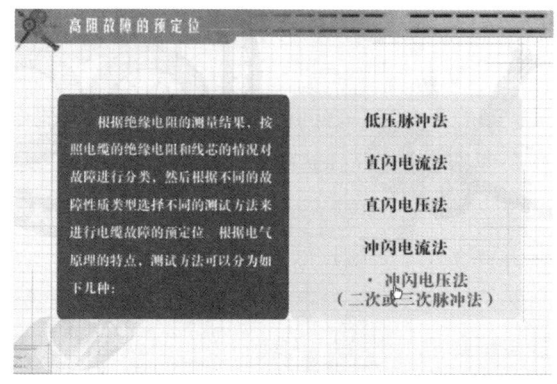

图1-9 用作正文的文字

文字的颜色也要认真设计，不同内容的文字颜色应有所不同。例如，淡色、暖色文字给人以扩张感，有跃出画面、呼之欲出的感觉；深色、冷色文字给人以收缩感，有后退、显现深远的感觉。文字的颜色要根据主画面的颜色来选择。主画面为亮色、艳色时，文字应以冷色、暗色为主；主画面深沉凝重时，文字则应以白色、浅色为主。在以图表、文字为主要内容的画面中，文字一般应选择前冲颜色，背景则应选取后退颜色。例如，背景以蓝、绿色为基调，文字以黄、红色为主；背景以灰色为基调，文字以白色为主，等等。

标题字体的颜色要和文本字体区别开来，同一级别的标题要用相同的字体、颜色和大小。一个句子内尽量用一种颜色，如果用两种颜色，要在整个课件内统一使用。文字颜色一般使用3种字体颜色，与背景形成对比，要求搭配醒目、和谐。文字和背景的颜色搭配要合理，字体的颜色选择和背景颜色息息相关，搭配要求醒目、易读，避免视觉疲劳。一般文字颜色以亮色为主，背景颜色以暗色为主。文字颜色与背景色要形成强烈反差，才能使字迹清晰显示。一般文字应选用暖色调或亮度较高的颜色，背景选用冷色调或亮度较低的颜色。以下是几种常用的颜色搭配方案：

文字颜色	白色	白色	白色	黄色	黄色	黄色
背景颜色	黑色	绿色	红色	蓝色	黑色	红色

通常，使用较多的文字与颜色的搭配关系是：深蓝背景白色字，白色背景黑色字，淡蓝背景黑色字，黑色背景白色字，深绿背景白色字，粉红背景黑色字，粉绿背景黑色字，淡黄背景黑色字，深红背景白色字。

4．文字的布局设计

布局也称章法，是包括字距、行距、天地、侧边和排列方式在内的总的布局。

正文的字距一般采用计算机本身默认的字距。标题字少时，可以加空格以拉开一些，但字距不能大于题目两头至外框间的距离，不然就会造成题目布局松散。行距要大于字距，一般在字高的1/2至2/3之间时比较合适。

文字的行距和大小非常重要。以PPT课件宋体文字为例，为了达到清晰的辨读效果，而又不导致粗野的夸张，用Word编辑文档时，标题文字适合选择32～44号字并加粗，正文选择20～28号字并加粗，行距在1.2左右。

标题和正文之间保持一行至一行半的距离即可。两侧边宽度应该相等，至少不少于两字宽度（行数少于10的除外）。天地宽度可比侧边略大一些，至少等同于侧边。标题通常不占满行（超过正文宽度的3/4时就要变成两行），所以天边宽度为标题字高的1～2倍即可实现天宽一些的目的，如图1-3所示。

屏幕上只有单行标题时，其位置高度通常在黄金分割线上（上1/3至2/3交界处）或在上1/2区域内，这要视字的大小和是否题写人名而定，甚至还要根据有关内容或底图来确定，一般不写在中心线以下。注释类汉字（如所唱歌词或所演讲话语）属于陪体，则非放在下面不可，一般距下沿一字高左右。

在同一幅画面上同时使用几种不同的字体时，要根据画面内容和构图要求寻求它们之间的联系，获得最佳视觉效果。例如，主标题和副标题在位置、大小、字体及颜色上都应当有所变化、有所呼应，既要表现出它们之间的对比效果，又给人以恰当的节奏韵律之感，如图1-10所示。

图1-10　主标题和副标题的呼应关系

在版面设计中，选用3～4种字体时版面视觉效果最佳。有时只需将有限的字体加粗、变换字体颜色、调整行距的宽窄或变化字号的大小就可达到较好的视觉效果。字体种数越多，整体效果越差。

多媒体课件离不开文字的展现，文字有信息负载量大、传达快捷准确的优势，适合教学的反复使用和修改。文字设计更是多媒体课件不可缺少的重要部分，只要不断地学习与总结，就可掌握文字设计的基本要领，设计出更好的多媒体课件。

四、课件中文字使用的基本要领

1．文字在画面中的位置

文字在画面中的不同位置可以带给学习者不同的感受。标题性文字放在画面的上部或中上部时，给人以平衡的感觉；放在画面的下方时，会产生稳定的效果；如果放在画面的顶端，则会显得比较醒目。

2．文字在画面中的层次

为突出重点、美化版面，标题性文字和说明性文字在画面中应该以不同的层次来表达，这样既可以产生不同的视觉效果，又能够呈现不同的重点。标题性文字和说明性文字可以选择一样的字体，以大小的差异来区别，以不同的颜色来强调。如果有特殊的需求，也可以使用不同的字体来进行区分。

3．文字在课件中的可阅读性

课件中的文字要力求精练，教材上的大段文字阐述不必在课件中重复出现，即使出现也要尽量浓缩，以浅显、精练的文字归纳出要点。在课件中可多次重复目录页，每讲完一个大问题，可重复播放目录页，使思想不集中的学习者也能追上课程的思路。

课件中的说明性文字主要表达需要传递的教学信息，应使用通俗规范、清晰易辨的宋体、等线体、楷体等，给学习者以严肃、端庄、挺拔、宁静的感觉。在同一幅画面中，必须考虑文字的整体诉求效果，给人以清晰的视觉印象，避免使用种类繁杂、色彩斑驳的字体，以免冲击视觉，影响学习者对核心内容的注意力。

4．文字在课件中所占用空间的合理性

文字在画面中的安排要考虑到全局的因素，不能有视觉上的冲突，例如与图片的比例关系、与背景的对比关系、与颜色的搭配关系等。合理安排好文字和图形之间的交叉错合，既不要影响图形的观看，也不能影响文字的阅览。

5．文字在课件中的视觉美感

在视觉传达的过程中，文字作为画面的形象要素之一，具有传达情感的功能，能够给人以美的感受。在说明性文字的编排中，文字的行距应大于字距，这样可以使学习者的视线保持按一定的方向和顺序进行阅读。

不同类别文字的空间要作适当的集中，可以利用空白加以区分。为了突出不同部分字体的形态特征，要留有适当的空白，分类集中。在有图片的画面中，文字的组合应相对集中。如果以图片作为主体要素，文字应该紧凑地排列在适当的位置上，不可变化分散，以免因主题不明而造成视线的流动。

第二章 声音媒体的运用与规范

根据教学内容的需要，在课件中可以使用声音媒体来塑造出相应的时空结构，构建画外空间，形象、生动、鲜明、准确地表达教学内容，传达教学信息，同时可以更好地表达细节、情绪、情感、节奏、韵律等。声音在多媒体语言体系中具有很强的概括性和艺术性，不应只被看作视觉语言的点缀、补充，应切实发挥声音语言独特的表述能力，尤其是声音在营造画外空间、塑造无形角色方面的能力，从而与视觉语言一起来促进教学信息的有效传达。

第一节 多媒体课件中声音媒体的形态

课件中的声音由语言、音效和音乐3种形态构成。

语言是指课件中以角色语音方式出现的声音（不包括声乐）。语言也是课件中最重要的听觉语言形式，它的逻辑性强，能够系统和完整地表达概念、理论和细节，不仅可以直接传达语言信息，而且可以与视觉元素以及其他听觉元素相互结合，更有效地传达教学信息，调节节奏和韵律，渲染情绪和气氛，拓展画面空间。在制作课件时，可根据语言的语气、语调、音色、力度、节奏等来刻画出发声角色的情绪、性格和力度，使塑造的形象和反映的内容更加真实。通过语言可以整合画面内容，帮助学习者更好地理解和掌握学习内容。采用第三人称的语言时，通常声音塑造的是画面内容的解说者形象，客观真实地表述学习内容。在情境化学习中，第一人称语言塑造的画外形象还可作为学习的指导者、合作者，提供实时的语音提示、帮助与协作。相比较而言，第一人称的语音会使学习者产生强烈的被亲近感和认同感，有利于学习动机的培养。

音效是指自然、社会的声响和主观情绪化声响。音效是一种有内容的信息，同时它也是一种传播信息的手段。在多媒体语言中，音效具有很强的表现力，它能使学习者通过对音效意义的理解，产生一定的空间环境的感受以及相应的联想和想象。由于声场对声音有很强的空间塑造能力，因此，不同的空间对声音的"加工"

也就不一样，给人的主观听觉也不同，也就可以反映不同空间的声学特性。比如，在空旷的大厅中和小房间中走路，给人的声音印象就完全不同。由于声音的多谱勒效应，音效在塑造声源的运动（尤其是快速运动）方面具有很强的优越性，这些都使学习者有一种身临其境的感觉。自然、社会的声响多用于真实环境的模拟表现，例如用蛐蛐的叫声表现月夜，用敲击计算机键盘的声音表示办公环境等。而具备主观情绪色彩的声响效果经常用作交互操作中操作正误的反馈提示音，如上升音调的音效表示输入的答案正确，下降音调的音效表示输入的答案错误。适时、适度地使用音效，能够增加课件的趣味性和真实性，并降低画面内容的制作难度，尤其是在学习情境的创设方面，音效可以发挥重要作用。

音乐是指声乐和器乐形式的声音。除去以音乐为表现主题的课件，大多数音乐主要用作课件的背景音乐，通过音乐特有的感染力唤起学习者的无意注意，调节学习者的情绪状态，营造愉悦的听觉环境。音乐具有很强的主观情绪性，对学习认知有强烈的帮助或干扰作用。

第二节　多媒体课件中声音媒体的选择

在课件设计中，对于声音媒体的形态，可以按照下面的声音媒体选择流程图来选取，如图2-1所示。一般而言，课件中声音形态的使用频率由高到低依次为语言、音效、音乐。

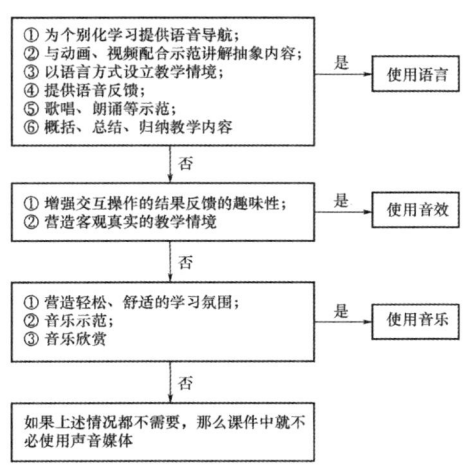

图2-1　声音媒体的选择流程

在课件设计中，语言形态的声音适于为个别化学习提供语音导航，与动画、视频配合示范讲解抽象内容，以语言方式设立教学情境，提供语音反馈、歌唱、朗诵等示范，概括、总结、归纳教学内容；音效形态的声音可以增强交互操作的结果反馈的趣味性，营造客观真实的教学情境；音乐则适于营造轻松、舒适的学习氛围，进行音乐示范与音乐欣赏。如果前面列举的情形都不需要，则可以不使用声音媒体。声音在课件中并不是必须使用的，尤其是在课堂教学使用的课件当中，不审慎地加入声音媒体，往往会干扰正常的认知活动，设计中要避免为取得声音效果而不考虑教学需要盲目使用声音媒体的做法。

第三节　多媒体课件中的语言处理和运用规范

一、语音的录制

语音在课件中发挥讲解、归纳、总结等重要作用，在课件制作中经常会涉及语音录制问题。可以通过使用话筒（又称传声器）、声卡及相关录音软件，利用计算机的数字音频处理功能，展开基于计算机的数字语音录制工作。

1. 录音硬件

录制语音需要计算机连接话筒拾取外部声音，只要将话筒连接到计算机声卡的 MIC IN（话筒输入）接口就可完成这个连接。当条件允许时，可在话筒与声卡之间接入小型调音台，以调整话筒输入的电平及频率，使其达到均衡。

一般的笔记本电脑都内置了话筒，利用它就可完成录音工作，只是机器自身的运行噪声会同时被录制下来。想要取得良好的录音效果，外置的话筒是最好的选择，你可以使用带有话筒的耳机（见图2-2）来完成这项工作。红色插头为话筒连接端，绿色插头为耳机连接端，将红色的话筒插头插入笔记本电脑的话筒输入接口，就可以准备录音了，如图2-3所示。

图2-2　带有话筒的耳机

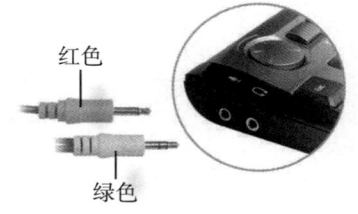

红色

绿色

图2-3　将红色的话筒插头插入笔记本
电脑的话筒输入接口

2．录音软件

音频编辑软件一般都包含了声音录制功能，可以利用音频编辑软件完成录音工作。PC平台上的音频编辑软件种类较多，有SoundForge、Audition等，其中Audition软件的前身为广泛使用的音频编辑软件CoolEditPro，其功能强大而又易于使用，如图2-4所示。

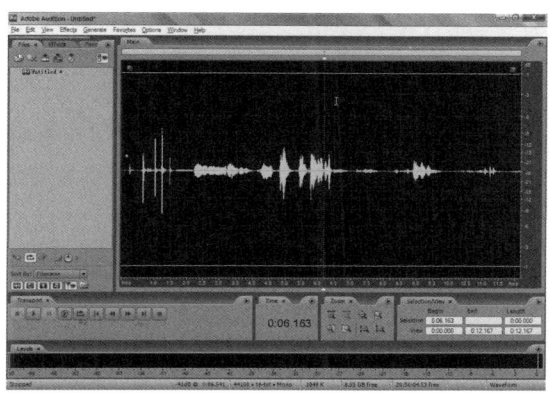

图2-4 Audition3软件界面

与Audition这种专业的音频编辑软件比较而言，更为简易、小巧的录音软件是Windows操作系统内置的录音机软件，下面以录音机软件为例介绍语音录制方法。

3．语音录制方法

双击Windows托盘区的喇叭（又称扬声器）图标，将弹出"主音量"控制面板，如图2-5所示。

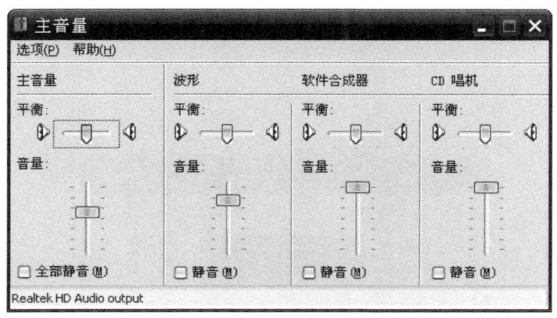

图2-5 "主音量"控制面板

在弹出的"主音量"控制面板上单击"选项"菜单下的"属性"命令（见图2-6），将弹出"属性"面板。

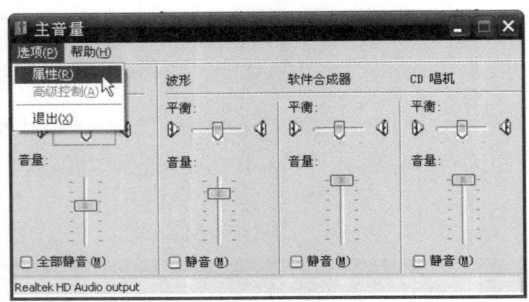

图2-6　选择"属性"命令

在"属性"面板上选择"录音"选项，勾选下方的"麦克风音量"选项，使话筒输入成为音频录制源，如图2-7所示。

单击"确定"按钮关闭"属性"面板，在"录音音量"控制面板上向上推动音量滑块，增大音频录制电平，确保良好的声音信噪比，如图2-8所示。

图2-7　勾选"麦克风音量"选项

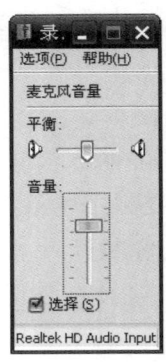

图2-8　"录音音量"控制面板

依次选择"程序"/"附件"/"娱乐"/"录音机"命令，出现录音机软件界面，如图2-9所示。

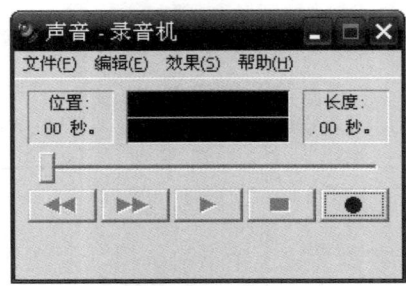

图2-9　录音机软件界面

在"录音机"面板上单击红色的录制按钮，开始录制声音，此时你可以对着话筒发声了。结束录制时，单击■按钮。对于录制好的声音，你可以在录音机程序中回放。

声音录制好后，声音数据是保存在内存中的，这时选择菜单命令"另存为"，将声音数据保存为WAV格式的声音文件，如图2-10所示。

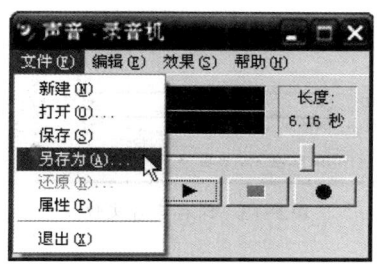

图2-10 "另存为"命令

在"另存为"面板上输入文件名，保存类型为*.wav，如图2-11所示。

图2-11 "另存为"面板

单击"更改"按钮，设置保存文件的声音质量和编码格式。对于一般的课件语音录制而言，在"名称"下拉列表中选择"收音质量"即可（见图2-12），这样可以获得较小的声音文件数据。单击"确定"按钮，关闭"声音选定"面板。

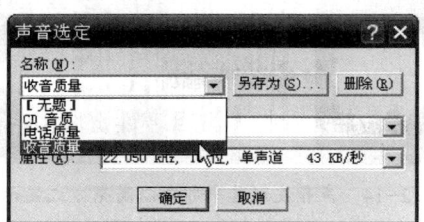

图2-12 更改声音质量设定

在"另存为"面板上，单击"保存"按钮，保存声音文件，如图2-13所示。你就得到了保存下来的语音文件，可以准备将其插入到课件页面里了。

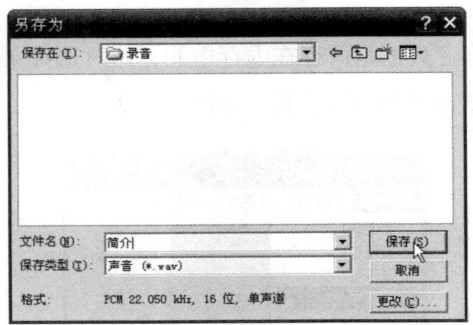

图2-13　保存声音文件

4．语音的基本编辑

（1）音量调整

在工作中，经常需要调整数字声音文件的音量、长度等基本属性，以及在不同声音文件格式之间进行转换处理，这些调整操作均可利用数字音频编辑软件来完成。下面以数字音频编辑软件Audition为例，介绍数字音频文件的音量调整方法。

① 运行Audition软件。

② 单击"File"（文件）菜单下的"Open"（打开）命令打开欲调整的声音文件，声音文件波形将显示在主视窗之中。

③ 在主视窗中，使用鼠标左键划选要调整音量部分的声音波形，划中部分以高亮方式显示，如图2-14所示。

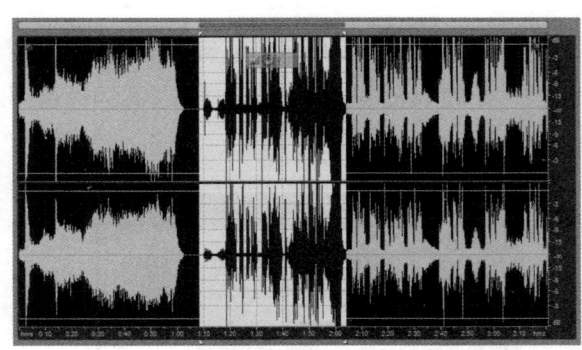

图2-14　声音波形选中部分以高亮方式显示

④ 单击"Effects"（效果）菜单下 "Amplitude and compression"（放大与压

缩）组中的"Amplify and fade"（放大与衰减），在面板上拖动左右声道音量滑块改变音量（0dB为原始音量，大于0dB为提升音量，小于0dB为衰减音量），如图2-15所示。设置完毕后，单击"OK"按钮，执行音量调整。

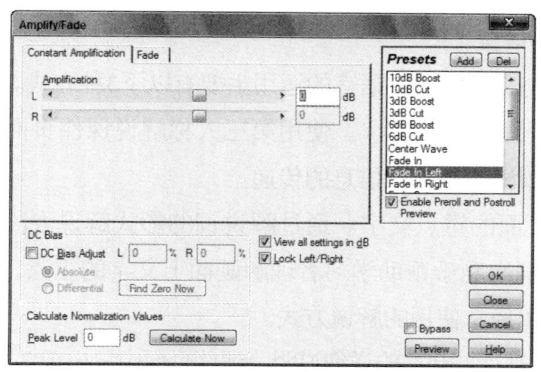

图2-15　音量调整面板

⑤　最后单击"File"菜单下的"Save"（保存）命令，保存音量调整结果。

（2）长度修剪

长度修剪是指选取声音文件中指定长度的内容并予以保留。利用Audition可以完成任意开始、结束点之间的文件修剪工作。

①　单击"File"（文件）菜单下的"Open"（打开）命令，打开声音文件，文件波形将显示在主视窗之中。

②　在主视窗中，使用鼠标左键划选要保留部分的声音波形，选中部分的声音波形以高亮方式显示，如图2-14所示。

③　单击"Edit"（编辑）菜单下的"Trim"（修剪）命令，即可将起止点之外的声音内容去除，只保留下高亮显示的部分，如图2-16所示。

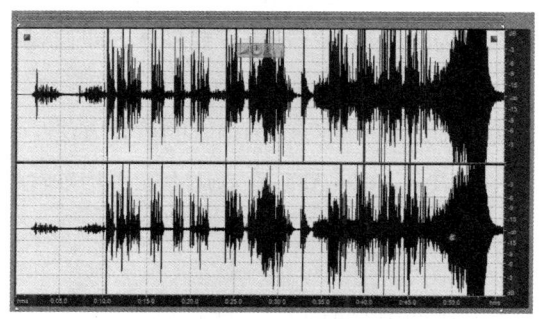

图2-16　修剪后的声音波形

④ 单击"File"菜单下的"Save"命令，保存修剪结果。

二、课件语言的运用

语言运用在课件中有以下几种常见形式。

1．配合文本的语言

在课件页面中与文本配合的语言的运用主要有以下3种方式。

① 解说课件页面的全部文字。使用第三人称解说课件页面上的全部文字，以视觉和听觉的重复刺激强化教学信息的传递。

② 解说课件页面的重点文字。通过解说词的形式解说大段文字的教学内容中的要点或重点，这样有利于帮助学习者理解画面上文字的重点，言简意赅。这种方式是一般课件设计中经常使用的解说方式。

③ 对关键字词进行展开性的详细说明。课件页面中只出现关键词或提示语句时，可以利用解说词对其进行展开性的详细说明，将教学内容的要点或难点讲解清楚。

2．配合交互热区的语言

在课件中，通常会在图形的关键部位设置热区，当鼠标指针移到（或单击）该热区时，画面上便有相应的文字说明，同时配有相应的解说词和音效，目的在于提高交互设计的人性化。

3．配合操作的语言

这种形式是指用解说词配合实际的操作或练习，声画同步地讲解操作步骤与细节，例如计算机组装、实验操作等。通常此类解说是包含在视频媒体内部的。

三、课件语言的运用规范

1．解说词的编写要做到为看而写和为听而写

解说词不能只是简单地解释和说明画面，它应该是画面因素的扩充、延伸、概括与升华。解说词要做到为看而写：一是语言要具体，即直观可见的画面语言要有相应的具体解说；二是语言要形象，形象化的语言是解说词写作中不可缺少的部分，也是学习者能够更好地理解和接受学习内容的重要方法；三是语言要贴切，不要过多地用一些概念化的语言，而是要求在表达上能够巧妙合理地体现画面未展现的内容。

2．语调高低适中

语调要与教学对象和画面内容相适应。对于不同的教学内容，其语调都有不同

的要求，尤其对于文学作品，还要有朗诵的基础。语音应当清晰流畅，根据表述内容，抑扬顿挫、自然变化。强弱起伏变化过于平缓的语言，会使学习者听觉麻痹，甚至进入"休眠"状态；变化过大的语言，其声音包络线呈大振幅的波浪状变化，听觉感知上会产生抖动感和漂移感，这种感觉不利于学习者的情绪稳定。过高频率的语调有强烈的穿透感和尖锐感，会严重干扰认知；过低频率的语调低沉而暗淡，会使学习者意志消沉、情绪低落。

3．语速快慢适中

语言发声应使用适中的语速，速度控制在每秒钟3～4个字。在一般情况下，人耳的辨析率是每分钟240～250字，超过这个速度时，学习者辨析起来就会有一定的困难。考虑到多媒体教学活动的实际需要，对于初次接触的教学内容而言，课件语言语速不应高于每秒3个字。过高的语速会使听觉注意变得困难，使学习者产生认知的强迫感；而过低的语速则会导致迟滞感和厌烦感。

4．用标准普通话录制解说词

课件语言应当使用标准普通话。由于条件限制，有些教师在制作课件时亲自录制教学软件的语言部分，有些语言中包含了方言发声成分。辨析方言内容需要消耗一般学习者的听觉认知资源，将降低听觉认知效率。条件具备的话，建议交替使用男女声解说，避免单一解说的单调性，以维持学习者的注意力。

5．解说使用简短的语句

课件语言应使用简短的口语化句型，避免使用长句式，以免引发认知困难。你需要将原始的书面语长句式分解为更容易理解的口语化短句。如长句"古人类学是研究化石猿猴和现代猿猴与人类的亲缘关系、劳动在从猿到人转变中的作用、人类发展过程中体质特征的变化和规律等有关人类起源和发展问题的一个分支学科"，应当转换为短句式的"古人类学是人类学的一个分支学科，它研究人类起源和发展问题，如化石猿猴和现代猿猴与人类的亲缘关系、劳动在从猿到人转变过程中的作用、人类发展过程中体质特征的变化和规律等"。

第四节　多媒体课件中的音效处理与运用规范

一、音效素材的获取

对于一般教师而言，音效并不需要通过自己录制来获得，可以从互联网上获得丰富的音效资源。需要注意的是，为了满足在课件中插入声音文件的需要，应当下载WAVE或MP3格式的声音文件来使用，其他格式的文件无法插入到PPT之中。

二、课件音效声的运用

课件中的音效要具有艺术的真实性，发声的效果还要根据画面内容的要求来选择，并且要与其配合默契。

1．配合视频、动画内容

多媒体画面中用视频图像媒体和动画媒体展示教学内容时，为了增强艺术效果，需要同步播放相应的效果声，以塑造、烘托视频和动画的场景氛围。如讲解相机快门的工作原理时，可使用相机快门的音效配合动画之中快门机构的闭合动作，模拟实物展示，给人以真实的感受。再如表现心脏病人病情加剧时，使用放大的心脏跳动音效来突出表现病情的严重性。

2．配合操作内容，突出操作重点

在操作与练习过程中，为了强调重点与难点，往往需要放大呈现客观世界中的某些声音效果，以保证出现最佳的教学效果。

3．配合交互，提供声音反馈

对于为画面中热区设置的一些按钮或菜单，当用鼠标单击它们时，一方面可以通过形态、色彩、影调的局部变化，产生按钮或菜单弹动的视觉效果；另一方面，还可以从音效素材库中选择一种模拟按钮被按下的声音予以配合。

三、课件音效声的运用规范

课件中的音效一般时长较短，刺激强烈，具有高度的真实性或主观情绪性，很小的音量就可使学习者注意到。在实践中，音效的内容、音调与响度需要为认知服务，不可为了追求片面效果而滥用。在课件中使用音效时要符合下列规范。

①　音效的使用要依据课件表现内容的需要来确定。不是所有的画面都需要音效，音效的使用要依据课件表现内容的需要来确定。如在讲解汽油机工作原理时，汽油机运行的机械声响就不必出现，此时出现音效将干扰对解说词的辨析。

②　不随意使用无关的音效。课件设计中应当选用与课件内容和页面风格相关的音效声，不随意使用无关的音效。如某些课件为了获得一种花哨的呈现效果，使用PPT软件内置的急刹车声和摔碎玻璃声来配合文字的出现，音效使用与课件内容毫无关系，课件在听觉上极度干扰学习者的学习进程，这样的音效就没有任何使用

的必要。

③　配合交互的音效要短小精悍。课件中配合交互的音效时长在5秒内为宜，过长的音效将会影响课件的执行效率。在具有较多交互设计的课件中，学习者通过按键或热区进行交互操作，致使画面呈现时间和重复呈现次数的随意性很大，课件页面音效过长，将难以保证配合画面的音效的完整性。

④　页面切换不可频繁地使用音效，以免引发认知干扰。某些课件在每个页面转换时加入刺耳的音效，当页面间反复跳转时学习者的烦躁情绪会逐渐积累。在不同页面之间，音效方面需要考虑页面跳转时的连接顺畅性问题，包括声音的连贯性问题和响度的一致性问题等。

⑤　要控制好音效的响度，防止音效响度过高而干扰认知。一般而言，课件中语言和音乐的呈现时间较长，音效呈现时间较短。很短的音效在瞬间播放后又归于寂静，听觉感受在单位时间内的变化幅度较大，对学习者有较强的刺激作用，因此音效响度不宜过高，较小响度的音效就可引起学习者注意。

⑥　安排好多个音效之间的呈现关系。当课件页面中有多个音效时，要安排好它们出现时的先后顺序，并在音效时间上加以有效控制，尤其要避免多个音效之间的重叠呈现。如用鼠标单击一个新按钮时，上一个按钮的音效应立即结束，以防止音效之间的相互干扰。

第五节　多媒体课件中的音乐处理和运用规范

在课件中适度地使用音乐，可以使学习者感到轻松愉快，有效地消除大脑因学习而产生的疲劳，保持大脑清醒，提高学习效率。同时，音乐的掩蔽效应能够排除与学习任务无关的其他信息的干扰，有利于学习者集中学习的注意力。适宜的音乐还能启发思维，扩展想象力。

一、音乐素材的获取

可以通过多种方式来获得数字音乐素材，如可从CD、VCD、DVD等中提取获得。

1．提取CD音频

CD、VCD、DVD中含有大量数字音频资源，其内容丰富，而且音质优异，因而成为数字音频内容的重要来源。工作中经常需要将CD、VCD、DVD中的某段声音提取出来，保存为相关格式的音频文件，完成这种工作需要借助相应的音频工具软件。

　　Windows Media Player是Windows操作系统自带的媒体播放软件，它可以用来查找和播放计算机上的数字媒体文件，播放CD、DVD以及来自Internet的数字媒体内容。此外，还可以使用Windows Media Player将音频CD中的曲目翻录（或复制）到计算机中，翻录的曲目就成为计算机中的数字音频文件了。

　　① 运行Windows操作系统程序组中的Windows Media Player程序。

　　② 将CD放入驱动器中，单击Windows Media Player 的"翻录"按钮，界面将显示CD光盘的曲目列表，如图2-17所示。

　　③ 单击"翻录"按钮下的更多选项命令，在选项面板上设定翻录音乐的保存位置，选择翻录格式为MP3，设定音频质量为最佳质量，如图2-18所示。

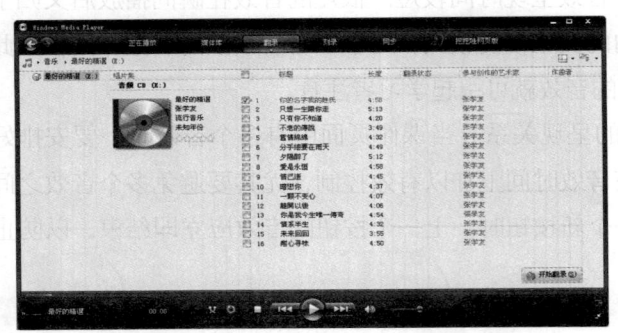
图2-17　CD光盘的曲目列表

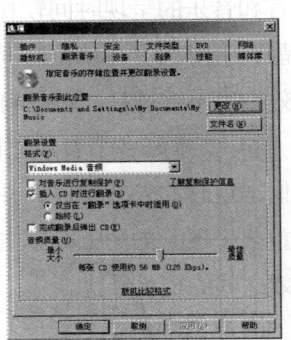
图2-18　翻录选项设定

　　④ 勾选欲翻录的CD光盘曲目，单击"开始翻录"按钮，软件将所选曲目翻录为指定格式的声音文件并予以保存。

　　2．提取VCD、DVD音频

　　提取VCD、DVD音频的工具软件有多种，AVI MPEG WMV RM to MP3 Converter便是其中之一。该软件是一个音频转换工具，可将AVI、MPEG、RM/RMVB、WMV/ASF、MOV格式的视频文件中的声音转换为MP3、WAV、WMA、OGG等音频格式。

　　提取VCD、DVD音频的操作方法如下。

　　① 运行AVI MPEG WMV RM to MP3 Converter软件。

　　② 单击软件界面上的"打开" 按钮，选择VCD、DVD光盘中的视频文件。VCD光盘中视频文件的后缀为.dat，DVD光盘中视频文件的后缀为.vod。视频文件将在软件播放窗口中打开并自动播放。

③ 将播放滑块定位到提取片段的开始位置，单击"起始时间"按钮，设定提取开始点；将播放滑块定位到提取片段的结束位置，单击"结束时间"按钮，设定提取结束点。

④ 在右侧的设置区域中设置提取音频格式为MP3，如图2-19所示。

⑤ 单击软件界面上方的"设置"按钮，在"设置"面板上单击"常规"标签，在"输出目录"位置选择"自定义"后，设定声音文件保存路径，单击"确定"按钮，如图2-20所示。

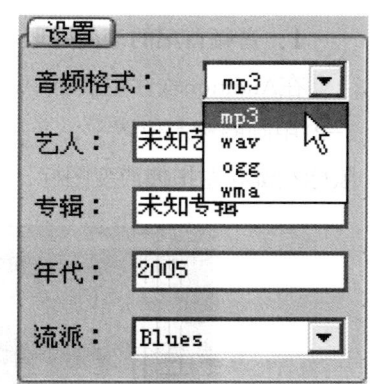

图2-19 设置音频提取格式

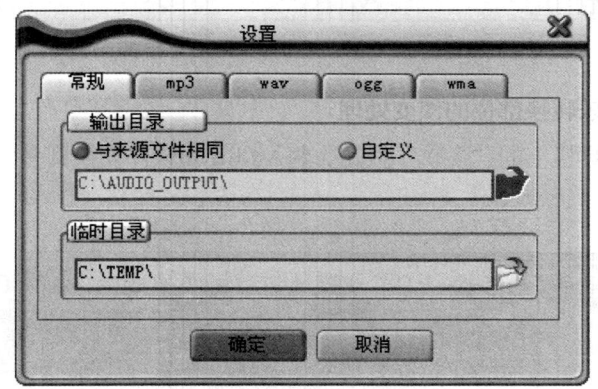

图2-20 设置音频提取目录

⑥ 单击软件界面上方的"转换"按钮，开始声音文件的提取，声音文件将以MP3格式保存在指定目录下。课件之中的MP3文件的比特率以56~256kbit/s较为适宜。在确保音质的情况下，应尽量减小声音文件的大小。语音类MP3文件可选用56kbit/s的比特率，音乐、音效类MP3文件可选用128kbit/s的比特率。

二、音乐文件的编辑

音乐文件的编辑处理同样可以利用音频编辑软件（如Audition）来完成，常见的操作有音乐片段的截取、音量调整、音色均衡等，具体操作方法参阅本章第三节中的语音编辑操作部分。这里重点讲一下音乐文件的开始、结束（首尾）以及转换部位的淡入淡出处理。

1. 音频首尾的淡变处理

在Audition软件主视窗中，在音频开始位置使用鼠标左键向右拖拽淡变图标（图2-21中圆圈标示位置），音频文件将按照包络线产生渐强变化；在结尾部分，使用鼠标左键向左拖拽淡变图标，音频文件将按照包络线产生渐弱变化。

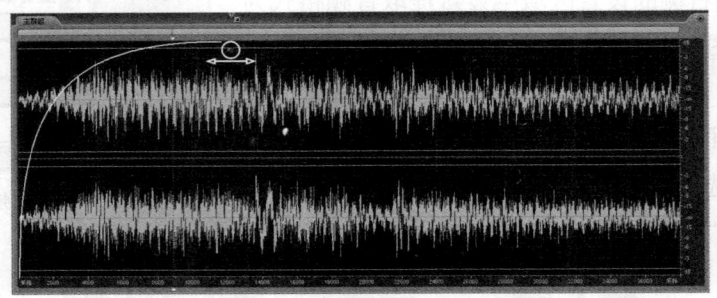

图2-21　音乐开始部位的淡变处理

2. 多首音乐转换部位的淡变处理

① 单击工具栏上的"多轨"按钮，将Audition软件切换到多轨编辑模式，如图2-22所示。

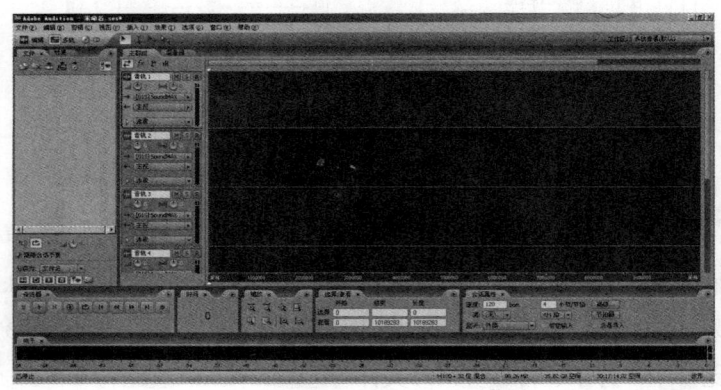

图2-22　切换Audition为多轨编辑模式

② 使用"文件"菜单下的"导入"命令导入需要作淡变处理的两段音乐，如图2-23所示。

③ 使用鼠标左键将第一段音乐的图标拖拽到右侧的声音轨道上，如图2-24所示。

④ 使用鼠标左键将第二段音乐的图标拖拽到右侧的同一条声音轨道上，放置在第一段音乐之后，如图2-25所示。

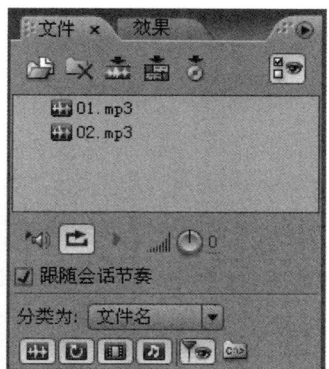

图2-23　导入两段音乐文件

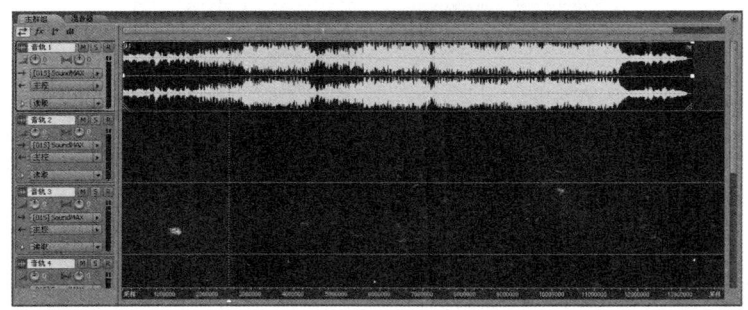

图2-24　将第一段音乐放置在声音轨道上

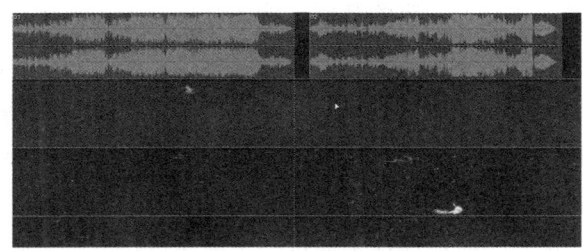

图2-25　将两段音乐放置在同一声音轨道上（前后排列）

⑤ 按下鼠标右键拖拽第二段音乐，将其与第一段音乐重叠，两段音乐间将自动进行淡变处理，重叠区域的长短表示音乐转换的急缓，如图2-26所示。

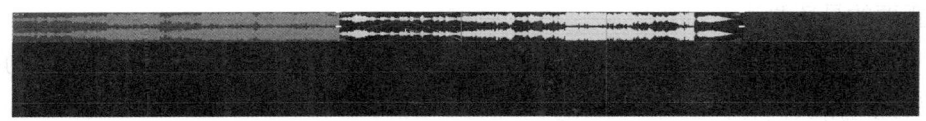

图2-26　经过淡变处理的两段音乐

⑥ 单击"编辑"菜单下"混缩到新文件"命令中的"会话中的主控输出"，将上面进行淡变处理的两段音乐混缩为一个音频文件，最后保存该文件，如图2-27所示。

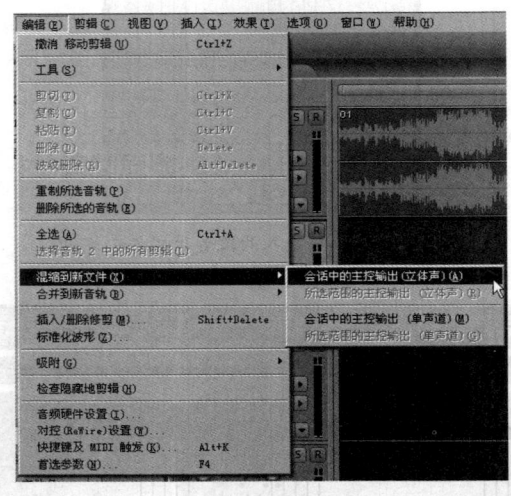

图2-27　混缩为新文件

三、课件音乐声的运用

在课件中，音乐声（背景音乐）既可以作为陪衬，用以烘托解说词和画面，也可以用于延伸解说词或文本内容的意境。除此之外，音乐声还可以营造无法用语言、文字表达的气氛。

音乐最擅长的是烘托气氛和抒发感情，但是也可用来描述与表现客观事物和教学内容。在课件中运用音乐来表现教学内容时，通常需借助于文字和图像的配合，并且通过学习者的联想来实现。

在课件中，知识点的概述往往是通过一个完整过程的一组画面来实现的。同样，可以采用一首或几首主题音乐（内容相对完整的一段旋律）来陪衬该组画面。因此，可以为背景音乐准备一定数量的主题音乐，用以象征某个主题或某个知识点。由于音乐是一门艺术的语言，所以运用音乐不仅要给人悦耳动听的艺术感受，更重要的是还要让人们深入领会其所表现的内容。

课件中的背景音乐通常采用器乐曲，虽然不像声乐曲那样可以用概念明确的歌词辅助理解其内容，但仍然可以塑造鲜明生动的音乐形象，表达一定的内容。音乐是由一些基本的音乐语言元素按照听觉艺术规律组成的，这些元素包括旋律、节奏、音色、力度、音区、和声、复调和调式等。听觉艺术规律则是根据人的审美观念来处理一些听觉要素，例如音的高低、长短、强弱和音色的规律等。

1．用于片头或片尾

用于片头时，一般为衬托课件的名称，可选择与该课件内容统一的主题音乐，要有力度和新鲜感。用于片尾时，一般为介绍课件的制作人员或制作单位，由于可以预测其播放时间，可以选择与播放长度相当的音乐，其节奏要与画面变动速度同步。

2．用于教学内容

每一章（节）的教学内容都应有一首与之适配的主题旋律，既要求不同章（节）的基调有所不同，又要求各章（节）的旋律彼此协调，形成统一的音乐曲式。

3．用于文本解说

在有文本说明和解说的画面中，可以用背景音乐进行配合，这时的音乐应起到延伸解说词或文本内容意境的作用。

4．用于演示图片

在演示图片的画面中，可以用背景音乐进行配合，这时的音乐应起到延伸图片意境的作用。

5．用于交互功能

在出现交互功能的画面（例如主菜单或子菜单）时，画面会时常跳转、返回。为了保证背景音乐的完整性，不至于由于互动操作而使其"支离破碎"，可以缩短主题音乐的长度，采用循环播放方式，也可增加"静音"按钮，将背景音乐关掉。

四、课件中的音乐运用规范

与影视音乐强烈的情绪烘托作用不同，一般的课件音乐（这里主要指课件背景音乐）强调在听觉上为学习者营造高效的学习氛围，因此课件中的音乐不能按照影视制作的表现方法来选取，应当围绕有效促进认知的目的来选取音乐。在教学演示型课件（音乐教学类课件除外）中，教师一般用自身的语言来讲解、阐释教学内容，学习者的听觉注意力一般集中于教师，因而这类课件中一般不需要加入音乐，以防干扰教师的语音讲解；在自主学习型课件中，可以适当加入音乐，通过音乐特有的感染力唤起学习者的注意，调节学习者的情绪状态，为学习者营造愉悦的听觉环境。

在课件中使用的音乐应符合以下规范。

1．音乐曲目的选择要能有效地促进学习认知

课件以教学为目的，用于向学习者传递知识，所以课件中的音乐要为教学服务，要在合理的教学分析基础上选取与教学内容的"情绪"相吻合的音乐，形成一个不可分割的整体。

一般而言，响度适中、音调柔和、音色甜美、节奏舒缓的轻音乐适宜用作多媒体作品的背景音乐。不宜使用响度过大、节奏感过强的音乐（如舞曲、摇滚乐）及人们非常熟悉的和情绪化的音乐，含有歌词的歌曲也应避免使用，以免引发听觉有意注意，从而导致音乐对有用信息的屏蔽，影响学习效果。具体而言，应考虑音乐的节奏、音高和响度等因素。

心理学研究表明，每分钟60～70拍的音乐能诱发与增强学习者大脑中的α波，使大脑进入最活跃的学习状态，能让学习、记忆和创造性思维获得充分施展，从而大大提高学习的效率。这方面可以参考保加利亚心理学家乔治·罗扎诺夫推荐的一些巴洛克音乐曲目，有选择地用作多媒体作品的背景音乐。

一般而言，课件的音乐宜选用由音调适中的乐器演奏的，发声频率过高的唢呐、喇叭等不适用于课件主体部分的配乐，它们会使学习者烦躁。而低频成分过多的乐器（如大提琴）音色沉闷、暗淡，同样不适用于课件背景音乐。

2．课件音乐的音量适中

在课件中，要处理好音乐与语言的响度关系，一般而言，音乐音量要低于语言音量。音乐音量设定不当也将严重干扰认知。喧闹的音乐使学习者情绪烦躁，无法集中注意力于学习内容。在课件中，如果背景音乐的响度过高，则该音乐将掩蔽语言，使传递教学信息的语言难以被识别，学习者的认知受到干扰。对于大多数课件而言，教学信息主要通过语音和音效来传达（音乐类课件除外），在这类课件的总体声音构成中，各组成部分的响度顺序依次为语言、音效和音乐。按照这个比例标准混合声音，可以保证有用教学听觉信息的可辨认性。

3．课件中设置独立的音乐控制开关

在课件中使用音乐时，需要在页面中设置独立的音乐控制开关。音乐开关要确保在任意页面和时间都可调用，而且控制灵活，以方便教师和学习者控制音乐的播放。其他媒体文件的显示、课件的继续运行不应受制于音乐文件，不应出现等候音乐播放完毕才可进行下一步操作的情形。

4．课件音乐采用统一的风格

在课件中采用的音乐风格需要统一，不可使用不同风格的多段音乐组合。实践

中常见某些课件在不同的页面上使用内容、情绪完全不同的音乐，在不同页面之间跳转时，生硬的音乐切换会对学习者产生十分强烈的听觉干扰，从而影响学习情绪。

5．注意音乐的首尾及转换部位的淡变处理

为避免音乐的突然出现和消失引发听觉突兀感，课件中音乐的首尾部分应作渐强减弱处理。对于从完整乐曲中截取的音乐片段而言，这一点尤为重要。多首音乐间转换时也要作平滑的淡变处理，避免出现生硬的切换效果。

在课件中使用声音媒体能够形象、生动、鲜明、准确地表达教学内容，传达教学信息，同时可以更好地表达细节、情绪、情感、节奏、韵律等，课件设计者应切实发挥声音语言独特的表述能力。在实际课件制作中，我们要根据教学内容表意的需要，选择语言、音乐、音效3种声音类型或组合使用，充分发挥它们各自不同的表现优势。运用声音媒体时，应当遵守各自的运用规范，并应重点注意语言、音效、音乐3种声音形态之间的整合。在同一页面内，语言、音效、音乐之间的响度、情绪、节奏等需要协调一致、有机结合、互为补充，如果彼此不能协调一致，那么声音媒体的各个组成元素就会产生干扰，降低学习效率。

第三章　图像媒体的运用与规范

科技的进步使人类的认知进入读图时代，图像媒体在现代信息传播中日益发挥着不可替代的作用。在课件设计中，图像媒体是大量使用的媒体类型，具象化是图像媒体最大的特征，其生动、形象的特点能够提高教学信息的呈现与接受效率，增加教学内容的观赏性和趣味性。与视频、动画媒体比较而言，图像媒体的制作与使用经济、便捷，更便于任课教师使用。掌握图像媒体的基本处理方法和在课件中的运用技巧，是每一位教师必备的现代教学技能。

第一节　多媒体课件中图像媒体的分类

依据制作方式的不同，可将图像媒体划分为图形和图片两种类型。

一、课件图片

图片是指利用相机、扫描仪等成像设备对实际物体、环境进行捕捉（拍摄或扫描）而得到的静止图像。图片具有细节丰富、自然逼真、形象直观的表现特点，在课件中主要用于自然现象、实物外观、自然纹理的呈现，如图3-1所示。

图3-1　细节丰富、自然逼真、形象直观的图片

二、课件图形

图形则是指使用各种手段（包括利用图形软件绘制）制作的用静止的几何点、线、面反映事物各类特征和变化规律的形象化表达形式。与图片比较而言，图形具有简约、概括、抽象、凝练的表现特点，在课件中主要用于路线图、结构示意图、流程图、统计图等的呈现，如图3-2所示。

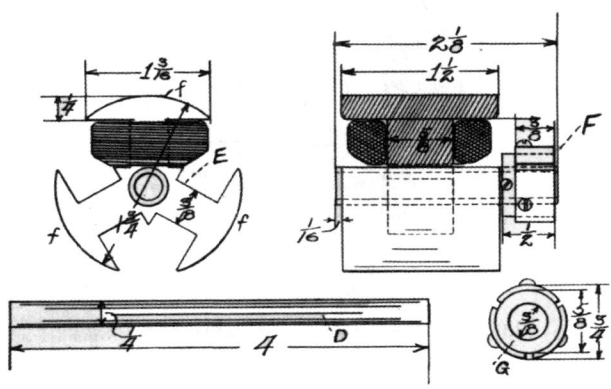

图3-2　简约、概括、抽象、凝练的图形

第二节　多媒体课件中图像媒体的选择

一、课件图片的选择

在课件设计中，当需要促成学习内容外表属性的形象化认知时，多使用图片。一般选择图片设立客观真实的教学情境，展示物体的直观外貌和局部细节，呈现历史图片资料等。例如，如果需要对地球表面作形象化演示，从外太空拍摄的地球图片是最好的表现方式。图3-3所示是含有大量细节（如明暗变化多样、场景复杂、轮廓色彩丰富）的对象。

二、课件图形的选择

在课件设计中，当需要达成学习内容的抽象、概括性认知时，多使用图形。图形可以与动画、视频配合强调知识点的细节与重点内容，可

图3-3　图像媒体含有丰富的细节

以示意图、结构图、统计图等形式直观反映事物变化的规律与特征。例如，如果需要讲解地球的构造，分层绘制的地球构造结构图形显然具有更强的表现力，图片显然无法达到这种分析概括的效果，如图3-4所示。此外，图形还可以为个别化学习提供图形化的按钮导航。

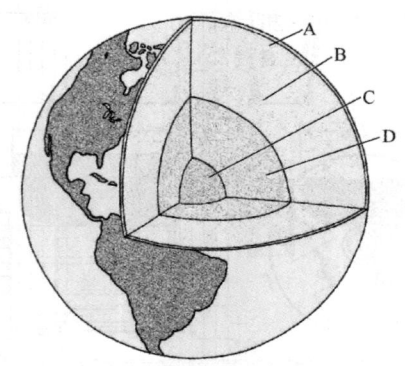

图3-4　与图片比较而言，图形相对抽象、概括

三、课件图片、图形的搭配运用

可以根据上面的论述合理地选择图片与图形，分别运用。在课件制作中，图片与图形两种媒体形式也时常同时出现在同一课件页面中，互相配合、互为补充，发挥各自的表意优势，让学习者在学习内容的表象与本质之间建立有效的认知链接，取得更佳的学习效果。如在图3-5所示的课件页面中，使用真实的图片呈现发生故障的电缆外观，同时使用抽象、概括的示意图图演示该故障的发生原理，图片、图形两者对照，有助于学习者掌握故障的现象与本质。

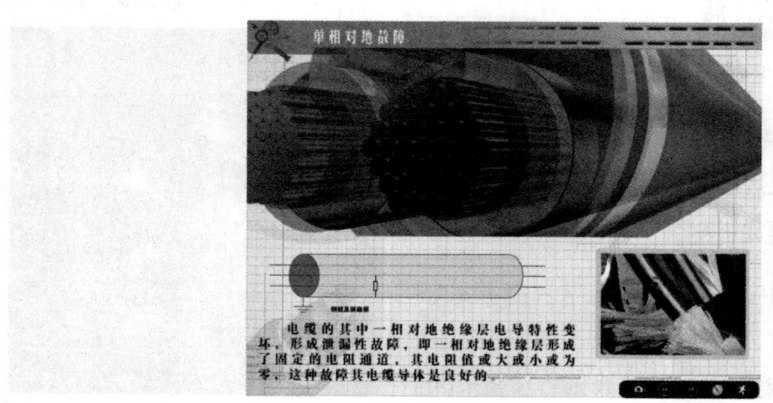

图3-5　图形、图片同时出现在同一页面中

第三节　多媒体课件中图像媒体的处理和运用

图像媒体的制作一般需要经过两个过程：前期采集（包括现场拍摄、利用软件绘制和从互联网上下载等方式）与后期编辑。前期采集阶段完成图像素材的拍摄（收集），后期编辑按照课件制作需求对前期取得的图像素材进行大小裁剪、亮暗色调调整等编辑处理，最终得到符合课件内容需要的图像文件。

关于图像的拍摄方法，可阅读本书第十三章"摄影拍摄技巧与规范"的相关内容，我们主要从图像素材的后期编辑谈起。

一、课件图像素材的基本处理

下载、拍摄、扫描得到的数字图像素材往往需要经过后期处理，才能符合课件应用的技术与艺术规范。图像文件的处理可以使用各种图像处理软件来完成，如著名的专业图像处理软件Photoshop就能够对图像的诸多内容进行调整。对于一般教师而言，课件制作中常进行的数字图像编辑也可使用下述免费软件来完成，如光影魔术手、美图看看、Google Picasa、FastStone Image Viewer、Acdsee等。此类软件简便易学，没有Photoshop软件使用基础的教师可在短时间内掌握其用法。其中FastStone Image Viewer可方便地用于图像浏览与基本编辑，如图3-6所示。

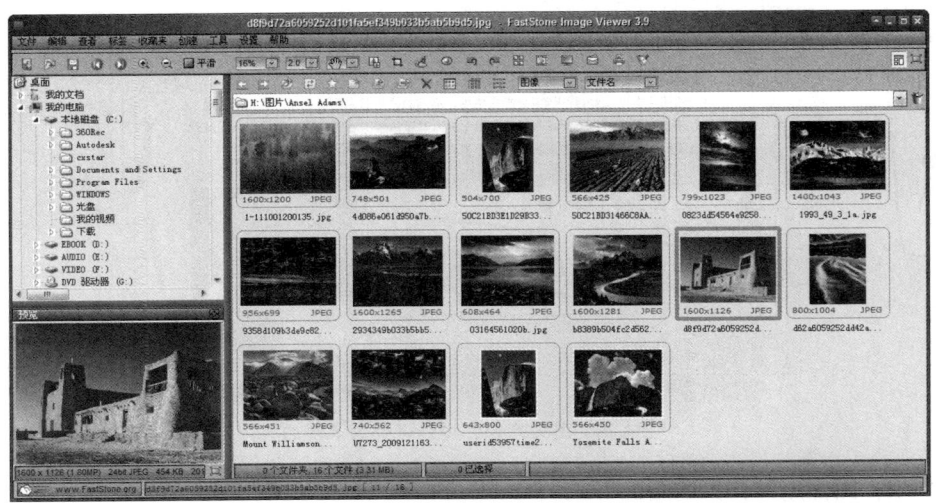

图3-6　FastStone Image Viewer的主界面

FastStone Image Viewer软件能够快速浏览、管理大量图像，同时它还具有常见的图像编辑处理能力。在FastStone Image Viewer软件的编辑菜单下，可以找到课件制作中常见的图像旋转、裁切、调整大小、调整色彩、调整亮度、调整对比度、转换格式等处理操作命令。单击相应命令后，只需按照软件提示进行操作即可，如图3-7所示。

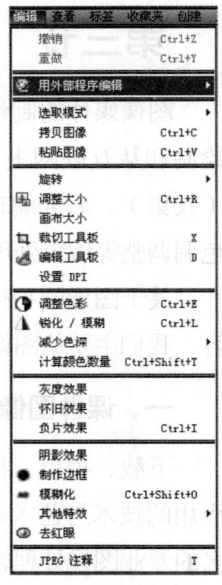

图3-7　FastStone Image Viewer编辑命令包含常用的图像调整功能

二、课件图像媒体的运用

课件中使用的图像媒体有传递教学信息、表达情感及营造氛围的作用，在教学课件设计中要充分发挥图像媒体形象、直观的叙述表意作用，有效地促进教学。在常规的课件设计中，图像媒体的运用形式有以下几种。

1．图文混排的版面形式

使用实拍图片、绘制的图形以及其他手段获得的图像，生动、直观地展示教学内容。在通常情况下，采用图文混排的版面构成形式，图像与文字媒体配合，增强课件的表现力，如图3-8所示。

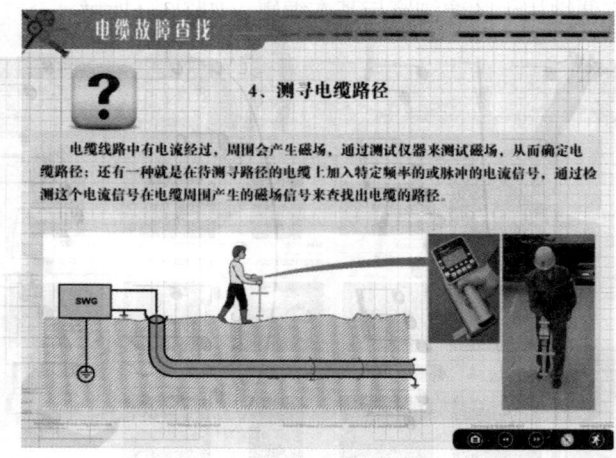

图3-8　图文结合，增强课件的表现力

2．图像用作背景的版面形式

图像媒体应用在课件的页面背景设计之中，其作用不是直接表述教学内容，而是为页面教学信息的传递营造一种情绪氛围。此时图像虽然并不直接传递教学信息，但它通过唤起学习者的审美愉悦，进而促进学习者的信息接收，最终改善学习效果。图3-9所示的背景使用了偏于艺术摄影风格的黄昏时分电力高塔剪影图片，在唯美的氛围中将课件的前言内容呈现给学习者。

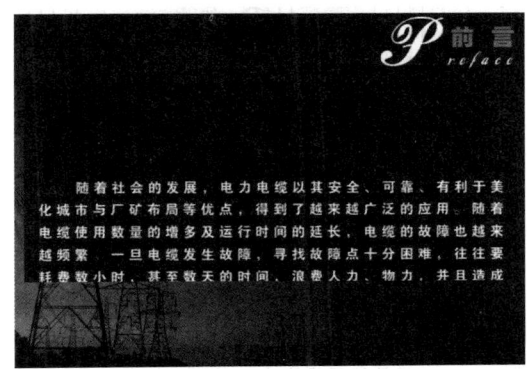

图3-9　图像用作背景，唤起学习者的审美愉悦

3．图像用于建立教学情境

图像运用在教学情境设立中，使用图像提供时间、地点、人物、事件等信息，将学习者置于事先设计的教学情境之中，使其感同身受。如向电力工人讲解电缆基础知识时，可将课件主页以情境化的三维桌面方式呈献给学习者，相关学习内容放置在桌面上，真实生动，如图3-10所示。

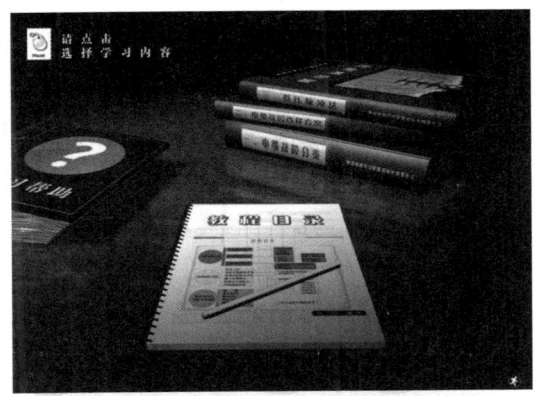

图3-10　图像用于建立教学情境

4．使用静帧图像突出视频中的关键画面

在课件页面中，使用图像媒体配合视频媒体，将视频连续操作中的关键步骤以静帧图像的方式呈现出来，用静止的时态来定格运动过程的瞬间状态，展示不易呈现的过程中的瞬间图像，起到突出重点、强化主题的作用。如图3-11所示，在低压

脉冲测量中，将测量过程中的视频关键画面以图像的形式呈现在视频窗口下方，起到提示、突出、强调的作用。

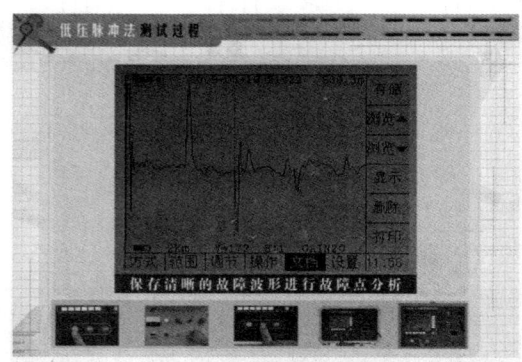

图3-11　使用静帧图像突出、强调视频中的重点内容

5．使用不规则边界图像形式

在课件页面中，使用不规则边界的图像作为课件交互单击的热区。这种设计改变了传统交互设计中主要依靠各类按钮的呆板方式，使交互变得生动有趣、引人入胜，有助于激发学习者的学习兴趣。如在图3-10中，使用桌面上的图书、笔记本作为不规则边界的热区，学习者单击界面中的图书、笔记本图像的任何区域，都能引发课件交互反应，生动形象，富有吸引力。

6．使用推演、强调的图形形式

在课件页面中，对于需要重点突出和推导演绎的教学内容，使用图形媒体来标注、突出，强调相关细节内容与演绎过程，如图3-12所示。在可汗学院的系列微课视频里能够见到大量此类应用。

图3-12　图形媒体用于推演、强调课程重点内容

第四节 多媒体课件中图像媒体的运用规范

图像媒体具有诸多优点，合理地运用图像媒体传递教学信息，将极大地丰富课件的视听表现力；但运用中如果不注意图像的运用规范，则不会取得希望达到的教学效果。在实践中，需要在以下方面遵守图像在课件中的基本运用规范。

一、课件图像规格标准

1．图像分辨率

在一般的课件设计中，页面中的单个图像（不包括背景图像）面积一般为满屏面积的1/4～1/2，对应的图像尺寸应在640×480像素以上，一般不大于1024×768像素。图像尺寸在这个范围内的图像文件既能够保证清晰可辨的观看效果，又能维持文件相对较小，从而保证课件流畅运行。使用数码相机、手机拍摄得到的图片，其尺寸一般远远大于课件页面尺寸。这种较大尺寸的图像文件不要直接插入到课件页面中，以免影响课件运行效率。可以使用任意一款图像编辑软件（如Photoshop、美图秀秀、光影魔术手、美图看看、Google Picasa、FastStone Image Viewer）将其尺寸缩小后，再插入到课件中。

用作课件页面背景的图像按照课件运行窗口的尺寸设置即可，一般设置为1024×768像素。

2．色彩模式

色彩模式是计算机用于记录图像颜色的方式，常见的色彩模式有RGB模式、CMYK模式、HSB模式、Lab色彩模式、位图模式、灰度模式、索引色彩模式、双色调模式等。课件内的图像为彩色图像时，使用RGB色彩模式，不要使用CMYK色彩模式；图像为黑白图像时，使用灰度模式。这样的设定既能保证图像重现的效果，又能有效控制图像媒体的数据量。色彩模式的修改可在Photoshop软件中"图像"菜单下的"模式"命令组里进行，如图3-13所示。

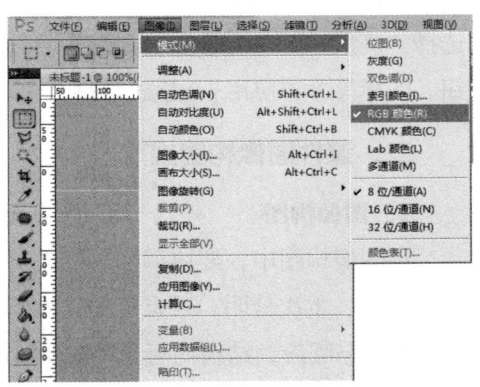

图3-13 Photoshop色彩模式调整

3．色彩深度

色彩深度表示在位图中储存1像素的所有颜色数所用的数据位数，单位为位/像素。常见的色彩深度有8位/像素、10位/像素、16位/像素等。色彩深度越大，图像颜色数量越多，图像文件数据量越大。如果没有特殊要求，课件图像色彩深度一般设定为8位/像素（见图3-14），不要使用大于8位/像素的色彩深度，因为过大的色彩深度将增加图像文件的大小。

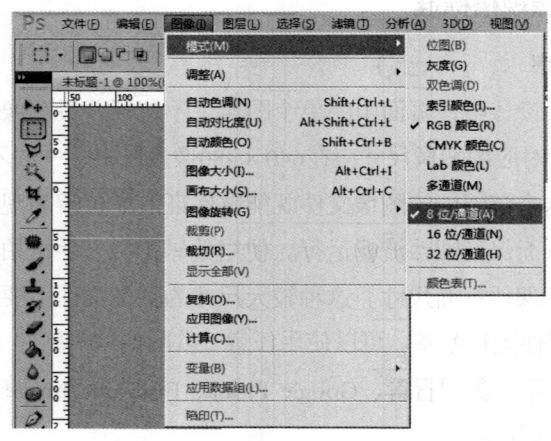

图3-14   Photoshop色彩深度设定

4．图像文件格式

多数课件制作软件都支持常见格式的图像导入，如.jpg、.bmp、.png、.tiff 等文件。综合考虑图像文件的数据量和图像质量，为保证图像媒体的清晰度和通用性，建议课件制作中使用.jpg或.png格式的图像文件，使用.jpg格式时图像的压缩质量应选择"高质量"。对于需要在课件中进行底色透明处理的图像（如不规则形状的按钮、图标等），使用.png格式保存文件。

二、课件图像构图规范

1．图像构图

在图像构图中，要协调好主体与陪体、前景与背景、空白与部分的关系，达到简洁明了、主次分明、重点突出、均衡、稳定的画面效果。图像边框内部各元素应互相补充与呼应，结构均衡，具有视觉形式美感。

（1）突出主体

主体是图像内用于传递教学信息的主要对象，是画面内容和结构的中心。主体要求形象相对完整。图像表现的主体内容一般应放置在影框内的趣味中心（黄金分割点），黄金分割点一般在画面宽高三等分线的相交点。如无特殊需要，主体一般应避开画面的正中位置几何中心（画面中垂直中线和水平中线的交叉点），以获得形式上的美感。在图3-15中，酒杯作为主体被放置在黄金分割点上。

图3-15　玻璃酒杯作为主体被放置在黄金分割点上（见彩图1）

在课件中，为了突出图像中的主体细节，可以使用图形标注、箭头指示、亮暗对比等手段将画面局部突出出来，如图3-16所示。

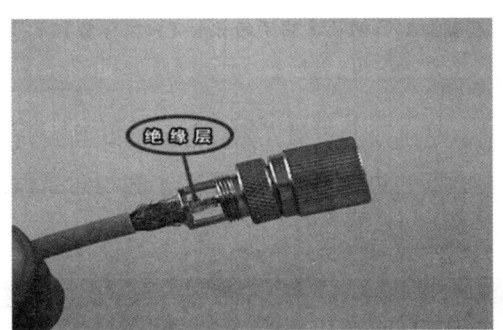

图3-16　使用图形、文字标注突出图像主体细节

（2）用陪体丰富画面

陪体是画面中处于次要位置、辅助说明主体特征和内涵的对象，它与主体共同构成情节。画面上由于有陪体，视觉语言会准确生动很多。同时，当主体不在画面的几何中心时，陪体在画面中的不同位置布局还会起到平衡构图的作用。

陪体的画面安排以不消弱主体的表现为原则，在位置、面积、光线、色彩、虚实处理上让位于主体，切不可喧宾夺主。陪体拍摄以侧面为主，形象不必追求完整，可处在焦点之处或影框边缘。在图3-15中，葡萄作为酒杯的陪体处于边缘位置，起到与酒杯呼应、构成情节、活跃画面的作用。

（3）用背景烘托主体

背景是在主体后面衬托主体的景物，它强调主体所处的环境，对突出主体形象、丰富主题内涵有着重要作用。背景要选择带有典型时间、空间特征的景物，展现主体所处的环境。背景处理要简洁明了，衬托主体，避免出现零散杂乱的物体，干扰主体的认知。背景在影调和色彩上要与主体形成鲜明对比，使主体具有空间感、立体感和清晰的轮廓线条。如图3-17所示，在拍摄切线操作时，使用与切线工具亮度差异较大的浅色背景，与主体形成鲜明的对比，获得清晰醒目的画面效果。

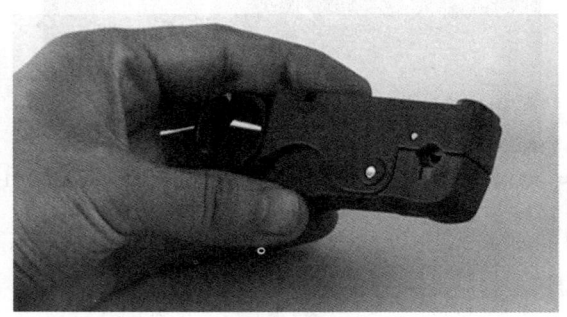

图3-17　用简洁明了的背景突出主体特征

（4）用前景点缀画面

前景位于主体之前，是画面的点缀元素，起到活跃画面、烘托主体的作用。一般情况下，前景应放在画框的边缘附近，占用较小的画面面积，在亮度、色彩、清晰度上与主体保持差异，如图3-18所示。

图3-18　右下方草地作为前景点缀画面，烘托河流主体

（5）用空白产生意境

图像中大面积的单一色调背景区域称为布局中的空白。一般情况下，空白并不是画面表现的主体，但却对主体的表现有着重要的烘托作用。空白使得画面构成简洁，更能突出教学主体，同时还能够生发意境，如图3-19所示。对于文学、艺术类课件，画面中的空白有较多应用。空白面积大于主体面积时，画面较为通透、空灵、飘逸；空白面积小于主体面积时，画面重在写实。通常在画面中应避免空白面积等于主体面积的布局处理。

图3-19　画面中的空白有助于创造画面意境

在图像边框内，在被摄主体视线方向与运动方向上应留有空间，这也是空白的另一种体现，目的在于实现画面的均衡感和通透性。如图3-20所示，游泳运动员手臂前方保留了一些空间，使得画面获得了较好的通透感。

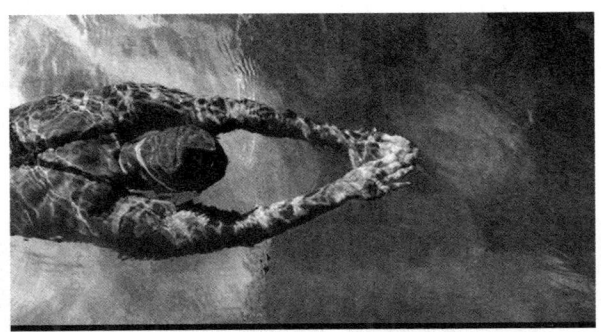

图3-20　在人物视线方向上留出空间，获得均衡的画面

2．均衡与稳定

均衡是图像内各要素形成的一种相对稳定平衡的分布态势，是学习者观看图像的一种心理需求。图像构图时，不论采用对称式构图或非对称式构图，画面内各元

素的布局应均衡、稳定。

对称式构图是指在画面正中垂直线两侧或正中水平线上下，对等或大致对等地布置构图元素。这种构图布局平衡，结构规矩，具有平衡、稳定、相呼应的特点。绝对的对称式构图由于相对严肃、呆板、缺少变化，在艺术摄影中一般较少使用。在课件图像拍摄中，对称式构图常用于表现对称的设备、建筑、人类活动等，有较高的使用频率。如在展示天平时，使用对称式构图拍摄图像，有助于学习者观察天平的平衡状态，如图3-21所示。

图3-21　使用对称式构图拍摄天平

非对称式构图利用图像中不对称的被摄对象之间相互呼应的布局关系产生均衡的视觉感受，主要通过调整参与构图的不同被摄对象的体积、色彩、纹理、光线与阴影的比例及分布，让被摄对象之间相互呼应，使图像左右两边的"质量"加重或减轻，从而达到均衡的视觉感受。非对称式均衡会给构图带来多样性的变化，使图像更为生动活泼。如在构图时，将较重的物体布置在距离图像中心较近的位置，较轻的物体布置在距离图像中心较远的位置，利用杠杆原理让两者相互呼应，使构图产生均衡效果，如图3-22所示。

图3-22　使用非对称式构图形成均衡感

三、课件图像色彩规范

课件图像要重视色彩在表意和渲染气氛方面的作用，处理好色彩基调和色彩配置问题。

1. 图像的色彩基调

色彩基调是指画面整体的色彩倾向。根据图像中红、橙、黄、绿、蓝、紫各种色彩所占的比例，可将图像色调划分为暖调、冷调和正常调3种类型。

（1）暖调

在暖调图像中，红、橙、黄色占据主导地位，画面给人以温暖、温馨、昂扬、奋进的主观感受，有较强的人文色彩。暖调图像在文学、艺术类课件中有较多应用。在各种赏析类课件中，也多使用暖调来渲染气氛。

（2）冷调

在冷调图像中，绿、蓝、紫色占据主导地位，画面给人以清爽、整洁、理性、冷静的主观感受。冷调图像有较强的科技感，在理工实验类课件中有较多应用。

（3）正常调

正常调图像没有明显的色彩倾向，白平衡还原准确，适用于大多数课件。

上述几种色调的图像在不同类型的教学课件中都有应用，应根据教学内容的不同灵活选择。对于大多数课件来说，教学图像一般采用正常调图像，以营造简洁、轻快、明朗、愉悦的观影感受。常规情况下应避免使用严重偏色的图像（艺术类等特殊课件除外）。图像色调的调整可以利用图像编辑软件的色彩平衡命令来完成。

2. 色彩搭配和谐统一

图像的色彩使用应服从于教学信息传递的大局，色彩搭配和谐统一、赏心悦目。

（1）图像颜色的设定

图像颜色的设定应本着色彩对比和色彩调和的原则实施。色彩对比是为了使主体在背景上显得突出、鲜明。一般背景的色彩明度应比主体色彩明度低些。如图3-23所示，桌面与书本的色彩形成对比，将书本突出出来。

（2）色彩的协调

色彩的协调是使色彩形成有变化的和

图3-23 利用色彩对比使主体在背景上显得
突出、鲜明（见彩图2）

谐统一，可以使用相近颜色搭配的类似调和方法来获得调和的色彩美感，最终的色彩搭配应是在和谐统一的基础上使色彩富于变化。使用类似调和时，要注意使主体与背景的色彩亮度和饱和度拉开差别。

（3）图像背景颜色的选用

使用白色、灰色或黑色作为教学图像背景，以突出拍摄主体。白色、灰色或黑色与任意色彩的前景物体搭配都很适合，能够取得和谐统一的画面色彩感受，如图3-24所示。

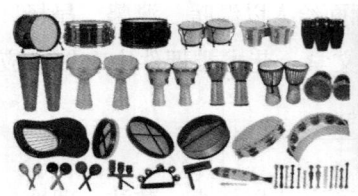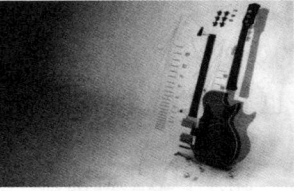

图3-24 使用白色、灰色、黑色背景突出主体色彩

（4）图像内部色彩的应用

图像内部的色彩数量应适中，一般应控制在3种以内，避免色彩杂乱，对比过于生硬和强烈。建议使用相邻色来安排主体与背景之间的关系，以营造简洁、清爽、和谐的视觉感受，如图3-25所示。

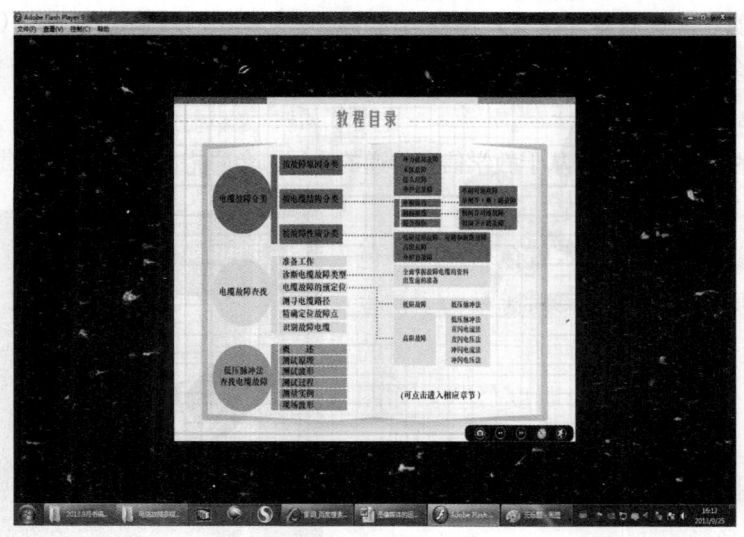

图3-25 同一页面内的色彩数量应适中（见彩图3）

违反上述规范，图像中杂乱的颜色会形成强烈的认知干扰。例如，使用类似调和时，如果明度过于接近，图像主体与背景会混为一体，难以辨认。

四、图像在课件页面中的布局规范

1．页面中只有一幅图像

页面中只有一幅图像而没有正文时，图像应当居中摆放，面积一般不小于页面的1/2。图像的水平中线在页面水平中线附近，图像的垂直中线与页面垂直中线对齐，图像周边保留适当空白，以形成通透的视觉感受。

2．图像与正文混合排版

图像与正文混合排版时，依据图像的不同宽高比例，采取不同的页面布局方式。

（1）图像为横幅

当图像为较宽的横幅比例时，一般将文字水平中线放置在页面上方三分线处，文字垂直中线与页面垂直中线对齐；图像放置在页面下方，图像的水平中线在页面下方三分线上，图像垂直中线与页面垂直中线对齐；图像左右两侧尽量与文字左右两侧对齐，如图3-26所示。

图3-26　横幅图像的页面布局

（2）图像为竖幅

当图像为竖幅比例时，一般将文字垂直中线放置在页面左侧三分线处，文字水平中线与页面水平中线对齐；图像布置在页面右侧，图像垂直中线放置在页面右侧三分线附近，图像的水平中线与页面水平中线对齐；图像上下两端尽量与文字上下两端对齐，如图3-27所示。

图3-27　竖幅图像的页面布局

（3）图像为方形

当图像为方形比例时，一般将图像布置在页面右侧，占据页面2/3面积大小，图像垂直中线放置在页面右侧三分线附近，图像的水平中线与页面水平中线对齐；文字放置在页面左侧，占据页面1/3面积大小，文字垂直中线放置在页面左侧三分线处，文字水平中线与页面水平中线对齐；文字上下两端尽量与图像上下两端对齐，如图3-28所示。

图3-28　方形图像的页面布局

3．页面中存在多幅图像

页面中存在多幅图像时，遵循下述的布局原则：图像数量为偶数时，按照图像数量等分中央区域即可；图像数量为奇数时，采取上轻下重的布局方法，即上排图像少，下排图像多，形成视觉上稳定的三角形页面布局。多幅图像共存时，注意图像上下两端、左右两侧、水平中线、垂直中线的对齐关系，形成整齐有序的画面布局，如图3-29所示。

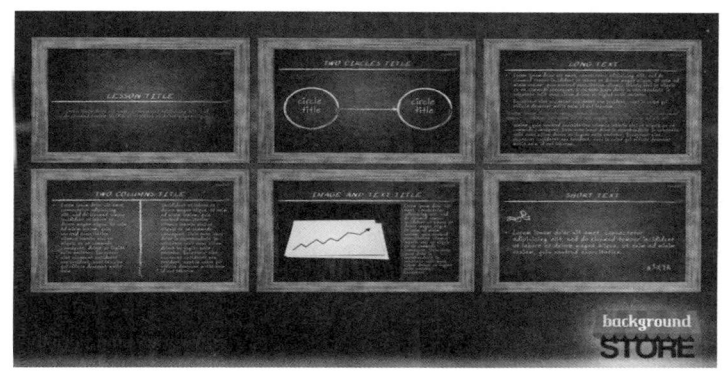

图3-29　多幅图像共存时的页面布局

不在页面上放置与教学内容无关的图像。课件页面上出现的图像媒体应与教学内容密切相关。页面上的装饰性图像、纹理应与课程内容协调。就装饰性图像、纹理的教学作用而言，它是一种画面冗余信息。要避免在页面上放置过多的图标、装饰花纹等无关的图像元素，否则，过于明显的图标、纹理会成为认知的干扰因素，如图3-30和图3-31所示。

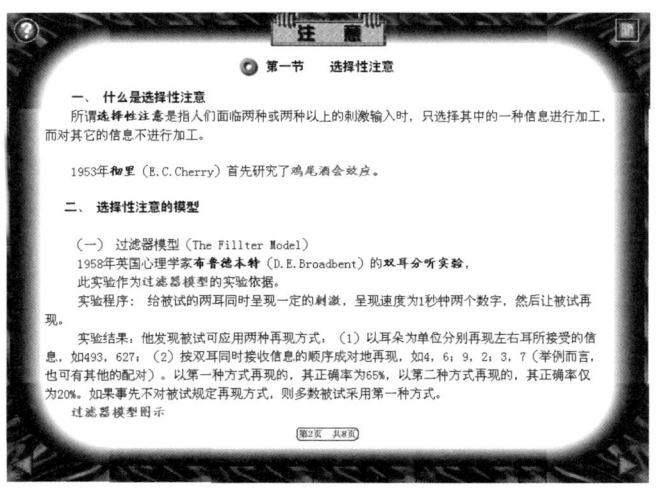

图3-30　边框粗重的纹理效果会干扰学习者对文字内容的认知

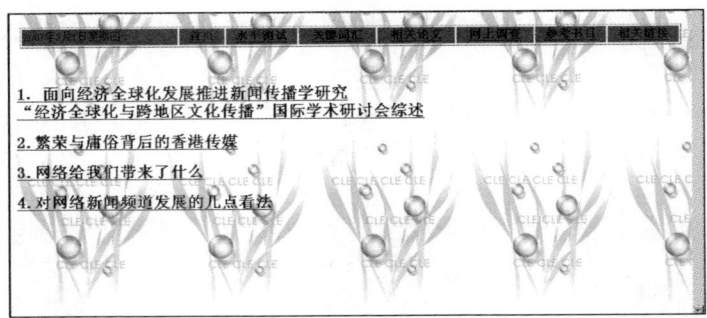

图3-31　背景上过于明显、重复的花纹成为视觉干扰因素

第四章　视频媒体的运用与规范

　　课件中的视频是指利用摄像机拍摄或屏幕录制得到原始素材，再经过后期剪辑制作获得的运动影像。视频媒体主要运用运动影像符号，辅以解说、音响，形象、生动、直观、准确地传送教学信息内容。

第一节　多媒体课件中视频媒体的分类与选择

一、课件中视频媒体的分类

　　目前课件中广泛使用的视频媒体可以分为两类：真人实景录制视频和计算机屏幕录制视频。

1. 真人实景录制视频

　　真人实景录制视频是指利用摄像机对真实客观世界中的人、景、物进行连续拍摄、记录，然后经过后期剪辑而获得的连续运动影像。此类视频以真实的记录风格展现真人实物操作示范过程、物体连续运动过程等内容，形声兼备，生动形象。如使用视频呈现舞蹈演员的舞蹈动作、田径运动员的百米冲刺等内容。

2. 计算机屏幕录制视频

　　近年来，计算机软件类课程教学越来越多地使用计算机屏幕录制视频来演示需要反复示范的软件操作内容。这种通过计算机屏幕录制软件记录下来的屏幕操作影像包含了鼠标指针移动、单击操作、软件响应以及操作者语音讲解等内容，已成为视频媒体的一种重要扩展表现形式，在信息技术类课程教学中具有很高的实用价值，如图4-1所示。

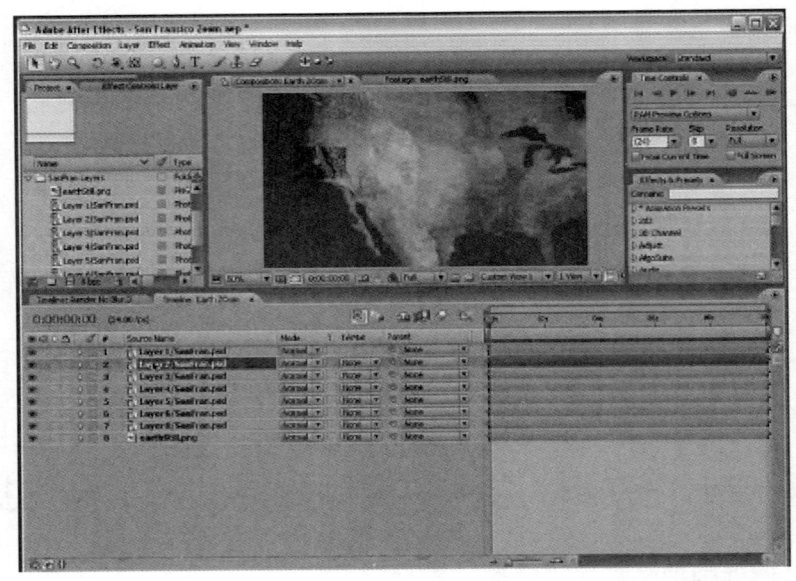

图4-1 计算机屏幕录制视频

二、课件中视频媒体的选择

心理学家阿恩海姆认为运动是视觉最容易注意到的现象。因为表现运动和运动地表现是视频媒体的重要特征，所以视频媒体最容易唤起学习者的视觉认知注意。认清视频媒体与图像媒体、动画媒体在信息呈现上的不同特点，根据教学需要，合理选择表现内容，才能充分发挥视频媒体的教学表现优势。

1．视频媒体与图像媒体的比较

与静态图像媒体比较，视频的最大优势在于其动态的信息呈现方式。不论是拍摄主体的运动还是摄像机的运动，视频媒体都能够以生动直观的方式展示连续变化的过程，具有时间、空间的高度自由性，动态展示的形象性等特点，这是静态的图像媒体不具备的特征。

视频媒体视听双通道信息呈现方式也使它在单位时间内具有更大的信息传播量。合理地使用视频媒体，能够提高课件的信息传递效率，有利于改善教学效果。

2．视频媒体与动画媒体的比较

与动画媒体比较而言，视频媒体具有更为强烈的现场感和真实感，在客观真实地重现现实世界方面，具有无可比拟的优势。因此在课件中，当需要在较短的时间内以较为真实的记录风格展现真人实物操作示范过程、物体连续运动过程等内容时，视频媒体是不二选择。

3．慎重选择表现内容，充分发挥视频的表现力

视频媒体是以影像符号为主去呈现教学内容，声音解说、字幕说明起辅助作用。对于过于抽象化、理论化的概念和定义等教学内容，很难通过形象的视觉画面来表现其严谨的科学性，这样的内容不宜制作为视频运用到课件中来。

视频媒体的优势在于画面的运动性。视频画面的运动主要通过被摄主体运动、镜头运动和镜头剪接来获得。当视频画面是完全静止的图像时，视频媒体的优势就无法显现。例如，长时间用全景固定镜头表现一幅书法作品或一座建筑就缺乏视觉的生动性。又如，在课堂搬家型的教学视频中，摄影机镜头的景别、角度始终没有变化，固定地拍摄教师讲课，画面中除去教师嘴部的运动外，其余全部处于静止状态。长时间观看这样缺少动感的画面，学习者会昏昏欲睡。

第二节　多媒体课件中视频媒体的处理和运用

视频媒体的制作一般需要经过两个过程：前期拍摄（录制）与后期剪辑。前期拍摄阶段完成视频所需素材的拍摄与录制，后期剪辑按照视频构思对前期拍摄取得的素材进行选择、修剪、组接，并添加声音和字幕，最终得到体现创作者创作意图的视频媒体。

一、课件视频的拍摄与录制

1．使用摄像机拍摄视频

在课件中使用的真人实物演示类视频一般尺寸较小，与电视台广播级别的节目视频比较而言，对影像质量并没有过高的要求，因而视频素材的拍摄可以利用各种民用级别的数字摄像机（见图4-2）来完成。关于视频拍摄技巧，可参阅相关图书资料，这里不再赘述。现在的数字摄像机一般以闪存卡作为记录介质，后期剪辑时视频文件可以直接复制到计算机硬盘中使用。

图4-2　数字摄像机

2．使用单反数码相机拍摄视频

近年来，原本用于拍摄静止照片的单反数码相机都增加了动态视频拍摄功能，这些相机一般都能拍摄1920×1080像素的高清数字视频。配合单反相机庞大的可拆

换镜头群，单反视频影像在视觉表现力上有着非专业级摄像机不可比拟的优势，正在逐渐成为低成本小制作动态影像拍摄的重要方式。教学视频的拍摄完全可以采用此种方式，如图4-3所示。

图4-3   使用具有高清视频拍摄功能的数码相机拍摄视频

3．使用手机拍摄视频

除了使用专业的摄像机拍摄视频这一方式，目前，利用手机拍摄视频成为一种低成本的拍摄方法。在移动通信时代，手机成为现代社会人人具备的随身数字设备，手机自身提供的高清视频拍摄功能在教学中的应用成为一种可能。教师可以随时随地地将教学过程拍摄下来，后期加入其他视听元素，制作成教学视频。拍摄教学视频时，需要选择成像质量好的手机。此外，由于手机自身较轻，手持拍摄极易产生晃动，影响拍摄画面的稳定性，因此利用手机拍摄视频时，注意要将手机固定在支架上，尽量避免手机晃动，如图4-4所示。

图4-4   利用手机拍摄教学视频

4．使用录屏软件录制计算机屏幕操作类视频

计算机屏幕操作类视频的录制不需要特殊的硬件设备，只需在计算机中安装屏幕录制软件即可完成。此类屏幕录制软件很多，如Camtasia Studio、BB FlashBack、

Captivate、ViewletCam、Wink等。其中，Wink就是一款免费的屏幕录制和演示文档制作软件，如图4-5所示。它如同一部超级录像机，能录制下计算机屏幕上的任何动作并创建具备按钮和菜单等特效的演示文档，可直接生成兼容FlashPlayer的SWF格式的视频，这个视频能够被直接插入到PPT课件中使用。

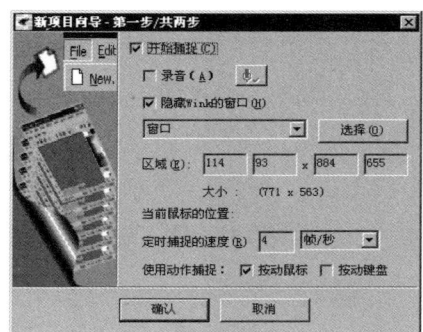

图4-5　Wink软件录制界面

5．使用PPT软件输出视频

在微课制作中，经常需要将PPT文件导出为视频。以前我们需要专门的PPT视频转换软件来完成这项工作，现在这个操作变得简便易行了。PowerPoint 软件在2010以上版本中已经具备了直接导出视频文件的功能，该功能可以将整个PPT文件输出为动态、连续的WMV格式的视频文件，十分方便快捷，如图4-6所示。

图4-6　使用PPT软件输出视频文件

使用PPT软件输出视频文件的具体步骤如下。

① 选择"文件"菜单。

② 选择"保存并发送"。

③ 选择"创建视频"。

④ 选择保存的品质，可根据需要选择不同级别。

⑤ 单击"创建视频"按钮，输出视频文件。

二、互联网视频媒体的下载

FLV视频是当前互联网上最为通用的流媒体视频文件格式，该格式的优点在于形成的文件极小。FLV格式视频的下载无法在网页中直接完成，需要借助特殊工具软件来实现。维棠FLV视频下载软件便是专门用于此类下载的工具软件。

安装该软件后，在快捷菜单中会出现"用维棠下载视频"命令，如图4-7所示。

图4-7　安装维棠软件后快捷菜单中增加的命令

下载网页中的FLV视频时，可在页面空白处右击，在弹出的快捷菜单中选择"用维棠下载视频"命令，在弹出的"添加新的下载任务"面板上，设定"另存到"文件路径后，单击"确定"按钮，即可开始下载FLV视频文件，如图4-8所示。

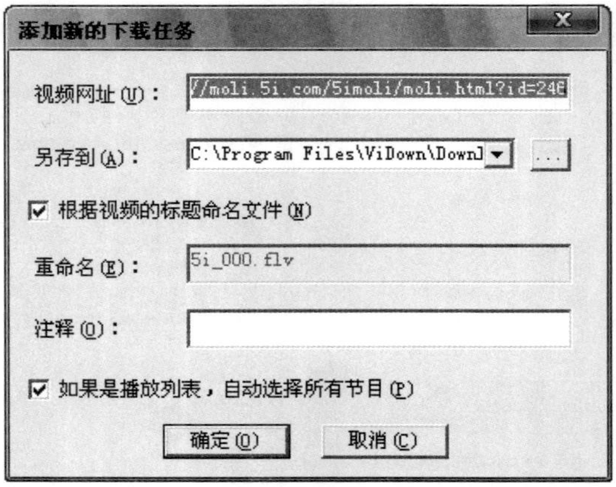

图4-8　"添加新的下载任务"界面

三、课件视频文件的格式转换

1．视频为何需要转换格式

PowerPoint软件支持常见的WMV、MP4、AVI等视频文件格式，这些格式的视频文件可以直接插入到课件页面之中。其他格式的视频文件并不可以直接插入到PPT页面当中，这时就需要转换视频格式后再来使用（一般转换为WMV格式）。

2．利用FormatFactory转换视频文件格式

视频文件格式转换软件有多种，FormatFactory便是其中之一，它可完成大多数视频、音频、图像文件格式间的转换，包括MP4、3GP、MPG、AVI、WMV、FLV、SWF视频格式，MP3、WMA、AMR、OGG、AAC、WAV音频格式，以及JPG、BMP、PNG、TIF、ICO、GIF、TGA图像格式。此外，该软件还可抓取DVD到视频文件，抓取音乐CD到音频文件，如图4-9所示。

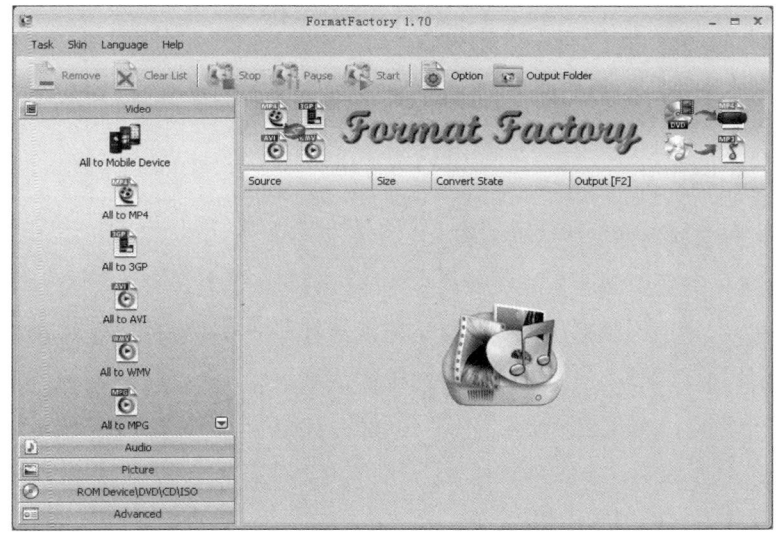

图4-9　FormatFactory视频文件格式转换界面

利用FormatFactory转换视频文件格式的操作方法如下。

① 运行FormatFactory软件。

② 单击屏幕左侧"视频"组内的转换项目，如选择"所有转到WMV"，如图4-10所示。

③ 在弹出的"所有转到WMV"面板上，单击"添加文件"按钮添加欲转换的视频文件，单击"截取片断"（也写作"片段"）按钮可以对视频文件的时间范围进行设定，单击"高质量和大小"按钮可以设定转换质量，如图4-11所示。

④ 单击"确定"按钮将返回软件主界面，在主界面工具栏上单击 开始 按钮，开始视频文件格式转换。

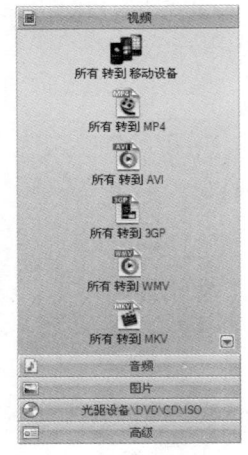
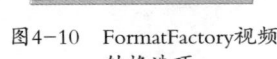

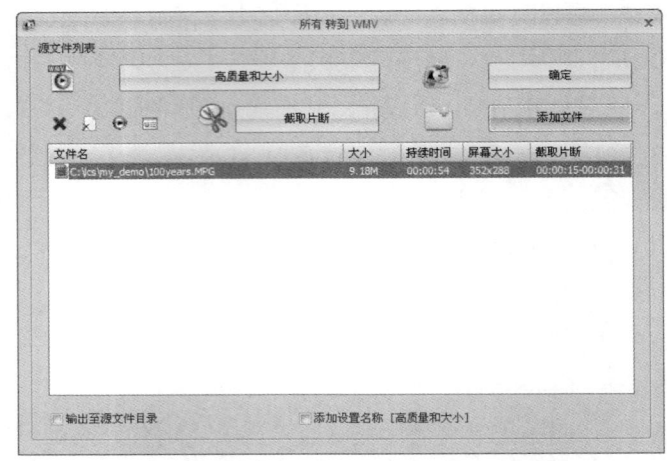

图4-10　FormatFactory视频　　　　　　图4-11　添加欲转换的视频文件
　　　　转换选项

四、课件视频素材的剪辑

1．视频素材为何需要后期剪辑

视频素材需要剪辑后才能在课件中使用，这是因为在前期拍摄阶段我们一般按照分镜头脚本分别摄制每个镜头素材，每段素材是独立存在的，并且在拍摄过程中还会出现各种各样的失误，前期拍摄完毕的视频素材只有经过后期剪辑处理，去粗取精，突出重点，才能够保证教学信息呈现的流畅性。此外，镜头自身的特效处理、镜头之间的过渡效果、字幕的添加、配音处理等也都需要在后期剪辑中来实现。

2．视频素材的剪辑步骤

早期的视频剪辑工作需要昂贵的专业视频硬件设备才能完成，对于普通教师而言不易实现，而如今借助一般的计算机软硬件就可以轻松完成视频的数字化剪辑。对于一般教师而言，数字视频的简单编辑可以利用Windows操作系统自带的Windows Movie Maker软件完成。

利用Windows Movie Maker剪辑视频的基本步骤如下。

① 导入视频素材。单击"电影任务"窗格中的"导入视频"和"导入图片"命令，选择视频、图片文件，将其导入到"收藏"窗格，如图4-12所示。

图4-12　将素材导入到"收藏"窗格

② 将素材添加到时间轴。使用鼠标左键将"收藏"窗格中的视频、图片素材拖拽至时间轴窗口，如图4-13所示。

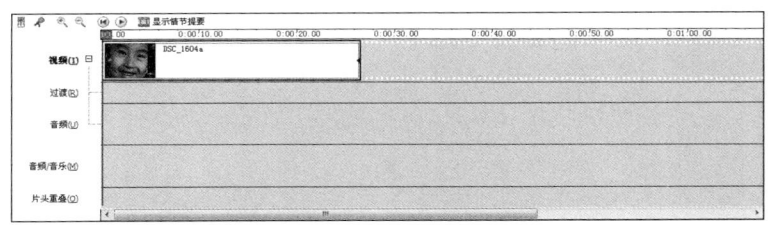

图4-13　将素材片段拖拽至时间轴窗口

③ 在时间轴上剪辑素材。在时间轴上选中剪辑时，将出现剪裁手柄。拖动剪裁手柄来设置视频片段的起始剪裁点和终止剪裁点，通过这种办法将拍摄错误的片段去除，如图4-14所示。

图4-14　拖动剪裁手柄来设置视频片段的起始剪裁点和终止剪裁点

④ 剪辑其他素材。依次在时间轴上加入其他视频片段。通过在时间轴上左右拖拽素材片段，可以改变镜头的先后次序。

⑤ 添加镜头过渡效果。需要制作相邻镜头之间的过渡效果时，只要将视频过渡窗格中的过渡效果拖到时间轴上并将其放在"视频"轨上的两段视频之间即可，如图4-15所示。

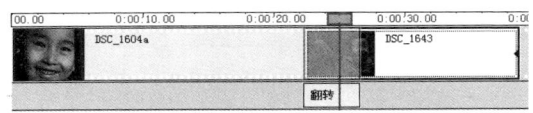

图4-15　添加视频过渡效果

⑥ 添加影片字幕。单击电影任务中的"制作片头或片尾",显示"要将片头添加到何处?"面板,可以选择在影片开头、中间或结尾位置添加字幕。在其后出现的"输入片头文本"面板中,输入片头文本,最后单击"完成,为电影添加片头",就可完成片头字幕的创建,如图4-16所示。片中、片尾字幕的创建方法与片头字幕的创建方法一样。

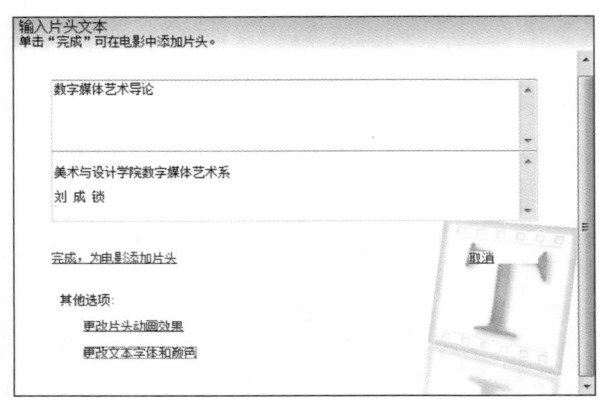

图4-16   创建片头字幕

⑦ 输出电影文件。视频剪辑完毕,依次单击菜单命令"文件"/"保存电影文件",显示保存电影向导,依据软件提示依次操作,将剪辑好的影片以WMV或AVI文件格式保存到硬盘中,如图4-17所示。

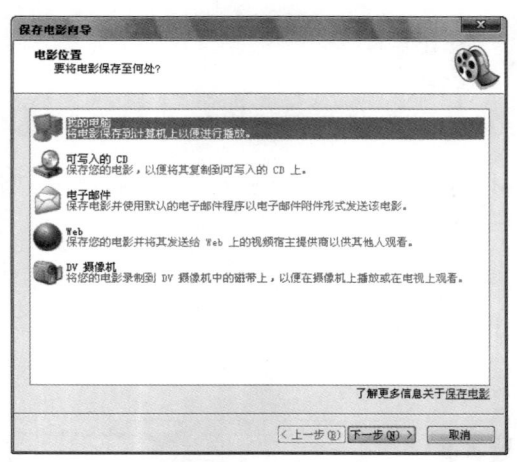

图4-17   保存最终生成的电影文件

五、课件视频媒体的运用

在教学课件设计中要充分发挥视频媒体形象、直观的表意作用，有效促进教学。视频媒体一般有以下几种运用形式。

1．视频运用在开篇

视频运用在课件的开篇，通过短小精悍且具有视听冲击力的视频片头，唤起学习者的注意，为后续课程内容的学习做好情绪准备。使用视频作为课件片头时，需要避免运用无关视频或过长的视频，以免干扰认知并影响课件运行效率。

2．视频运用在教学情境设立中

视频运用在教学情境设立中时，可利用视频在短时间内提供时间、地点、人物、事件等信息，将学习者置于虚拟的教学情境之中，使其感同身受。如训练酒店大堂经理处理突发事件的能力时，将客人因接待问题而投诉的情境以视频方式呈现给学习者，较之由教师口述要生动许多。

3．视频运用在讨论活动中

在讨论性的教学活动中，可以使用视频媒体在短时间内高密度、大容量地介绍话题背景，为讨论提供翔实的资料。如在历史学科教学中，通过视频介绍清朝中期的政治、经济、文化背景资料等。

4．视频运用在教学演示中

可以使用视频来演示教学示范时间长、操作难度大、需要多次重复、操作成本高、操作过程存在危险、不易观察的内容，部分替代教师现场示范，提高教学效率。例如，体育教学中的跨栏动作分析、军事教学中的爆炸场景等都可采用视频演示，如图4-18所示。

图4-18　使用视频媒体呈现爆炸场景

5．使用延时摄影视频

使用延时摄影视频可在短时间内呈现进程缓慢的变化。在表现植物生长、日出日落等变化缓慢的进程时，可使用延时摄影视频。它是指通过每隔一个固定间隔拍摄一张图像，最后将拍摄的一组图像组接起来，从而获得加速的变化影像，将原本缓慢的进程以较快的速度呈现出来，产生新奇、震撼的视觉效果。如在拍摄日落场景时，每隔10秒钟拍摄一张照片，拍摄20分钟后，将获得120张照片，然后使用视频剪辑软件将这些照片串接起来，在每秒25帧的播放速度下，就可得到太阳很快落下的时长为4.8秒的视频画面，如图4-19所示。

图4-19 使用延时摄影视频展现日落过程

6．使用高速摄影

高速摄影是在拍摄视频时提高拍摄频率，观看时仍按照正常速度播放，从而得到清晰、缓动的慢动作视频效果。高速摄影通常用来展现转瞬即逝、肉眼无法分辨的快速运动过程，如弹药爆炸、器物撞击破裂、子弹飞行等，如图4-20所示。

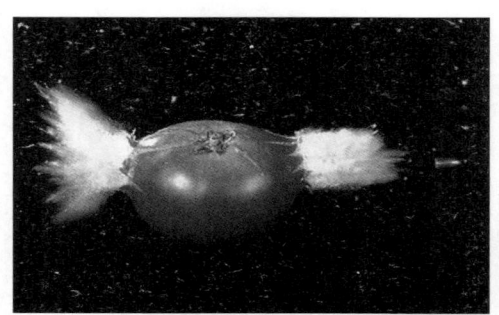

图4-20   高速摄影拍摄的子弹穿过番茄的瞬间

7．视频用于三分屏课件

在三分屏课件中，教师授课视频与PowerPoint演示内容、课程纲要一起构成课程的完整内容。视频部分主要用于呈现教师授课半身影像，这种面向学习者（镜头）的视频授课方式意在增加三分屏课件授课过程的人性化，如图4-21所示。

图4-21　三分屏课件中的视频媒体

8．视频用于微课中

近来备受推崇的翻转课堂教学模式中视频媒体的作用更为突出，教师将使用手机等简便视频设备拍摄的授课活动影像与使用PPT转换的课件视频组合在一起，制作完成授课视频，在较短的时间内以形声兼备的方式高效传达教学信息，学习者可以根据需要自定步调，重复、逐帧或定格学习教学视频，进而满足个别化学习的差异化需求。

第三节　多媒体课件中视频媒体的运用规范

视频媒体具有前面论述的诸多优点，合理地运用视频媒体传递教学信息，将极大地丰富课件的视听表现力；但运用中如果不注意视频的运用规范，则不会取得预期的教学效果。在实践中，需要在以下方面遵守视频在课件中的基本运用规范。

一、课件视频文件规范

1．视频的分辨率适中

在一般的课件设计中，页面中的真人实景操作类视频通常以小窗口播放的形式存在，播放窗口尺寸一般为满屏面积的1/4~1/2，对应的图像分辨率一般为640×480像素。在课件中不宜使用过高分辨率的视频，以免影响课件的传输和播放效果。

计算机屏幕录制类视频的数据量相对较小，并且需要向学习者呈现屏幕文本细节，因而该类视频的录制分辨率一般应为800×600像素以上，以保证清晰可辨的观看效果。

2．视频的文件格式合乎要求

在制作课件时，PowerPoint2010软件支持常见格式的视频导入，如SWF、ASF、AVI、MPG、WMV。如果系统中安装了Apple QuickTime播放器，则可以在PowerPoint中播放MP4、MOV和QT格式的视频。综合考虑视频文件的数据量和图像质量，为保证课件中的视频媒体清晰、流畅，使用MP4、WMV两种格式为课件准备视频媒体文件较为适宜。

3．视频时间长度适中

课件中的单个视频不宜过长，一般在5分钟左右最为适宜，在这个时间段内学习者可以保持较高的注意力。较长的视频可按照知识点分解为若干较短的视频片段后，分别引入到课件页面中来使用。单一视频时间过长，会降低学习者的注意力，进而影响学习效率。

二、课件视频拍摄规范

1．视频拍摄构图突出主体

视频拍摄构图、色彩、光线、影调力求突出主体、简化环境、主次分明，尽量减少背景与前景中无关物体的干扰，使得教学信息得以有效传递。这方面的规范与图像媒体拍摄的相关规范类似，此处不再赘述。

2．视频拍摄聚焦准确

视频画面中的焦点应准确锁定在被摄主体上，从而获得清晰准确的图像效果。使用具有自动对焦功能（AF）的摄像机拍摄视频时，在自动对焦模式下，当画面前景有物体运动变化时，焦点将前后漂移，影响主体的清晰稳定呈现。出现这种情况时，我们应切换到手动对焦模式（MF），将焦点锁定在被摄物体上，避免镜头内物体运动引起焦点前后漂移问题出现。

3．视频拍摄要稳定

对于以清晰呈现教学信息为目的的教学视频而言，影像的晃动将会严重影响学习者的认知，给学习者造成动荡不安的心理感受。一般情况下，不论是拍摄固定镜头还是运动镜头，都要使用三脚架固定摄像机（见图4-22），避免采用手持摄像机方式拍摄，力求画面稳定。

4．镜头运动要符合教学内容需要

现代科技解放了摄像机的拍摄视点，创作者获得了更多的自由去以各种运动方式拍摄被摄体，如使用变焦镜头、摇臂、斯坦尼康稳定器等进行运动拍摄。适时地采用摄像机运动方式拍摄能够增加视频的表现力，使镜头画面变得生动。常见的镜头运动方式有推、拉、摇、移等。

推镜头是逐渐靠近被摄主体的镜头运动。在推镜头中，被摄主体逐渐变大，周围环境逐渐变小，镜头从整体逼近局部。当教学视频需要逐渐接近被摄主体、展现主体细节时（如仪器仪表板显示），可使用推镜头，如图4-23所示。

图4-22　使用三脚架固定摄像机拍摄

图4-23　推镜头逐渐靠近主体，展现主体细节

拉镜头是逐渐远离被摄主体的镜头运动。在拉镜头中，被摄主体逐渐变小，周围环境逐渐变大，镜头从局部转向整体。当教学视频需要揭示主体所处环境、强调主体与环境的关系时，使用拉镜头。

摇镜头是指机身不做空间位置移动，而只做垂直或水平转动的拍摄运动。它主要模拟人眼的水平和垂直扫视动作。当需要水平或垂直展现连续景物时，可使用摇镜头。如在拍摄超宽幅面的国画作品时，静止镜头无法呈现国画作品全貌，而使用摇镜头能够很好地呈现。

移镜头是指摄像机在移动中拍摄静止或运动的物体，它主要模拟人在空间中移位时的视点，具有良好的空间表现和透视变化效果。当视频需要呈现空间中连续转换的视点时，可以使用移镜头来拍摄。如展现建筑空间的跨度时，使用移镜头有较好的表现效果。

要重视摄像机运动带来的认知干扰问题。对于以呈现教学信息为主旨的多媒体视频媒体而言，过多的、没有表现依据的镜头运动将使学习者的注意力被镜头画面的外在运动形式所吸引，影响学习者对镜头内容的判读。

　　运动镜头的拍摄应当把握"稳定""准确""匀速"的原则。在大多数情况下，需要使用三脚架固定摄像机来拍摄，拍摄过程中确保摄像机不晃动。在拍摄运动镜头的起幅、落幅时，构图要准确，不要犹豫重复，避免出现"拉风箱""刷墙"式的反复运动镜头。在运动镜头的拍摄过程中，注意摄像机运动速度的一致性，避免出现忽快忽慢、走走停停的现象。一个完整的镜头运动过程应当是由起幅的静态均匀加速至中间匀速状态，维持一段时间后，再匀速减至落幅静止状态。同时，为便于后期剪辑选择剪辑点，运动镜头的起幅、落幅处应停留3秒以上。

5. 使用特写、大特写景别突出教学重点

　　视频拍摄的景别划分与图像拍摄的景别划分一样，远景、全景、中景、近景、特写等景别的表意作用也大致相同。视频用于呈现教学资料，一般无需过多景别，全景和特写就可以说明大多数问题。下面重点谈一下视频媒体中应用较多的特写与大特写景别问题。

　　课件中的视频一般均为小窗口播放，其在教学页面中的呈现尺寸有限，这决定了它不适于大量使用全景来展现教学内容。如果课件视频使用过多的全景，学习者将无法辨认其中的细节内容；而特写、大特写以精微视点刻画主体细节，相对而言则能够发挥更好的内容补充、细节展示作用，因而在课件视频中，应多插入特写、大特写景别镜头进行局部细节演示，突出、强化重点。

6. 相邻镜头景别差异要大

　　拍摄同一表现主体的前后两个相邻镜头时，景别的差异要大，如图4-24所示。差异越大，镜头组接后的感观越顺畅。若同一主体相邻镜头景别差异小或没有差异，镜头组接后容易产生视觉跳动，这其中最为忌讳的是相邻镜头景别一致。当相邻镜头景别变化不大时，应采用不同的拍摄角度，以保证视觉顺畅。

图4-24　视频中前后镜头的景别差异要大

7．录制清晰的同期声

同期声是指在录制视频画面的同时录下的各种现场声音。当视频需要录制同期声时，应保证录音清晰，避免各种噪声的出现。在使用单反数码相机拍摄视频时，机身自带话筒会将机身操作噪声记录下来，影响录音效果。这时应使用外接话筒录音（见图4-25），以提高同期声录制质量。外接话筒录音时，还应控制好同期声的录音电平：录音电平过低，声音信号信噪比低，声音质量差；录音电平过高，则有可能导致声音失真。同期声的录制电平一般应控制在-12dBFS左右。

图4-25　配备外接话筒的单反数码相机

三、课件视频剪辑规范

1．视频剪辑应合乎学习者的生活经验

学习者在观看教学视频时，就是通过解读一个个的镜头，结合自己的生活经验和体会去理解视频的内容。因此，镜头之间的组接不是随意的，前一个镜头是后一个镜头的基础，通过前一个镜头来触发后一个镜头，前后镜头的组接必须符合人们的生活经验和思维逻辑习惯，这是学习者看懂视频的前提。如果镜头的组接不合乎生活经验和思维逻辑习惯，学习者就不能准确地理解镜头所表达的含义。

2．注重镜头组接的视觉流畅性

课件视频中相邻镜头的组接应确保视觉流畅，不应出现视觉跳动。

影响视觉流畅的因素很多，主要有形态因素（包括主体的空间位置、物体形状等）、运动因素（包括画面内主体的运动、摄像机运动等）以及影调、色彩、景别等。对于形态因素，在前后两个镜头相接时，画面主体不同而形态相同或相似，易获得视觉流畅效果；对于运动因素，要使其运动方向和动势能够顺畅表现；对于其他因素，也要符合人们的视觉心理，这样才能保持视觉流畅。

为确保视觉流畅，镜头剪辑时建议采用"静接静"和"动接动"组接方式。

"静接静"是指固定镜头之间的连接，包含主体静止的固定镜头连接和主体运动的固定镜头连接两种类型。在组接时要注意依据节目内容和造型因素，寻找剪辑点。内容因素使静止物体有一种逻辑关系，这是组接的基础。对于造型因素，要注意画面内主体造型的相似性及构图位置的一致性，这样可使组接流畅。如教师授课的中景固定镜头可以和近景固定镜头流畅地组接在一起。

"动接动"是指摄像机处于运动状态的镜头组接。在这类镜头相接时，要注意运动的方向和速度尽量保持一致。如果是一组连贯镜头的组接，应去掉起幅和落幅，以使组接始终处在统一的运动过程中。对于综合性运动镜头的处理，要注意把握主体运动趋势和位置等特点，选择合适的剪辑点。如图4-26所示，将向右侧摇摄的全景镜头和远景镜头在镜头运动过程中组接在一起，视觉上感觉很流畅。

图4-26　两个速度与方向一致的摇跟运动镜头组接在一起

3．视频的剪接率适中

剪接率是指单位时间里所组接的镜头个数，过高的剪接率和过低的剪接率都会对观看视频时的认知产生干扰。高剪接率的视频中每个镜头的呈现时间较短，在很短的时间内学习者来不及识别镜头画面内容；而低剪接率的视频中镜头呈现时间过长，将使学习者产生厌烦情绪，两者都不利于学习活动的进行。一般而言，全景景别的镜头呈现时间长度应在5秒以上，特写景别的镜头呈现时间长度应在2秒以上。

在教学视频媒体制作中，应根据表现的内容使用蒙太奇与长镜头技法进行展现。在表现连贯的示范动作和展示连续空间时，宜使用长镜头技法以较低的剪接率对整个过程和空间进行连续表现，以增强时空的真实感；而在省略时间、形成节奏、营造氛围时，适于使用各种蒙太奇镜头组接方式以较高的剪接率增加画面的感染力。

4．视频剪辑要保持影像空间位置和方向的一致性

在视频素材的后期剪辑中，将镜头中被摄主体的运动方向称为运动轴线，将多个被摄主体间的连接线称为关系轴线。依照经典的剪辑理论，相邻两个镜头的拍摄机位应该统一设置在轴线的一侧，这样做可以保证被摄主体在镜头画面中空间位置和运动方向的一致性，避免视觉跳动。现在越来越多的视频剪辑出于节奏、气氛的

需要，已经打破了这个轴线规则，使镜头画面具有了较大的视觉冲击力。但在以传递教学信息为目的的多媒体视频媒体中，多数情况下创作者需要遵循这个轴线规则。视频画面进行越轴的组接时，学习者便会感知到被摄主体在镜头画面中的位置、运动方向的不一致性，产生认知迷惑。如在拍摄田径教学视频时，如果同一个运动员在相邻镜头画面中的奔跑方向不一致，学习者便会茫然。如图4-27所示，拍摄人物沿着轴线运动时，1、2、3机位的镜头可以组接在一起，4、5、6机位的镜头可以组接在一起。

图4-27　镜头组接要选择在轴线同一侧的镜头

5．有效地使用视频特效

数字技术为视频剪辑过程中的特效处理带来便捷，我们可以随心所欲地调整单个镜头的色彩、明暗，处理画面特殊效果。适时、合理地使用视频特效能够增强教学视频的表现力。如在架子鼓教学中，在鼓手的演奏画面中插入对应乐谱变色动画和脚部低音大鼓的特写镜头，能让学习者在同一个画面内同步观察三者的变化，重点突出，形象生动，这种实时多通道的信息传递效率和画面表现力是单一画面无法企及的。

在实际运用中，也要避免为了追求画面效果而随意使用与内容无关的视频素材，以免干扰学习者的认知。

6．慎重使用镜头过渡技巧

镜头过渡技巧是指视频中两个相邻镜头间的转换方式，常见的过渡技巧有叠化、划像、画中画等。在现代影视制作中，数字技术使镜头间的过渡方式更加丰富多彩，多样化的镜头转换方式增加了镜头转换的可视性，伴随而来的问题是如果过多地使用镜头过渡技巧，学习者的注意力便会被技巧本身的形式感所吸引，干扰对教学内容的认知。在教学视频媒体中，镜头组接应以无技巧的"切"为主，避免使用过于花哨的镜头过渡技巧，特殊情况下应根据需要选择合适的镜头过渡技巧。

7．有效运用视频字幕

在活动的影像之上叠加说明、归纳、提示性的字幕，能够帮助学习者有效地理解画面信息，提高学习效率，因而要重视视频中字幕的有效运用。

在视频中使用字幕需要协调文字的数量、大小、颜色等，每行文字的数量应当适中。据一般经验，一般每行文字不应多于12个，过多的文字将使观众无法识读。

由于字幕通常是叠加于背景活动画面之上的，背景画面的亮度、颜色在时刻变化，所以字幕设计中应充分考虑字体、亮度、颜色与背景的对比关系。字体的亮度、颜色应与影像背景有较大的反差，使字体鲜明、清晰。建议字体使用白色，同时以黑色描细边，必要时施加阴影效果，这样可保证字幕在亮暗背景上都可以清晰辨认，如图4-28所示。

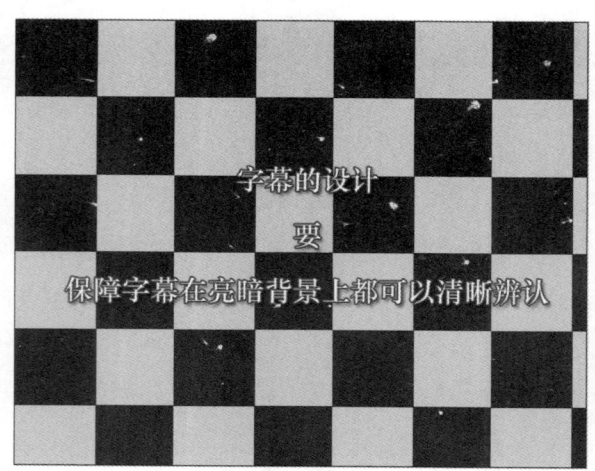

图4-28　通过描边、加阴影保证字幕在亮暗背景上都可以清晰辨认

四、视频媒体在课件页面中的布局规范

1．页面中只有视频而没有文字

页面中只有视频而没有文字时，视频应当布置在课件页面中央区域，视频窗口

面积一般不小于页面面积的1/2，视频窗口的水平中线在页面水平中线附近，视频窗口垂直中线与页面垂直中线对齐，视频周边保留适当空白，以形成通透的视觉感受，如图4-29所示。为了将视频更好地融合进页面中，可以为视频添加创意边框效果，如电视机、显示器边框等。

图4-29　页面中只有视频而没有文字时的布局

2．视频与文字混合排版

当页面中的文字为目录、概念、标题时，一般将文字放置在页面左侧，文字垂直中线放置在页面左侧三分线处，文字水平中线与页面水平中线对齐；视频布置在页面右侧，视频垂直中线放置在页面右侧三分线处，视频的水平中线与页面水平中线对齐；视频上下两端尽量与文字上下两端对齐，如图4-30所示。

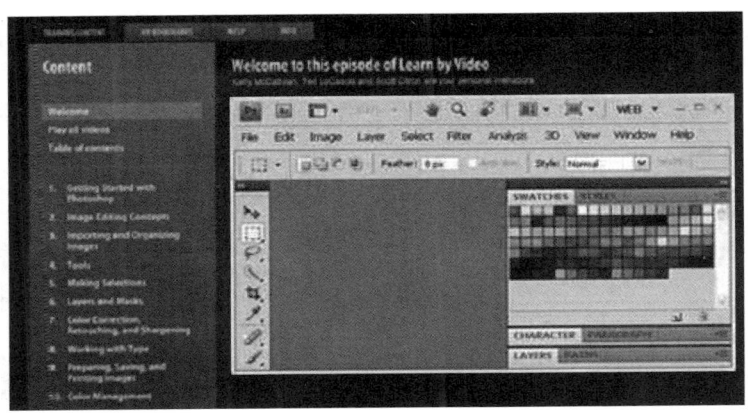

图4-30　视频位于页面右侧时的布局

当页面中的文字为视频内容细节的注释、解释等时，一般将文字放置在页面右侧，文字垂直中线放置在页面右侧三分线处，文字水平中线与页面水平中线对齐；视频布置在页面左侧，视频垂直中线放置在页面左侧三分线处，视频的水平中线与页面水平中线对齐；视频上下两端尽量与文字上下两端对齐，如图4-31所示。

图4-31　视频位于页面左侧时的布局

3．两个视频同时运用

同一页面中一般不设置3个及以上的视频，当两个视频同时存在于页面中时，一般将两者的水平中线对齐摆放，两者大小一致，并应分别设置各自的播放控制开关，以免同时播放，互相干扰，如图4-32所示。

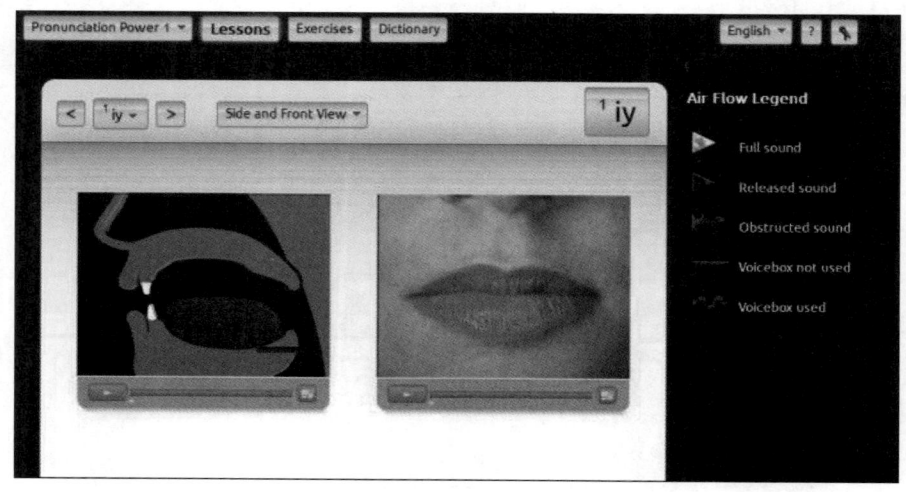

图4-32　两个视频同时运用时的页面布局

4．视频与图像混合排版

这时视频一般处于视觉主导地位，应首先确定视频的摆放位置，通常视频应放置在页面左侧三分线位置附近，然后将图像布局在页面右侧三分线位置附近，视频与图像媒体的上下端尽量对齐摆放，如图4-33所示。

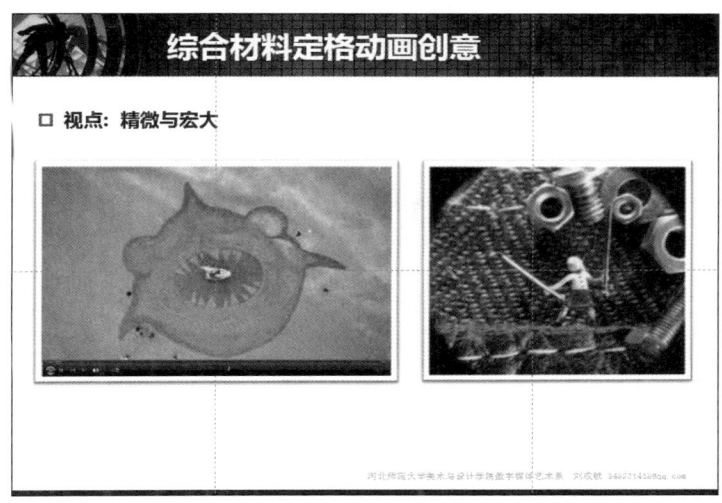

图4-33　视频与图像混合排版时的布局

页面中的视频媒体一般都应设置播放时的满屏显示切换开关，以满足学习者满屏观看视频的需求。这是因为视频媒体具有信息量大和画面瞬间呈现的特点，没有满屏显示功能的视频让学习者难以辨认其中的细节。

五、视频媒体在课件中的调用规范

1．视频媒体应设置良好的播放控制功能

在基于课件的教学活动中，教师或学习者经常需要对页面中的视频进行播放、暂停、快进、倒放、重放等多种操作，因此课件中的视频媒体应具备上述基本功能以方便使用。在一些需要精细分析影像的教学活动中（如分析跨栏运动时），逐帧前进、逐帧后退的功能也是必需的，课件设计者应充分考虑并实现上述视频播放控制功能，如图4-34所示。

图4-34　播放控制按钮

2. PPT视频媒体调用路径问题

在课件中使用的视频文件，应与课件运行文件放置在同级目录下，教师在不同的计算机上使用该课件时，应将视频文件与课件运行文件一起复制、使用，不可只复制课件运行文件，否则将出现课件运行时无法调用该视频文件的故障。如在图4-35所示的《马》课件目录下，"马奔跑视频.MP4"视频文件与"马.ppt"文件被放置在同一级目录下，当在其他计算机上演示该课件时，一定要将《马》课件目录下的所有文件一起复制过来。

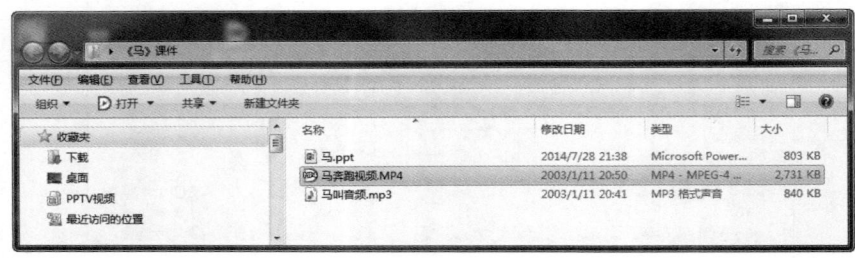

图4-35   PPT文件与引用的视频文件放置在同级目录下

第五章　动画媒体的运用与规范

动画是由若干帧彼此有内容联系的静态画面快速交替显示而形成的。当观者视网膜受到相邻画面的刺激后，大脑皮层的相应区域会兴奋。在足够短的时间间隔下，这两个兴奋之间发生融合，因而得到运动的影像感觉。也就是说动画的产生借助了人的视觉心理因素，是人工创造的运动影像。课件中的动画媒体就是指采用非实景连续拍摄手段人工制作的连续运动影像。

第一节　多媒体课件中动画媒体的分类与选择

动画媒体主要运用人工制作的运动影像符号，辅以解说、音响和音乐，视听结合地多维度双通道传送教学信息内容，具有时间和空间的高度自由性、展示的形象性、信息呈现的高密度性和表意的主观性等特点。主观、形象、生动、直观、准确地表现运动和运动地表现正是动画媒体的重要特征，因此，动画媒体特别适用于抽象原理的讲解和常规手段无法表现的动态过程演示等。如发动机运行时内部的活塞工作情况、血管内部血栓形成时的情境，这些都无法使用视频拍摄手段表现，而三维动画能很好地表现其过程。

动画媒体能够以生动直观的方式展示连续变化的过程。与视频媒体比较而言，动画媒体在展现直观变化过程的基础上，具有较强的抽象、概括能力，课件设计人员能够根据教学目标的需求，在动画设计中去除无关内容，突出重点内容，直逼事物本质。此外，动画媒体独有的夸张、变形、幽默等特点，使得它对学习者更具亲和力和友好性，更易于唤起学习者的视觉认知注意，激发学习者的主观学习兴趣。

基于以上优点，动画媒体在当今课件设计中正发挥着不可替代的重要作用，课件中所使用动画媒体的数量与水平也是衡量课件质量的重要因素。适时、合理地使用动画媒体，能够提高课件的信息传递效率，广大教师应给予充分的重视。

一、课件中动画媒体的分类

课件中使用的动画依据制作技术可以划分为两类：二维动画和三维动画。

二维动画是利用二维动画制作软件在二维空间内通过描线、上色、关键帧动画制作而生成的运动影像。线条、色彩简洁，装饰效果突出，概括、抽象性强是二维动画的核心特征。

三维动画是通过在虚拟三维空间内建模，添加摄像机、灯光、材质，制作关键帧动画而获得的运动影像。形象逼真、质感突出、空间感强是三维动画的核心特征。

依据动画的造型特征，可将动画划分为写实动画和抽象动画。

写实动画通过逼真的造型、材质与空间处理，尽量模拟真实世界的物体存在、运动状态。如在讲解齿轮传动原理时，可使用三维技术构建逼真的齿轮模型，添加真实的金属材质，制作符合传动规律的关键帧动画，以形象逼真的方式强化学习者的认知，如图5-1所示。

图5-1　齿轮传动的写实动画

抽象动画则在真实生活的基础上，对物体的外形及运动进行高度提炼、概括、浓缩，通过简洁的线条、色彩及空间变化来展示运动过程。如在讲授丝绸之路时，使用不断延展的线条将空间跨度极大的路线动态地呈现在学习者面前，有助于学习者对整体路线的了解，如图5-2所示。

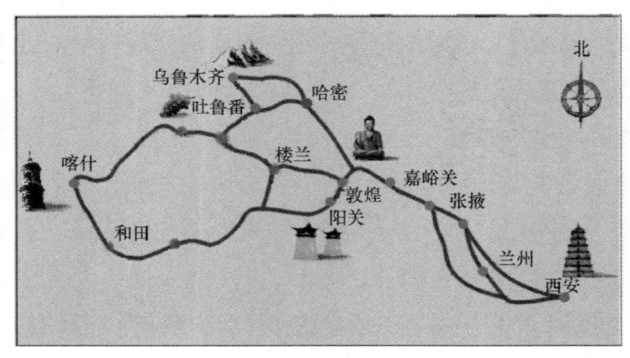

图5-2　丝绸之路的抽象动画

二、课件中动画媒体的选择

在课件制作中，应当根据教学内容呈现的需要，正确地选择、使用二维动画与三维动画。二维动画、三维动画各自具有不同的叙事表意特点。一般而言，二维动画的影像线条和色块简洁，视觉感观较为平面化，不具备较强的空间纵深感，对于二维空间内的运动具有较强的表现力，更适用于原理示意分析。此外，手绘的二维动画能更好地塑造个性化的造型，采用二维动画技术制作的角色与场景也经常用在夸张、诙谐、幽默的情境当中，如图5-3所示。

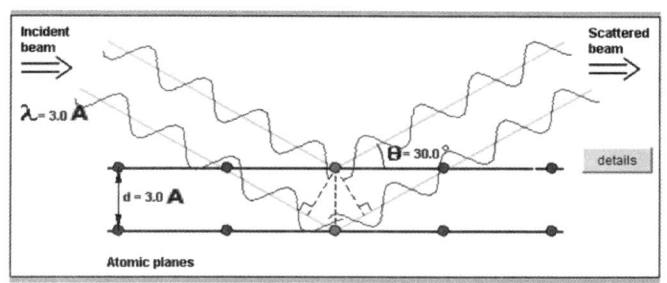

图5-3　原理示意分析类二维动画

　　由于制作技术的不同，三维动画影像具备更强的物体表面材料质感和空间立体感，在图像纵深感的表现上具有独特的优势，因此更适用于需要多视角、全方位观察的物体构造展示以及需要明确空间关系的机械运行原理介绍等，如图5-4所示。

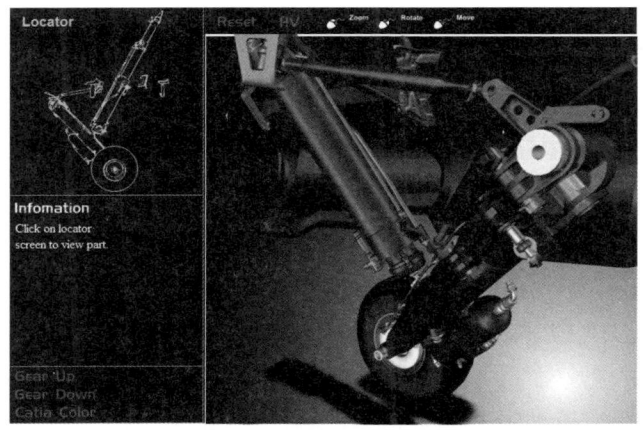

图5-4　三维动画用于需要多视角、全方位观察的物体构造展示

　　对于二维动画、三维动画形式的选择，需要综合考虑内容表现需要与制作经济性两个方面。当二维动画、三维动画两种方式均可实现教学目的时，应当优先考虑采用二维动画形式，因为相对而言，二维动画的制作较为经济、高效。在课件制作实践中存在一种错误认识，认为三维动画优于二维动画，这种错误认识导致的结果是不从课件教学内容表述的需要出发，片面追求动画制作的技术难度，耗时费力而

教学效果平平。应当明确的是，课件的形式一定是为教学内容服务的，并且要考虑动画形式的经济性。

第二节　多媒体课件中动画媒体的制作和运用

一、课件动画的制作

在计算机技术进入动画制作领域之前，动画主要通过人工手绘完成，耗时费力，一般人也无法掌握其制作方法。随着计算机图形学的发展，利用计算机进行动画制作的硬件、软件日益普及，计算机动画制作成为主流的动画制作方式，因此，课件制作人员应掌握基本的计算机动画制作技术。

二维动画和三维动画制作分别使用不同的软件，各自具有不同的制作过程。二维动画制作一般使用Flash软件来完成，在人工绘制原画的基础上，利用二维动画制作软件在二维空间中通过描线、上色、合成制作运动的画面。

此外，PPT软件内部也提供了移动、旋转、缩放、擦除等基本的二维动画制作手段，配合PPT软件的图形绘制功能，即可制作简单的二维动画效果。

三维动画制作时可使用Maya、3ds Max等软件，在虚拟的三维空间内建模，添加摄像机、灯光、材质，制作关键帧动画，如图5-5所示。二维动画和三维动画的制作过程较为复杂，具体方法参见Flash动画制作和3ds Max动画制作等各类动画制作书籍，本书不作论述。

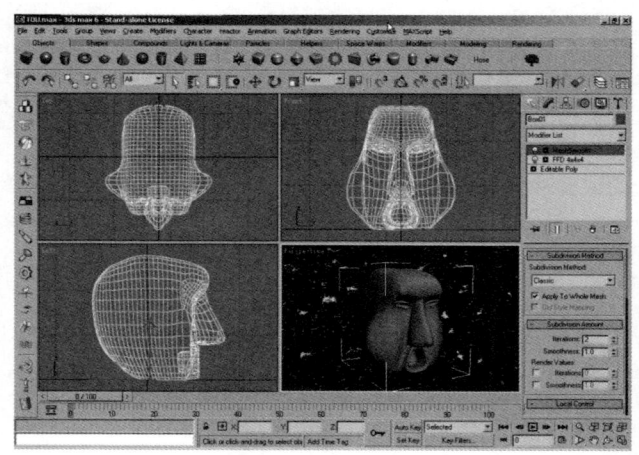

图5-5　3ds Max三维动画制作软件界面

二、课件动画媒体的运用

在课件设计中要充分发挥动画媒体形象、直观的表意作用，有效促进教学。概括地说，动画媒体在课件中有以下几种主要运用形式。

1．动画运用在课件的开篇

在课件的开篇位置，通过短小精悍且具有视听冲击力的片头动画，唤起学习者的无意注意，进而转化为有意注意，为后续课程内容的学习做好情绪准备。具体应用时，也需要避免运用与课程内容无关的动画或过长的动画，以防干扰认知并影响课件运行效率。

2．动画运用在教学情境设立中

在教学情境设立中，使用动画在短时间内提供时间、地点、人物、事件等信息，将学习者置于事先设计好的教学情境之中。如在训练银行大堂经理处理突发事件的能力时，就可采用动画形式，如图5-6所示。

图5-6　动画用于设立银行大堂教学情境

3．动画运用于虚拟角色

在情境化教学课件中利用动画手段塑造虚拟的角色形象，辅以个性化的语音和音效设计，作为学习者个别化学习的指导者或合作者，可以增强课件的亲和力和趣味性。如在一款幼儿识字课件中，设计者使用孙悟空卡通角色充当幼儿学习的指导者和合作者，生动有趣，可激发孩子们的学习兴趣，如图5-7所示。

图5-7 虚拟动画角色激发幼儿的学习兴趣

4．动画运用在讨论型教学课件中

在讨论型教学课件中，可以使用动画媒体在短时间内高密度、大容量地介绍话题背景，为讨论提供翔实的资料。如在历史学科教学中，通过动画概括介绍美国的建国过程，将相对分散、零乱的内容以生动有趣的方式呈现出来。

5．动画运用于运动变化呈现

运用动画独特的抽象、概括及主观表意功能，将教学中的重点与难点可视化、生动化，进而提高教学效率。例如，机床麻花钻头的工作过程使用视频和图像都难以表述清晰，而使用三维动画可以多角度动态显示其工作过程，给人留下深刻印象，如图 5-8所示。

图5-8 使用三维动画多角度动态显示麻花钻头的工作过程

在课件页面中，各类媒体的进入和退出方式应适度运用动画效果（如依次渐变、擦出、放大退出等），这样能够增加课件页面呈现与转换时的动感和趣味性，激发学习者的学习兴趣，调节学习情绪。

　　将适当的动画效果应用于课件的交互设计中，为交互按钮、交互热区增加新颖、美观的动感变化设计，使得交互操作更加人性化和艺术化，进而增加课件的趣味性。例如，在幼儿音乐学习课件中，界面中的按钮在鼠标指针经过时欢快地跳动，在鼠标左键单击时冒出音符，生动有趣。这些细微的动画效果会潜移默化地影响到孩子的学习情绪。

第三节　多媒体课件中动画媒体的运用规范

　　动画媒体具有前述的诸多优点，合理地运用动画媒体传递教学信息，将极大地丰富课件的视听表现力，增强课件的趣味性。为取得良好的教学效果，动画媒体的运用也需要遵循一定的技术与艺术规范。在实践中，需要注意以下基本运用规范。

一、课件动画文件规范

1．分辨率适中

　　在一般的课件设计中，教学页面中的动画通常以窗口播放的形式存在，动画窗口尺寸一般为满屏面积的1/4～1/2（见图5-9），对应的动画分辨率一般为640×480像素。在课件中不宜使用过高分辨率的动画，以免影响课件的运行播放效果。对于应用于网络平台的课件，更应该严格控制其页面上出现的动画媒体的分辨率。

图5-9　动画窗口尺寸一般为满屏面积的1/4～1/2

2．帧频正确

动画是由一系列连续的图像按照一定的时间间隔依次呈现而产生的运动影像。帧频就是每秒显示的图像数量，帧频越高，动画效果越流畅连贯，但同时消耗的计算机资源也就越大。如果动画媒体的帧频低于8帧/秒，画面将产生较为明显的跳动感，难以获得流畅的运动影像。综合考虑，一般课件中使用的动画帧频应为12～25帧/秒。

3．文件格式合乎要求

制作PPT课件时，PowerPoint软件支持常见格式的动画文件导入，如SWF、ASF、AVI、MPG、WMV。如果操作系统中安装了Apple QuickTime播放器，则可以在PPT中插入MP4、MOV和QT格式的动画。综合考虑动画文件的数据量和图像质量，为了保证课件中的动画媒体清晰、流畅，在课件制作中一般使用SWF格式的二维动画文件和MP4格式的三维动画文件。

二、课件动画制作规范

1．使用正确的插值曲线生成关键帧动画

课件动画制作利用计算机软件和硬件系统来完成，绝大多数计算机动画都可使用关键帧动画技术来实现。在关键帧动画技术中，创作者只需设定动画中几个关键帧的参数，动画软件即可通过插值运算生成关键帧之间的中间动画。中间动画是动画软件依据内置的速度曲线经运算后产生的，通过设定不同的速度曲线可以实现匀速、加速、减速等运动。在动画媒体的一个完整镜头中，较为适宜的主体运动变化是：由静止缓慢加速到匀速，维持一段时间后再缓慢减速到静止。这种速度变化类型利于学习者有效识别主体的运动状态。当速度曲线设置不正常时，过快的运动会使学习者产生焦躁感，过慢的运动会产生乏味感，忽快忽慢的运动会产生认知抖动感，突然开始或结束的运动则会产生突兀感，这些感觉都将干扰认知。

2．单个动画的时间长度适中

在课件页面中的单个动画长度不宜过长，一般单个动画的时长在2分钟内最为适宜，在这个时间段内，学习者可以保持较高的注意力。时间较长的动画可依据教学内容分解为若干个较短的片段后，分别插入到课件页面中来使用。如果单个动画时间过长，将会降低学习者的注意力，进而影响学习效率。

3．慎重选择动画表现内容

并不是所有的运动过程都适用用动画来表现，动画媒体更适合表现现实生活中

无法拍摄、不易拍摄或抽象概括的原理示意类运动影像内容。例如，人体血管阻塞的过程就适宜用动画来表现，而讲解武术动作就不适宜用动画来表现。动画是人工制造的运动影像，与视频运动影像比较，它的生活真实感稍弱，"计算机味道"较重。在表现现实世界的物体运动（尤其是学习者熟悉的物体运动）时，动画影像中的现实虚假性会引起学习者的无意注意，干扰认知。例如，在一个表现跨栏跑内容的教学课件中，创作者使用三维手段制作跨栏动画，运动员的动作细节呈现、动作流畅感都不及实拍真实、自然。这样的动画在演示跨栏跑动作要领时，画面虚假感将引发无意注意，干扰学习。

4．应使用合适的景别展现教学对象

动画用于呈现教学资料，一般无需过多景别，通常全景和特写就可以说明大多数问题。与视频媒体的景别运用类似，特写和大特写景别通常用于展现物体的局部细微结构与动作，是能够发挥动画媒体独特作用的一种景别。如在医学静脉留置针教学中，三维动画使用大特写景别将静脉留置针在皮下血管内的错误操作细节图像呈现给学习者，而这种图像是无法使用常规手段用肉眼观察到的，如图5-10所示。

图5-10　特写和大特写景别通常用于展现物体的局部细微结构与动作

三、课件动画媒体的调用规范

1．动画媒体应设置便于操作的播放控制功能

在教学课程中，教师或学习者经常需要对课件页面中的动画媒体进行播放、暂停、搜索、重放等操作，课件中的动画媒体应具备上述基本交互功能。在一些需要精细分析影像过程的教学活动中（如分析动画角色运动规律时），动画媒体的逐帧前进、逐帧后退功能也是必需的。课件设计者应充分考虑用户的功能需求，并实现上述动画播放控制功能，如图5-11所示。

图5-11　动画媒体应设置便于操作的播放控制功能

2. 不在课件页面上使用与教学内容无关的动画

　　动画媒体具有生动有趣、形式活泼的特点。有些教师为了增加课件页面的趣味性，在页面上添加了一些与课程内容无关的动画内容，如闪动的校徽、旋转的地球、搞怪的卡通人物等。这些与教学内容无关的动画图标、按钮等虽然丰富了页面的视觉构成，但是也在很大程度上分散了学习者的注意力，干扰了认知。对于低幼年龄的学习者而言，这种视觉干扰尤为明显，我们需要避免这样使用动画媒体。

　　除去以上动画媒体的规范外，动画媒体关于构图、色彩、影调及在页面中调用等运用规范与视频媒体的运用规范类似，这里不再复述，请参阅第四章视频媒体运用规范部分。

第二部分
多媒体课件的运用与规范

第六章 多媒体课件的整体设计

在现代教育与教学过程中，多媒体技术应用于教学，它的图文并茂的特点可以使教学过程变得生动活泼，提高学习者的感知水平和学习兴趣；它的图形演示功能可以为教师提供形象表述工具，使许多抽象的教学问题变得具体形象，提高知识的可接受性；尤其是它的模拟仿真功能，可以使传统教学中一些无法做到的演示变得轻而易举。

第一节 多媒体课件的类型

一、多媒体课件的教学类型

多媒体课件根据内容与作用的不同，可以分为以下几种类型。

1. 助教型

助教型多媒体课件是为了解决某一课程的教学重点与教学难点而开发的，知识点可以不连续，主要用于课堂演示教学，因此，也称课堂演示型多媒体课件。助教型多媒体课件注重对学习者的启发、提示，或帮助学习者理解，或促进学习者记忆，或引发学习者兴趣，有利于学习者变被动学习为主动学习。

助教型多媒体课件一般是由教师自行编制的，常见的类型有两种：一种是用工具软件PowerPoint制作的演示幻灯片，也称电子教案；另外一种是利用多媒体创作工具软件Authorware制作的教学软件。无论哪一种均能够在直线式演示的基础上，根据需要实现跳转和链接功能，在合成了图、文、声、像等多种媒体元素的同时，体现了多媒体课件的交互性。助教型多媒体课件适于各学科演示重点内容、难点内容、数据图表、动态现象、模拟示意等，可用来配合课堂的讲授、讨论、练习和示范。

2. 助学型

助学型多媒体课件通过体现在界面上的交互性设计，让学习者进行人机交互操作，可以让学习者自主进行学习，所以也称自主学习型多媒体课件。

助学型多媒体课件具有完整的知识结构，反映一定的教学过程和教学策略，提供相应的形成性练习供学习者进行学习评价。助学型课件的结构与演示文稿制作型课件有所不同，课件结构的主要关系不是顺序的线性，而是以非线性网状结构为基础，学习者通过选择链接来选择信息。

在设计功能较全、需要组织和利用大量信息或对学习者实现有效监控的助学型多媒体课件时，要用数据库来支持课件的运行。在小型课件中，也应该按照数据库的规范组织信息。由于非线性数据结构容易使学习者在信息浏览中迷失方向，偏离学习目标，还需要与多种导航方法相互配合，构成课件的导航系统。

3．训练与练习型

训练与练习型多媒体课件以试题的形式训练、强化学习者某方面的知识和能力。课件中显示的教学信息主要由数据库来提供。这种类型的课件在设计时要保证具有一定比例的知识点覆盖率，以便全面地训练学习者和考核其能力水平。

训练与练习型多媒体课件可给学习者提供与所学到的例子相似的练习项目，通常是一次一个项目，对每个项目给予反馈，反馈的内容取决于学习者的输入，反馈形式包括简单的对或错判定、提示继续尝试、动画演示以及语言解释等。有的课件是当学习者回答正确时，直接进入下一个练习项目。

4．实验型

实验型多媒体课件利用计算机仿真技术，提供可更改参数的指标项，供学习者进行模拟实验或操作时使用。学习者使用实验型多媒体课件，当输入不同的参数时，能随时真实地模拟对象的状态和特征，例如模拟各种仪器的使用、多种技能的训练等。实验型多媒体课件强调学习所模拟的特定系统，而不是学习普遍的解决问题的技能和策略。

模拟是用多媒体技术再现真实的或想象的系统，用于教授系统如何运作。根据模拟的教学目的和所模拟的内容，模拟型课件可分为物理模拟型课件和过程模拟型课件。物理模拟是指在屏幕上呈现物体或现象，主要用于事实、概念等陈述性知识的学习。例如，让学生连接电路，观看电路的通断现象。过程模拟是指加快或减慢通常不便于观察的真实过程，或是把抽象的事物变化发展过程可视化。过程模拟可以让学生多次地运行模拟步骤，每次运行开始时选择变量值，观察所发生的现象，并解释结果。

5．资料积件型

资料积件型多媒体课件包括各种电子书、辞典和积件式课件，一般仅提供某种教学功能和某类教学资料，并不反映完整的教学过程。这种类型的课件可供学习者和教师进行资料查阅，也可以根据教学需要，对其中的资料进行编辑和集成，形成新的更加适用的多媒体课件。

二、网络版多媒体课件

随着互联网技术的发展，基于网络的教育技术逐渐成为现代教育的支撑技术。网络版多媒体课件有诸如存储资料的丰富性、拓展更新的便捷性、超越时空的共享性等很多优势，解决了很多单机版课件无法解决的问题。

网络版多媒体课件是基于Browser/Server（浏览器/服务器）模式开发的、能在互联网或局域网上发布的课件，其本质是一种Web应用程序。网络版多媒体课件运行在服务器上，学习者只需要用浏览器访问就行了。现在很多在网络上运行的课件，其开发都没有脱离单机版的影响，仅仅是对教学内容进行演示，这不能说是真正意义上的网络版多媒体课件，只能说是具有网络功能的单机版课件。

1．网络版多媒体课件的特点

（1）开放性

网络具有很强的信息容纳能力、传递能力和组织检索能力。网络版多媒体课件应发挥网络的这些优势，尽可能满足学习者自主求知的要求，为学习者的个别化学习提供丰富的资源；应具有充足的信息量，教材、背景材料展示完整，相关资源成系列化，能够帮助学习者全面掌握教学内容；能为学习者之间、学习者和教师之间提供讨论与交流的空间，为学习者的讨论式学习、探究式学习提供可能性。

（2）动态性

网络版多媒体课件以动态的网络为载体，可以随时更新。课件可以从较少的内容开始，不断充实、完善，随时调整以满足各方面的要求。同时，网络版多媒体课件应尽量发挥动态网页的优势，具有管理功能和及时更新功能。

（3）交互性

交互性是互联网最明显的优势之一。处于互联网之中的网络版多媒体课件除具有自身的交互功能外，还可以通过超链接与外界网络交互，通过BBS等实现人与人的交互。网络这个信息平台提供的浏览器、E-mail等工具，在普及性、通用性等方面优于任何单独开发的单机版多媒体课件中的交互工具。

（4）自主性

自主性指网络版多媒体课件为学习者提供了自主学习的平台，学习者不但可以自主学习课件提供的内容，还可以通过课件链接到更多的数据库、更多的相关资料，根据需要不断完善自己的知识体系。所以，网络版多媒体课件更强调将教学大纲、学习目标等明确地告诉学习者，使学习者的学习过程有章可循。

2．网络版多媒体课件与单机版多媒体课件的区别

不需要任何网络服务，安装到一台计算机上使用的多媒体课件称为单机版多媒体课件。长期以来，单机版多媒体课件在计算机辅助教学领域充当着重要角色，教师在多媒体教室中上课用的课件一般都属于单机版多媒体课件。随着互联网的迅速发展与广泛运用，另一种基于网络的课件应运而生，它是计算机多媒体技术与网络技术相结合的产物，有着信息共享、交流便捷等诸多优点。二者的区别如下。

① 开发环境不同。单机版多媒体课件主要采用Flash、Authorware、Director、PowerPoint及一些软件公司提供的通用多媒体软件生成工具进行开发。网络版多媒体课件的开发主要采用基于Web的技术来实现，通过网页开发工具（如Frontpage、Dreamweaver）以ASP+后台数据库或JSP+后台数据库等方式加强和用户的交互处理，方便远程用户的学习。

② 运行环境不同。单机版多媒体课件可在一台计算机上运行，不要求网络环境；网络版多媒体课件首先要求网络环境并受网络传输速率限制，但不需要安装，课件在服务器上运行，用户只需用浏览器访问就行了，使用简便快捷。

③ 资源使用情况不同。单机版多媒体课件难以达到资源共享，网络版多媒体课件可以通过互联网达到共享。单机版多媒体课件只能使用本地资源，对媒体资源数据量的限制不是很严格；网络版多媒体课件运行在服务器上，媒体资源需要通过网络传输到本地机浏览器中显示或下载到本地机上，媒体资源的数据量受网络传输速率的限制较大。

④ 资源更新能力不同。单机版多媒体课件升级比较麻烦，更新比较困难；网络版多媒体课件可以通过数据库及时更新。网络版多媒体课件中可能包含单机版多媒体课件。

⑤ 学习管理能力不同。单机版多媒体课件在技术上较难实现学习者的学习跟踪和管理，不能实现学习者的协同学习和动态管理；网络版多媒体课件在这方面比较擅长，它能够及时收集信息，支持点对点的沟通，也使得教师能够方便地掌握学习者的学习情况。

⑥ 交互能力不同。由于单机版多媒体课件制作技术和运行环境方面的限制，学习者往往要跟着课件走，难以选择适合自己的学习策略；网络版多媒体课件资源更新快，内容多，交互极为便捷，为学习者提供了主动选择学习内容的环境，学习者拥有更多的自主权，学习者之间、师生之间、学习者与外界之间有了更多协同学习、工作的机会和渠道。

⑦ 界面设计不同。单机版多媒体课件的界面设计追求和谐美观、使用方便，更强调艺术性；网络版多媒体课件需要在浏览器中运行，整体感再强的界面设计也要与浏览器的菜单、工具栏同时显示在屏幕上。另外由于网络传输速率问题，必须考虑页面的数据量，所以网络版多媒体课件更以资源丰富、使用方便取胜。

教师在选择是开发单机版多媒体课件还是网络版多媒体课件时，不仅要考虑到应用领域，还要考虑到这两种课件的媒体表现力、教学能力等方面的问题。

第二节　多媒体课件设计的指导思想和编制原则

一、多媒体课件教学设计的指导思想

多媒体课件是一种根据教学目标设计的，表现特定的教学内容，反映一定教学策略的计算机教学程序。它可以用于教师进行辅助教学，也可以让学习者进行交互操作的自主学习，并可对学习者的学习做出评价。制作的多媒体课件要体现以下思想。

① 体现知识的意义建构过程，使多媒体课件成为学习者进行探索和发现学习的认知工具。多媒体课件要改变简单的演示型模式。由于传统观念和设备条件的影响，目前多媒体课件在教学中的应用层次大多数只停留在课堂演示教学上，只作为教师课堂教学的一种演示工具，各类学科的多媒体教学还是采用传统的教学模式，没有发生根本性的改变。随着教学改革的深入，现代教育技术和多媒体技术已经成为进行教学改革的突破口，多媒体课件在新型的教学模式中已作为学习者学习的一种认知工具。因此，在多媒体课件的设计中，既要注重教师的教学过程，也要重视学习者的认知结构。多媒体课件要改变简单的演示型模式，从而真正成为学习者探索和发现学习的认知工具。

② 重视问题与回答方式的设计，提高学习者的主体参与程度。高水平的问题能引发学习者进行有效的思考，理解事物之间的关系与规律。设计灵活多样的回答方式，如电子笔记本、电子邮件以及各种各样的练习题等，可以为学习者提供发表

意见的环境，充分体现学习者的主体地位。

③ 加强对学习者的引导和帮助，促进学习者对知识的意义建构。在导航策略的设计中，通过对学习者自主学习的引导、协商学习中所提供的帮助以及评价练习中所出现的提示语言，可以促进学习者对知识的意义建构。

④ 提供丰富的多媒体资源，创设有意义的学习情境。丰富多彩的多媒体资源可以为学习者创设有意义的学习情境，扩大学习者的知识面。课件中提供各种各样的多媒体资源，如"资料箱""工具箱""资料架"等，使多媒体课件能够成为学习者的认知工具。

⑤ 实现软件强大的超链接结构，启发学习者的联想思维。超链接结构可以实现教学信息的灵活获取以及教学过程和教学结构的重新组织，适合于不同层次水平的学习者的学习需要，有利于因材施教。另外，课件的超链接结构还可以引发学习者的联想，培养学习者的思维能力。

⑥ 体现知识内容的关系。知识结构的设计要正确体现知识内容之间的关系，要涵盖所有的知识点内容。

⑦ 体现学科教学的规律。各个知识点的关系要体现学科的教学特点，反映学科的教学规律。

⑧ 重视诊断评价的设计。多媒体课件设计中的诊断评价设计是先向学习者提出问题，等待学习者回答，再向学习者提供反馈信息。提问和等待学习者回答，一方面能检查学习者对讲授内容的掌握情况；另一方面通过各个方面的提问，能促进学习者进行深入的思考，使学习者对问题的理解逐渐深化。此外，还要通过提问大量的重复性问题，让学习者能熟练运用这些知识和规律，使短时记忆通过反复加深变成长期记忆，并建立起联想式的知识结构。

及时的反馈可以帮助学习者在尝试过程中修正自己的认识，不论补救性反馈还是鼓励性反馈，都可促进学习者加深认识和记忆。提问—应答—反馈的教学过程能促进学习者围绕教学目标进行思考，做出反应，并获得新的认识。

诊断评价可以将问题设计成问答形式，一般应包括提问、应答和反馈3个部分。

① 提问部分：是整个问题的第一部分，提问是否为学习者所理解将直接影响回答的结果。因此，提问部分必须意义完整、问题明确，能促进学习者进行思考。提问可用是非题、选择题等。

② 应答部分：按照提问要求，将学习者可能做出的反应情况全部罗列出来

（或设计成由学习者自己输入的形式），根据这些可能性，计算机将做出不同的反应。应答部分的设计应采用一题一答的形式，易于实现。在学习者应答问题时，应适当给予提示，以让他们有较多的成功机会，对应答结果的判断应与评分相结合。

③ 反馈部分：对于学习者的回答，应给予相应的反馈。对于正确答案，给予鼓励性反馈；对于有缺点的、错误的答案，应给予指正，并根据不同的情况分别做出"指出错误""要求重答""给出答案""辅导提示"等不同形式的反馈。

二、多媒体课件的编制原则

1．教育性原则

任何教学都必须围绕着一定的教学目的进行，应对学习者掌握某门课程的基础知识和基本技能、开发学习者的智力以及提高教学质量起到良好的作用。教育性是指教材应遵循认知规律，要有明确的教学目的，有助于教学对象加深对知识的理解和掌握，并通过各种媒体的合理运用和巧妙组合来增强教学内容的新奇性和趣味性，以激发学习者的求知欲。教学内容的展示要符合心理学规律，应充分分析和研究教学对象的心理状态，利用巧妙的构思和不同的节奏形式来推动学习思维活动，帮助学习者进行分析、对比、判断、综合，把教学中深奥抽象的概念转化为有条理的具体形象，做到由表及里、由此及彼、从感性到理性，从而达到良好的教学效果。

2．科学性原则

要正确地反映科学知识和现代化科学技术，就必须要求制作的课件具有高度的科学性。对于传授科学知识的课件，必须保证其表达的内容正确无误、逻辑严谨。进行模拟仿真时，动画特技要合情合理，所表现的图像及色彩要反映客观的真实性，不能使学习者对教学内容产生误解或不准确的理解。只有选题准确，传递知识、信息正确，才能保证课件的教育性，才可确保其具有真正的教育价值。

3．集成性原则

所谓集成性一方面是指多种媒体信息设备的集成，如视频设备、音频设备、存储设备和计算机的集成；另一方面则是指多种媒体信息载体的集成，如文字、图形、动画和声音的集成。在保证教育性和科学性实现的前提下，多媒体课件的编制主要体现在多种媒体信息载体的集成上，即如何对文字、图形、图像、动画、声音等进行艺术加工和处理，使其具有较强的表现力和感染力。

一部好的课件必须要有好的媒体设计，这就要求制作者不但要掌握多种媒体信息载体的集成方法，还要了解各种媒体本身的特性与功能，恰当地选择与科学地使用媒体。

　　教学媒体是根据不同的教学活动要求选择的，众多媒体各有特性、各有优势，没有全能的单一的媒体可以适用于任何对象与内容的教学。在实际制作中应合理地选择与集成媒体，而不能偏爱哪一种就用哪一种，熟悉谁就多用谁。如有的课件一味地采用动画或者到处插入视频，没有认真分析教学内容的性质，不重视媒体设计，所用的媒体不能充分、有效、最优地表现教学内容，从而影响教学效果。因此，在对不同媒体形式使用的总体设计中，应充分考虑到其各自的表现特性，做到科学选择、优化组合，使其发挥各自的表现能力，使教学内容得以充分展示。

4．交互性原则

　　交互性是多媒体课件区别于其他教学形式的最重要的特征之一。以前常用的电视教材虽然是由多种媒体形式组成的，但并不是多媒体教材，其原因在于电视教材的教学信息在展示时间和空间上是线性的、不可逆的，不便于学习者任意选择与组合，更无法为学习者的自学和自测提供良好的交互功能。

　　交互性是指教学对象在学习时对媒体的操作方便、控制灵活，学习者可根据学习的程度与需要随时搜索、寻求帮助与评定，人与机器之间形成一问一答、相互交流信息的特征。

　　在编制多媒体课件时怎样实现交互呢？通常课件的编制者向学习者提供一个容易接受、掌握和使用性能优良的交互界面，它是人与计算机系统进行信息交流的通道。学习者可以通过交互界面输入一定的信息，而计算机则通过交互界面向学习者呈现一定的信息。交互界面的主要表现形式有窗口、菜单、按钮、图标等。

　　要使课件具有足够的交互性，制作者一定要摆脱传统的线性思维模式以及单向的时空观念，要充分考虑使用者的处境及需要。首先在教学内容的设计中就应考虑采用交互式表达方式。交互性是教学内容与学习者之间沟通的桥梁，是多媒体教材与传统教材的主要区别。

5．实用性原则

　　实用性是指课件的选择与设计要考虑到教材与学习者的实际情况，并非所有的课堂教学都需要用计算机多媒体进行教学。对于几句话能讲清楚的教学内容也用计算机进行教学，或者为了"装饰"课堂，用与教学内容没有十分密切联系的软件都是不恰当的。

　　在选择或设计多媒体课件时，需要考虑到实用性。如果课堂的内容用传统的教学模式或媒体就能取得良好的效果，就可以用传统的教学模式或媒体。如果一堂课用传统的教学模式不能有效地突破教学难点，引起学习者的兴趣，收到较为理想的教学效果，则可考虑设计或选用相应的多媒体课件。

6．个别化原则

人在认知方面存在着个别差异，这种个别差异可分为3种类型：视觉型、听觉型和触觉型。因此，对于不同认知类型的学习者应采用不同的学习和使用多媒体课件的方式，尽量使学习者获得他们自己所需要的使用方式。

个别化是多媒体课件较为重要的特征之一。多媒体课件要突出体现个别化特点，应能适应学习者的个人特性。对于视觉型的学习者，应多提供视觉方面的图文；对于听觉型的学习者，要提供更多的音响或语言；对于触觉型的学习者，除了视听外，还要提供操纵一类的使用方式；对于认知能力不同的学习者，要提供不同程度的学习内容和学习路径等。另外，多媒体课件还应使学习者根据个人需要和兴趣，方便地选择学习时间、学习内容及调节学习进度。

7．经济性原则

多媒体课件的制作，需要花费大量的人力和物力，所以以最少的投入编制出高质量、高性价比的多媒体课件，应是我们追求的目标。

在实际教学应用过程中，一部较好的多媒体课件的主要特征应体现在具有丰富的教学内涵和强烈的技艺感受两大方面。其中教学信息量的大小，科学性、教学性的好坏，交互性、使用性的强弱是衡量一部多媒体课件内在质量的核心。而媒体是否多样，形式是否新颖，表现是否生动，图形、图像与运动是否多样、清晰、流畅是衡量其外在技艺的关键。体现多媒体课件经济性的原则是在同一教学内容的情况下，使用的媒体越简单、越方便、越经济越好。

上述多媒体课件的选择与编制原则，还需要教师在多媒体课件的制作过程中不断地进行修改和总结，以便更好地为教学服务。

第三节　多媒体课件设计中的心理策略

一、多媒体课件媒体设计中的心理策略

引起注意、提高感知、提升美感情绪、加深理解和增强记忆是促进与影响心理策略的多种元素。有效合理地设计这些元素，可进一步提高多媒体课件的使用效果。

1．引起注意

注意是对一定对象的指向和集中，显示人对认识活动的客体进行了选择。多媒体课件所引起的注意既有审美注意也有认知注意。对于学习目标主要是认知目标的教学内容来说，审美注意是感性的，属无意注意，是出于对美的画面的欣赏自发产生的注意，具有适度的冲击力，但持续性不强；认知注意是理性的，属有意注意，是对教学内容自觉产生的注意，持续性较强。在学习的初始阶段，审美注意可以加强或减弱认知注意，而认知注意则使审美注意稳定化，达到大脑皮层适中的兴奋水平，进入学习状态。在学习过程中，认知注意将压倒审美注意，但审美注意仍然在潜意识中支持着学习过程。当认知产生疲惫的时候，审美注意能够随时浮出并对认知注意加以调节。

① 在界面设计中，保守元素与创新元素相结合。刻板的、一成不变的画面难以引发学习者的兴趣，非常新奇的东西也不能得到学习者的认可。只有二者相结合，才能既引发学习者注意，又使学习者快速、愉悦地进入学习状态。

② 课件中动静结合。动态媒体的适时提起，有利于强化注意。

③ 课件不同界面统一中的变化也有利于注意的产生和延续。

④ 课件功能完善，使用方便快捷，也是稳定学习过程的主要因素。半天找不到操作按钮，想退出时退不出来，都不利于注意力的集中。

2．提高感知

感觉是审美和认知的共同基础。感觉一方面是生理上的舒适，来源于色彩、构图等纯粹的画面形式；另一方面来源于学习者固有的心理图式。心理图式可以解释为人类经过漫长的历史进程而产生的心理结构，如绿色使人联想到山林草原，蓝色使人联想到天空、科技等。在感觉阶段，多媒体画面引发的愉悦心境，对于调整学习者的情绪、集中学习者的注意力、增添教学内容的亲和力等都具有不可低估的作用。

知觉是对画面或媒体的整体把握，包含对完整画面所具有的含义和情感的把握。期望在知觉中发挥重要作用，某一个元素在不同的情况下会被知觉为不同的物体。比如一个蓝色的圆，在地理课的媒体中可以代表地球，在化学课的媒体中可以代表氧原子，学习者根据环境和当前的目的性行为来进行判断。

① 在构图、色彩、装饰等因素中挖掘对某一学习者群体具有亲和力的因素。

② 知觉具有整体性。只有画面中所有的要素平衡时，知觉才能够达到平衡。不平衡的媒体造型或界面设计会造成学习者心理上失衡，产生担心和焦虑的情绪。

③ 知觉具有理解性。知觉的理解性是指以过去的经验和现实情况对画面（或元素）做出某种解释（如上文所提到的"蓝色的圆"），根据知觉的理解性可以设计制作出多样性、艺术性的教学媒体。

④ 知觉对于规则的形式易于把握，又对较为复杂的形式感兴趣。教学媒体形式不能过于单调，也不能过于复杂多变，要以多样统一为原则，达到知觉的均衡舒适。

3．提升美感情绪

情绪受外界刺激所具有的价值和意义的制约。教学媒体是一种刺激，它能否满足学习者的各种需要决定了学习者产生何种情绪，而所产生的情绪又会影响学习过程。教学媒体引发的美感情绪是底层的心理因素，默默地影响着整个学习过程。能够满足学习者审美要求的媒体可为学习者创建良好的情绪，在这种状态下进行学习，学习者的思路开阔，思维敏捷，解决问题迅速。同时，学习者会增强对知识的理解和掌握的自信心，也会增强对本门课程的兴趣和进一步学习的愿望，这种情绪在接下去的学习中将发挥正面的作用。反之，学习者对媒体传达的教学内容不能理解、掌握时，则会产生逆反心理。

① 尽量选择能给学习者带来愉悦心理感受的构成元素；构图尽量开阔、畅通，不要形成"堵"的心理感觉；尽量选择能带来稳定、愉快情绪的色彩和色彩搭配。

② 作为唤起道德情感的教学传达媒体，视频画面是最有效的，静态图像、语言、文字依次类推。

③ 以促进知识点的学习为目的，媒体设计尽量简单。

4．加深理解

直观性是多媒体促进理解的根本属性，多媒体有使文字符号内容丰满起来，使枯燥的概念、命题鲜明生动起来的作用。视听教育的理论核心是戴尔的"经验之塔"，其中"做的经验"比"观察的经验"和"抽象的经验"更容易被学习者理解与掌握。"做"对信息的理解属直接理解范畴，而"观察"和"抽象"属间接理解范畴。间接理解要通过语言、演示等中介来进行，中介越抽象，理解效果就越差。多媒体是一种较直观的中介，能够弥补学习者直接经验的不足，同时又比单纯的文字、语言等抽象媒体容易被理解和掌握。

多媒体的非线性表达也可促进理解。语言和文字都是在时间轴上展开的，是线性的，理解过程必然包含对刚刚讲述的话语的记忆，这就增加了大脑的负担；而多媒体表述是线性与非线性相结合的，又在时间轴上结合了空间轴的表示方式，相关知识有可能一次性地展现在学习者面前，减轻了短期记忆的负担，促进了理解。

①　努力提供"做的经验"和"观察的经验"，尽量少提供"文字"等抽象的经验。

②　提供清晰的图像或视频，选用的媒体应尽量具有艺术感。

③　注意留出时间或空间的空白，留出学习者想象的空间。

5．增强记忆

记忆是学习的基础，学习是在记忆的基础上培养能力。记忆分无意记忆和有意记忆两种。无意记忆的优点是消耗精力少，维持时间长；缺点是难以控制。无意记忆倾向于有重大意义的、能够引起兴趣的或能激发强烈感情的事物。多媒体设计丰富多彩、形象生动，能够表现情节，符合无意记忆的选择规律。有意记忆要经过一定的努力，其过程一般是由短时记忆进入长时记忆。长时记忆是指信息经过充分加工后，在头脑中长时间地保留下来。短时记忆是信息进入长时记忆的一个容量有限的缓冲器，信息在此保留的时间是5秒到2分钟，通过复述进入长时记忆。

当学习者注意到学习内容时，这些信息就存在于短时记忆之中了。一般认为短时记忆的容量是（7±2）个组块，这里的组块既可指一个小的认知单位，也可指由若干个较小单位组合成的较大的认知单位。如果能利用各种办法划分短时记忆组块，学习者不仅能提高自己的记忆能力，而且可以减轻记忆的压力。

在记忆过程中，往往有一个信息转化为表象的阶段。多媒体可为学习者提供表象，并能通过夸张、强调等手段突出教学内容的某一部分或某一因素，将直接促进理解和记忆。

①　尽量设计情节化的教学内容或媒体。

②　注意学习者短时记忆的组块原理，不能在一幅界面中安排过多的知识点，也不能将具有整体性的知识点分散安排在过多界面中。

③　知识点的表达要明确，减少不必要的干扰。对于重要内容，可通过夸张、对比、强调等设计手段进行突出。

④　在画面中设计多种刺激来阐述知识点。多种媒体刺激可为识记提供多条感知通道，对知识点的保持更加有利。

二、教学信息组织与结构设计中的心理策略

认知心理学的物理符号系统理论对人类认知过程与计算机进行的信息加工过程进行了类比研究，根据计算机加工操作信息的精确度和速度，对人类认知过程中信

息加工的阶段性、信息转换方式、信息流等进行推论研究，以揭示人脑和计算机的某些差异与相似性。虽然认知心理学中的信息不等于计算机科学中的数据、文本信息，但是计算机呈现信息的结构和编排方式如果与人类的认知方式吻合，那么认知主体接受计算机呈现的信息就变得容易。

多媒体计算机以其丰富的表现形式、良好的人机交互功能和存储量大等特点，迅速进入教育领域，成为备受青睐的新型教育媒体。多媒体教学信息的结构与组织形式必须具备和学习者的认知规律相统一的特点。

1．语义层次网络与多媒体教学信息设计

语义网络作为一种知识的表征方式，由许多节点和其间的连线构成层次网络，每个节点代表一个概念、对象或情境，节点之间的连线表示了节点间的关系，是一种知识的有向图。

语义层次网络从一定的角度揭示了主体加工信息、转换信息的方式，多媒体教学软件的信息结构应将各知识点之间的上下位概念关系、从属关系、并列关系等层次组成清晰地反映出来。上下位关系、从属关系的知识点依据内在的联系先后出现，用线加以联结，形成了按时间轴排列的信息链；并列的、无包容关系的知识点按其类别形成了空间上的排列，可通过一定的跳转关系将其联结。学习者能自主、灵活地学习，学习顺序可任意改变，不需要一页页地查找所要学习的内容。以时间和空间为主要线索反映知识的结构即形成了联想式的、非线性的超媒体文本结构，这和学习者联想、跳跃的思维方式相吻合。

文字线性结构对同一命题的表征方法是单一的，而多媒体教学信息可以用文本、图像、动画、视频、音频等多种形式加以表征，可在某节点上对同一内容进行广度上的延伸。这种多重编码的方式既能让学习者多角度地重复某一内容的学习，也可使学习者学到某一知识点的多重属性。加之采用与文本内容相关的图形、视频、动画、声音等来呈现知识信息，可丰富其表现手段，为某一知识点创设情境，提供丰富的语境信息，促进信息的加工和转化。多媒体教学信息的结构及特性改变了人们逐行阅读的习惯，拓宽了人们的视觉广度和认知广度，层次网络结构便于发现式的主动学习。生动的视觉表象可启动情绪机制，有利于知识的内化与深化，使学习变得轻松容易。

2．认知记忆理论与多媒体教学信息设计

认知记忆理论不仅从信息特性的角度进行研究，同时也注重相关因素的研究，对多媒体教学信息的设计提供了许多有意义的指导。

在主体加工信息时给其特定的记忆任务，主体随信息的不断接收，在工作记忆中不断将词的"节点"联结起来形成新命题，从而实现解码的过程。这时进行的是一般联结性意义记忆，记忆效果服从"首尾效应"。若在没有任务的自然状态下加工信息，主体进行的是运算性的信息加工过程，记忆效果服从"趋中效应"。以上说明记忆任务不同时主体采用的信息加工方式也不同。

在进行多媒体教学信息的设计时可根据这一特点，拟定明确的教学目标，有具体的任务要求；在编排内容时可将重点内容置于开始与结束的位置，教学辅助内容、过渡性内容置于中间位置。根据教学软件的不同类型，有的教学软件适合于给出目标要求，有的教学软件是在自然条件下进行学习的。根据记忆保持效果规律安排教学内容，有利于学习者记忆效果的提高。新奇的语义信息易形成独立而清晰的记忆痕迹，记忆效果明显优于一般的语义信息；提示性、评价性的语义信息涉及自己的利益、荣誉，主体关注程度高，投入能量大，因此新奇、涉己的内容更易被学习者轻松记忆。

进行多媒体教学信息设计时，要尽可能利用这些心理策略：一是利用多媒体丰富的表现手法，突出教学内容中已有的具有新颖特性的信息和对学习者情绪具有正面激励作用的信息；二是对于重点内容（如关键词句、概念、原理等），利用多媒体高效的集成环境，运用色彩、动画等技术方法，将其和其他信息区别开来；三是精心设计反馈练习，此部分反映涉及信息最为直接，使学习者对已掌握的内容及时强化，以方便学习者对照检验，充分体现多媒体的交互优势。

3．认知容量与速度和多媒体教学信息设计

认知容量是有限的，心理学实验中得到公认的短时记忆容量为（7±2）个组块。人在认知时，利用已有的知识经验将要接收的信息组合为有意义的单位，这无疑在短时记忆时增加了信息容量。多媒体教学信息中文本内容的显示有4种基本方式：换页式、移动式、滚动式和快速序列视觉呈现式。由于显示时间可以自由控制，文本内容与瞬间即逝的画面有很大的区别，但在一般情况下，一行最好不超过35个字，如文字多而长时，最好采用分段、块状、滚动、移动的方式呈现文本。若采用快速序列视觉呈现方式，则应考虑窗口或面积的大小，每行字数应在（7±2）个组块的范围之内，阅读速度、记忆效率随面积的增大而下降。

认知速度方面的研究结果表明，年龄和信息成分对认知速度有直接影响。多媒

体教学信息的设计在内容呈现速度上应符合年龄特征，尤其是低年级的呈现速度应是量少、多角度及多重编码。可利用多媒体的资源优势，在知识的广度上延伸，扩大知识面，产生积极的联想和想象，精心设计视觉信息，反映事物的结构和特征，储备丰富的视觉表象，形成通过视觉特征直接转换的加工方法，均可训练学习者提高信息加工速度。多媒体视觉信息的构成主要为图、文两类，对图的加工速度优于对文的加工速度，有时图传达内容的确切程度会受到其他因素的影响，还需增加简洁的文字提示。

第四节　多媒体课件的制作过程

多媒体课件是教学、技术和艺术相结合的产物。一个较高质量的多媒体课件需要由教学人员、课件设计制作人员和美术设计人员共同协作来完成。任课教师通过学习多媒体课件的基本构成，掌握课件设计与开发的基本要领并具有一定的美术基础，也可以自行设计制作简单的多媒体课件，以满足课堂教学需求和将其作为学习者学习的认知工具。

一、多媒体课件的开发流程

多媒体课件的设计与制作不完全等同于一般计算机应用软件的编制，必须考虑到教育性的要求，要以教学设计理论为指导，对课件的内容、演示过程、结构、界面等进行合理的选择与设计，这样才能使所制作的多媒体课件符合教学规律，才能使教学效果达到最优化。

多媒体课件的设计与制作是一项富有创造性的工作，既可以交给专业部门制作，也可以由学校教师自行承担，一般需要以下工作步骤。

1．设计选题

选题是多媒体课件设计与制作的第一步，通常由教学第一线的教师根据教学的需要来确定。

2．组成制作小组

多媒体课件的制作与开发是一项综合性的工作，费时费力，如果单靠一个人，显然不能满足各方面的要求，往往会顾此失彼，因此在具体制作前要成立一个制作小组。小组成员主要包括任课教师、课件设计制作人员和美术设计人员。

3．进行多媒体课件的稿本编写

多媒体课件的稿本编写包括两部分内容：一部分是文字稿本的编写；另一部分是制作稿本的结构设计，也称系统结构设计。

稿本在多媒体课件的开发和制作中占有重要的地位，规范的稿本对保证课件质量、提高课件制作效率会起到积极的作用。其中文字稿本由有经验的任课教师完成，它是按照教学过程的先后顺序，将教学内容及其呈现方式描述出来的一种稿本。文字稿本强调的是教学结构设计，涉及的是教学内容、教学方法、教学形式等，它不能用来作为多媒体课件制作的依据。系统结构设计是在文字稿本的基础上进行的，是由制作人员和教师共同来完成的。系统结构设计强调的是界面设计，包括界面的布局、色彩的搭配、人机交互方式的设定、教学信息的呈现、各知识点的链接以及解说、音乐等。它是进行多媒体课件制作的依据。

4．素材搜集与制作

稿本设计对多媒体课件制作提出了具体的要求，主要的工作就是为多媒体课件制作准备各种素材，这些素材包括文字、图形、图像、动画、视频、音频等。在素材搜集与制作过程中要用到多媒体计算机、扫描仪、数码相机、数码摄像机以及各类工具软件等。

5．多媒体课件系统制作

多媒体课件制作是将前面各项工作在计算机上加以实现的过程。多媒体课件制作可使用程序设计语言和多媒体创作工具来完成。程序设计语言对制作人员的要求较高，不适合于一般教师。普通专业教师可利用多媒体创作工具来制作多媒体课件。多媒体创作工具不需要编程，使用简单，这使许多非计算机专业的教师都可以根据教学需要自己制作课件。

6．光盘刻录

制作完好的课件通常由内容演示子系统、学习者自学检查系统及仿真实验子系统组成。在计算机上制作好的课件要刻录成光盘才能方便使用。

二、多媒体课件的稿本设计

1．多媒体课件文字稿本的编写

多媒体课件的文字稿本一般由经验丰富的学科教师编写。编写多媒体课件的文字稿本，就是根据准备制作成多媒体课件的全部内容，用文字、画面和解说词密切配合的形式，按照教学过程的先后顺序，将教学内容及其呈现方式系统地描述出来。文字稿本强调的是教学结构设计，涉及的是教学内容、教学方法和教学形式等。

多媒体课件文字稿本要明确教学目标，熟悉教学对象，分析教学内容，选择教学媒体。除此之外，还要掌握以下基本方法，即强调重点、化解难点、呈现要点、设置支点。

（1）文字稿本要求按顺序编写

由于多媒体课件可以自由进入某一部分内容，所以多媒体课件文字稿本一般按顺序来编写，而在使用时，学习者则可以根据自己的知识背景和学习需要自由选择。

（2）画面的内容有多种层次

多媒体课件的画面看似一页画面，但可以由多层组成，画面上的许多元素都可以引起新的画面。写作时，可将知识点划分成若干个层次，逐次展开内容。

（3）重点教学内容的确立

一般一开始就应把重点内容放在突出位置，充分展示重点内容，用不同的方法强调重点内容，以便为学习者所掌握。

（4）教学内容的难点化解

化解难点是利用多媒体课件的特点，将那些平时用语言讲解费力、学习者接受困难的难点问题化为容易理解、便于记忆的画面和文字，将抽象思维变成形象思维。

（5）教学内容的要点呈现

呈现要点是在文字稿本的开头描述本教材的主要内容，使学习者心目中有一个总体印象。可直接标明哪些问题需要重点掌握，哪些问题需要一般了解，这样可使学习者有针对性、有计划地学习。

（6）教学内容的支点设置

设置支点是通过重要的画面、文字、声音来强调教材的知识点、重点、难点和兴趣点。支点可设置在主干结构中，也可以安排在分支结构中。

各种知识点的排列组合要讲究内在的逻辑，便于透视知识点之间的有机联系，从而有助于形成符合科学逻辑的知识结构体系，使之转化为学习者的认知结构。

2．多媒体课件系统结构设计

多媒体课件系统结构设计也称作制作稿本设计，主要包括知识结构、画面结构和画面内容3个方面的设计。系统结构设计是在文字稿本基础上的再创作，是文字稿本具体化的表现。由于多媒体课件是多维的、非线性的网状结构，它在任何时间、任何位置都可以暂停、跳转、退出。

　　由于多媒体课件界面上的信息比电视画面多，形式多样，可以是视频，也可以是动画、静止图片，甚至解说词也可以完整地出现在界面上，参与界面的构图，所以系统结构设计与电视教材的设计有所不同。多媒体课件系统结构设计中最主要的是课件知识结构的设计。

　　多媒体课件的系统结构指的是教学软件中各部分教学内容的相互关系及其呈现的形式，它反映了教学软件的主要框架及其教学功能。多媒体课件的系统结构可以理解为多媒体信息的组织结构，它通常采用非线性的超文本结构。知识结构的设计主要是将教学内容划分成若干个教学单元，确定每个教学单元所包含的知识点，形成一个超文本的网络结构。

　　在超文本结构中，节点、链、网络结构是定义超文本结构的3个基本要素。

　　① 节点。节点是存储数据或信息的单元。节点中信息的载体可以是文字，也可以是图形、图像、动画、声音或它们的组合等。每个节点表示一个特定的主题，我们可以将它们理解为细化的知识点。它们的大小根据教学内容的实际需要而定，一般没有严格的限制。

　　② 链。链表示不同节点中所存放的信息间的联系。链的具体形态体现在教学课件的跳转关系上，可以通过"热键""图标""按钮"的方式实现节点间的跳转。链是由一个节点指向其他节点，或从其他节点指向该节点的指针。因为信息间的联系是丰富多彩的，所以链也是复杂多样的，有单方向链、双方向链等。链的功能强弱可直接影响节点的表现力，也影响到信息网络的结构。利用这些跳转关系，可分别完成顺序运行、结构联系、交叉索引、信息查询、程序运行等关系的变化。

　　③ 网络结构。节点和链组成了网状组织结构。超文本网络结构中信息之间的联系，可充分体现出教学中的设计思想轨迹。教学网络结构如图6-1所示。

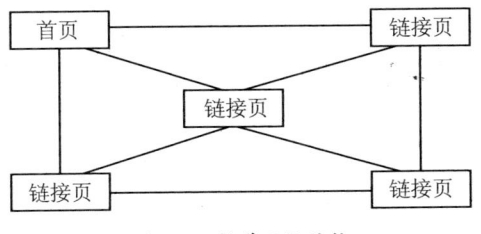

图6-1　教学网络结构

　　节点和链均有各种不同的类型，因而形成各种不同的多媒体系统。知识结构的设计主要是将教学内容划分成若干个教学单元，确定每个教学单元所包含的知识点，形成一个超文本的网络结构。

　　划分教学单元并确定每个教学单元的知识点构成，主要依据网络结构中的主题与知识单元之间、主题与知识点之间、知识点与知识单元之间的逻辑关系、层次关系以及跳转关系，以形成一个非线性的网络结构。

　　根据知识结构流程图及其在教学实际应用中的具体情况，首先要建立多媒体课件的框架结构示意图，如图6-2所示。图中圆角矩形区域为形象的界面构成示意部分，一般以图形方式来体现；"进入方式"和"退出方式"规定了本界面与哪些界面之间有链接关系；"本界面内容说明"是以文字的方式说明本界面所要传达的信息内容或一些设计要求。

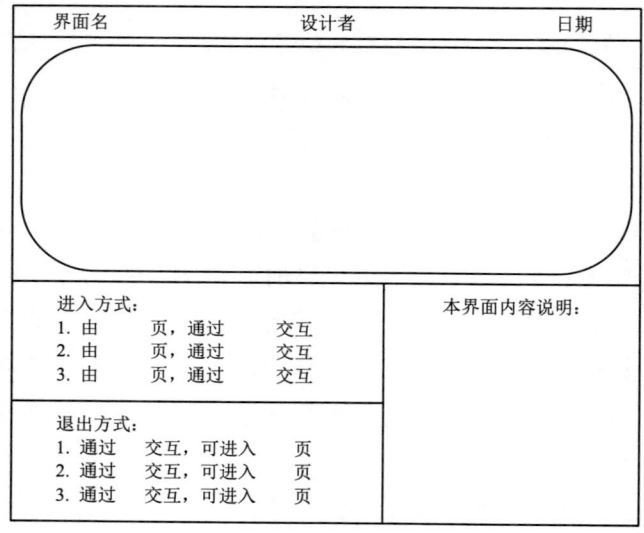

图6-2　多媒体课件的框架结构

　　多媒体课件的结构，可以看作是由一些并列或顺序链接的基本模块构成的，在模块内部由多个页构成既没有起点也没有终点的链接关系。在设计多媒体课件时，首先要明确各模块之间的关系。

　　根据多媒体课件框架结构图再设计出各框架的链接关系。在设计链接关系之前，先要给各框架命名或编号，然后从多媒体课件的首页开始，先设计出它直接链接的页为一级页面，然后逐层添加，直到设计出所有的页。

第五节　多媒体课件的基本组成

多媒体课件是一种能够辅助教师完成一定教学任务，或为学习者提供自主学习资源的多媒体教学软件。多媒体课件采用非线性数据结构，它由许多页组成，每一页中包含着若干对象（如文本、图像、声音等），这些对象被链接到其他的对象或页上。其中作为链接起点的对象称为链接源（或简称为链接），作为链接终点的对象称为链接目标。多媒体课件的基本组成部分包括课件引入部分、学习者控制部分、教学内容呈现部分和使用者帮助部分。每个部分在不同类型的课件中的重要程度和形式并不完全相同。设计者在编制课件时，可以省略或简化某些部分。

一、课件引入部分

封页、使用说明和学习者确认是课件引入的组成部分。

1. 封页

封页也称为封面或标题页，是指打开多媒体课件时呈现在学习者面前的第一幅画面，相当于电视节目的片头，一般包含课件的标题、出版者等信息，有时也包含简洁的宣传语。封页能够起到吸引学习者或使用者注意力的作用，使学习者或使用者做好进一步了解课件内容的准备。所以，封页的设计要求视觉冲击力较强、个性风格明显，以期在第一时间吸引学习者的注意力。设计封页时，可以设计成让其显示几秒钟后自动进入主界面，也可设计为选择略过或继续播放。因为同一课件可能要被同一学习者使用多次，如果每次都有过长的或相同的开头，会使学习者感到不舒服。切记不要把使用说明、菜单、学习内容放在封页中。多媒体课件《画面构图与拍摄技巧》的封页如图6-3所示。

图6-3　多媒体课件《画面构图与拍摄技巧》的封页

2．使用说明

多媒体课件的使用说明是为首次使用课件的学习者准备的，内容通常是开始使用课件时必须掌握的操作，例如通过单击某种形式的按钮能够进行什么操作。使用说明并不是所有的学习者都需要看，学习到一定程度才用到的操作说明（例如怎样进行测验）应在它该出现的地方进行提示。说明中没有必要包含计算机操作技能，例如如何单击鼠标、回车键在什么位置等，使用说明所强调的是对本课件的使用。切记不要把教学目标、教学内容、编制人员名单等放在使用说明页面中。

3．学习者确认

许多课件要求学习者输入姓名或密码进行确认。通常学习者的确认只需用一个确认页面，使用较少的输入字符。学习者输入发生错误时允许更改，输入密码等保密信息时能够隐藏信息。确认过程和方法要简单明了，不需要进一步提示。

二、学习者控制部分

多媒体课件存在着两种控制，一种是学习者控制，另一种是程序自动控制。对于学习者控制要考虑的问题主要是：允许学习者控制什么，控制到什么程度，控制的对象和方式如何。

1．学习者控制的内容与程度

多媒体课件是一个非线性的网络结构，需要用多层次的画面来体现彼此之间的逻辑和跳转关系。界面中的人机交互用来体现课件中不同界面的跳转关系，可以通过"热字""图标""按钮"的方式实现节点间的跳转。

学习者控制与交互是相互联系的，控制的过程就是交互的过程，以学生为中心的教学思想要求给学习者更多的控制，强调有意义的交互。除了反映知识内容的页面之间的交互以外，由各种条件或学习者的各种操作和输入引发的交互也是需要考虑的。

学习者可以用按键或鼠标控制当前课件的停顿及继续运行。允许学习者控制向前的进一步学习，也允许返回重学或暂时中止学习，而不是程序的自动运行和暂停。运用鼠标操纵按钮、菜单和链接等屏幕元素，已成为多媒体课件普遍的控制方式；键盘控制也是必不可少的方式，尤其适合频繁单一的操作，例如翻页等。

2．学习者控制的对象与方式

学习者的控制是通过屏幕元素进行的，控制对象主要有按钮、菜单、链接热点等。

（1）按钮

按钮控制当前页上的显示动作及课件页面内容间的跳转。按钮所引起的动作通常有：到下一页或前页，播放声音或影视，动态内容播放过程中的暂停、后退、前进等。每个按钮通常都要用文字注明，也可以使用当鼠标指针移到按钮上时按钮改变颜色、亮度甚至形状的方式，使学习者知道哪个按钮已经被选用了。使用按钮的优点是直观明了，可以使学习者在屏幕上明显看到，及时提醒学习者，方便进行操作。

在设计按钮时，要使用少量的当前控制，避免在屏幕上出现过多的按钮，尽量使按钮的艺术设计和当前的屏幕画面的整体效果一致。如果需要控制的动作较多，或者在课件中的每一处都会用到全局控制，则往往需要使用菜单配合按钮来完成。

（2）菜单

菜单可以分为全屏菜单、隐藏菜单和框架菜单3种。

全屏菜单是占据整个屏幕或大部分屏幕，需要学习者进行控制的选项列表，列表中的文字详细说明了每个选项的作用。学习者通过选择菜单中的选项列表内容，就可以进入到课件的各个部分。

菜单包括下拉式、上滚式、隐藏式等形式。它们都是在用鼠标单击或鼠标指针移至某个位置时显示菜单项，以便供学习者选择。

框架菜单通常用于网络型的课件中。框架菜单通常是将屏幕窗口分为左右两框：左框为菜单项列表，一直保留在屏幕上；右框是选择菜单项后显示的内容。菜单可以使用文字、图标、图像，并可以有层次、字体、颜色等变化，具有全屏菜单的所有特征。框架菜单使学习者能一直看到菜单选项和内容结构，同时不影响对当前页的学习，有助于导航和定向。

（3）链接

这里所说的链接主要指除按钮和菜单外的各种热点链接。链接可以是文字、图标、图像或图像的一个区域等，它的最普遍的形式包括热字和热图像。当用鼠标单击有下划线或特定颜色的文字或图片时，就可进入到下一层，显示给学习者其他的信息，通常是打开另一个页面。

三、教学内容呈现部分

教学内容呈现部分即课件中包含的教学内容的各个界面，它们是多媒体课件的核心部分。在这部分中既包括教学内容的显示元素，如教学文字，又包括辅助教学内容的冗余元素，如界面背景。所有这些元素呈现的形式不外乎图、文、声、像四大类。属于图范畴的要素包括背景、交互形象、装饰、图片、图形、表格等，属于文范畴的要素包括内容文字、装饰性文字、说明性文字等，属于像范畴的要素包括动画及模拟信号数字化了的视频等。它们在界面中通过某种形式组织起来，而从某种程度上讲一系列的界面就代表了多媒体课件本身，是课件最终的呈现形式和效果，其表现形式直接决定了教学信息传播的通畅性。

多媒体课件是一个非线性的网络结构，需要多层次的界面来体现主题与知识单元之间、主题与知识点之间、知识点与知识单元之间的逻辑和彼此之间的跳转关系。课件结构层次是指主界面与次界面、主界面与内容界面、内容界面与次界面彼此之间的关系。课件结构层次的多少决定于所表现的教学内容层次的多少，而文字稿本里的内容决定了课件的规模，课件结构层次的多少与课件的规模往往成正比，但也有特殊情况。

对于具体的教学知识点来说，有的一个层次就能说明问题，有的则需要三四个甚至更多的层次才能说明清楚。

多媒体课件的界面也叫多媒体课件画面，是呈现在计算机显示器屏幕上在学习者与多媒体课件之间传递信息的介质。多媒体课件的界面通常由主界面、次界面和内容界面所组成。

1. 主界面

主界面又叫主页，通过主界面可以通观、了解多媒体课件的所有章节或内容，它是一个课件的缩影。通常多媒体课件的主界面只有一个。主界面有导航的作用，学习者需要通过它来总体把握课件的结构内容，所以主界面的设计要求是页面布局有条不紊，超链接形式清晰明确。多媒体课件《画面构图与拍摄技巧》的主界面如图6-4所示。

图6-4 多媒体课件《画面构图与拍摄技巧》的主界面

2．次界面

主界面的下层界面是次界面，它是用来体现课件中次一级的知识单元与知识单元或知识点与知识点之间关系的界面，可以理解为体现书中节与节之间的关系，往往不包含具体的教学内容。次界面可以只有一个，也可以有多个，主要根据教学内容的多少而定。次界面的设计要求与主界面相同。多媒体课件《画面构图与拍摄技巧》的次界面如图6-5所示。

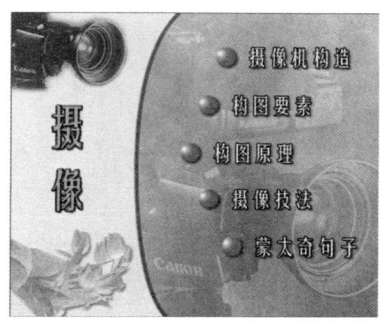

图6-5　多媒体课件《画面构图与拍摄技巧》的次界面

3．内容界面

内容界面是指传达多媒体课件具体教学信息的界面，是构成多媒体课件的主体。根据不同的课件结构，可以有多层次的内容界面，即一个知识点可以由多个层次的内容界面组成。内容界面主要体现知识点的具体内容，通常由教学内容区、人机交互区、信息导航区和背景所组成。内容界面有传达具体教学信息的作用，所以内容界面的设计要求是突出具体内容，各部分超链接明确友好。图6-6所示是多媒体课件《画面构图与拍摄技巧》内容界面中的画面主体层次。

图6-6　内容界面中的画面主体层次

（1）教学内容区

教学内容区在不同的界面中会展现不同的内容。主界面中的教学内容区用来展现课件中主题之间的整体关系，相当于书本中章和章之间的内容；次界面中的教学内容区展现了课件中子题之间的相互关系，相当于书本中节和节之间的内容；而内容界面中的教学内容区则用来具体展现课件中基本知识点的内容，相当于书中的具体内容。在教学内容区中可以根据需要安排各种媒体。

（2）人机交互区

交互是指学习者能够主观地控制某一部分内容的能力，例如学习者由当前页跳转到下一页或跳转到其他横向的内容，或者终止程序运行、随时退出等。这种交互是多媒体课件的基本要求，交互的好坏对学习者有很大的影响。交互性好，学习者使用方便，有利于学习者主观能动作用的发挥，有利于知识的传授和掌握；反之，使用者只能按设计者的思路被动地学习。内容界面中的人机交互区是用来体现课件中不同界面之间的跳转关系的，它是由按钮、热区、热字、图标等元素组成的。图6-7所示是多媒体课件《画面构图与拍摄技巧》的摄像技法中的交互区。

图6-7　摄像技法中的交互区

在设计多媒体课件的交互功能时，其一是确定课件中界面与界面之间的跳转关系，这种跳转将使教学内容由当前所在的界面翻转到另一个界面；其二是确定界面向主界面或上一级界面的返回，每一个界面可根据需要向主界面或上一级界面跳转。除此之外，还需要确定界面向结束的跳转关系。教学软件在运行过程中能够随时结束退出，这样才能方便使用。

交互的方式、多少以及复杂程度是由层次的多少和课件的制作模式来决定的。

例如，书页式的交互一般条理比较清楚，实现起来比较简单，但形式单调。复杂的树状式交互可以延伸和扩展知识，适合不同层次学习者的需要，就像大树由树干、树枝组成，树枝由树叶一层一层地连接着，学习者可根据自己的知识背景和学习兴趣自由选择。

（3）信息导航区

多媒体课件界面中的信息导航区是用来帮助学习者在非线性组织方式的各个课件界面中指引方向的引路牌，它利用系统来提供引导措施，指出学习者处在课件结构中的具体什么位置。信息导航区通常有检索导航、帮助导航、浏览导航和演示导航等几种形式。

检索导航：系统提供一套检索方法供学习者查询，可以按关键词、标题、时间顺序等多种方式进行设置。

帮助导航：系统设置有专门的帮助菜单，并出现在几乎每一个页面内。学习者在学习过程中遇到问题和困难时，能够随时到帮助菜单中找到解决问题的办法和途径。

浏览导航：系统设置导航图，利用导航图导航。导航图是以图形化的方式表示课件结构层次和界面间关系的结构图，有点儿像Dreamweaver中的站点结构图。学习者可以直接进入某个界面进行学习。导航图的形式如图6-8所示。

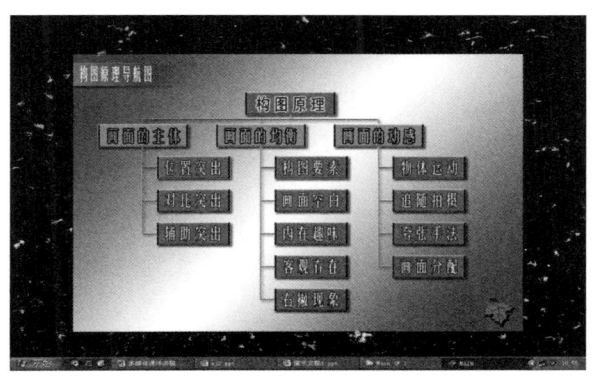

图6-8　导航图

演示导航：系统提供一种演示方式来指导学习，把系统中的主要内容按一定顺序向学习者演示。

（4）背景

多媒体课件组合了多种媒体表现的教学内容，它与用户的最终交流是通过显示器屏幕或投影幕布进行的。界面中的背景是位于主体之后的衬底。

4．解说词与音效的设计方法

解说词一般从属于画面，要做到声画对位，要使用普通话。同时，要求解说词准确无误，通俗易懂，精练概括。

音乐和音效是听觉元素的一部分。在多媒体课件中适当安排一些音乐和音效，可以配合画面，深化教学内容，烘托气氛，渲染情绪，增强感染力。在选择音乐时应以说明性的音乐为主，最好不要使用大家都熟悉的音乐，以免分散学习者的注意力。音乐要用开关进行控制，想听时打开，不想听时可将音量调小或关闭。

四、学习者帮助部分

学习者在学习时如果遇到困难，应该能随时获得帮助。有的帮助信息可以在最初的说明中提供，也有的帮助是在课件界面内部随时提供，也就是当鼠标指针移到屏幕上的某一区域（如按钮、图标）时，会出现文字提示或声音提示，说明进一步操作将产生的效果。

第六节　画面设计色彩基础

色彩是对人的视觉最具冲击力的元素之一，当学生初次接触某课件时，课件界面的色彩将先于图像和文字攫取其注意力。色彩是形成课件界面的外部风貌、构成形式美的重要因素，是促进学生接受课件教学内容的最重要的一环。认识色彩运用的规律在课件界面设计中具有十分重要的意义。

一、认识色彩

色彩的物理本质是波长不同的光，是人在接收光的刺激后视网膜的兴奋传送到大脑中枢而产生的感觉。1666年，英国物理学家牛顿第一次利用三棱镜的折射，将太阳光解析为包括红、橙、黄、绿、青、蓝、紫的色彩光带，揭开了色彩的秘密。

色彩是构成画面的重要因素，只有懂得色彩知识，掌握色彩的组合规律，才能得心应手地加以运用，增强画面的表现力和感染力。在自然景物中，各种光线能分解成独立的红、绿、蓝3种颜色，这3种颜色的光按一定比例混合，形成光谱中其他颜色的光。我们将这3种颜色叫作三基色。如果两种颜色混合后获得白色，这两种颜色就互为补色。例如蓝色是黄色的补色，红色是青色的补色，绿色是紫色的补色。色彩的基本属性包括色相、色饱和度（色纯度）和明度，如图6-9所示。

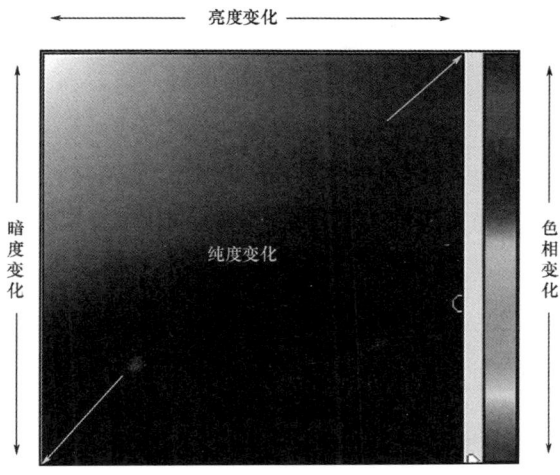

图6-9　色彩基本属性示意图（见彩图4）

二、色相

色相是指色彩的相貌与名称。色轮是表示最基本色相关系的色表，如图6-10所示。色轮上5°角内的色彩称作同一色相；45°角左右的色彩称作同类色，也叫近邻色；90°角到120°角的色彩称为对比色；色轮上相对位置（180°角）的色彩叫补色，也叫相反色。在色轮中，以紫色和绿色两个中性色为界，可以将色彩分成暖色系和冷色系。暖色有温暖感，有积极的效果，偏重，密度高，有前进感，透明感差；冷色有寒冷感，有镇静的效果，偏轻，密度低，有后退感和透明感。中性暖色和中性冷色用于配色时，可以起到协调作用。

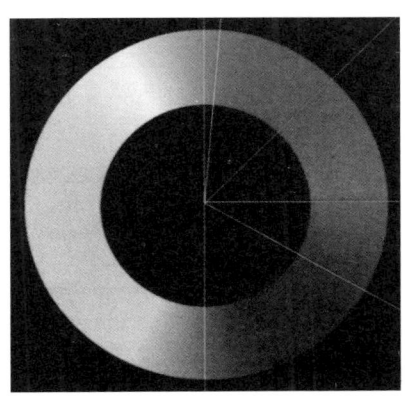

图6-10　色轮（见彩图5）

1．色彩性格

各种色彩都有其独特的性格，简称色性。它们与人类对色彩的生理、心理体验相联系，从而使客观存在的色彩仿佛有了复杂的性格。

（1）红色

红色的波长最长，穿透力强，感知度高。它易使人联想起太阳、火焰、热血、花卉等，给人温暖、兴奋、活泼、热情、积极、希望、忠诚、健康、充实、饱满、幸福等积极向上的感觉。

深红及带紫色的红给人的感觉是庄严、稳重而又热情，常见于欢迎贵宾的场合。含白的高明度粉红色则给人柔美、甜蜜、梦幻、愉快、幸福、温雅的感觉，几乎成为女性的专用色彩。

（2）橙色

橙与红同属暖色，具有红与黄之间的色性，属于激奋色彩，使人联想起火焰、灯光、霞光、水果等物象，是最温暖、响亮的色彩。橙色使人感觉活泼、华丽、辉煌、跃动、炽热、温情、甜蜜、愉快、幸福等。

（3）黄色

黄色是明度最高的色彩，给人轻快、光辉、透明、活泼、光明、希望等印象。含白的淡黄色感觉平和、温柔，含大量淡灰的米色则是很好的休闲自然色，深黄色有高贵、庄严感。因为黄色极易被人发现，还被用作安全色。

（4）绿色

在大自然中，绿色所占的面积很大，如草、树木，几乎到处可见，人们称绿色为生命之色，它象征生命、青春、和平、安详、新鲜等。人的视觉最能适应绿色光的刺激，绿色最适宜人眼的注视，有消除疲劳的作用。

绿色带给人们春天的气息，颇受儿童及年轻人欢迎。蓝绿、深绿是海洋、森林的色彩，有着深远、睿智等含义。含灰的绿（如青绿、墨绿等色彩）给人以成熟、沉稳、深沉的感觉。

（5）蓝色

蓝色与红、橙色相反，是典型的冷色，具有沉静、理智、高深、透明等喻义。随着人类太空事业的不断发展，它又有了象征高科技的强烈现代感。蓝色另一面的"性格"则是刻板、冷漠、悲哀等。

浅蓝色系明朗而富有青春朝气，为年轻人所钟爱，但也给人不够成熟的感觉。

深蓝色系沉着、稳定，为中年人普遍喜爱的色彩。靛蓝、普蓝因在民间广泛应用，似乎成了民族特色的象征。

（6）紫色

紫色具有神秘、高贵、优美、庄重、奢华等气质。含浅灰的紫色有着类似太空、宇宙色彩的幽雅、神秘之时代感，为现代生活所广泛采用。紫色有时也让人感觉孤寂、消极。较暗或含深灰的紫易给人以不祥的印象。

（7）黑色

黑色为无色相无纯度之色，给人神秘、严肃、庄重的感觉，也易给人悲哀、恐怖、罪恶等消极印象。黑色组合适应性极广，属于极好的衬托色，无论什么色彩与其相配，都能取得赏心悦目的良好效果。与深色搭配时最好不要大面积使用黑色，否则将会产生压抑、阴沉的恐怖感。

（8）白色

白色给人的印象是洁净、光明、纯真、清白、朴素、卫生、恬静等。在它的衬托下，其他色彩会显得更鲜丽、更明朗。但白色还可能让人产生平淡无味的单调、空虚之感。

（9）灰色

灰色是中性色，其突出的“性格”为柔和、细致、平稳、朴素、大方，任何色彩都可以和灰色相混合。略有色相感的灰色能给人以高雅、细腻、含蓄、稳重、精致、文明而有素养的高贵感觉。过多灰色也易暴露其乏味、寂寞、忧郁、无激情、无兴趣的一面。

（10）土褐色

含一定灰色的中、低明度的各种色彩（如土黄、咖啡、驼绒、茶褐等）都显得不太强烈，给人温暖、慈祥和怀旧之感，其亲和性使它易与其他色彩配合，特别是和鲜色相伴时效果更佳。

2. 色相组合

多媒体画面的颜色对视觉感知的影响是靠色相组合产生的，色相组合产生的效果可分为以下几种。

（1）稳定效果

无彩色即无色相，它们的组合效果大方、庄重、高雅而富有现代感，但也易产生过于素净的单调感，如图6-11所示。

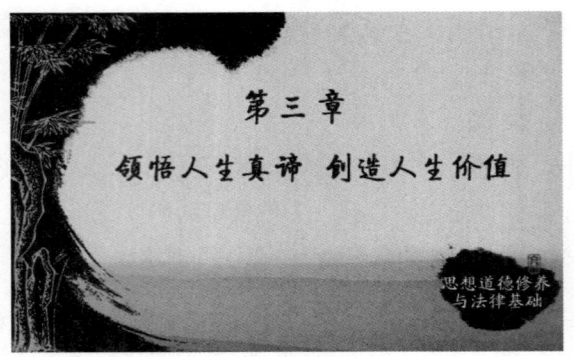

图6-11　无彩色（黑、白及各种明度的灰）

无彩色与有彩色配合使用（如黑与红、白与蓝等）时，效果大方而又活泼。无彩色面积大时偏于高雅、庄重，有彩色面积大时活泼感加强。

一种色相的不同明度或不同纯度变化的搭配俗称姐妹色组合，如蓝与浅蓝、粉红与紫色等，搭配效果为统一、文静、雅致、含蓄、稳重，但也易产生单调、呆板的弊病。

（2）调和效果

①　邻接色相配合使用。色相环距离约为30°，为弱对比类型，如图6-12所示，如绿色与黄绿色搭配等；效果感觉柔和、和谐、雅致、文静，但也感觉单调、模糊、乏味、无力，必须通过调节明度差来加强效果。

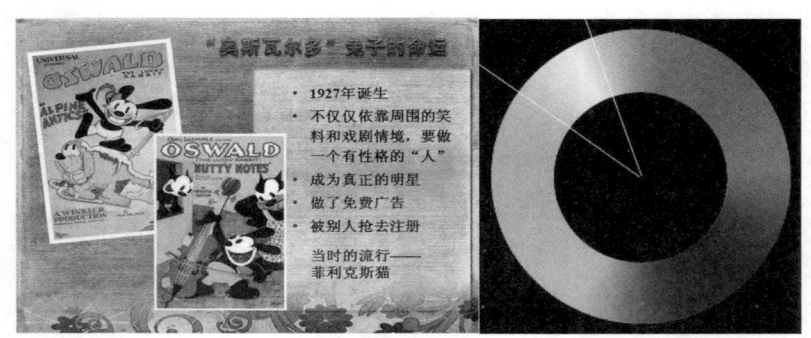

图6-12　色相环距离约30°的邻接色相配合（见彩图6）

②　类似色相配合使用。色相环距离为60°左右，为较弱对比类型，如图6-13所示，如蓝色与粉色搭配等；效果感觉较丰富、活泼，但又不失统一、雅致、和谐。

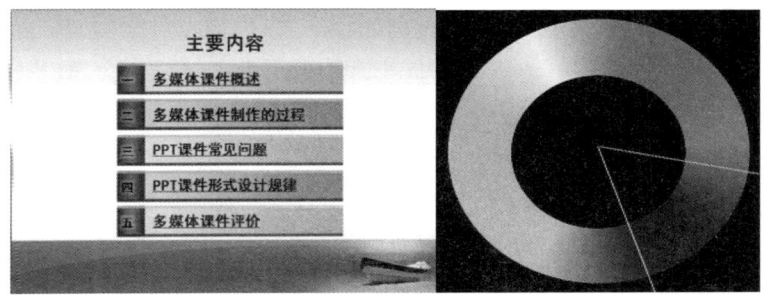

图6-13　色相环距离约60°的邻接色相配合（见彩图7）

③ 色相环距离为90°左右，为中对比类型，如图6-14所示，如红色与绿色搭配等；效果感觉明快、活泼、饱满，使人兴奋，感觉有兴趣，对比既有相当力度又不失调和之感。

图6-14　色相环距离约90°的邻接色相配合（见彩图8）

（3）对比效果

① 对比色相配合使用。色相环距离约为120°，为强对比类型，如图6-15所示，如黄绿色与红紫色对比等；效果感觉强烈、醒目、有力、活泼、丰富，但也因不易统一而感觉杂乱、刺激，易造成视觉疲劳，需要采用多种调和手段来改善对比效果。

图6-15　色相环距离约120°的邻接色相配合（见彩图9）

② 互补色相配合使用。色相环距离为180°，为极端对比类型，如图6-16所示，如绿色与紫色对比等；效果感觉强烈、炫目、响亮、极有力，但若处理不当，易产生幼稚、原始、粗俗、不安定、不协调等不良感觉。对比色的使用应以一种颜色为主调，辅以对比色，起到点缀的作用。

图6-16   色相环距离约180°的邻接色相配合（见彩图10）

色彩能够通过对视觉的刺激诱发人们某些生理上的感觉和心理上的效应，唤起某种想象和某种感情，在进行画面设计的过程中一定要特别注意。比如，色彩学家墨林发现，当眼睛受到红光刺激之后，人眼内的感红细胞就会被消耗而与感绿细胞暂时失去平衡。如外科医生在手术中长时间看到红色的血液，当视线转移到白色工作台或墙面时，眼中就会出现绿色眩像，这表明感绿细胞在此时出现过剩，而感红细胞需要补偿。所以，现在医院手术室一般采用浅绿色，医生在手术室中所穿的工作服都改用浅蓝色。由于人们对色彩的感受并不会仅仅停留在生理的初级阶段，当视觉神经接受色彩刺激、传达到神经中枢时，还会产生深层的心理反应，通过想象、联想等形象思维，产生不同的情感、喜好和欲望，从而赋予色彩以丰富的情感内涵。色彩的情感问题是一个复杂而又微妙的问题，它不具有绝对的、固定不变的因素，它与人类长期生活实践的经验有关。同一色彩因人、因时、因地及情绪条件等的不同，会引起不同的情感变化。但是对于文化背景相同、心态正常的一群人而言，这些感觉大体上是相似的。比如人们看到大红色就会联想到喜庆、革命、中国等信息。

三、色饱和度

色彩的饱和度即色彩的纯度，指物象颜色纯正的程度，或者说颜色中掺某一种灰色的程度。所掺的某一种灰色越少，饱和度越高，颜色越鲜艳；所掺的某一种灰色越多，饱和度越低，颜色越清淡。色轮上的各种颜色都是纯色，纯度最高。纯度组合设计是决定界面感觉华丽、高雅、古朴、粗俗、含蓄等风格的关键。

虽然饱和度高的颜色具有很强的吸引注意力的能力，但人的眼睛长时间盯看时会产生疲惫，心理上也会产生诸如烦躁、倦怠等情绪。比如，大红色就是一种饱和度较高的红色，由于生理和心理上的原因，大红色在画面设计中不可以大面积使用（如果有特殊需要另当别论）。梵高在其画作中对高饱和度颜色的大胆运用使其成为最伟大的后印象派画家，他狂热而张扬的个性只能通过明艳的色块来表现，画作带给欣赏者的是情感的冲击，这在多媒体画面设计中是不合适的。多媒体教学软件的主要目的是促进学生的认知，画面主要要求赏心悦目，要能够带来长时间的情感上的平静与愉悦而并非一时的刺激。在界面设计中，背景作为映衬承载教学内容的视觉要素的基底，运用高饱和度的色彩强硬抢眼、坐镇不住。从这一点来说，应提倡低饱和度色彩在界面中的运用，可以在细节上适当运用高饱和度色彩进行装饰点染。如微软公司浅灰色系主色调的成功运用，已经促使目前国际上所有的软件产品形成统一的规范。

四、色彩明度

色彩的明度是指物象颜色的明暗程度。它与光线的强弱关系密切，光线越强，颜色亮度越大；光线越弱，颜色越暗。色彩的明度取决于混色中白色和黑色含量的多少。在有彩色系中，明度越高的色彩给人感觉越轻，能够给人以松软感和膨胀感。对于同纯度不同明度的色彩，明度高的色彩比明度低的色彩对人所产生的刺激大。一般而言，设计中主色的高明度基调给人的感觉是轻快、明朗、娇媚、纯洁等，然而若应用不当，又易引起冷漠、柔弱、浮躁、疲劳的感觉；中明度基调给人以朴实、沉稳、庄重之感，然而同时又可能带来呆板、贫穷、乏味之感；低明度基调则给人的感觉是沉重、浑厚、强硬、神秘，但也可构成黑暗、阴险、哀伤的色调。实际运用中明度对比所产生的视觉作用高于纯度对比所产生的视觉作用。

五、综合对比和色调倾向

多媒体课件画面中的色彩往往不是单独存在的，色相、纯度、明度中各种元素有规律的变化与搭配值得注意。多种色彩组合后，由于色相、明度、纯度等不同，所产生的总体效果才是最终作用于视知觉的因素。这种多属性、多差别搭配的效果，显然要比单项对比搭配丰富、复杂得多。设计者在进行多种色彩综合对比时要强调、突出色调的倾向，或以色相为主，或以明度为主，或以纯度为主，使某一方面处于主要地位，强调对比的某一侧面。画面的色调倾向大致可归纳成鲜色调、灰色调、浅色调、深色调、中色调等。

1．鲜色调

在确定色相对比的角度、距离后，尤其是90°以上的对比时，必须与无彩色的黑、白、灰相配，起到间隔、缓冲、调节的作用，以达到既有变化又有统一的效果，使人感觉生动、华丽、兴奋、自由、积极、健康等。

2．灰色调

在确定色相对比的角度、距离后，于各色相之中调入不同程度、不等数量的灰色，使大面积的总体色彩向低纯度方向发展。为了加强这种灰色调倾向，最好与无彩色特别是灰色组配作用，使人感觉高雅、大方、沉着、古朴、柔弱等。

3．深色调

在确定色相对比的角度、距离时，首先考虑多选用些低明度色相，如蓝、紫、蓝绿、蓝紫、红紫等，然后在各色相之中调入不等数量的黑色或深白色，同时为了加强这种深色调倾向，最好与无彩色中的黑色组配使用，使人感觉老练、充实、古雅、朴实、强硬、稳重、男性化等。

4．浅色调

在确定色相对比的角度、距离时，首先考虑多选用些高明度色相，如黄、橘、橘黄、黄绿等，然后在各色相之中调入不等数量的白色或浅灰色，同时为了加强这种浅色调倾向，最好与无彩色中的白色组配使用，使人感觉天真、柔和、娇嫩、文雅、甜美、女性化等。

5．中色调

这是一种应用最普遍、数量最众多的配色倾向，在确定色相对比的角度、距离后，于各色相中都加入一定数量的黑、白或灰色，使大面积的总体色彩呈现既不太浅也不太深、既不太艳也不太灰的中间状态，使人感觉随和、朴实、大方、稳定等。

优化或变化课件界面的整体色调时，最主要的是先确立基调色的面积统治优势。对于一幅由多种颜色组合而成的界面，大面积、多数量地使用鲜色时势必成为鲜调，大面积、多数量地使用灰色时势必成为灰调，其他色调依此类推。这种优势在整体的变化中能使色调产生明显的统一感，同时要设置小面积对比强烈的点缀色、强调色、醒目色，由于其不同的色彩感觉，整个色彩的气氛会变得活跃丰富。但是整体与对比是矛盾的统一体，如果对比色变化过多或面积过大，易破坏整体感，失去统一效果而显得杂乱无章；反之，若对比色面积太小，则易被四周包围的色彩同化、融合而失去预期的作用。

第七节　多媒体画面的色彩搭配

在制作多媒体课件时，如何使课件的色彩搭配得漂亮（也可称为色彩搭配和谐）呢？实际上，色彩搭配是有规律可循的。

一、色彩搭配

首先，在设计多媒体课件画面时按照设计的目的和要求来规划色彩搭配的方案，可以通过处理图形色与背景色、调整画面色调和运用配色技巧3种方法来控制画面的色彩效果。

1．图形色与背景色的处理

在多媒体画面中涉及两种色彩，即图形色和背景色。图形色也称前景色，在设计时通常是前进和积极的，这种现象被称为图形效果。而背景色则让人感到是后退和消极的。在设计多媒体画面时，背景色与其上面的图形、文字由于受到配色关系的制约，会产生明度和纯度上的差距。首先在处理明度关系，即处理两者色彩的亮度时，要求图形色鲜艳明亮，而背景色则要处理成暗淡浑浊。其次在面积的处理上，图形色鲜艳时面积要小，对于纯度较低的图形，则要求面积要大。除此之外，在配色的数量方面，图形色要复杂多变，背景色则要求单一或淡雅。

2．画面色调的调整

色调是画面颜色的简称，是指对画面色彩结构的整体构思。画面的整体色调通常是由主色调决定的。使用暖色系时色调显得柔和温暖，用冷色系时则显得洁净和清新。当使用明度高的色彩为主色彩时显得清晰和透亮，反之则显得深沉。

3．配色技巧的运用

由于主色调的形成会对画面产生整体的印象，所以需要根据画面的主题进行选择。除了选择主色调之外，画面上还有其他的色彩作为搭配色，用以烘托主色调或与主色调形成反差。

二、课件色彩搭配方案的选择

1．按区域中不同色相的色彩进行搭配

以色相环为基础，根据色相距离的远近分成若干区域，再按区域中不同色相的色彩进行配色。

相同色相的配色，主要是靠明度的深浅变化来构成色彩的搭配。此时如果色彩明度和纯度的对比过弱，会使色彩的搭配过于单调。类似色相的配色范围较为广泛，当所选色彩的色相差距较大时，会产生较大的差异和刺激，反之则和同一色相的感觉相同。需要注意的是在配色时，明度和纯度的对比要柔和，以便产生和谐的感觉。

由于对比色相的配色颜色会产生较大的差异，在使用对比色相与互补色相的配色时，可以通过降低色彩明度和纯度来缓和互补色彩的激烈冲突。

2．通过强弱纯度的对比进行配色

在多媒体画面中，所用配色色彩的纯度越高，色彩呈现越鲜艳；反之纯度越低，色彩则越清淡。弱纯度对比配色是色彩纯度差异不大的配色，在加入色相和明度对比的辅助情况下，具有柔和、淡雅的色彩效果。强纯度对比配色是色彩纯度差异较大的配色，在加入色相和明度对比的变化时，具有鲜艳的色彩效果。

3．通过色彩明度的变化进行配色

运用色彩明度配色时，明度差大的对比强，明度差小的对比弱。为了明确明度差的大小，可对明度进行分级，由亮至暗分为最亮、亮、次亮、次暗、暗和最暗6级。

三、课件色彩与和谐心理

色彩的和谐是色彩造型处理的根本要求。在画面中，色彩之间的关系配置处理得符合规律时，色彩就和谐优美；否则，色彩就不和谐。色彩的和谐是指两种或两种以上的色彩在画面中组织配置的状况。色彩的和谐规律包括类似色的和谐、互补色的和谐以及中间色调的和谐。

1．类似色的和谐

类似色的和谐是指两种或两种以上类似色配置构成的和谐。

① 同一色调的和谐：画面上出现同一色调的色彩，只是其明暗程度不同。例如，浅红、大红、暗红的共同点是红，但是它们之间有明度的差别。

② 相近色的和谐：如红、橙红、橙等。由于类似色之间的色相相似甚至相同，所以要处理好它们之间的明度与饱和度，从而构成画面中色彩的和谐。

2．互补色的和谐

互补色的和谐是指互补色在画面中的组织、配置构成和谐效果，如红与青、蓝与黄等。互补色的特点是色彩反差大，在画面中可以形成强烈的色彩对比。

互补色的处理要注意色彩的面积与明度之间的关系，最重要的一点是要看它们之间的搭配是否均衡。颜色的明暗在人们的心理上会形成一定的重量感。例如，人们对明亮的颜色会感觉轻些，对深暗的颜色会感觉重些。明度高的色彩要有相当的面积才能和明度低的色彩构成心理上的平衡。例如，红色和青色是互补色，若红色的明度远高于青色，青色就要有足够的面积才能和红色取得平衡。

3．中间色调的和谐

中间色是指白色、灰色和黑色。在强烈的对比色中出现中间色，可以使对比显得缓和，有过渡，富有层次感；在对比弱的色彩中出现中间色，也可以增加颜色的层次和醒目感。

四、多媒体课件画面色彩运用应注意的问题

在色彩对比方面，还有一些因素影响生理和心理的感觉，在设计制作多媒体课件画面时应当引起注意。

1．视觉残像现象

在色彩对比的状态下，由于色彩相互作用的缘故，与单独见到的色彩不一样，这种现象是由视觉残像引起的。短时间注视某一彩色图形后，再看白色背景时，会出现大体相仿的补色图形。如果背景是有色彩的，残像色就与背景色混色。两种颜色在同一画面中并置，就会出现相互影响的情况，越接近交界线，影响越强烈，引起色彩渗漏现象。进行多媒体课件画面的配色设计时，应当考虑到视觉残像的影响，并做出相应的处理。

例如在灰色背景上画黑线纹样，灰色背景感觉偏黑。在同样的灰色背景上画上白色纹样，感觉就偏白。这种现象是视觉残像现象中的同化现象，在纹样细小、面积小的时候就会出现，而且效果刚好和明度对比相反。当配色的色相、明度接近时，同化现象越明显。

2．色彩的可视认性

色彩的可视认性是指在一定背景中的色彩在多大距离范围内能够看清楚和在多长时间内能够被辨别。对色彩可视认性影响最大的是色彩和背景之间的明度差。同一明度的色彩，在白底上会显得暗，而在黑色背景上却显得亮。在课件界面设计

中，经常要处理文字颜色和背景颜色的关系，如图6-17所示。使用黑色背景时，采用灰白色的文字，看起来很清晰，而采用其他颜色时学习者就要仔细辨认才能看清楚。

易辨认的色彩

背景颜色	黑	黄	黑	紫	紫	蓝	绿	白	黄	黄
文字颜色	黄	黑	白	黄	白	白	白	黑	绿	蓝

难辨认的色彩

背景颜色	黄	白	红	红	黑	紫	灰	红	绿	黑
文字颜色	白	黄	绿	蓝	紫	黑	绿	紫	红	蓝

图6-17　文字颜色和背景颜色的关系

　　色彩的知识和运用技巧固然重要，但所要传达的教学内容却是根本，设计者必须明确想要表达的是什么，真正要突出的是什么。色彩是外表，真正的灵魂来自设计者的理念。只有把课件内容和意念融入界面色彩设计中，画面才有灵魂。教学中的界面不是单纯的艺术，其运用色彩的过程在感性之余，还需要更多的理性。

第七章　多媒体课件的界面设计

界面设计是多媒体课件制作过程中需要认真对待的重要环节，从某种程度上讲，多媒体课件中的一系列界面就代表了课件本身。对于多媒体课件来说，构成界面的图形、文字及图像三大部分就是教学内容的载体，其表现形式直接决定了教学信息传播的通畅性。合理的界面设计不仅可以提升课件的艺术品位，而且会增强授课效果。

第一节　多媒体课件的界面形式

一、多媒体课件界面的视觉要素

界面是多媒体课件的视觉表现形式，是课件背景、交互形象、文字内容、图形、图像等各视觉要素的组合，是课件最终的呈现模式和效果。

1．视觉中心的形成

"视觉中心"通常有两种不同的理解：其一是指在构图画面中的主体，比如达·芬奇的《最后的晚餐》中的主体耶稣；其二是指人的视线在画面上集中交汇的地方，通俗地讲，也就是在一幅画面上最引人注目的位置。当构图画面的形式有所不同时，视觉中心的位置也会相应发生变化。从下面的例子中可以看出，对于不同的画面，视觉中心也是不同的。

如图7-1所示，画面上出现的点形成了一个视觉焦点，成为了全画面的视觉中心。在画面上形成了十字交叉，其交叉点就是全画面的视觉中心，如图7-2所示。

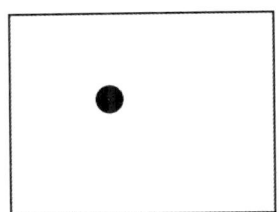
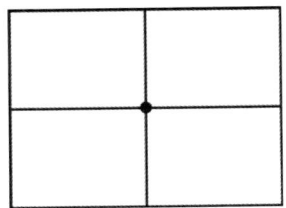

图7-1　点构成了全画面的视觉中心　　图7-2　十字交叉点构成了全画面的视觉中心

　　将画面分为大小两部分，根据需要选择垂直或水平分布，视觉集中在面积较大的部分，如图7-3所示。

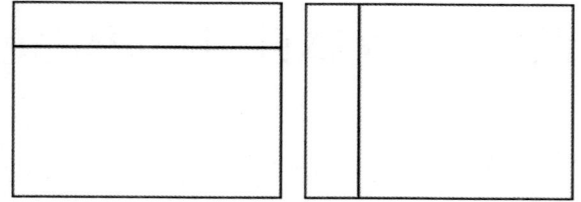

图7-3　面积大的部分构成了全画面的视觉中心

　　画面的组成部分形成了垂直或者水平的平行线，使画面被分割成互相平行的几个区域，视觉中心被安排在区域分割的平行线上，如图7-4所示。

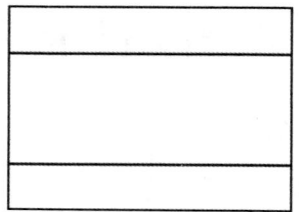

图7-4　区域分割的平行线构成了全画面的视觉中心

　　画面的组成部分形成了椭圆形区域，视线集中在图像画面的组成部分所形成的中心椭圆形区域范围内，如图7-5所示。如果椭圆形上有缺口，则视线中心将向缺口偏移，如图7-6所示。

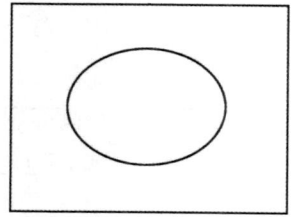
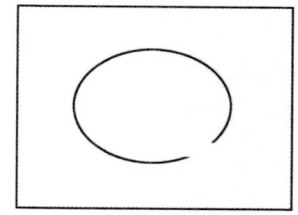

图7-5　椭圆形区域构成了全画面的视觉中心　　图7-6　椭圆形上的缺口构成了全画面的视觉中心

　　画面的组成部分形成了一个"之"字形，使人产生视觉上的顺序与波动感，从而导致视线由远及近或由近及远，使观看者的视线徘徊在画面上，如图7-7所示。

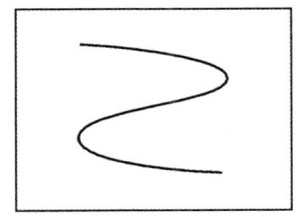

图7-7　"之"字形构图画面的视觉中心

从上述的例子可以看出，当构图画面的形式发生变化时，视觉中心的位置也会相应发生变化。所以，在设计多媒体课件时，可以改变不同画面的构图，以引起学习者的注意。

2．视觉要素的运动流程

视觉要素的运动流程（简称视觉流程）是由人类的视觉特性所决定的。受生理结构限制，人眼只能产生一个焦点，不能同时把视线停留在两处或更多的地方，我们可以做的只有先看什么，后看什么，依照一定的顺序浏览、观察。人们在阅读时，视觉有一种自然的流动习惯，一般是从上到下、从左到右、从点到线，而这种视觉的习惯又是可以被视觉元素所影响的。

例如，在一张白纸的中心画一个苹果，当我们观看这幅画时，许多人会认为最先看到的是苹果。但是事实上，我们首先看到了这张纸，并且通过纸的4个边角导引，我们才自然地看到了画面中心的苹果。

又例如，我们在观看一个空白平面（纸）时，首先会注意到平面（纸）的4个角（从左上角开始顺时针绕行一周，并构成形状的感觉），然后视线自然地停留在中心偏上一点的地方。上述例子说明，人眼是通过视觉要素的排列来展开视觉流程的。下面介绍几种视觉流程。

① 单向视觉流程：流动线简明，直接传达教学内容，有简洁而强烈的视觉效果，适用于内容较为简单、形式较为单一的课件。横向的流动线给人以稳定、恬静的感觉，斜向的流动线给人以不稳定的动感，竖向的流动线给人以坚定、直观的感觉。

② 曲线视觉流程：各视觉要素随弧线或回旋线而运动变化。曲线视觉流程不如单向视觉流程直接简明，但更具韵味、节奏和曲线美。曲线流程的形式微妙而复杂，可概括为弧线形"C"和回旋形"S"。

③ 导向视觉流程：通过诱导元素，主动引导学习者的视线向一定方向顺序运

动，由主及次，把界面上的各视觉要素串联起来，形成一个有机整体，使重点突出、条理清晰。导线可以虚实结合、形式多样，如文字向导、手势向导、形象向导以及视线向导等，如图7-8所示。

④ 散点视觉流程：指界面内容中的图、文等视觉要素自由分散编排。散状排列强调感性、自由随机性、耦合性，强调空间感和动感，追求新奇、刺激的心态，表现为一种较随意的编排形式，如图7-9所示。

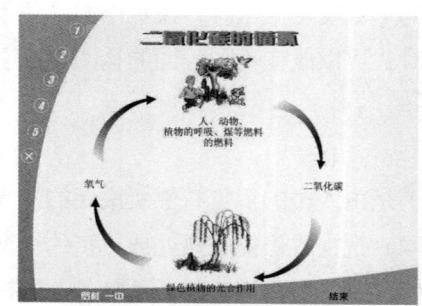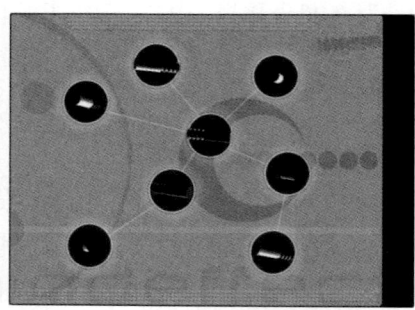

图7-8　导向视觉流程效果　　　　图7-9　散点视觉流程效果

在多媒体课件界面设计中，空间的视觉流动线往往容易被忽略。事实上我们在观看某个界面时，视线总是随着各视觉要素的运动流程而移动，只是人们不习惯注意自己构筑在视觉心理上的这条既虚又实的线罢了。对于设计者来讲，这条空间的视觉流动线相当重要，它意味着让学习者的眼睛先看到什么，后看到什么，视线将多次徘徊于哪些部分，又对哪些部分一扫而过。它能够造成界面中某一部分的视觉优势，可以被用来突出教学内容。

二、多媒体课件界面构图的文图布局

多媒体课件界面的文图布局就像编写文章一样，内容不仅要准确和简明，还要结构合理，彼此协调。所谓协调，就是对界面上各种元素之间的关系进行统一处理、合理搭配，使之构成和谐统一的整体。具体地说，无非是文字的安排、图像的安排和文图关系的处理。

1. 屏幕构图的区域分布

（1）区域特征与注目度

一般将屏幕人为划分为图7-10所示的6个区域。这6个部分对观看者的心理影响是有区别的。

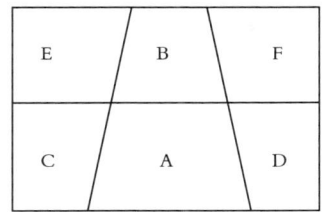

图7-10　区域注目度划分

A区：离观看者的心理距离最近，是构图中最显著的一块，能引起强烈的注意和情绪，如图7-11所示。

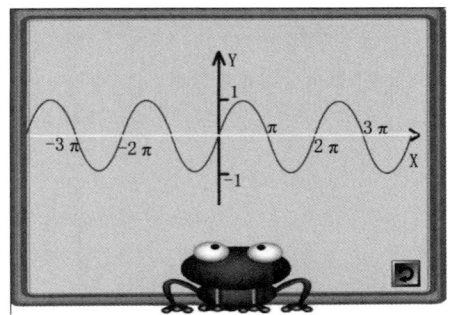

图7-11　A区注目度

B区：有严肃、庄重、超脱的心理作用，出现的一般是提纲挈领性的元素，如标题、菜单等，如图7-12所示。

图7-12　B区注目度

C区：心理作用是温暖、随意，多用于不拘形式、无需过分关注的元素，如图7-13所示。

图7-13　C区注目度

D区：心理作用较为温暖（仅次于C区），但经常给人以索然无味的感觉。一些小的装饰或功能性的交互可以设置在此处，一般不影响观看者对主体的注意，如图7-14所示。

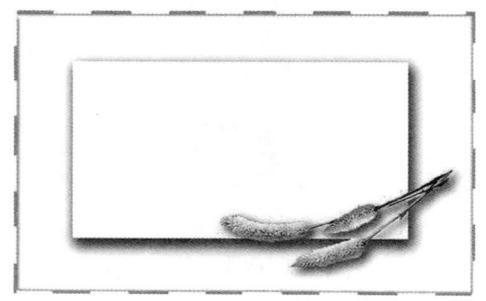

图7-14　D区注目度

E区和F区：有柔和、退缩的心理作用，注目度不高。这个区域在多媒体画面设计中可放置子界面的标题、总的交互菜单或装饰性元素。一般来说，左边区域总比右边区域的吸引力强，即强势在左，弱势在右。在实际设计中，E区和F区也是两个不常用的区域，往往留出空白，让画面"透气"，如图7-15所示。

图7-15　E区和F区注目度

（2）画面要素的不同位置与表现力

在进行视觉要素整体编排时，要考虑视觉要素各自所在位置的表现能力，要将重要的承载教学内容的视觉要素安排在注目价值高的位置。一般来讲，上部给人轻快、飘浮、积极、高昂之感，下部给人以压抑、沉重、消沉、限制、低矮和稳定的印象，左侧感到轻便、自由、舒展，富于活力，右侧感觉紧促、局限却又庄重。一般认为，在软件的界面中，不同位置引起的注目程度的不同表现如图7-16所示。

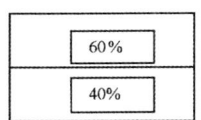 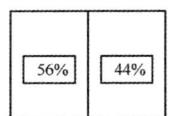 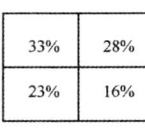 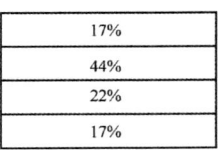

图7-16 界面不同位置引起的注目程度

当主体居于画面的几何中心时，上下左右空间对称，视觉张力均等，庄重、呆板。而主体居于画面的视觉中心时，有视觉心理的平衡感与舒适感。当主体偏左或偏右时，将产生向心移动趋势，但过于边置也会产生离心的动感。主体在上下边放置时，有上升或下沉的心理感受。

2．界面上各种元素的协调

协调除了包括同一界面中各种元素的协调，也包括不同界面之间各种元素的协调。第一是在界面中要明确表示出主从关系。只有当主角和配角的关系明确时，学习者才会关注主要信息，心理才会安定下来。如果两者的关系模糊，便会令人无所适从。所以，主从关系是界面设计需要考虑的基本因素。

第二是要在界面设计上有动态部分和静态部分的配合。动态部分包括动态的画面和事物的发展过程，静态部分则常指界面上的按钮、图片和文字等。一般来说，动态和静态要配置于相对之处。动态部分占界面的大部分，静态部分面积小一些，在周边留出适当的空白以强调各自的独立性。这样的安排可以吸引学习者，便于表现。尽管静态部分只占小面积，却有很强的存在感。

第三则是界面的入点和出点要彼此呼应、协调。两者的距离愈大，效果愈显著，而且可以充分利用界面的两端。不过出点和入点要特别注意平衡，必须有适当的强弱变化才好，如有一方太软弱无力，就不能引起共鸣。例如设计总标题的出现方式时，可以让它从中心一点逐渐放射开来，最终静止在整个界面上；也可以让它从屏幕的一端推出，转向屏幕的另一端，最终落在界面上的某处。这两种方式都有出口和落处，有一定的艺术效果。

3．界面中文字的安排

关于文字的安排，除了具有与公文相同的格式（字距小于行距，段首空两格，标点占一格等）外，还要注意其大小、在屏上的位置及疏密关系。对于字的大小，不好做硬性规定，要视一屏所展示内容的多少而定。对于两屏以上内容相连的文字设计，各屏应当一致。

对于单屏独立的文字设计，可以灵活处置。字多时字就小，字少时字就大。但由于字小时容易看不清楚，所以安排时应有意识地减细字的点画或适当加大字距和行距；而字少时则相反，应适当加粗字的点画或使字稍微密集一些。无论字多字少、字大字小，整屏都要留足够的天地和侧边。在安排字的位置时，对于全屏只有一行字的情况，应尽量安排在中线稍偏上的位置，为的是突出和不感空缺。

4．界面中图的安排

多媒体课件的制作常常需要图，而且有时图很多，甚至占主体地位。如何设计和安排图在屏幕上的大小、位置和形状，对课件的质量及收视效果的影响很大。从收视效果上看，图面应尽量放大，有可能时就用满屏展示一幅图。这种满屏图一般不需再设置外框或花边等，以减少干扰和侵占图因素。

一屏同时展示几幅图时，就要区别主次、顺序和大小。主图为主，附属图为次，排列顺序通常是从上至下、从左至右、从前至后。主图一般要大一些，以每幅图都能看清为原则。另外，将同一内容的几幅图放在一起，而不同内容的图之间需要隔开。

在同一屏中安排诸多图时，还要考虑重量的平衡，不管是采用对称的布局格式还是不规则的布局格式，都要使整屏画面安稳平妥，不失和谐与稳定。

5．界面中文图的安排

多媒体课件的每一屏幕往往不是单一的文字或图画，而常常文图皆有，通过相互配合来说明一定的问题。因此，文与图的关系就成了设计课件时必须解决的课题。

在多媒体课件中，较为重视影像的作用，往往把图置于主要位置。所以，在文图皆有的一屏中，总是先将图定位，然后再安排文字。在文图配合的关系上，宁可将文字安排得紧凑一些或少一些以留给下屏，也不能侵占图的四空。注意，若文图紧靠，看上去就会非常憋闷，使人透不过气来。正确的安排是，应在图的四周留有天地和侧边，必要时还要相当宽松一些。图下有注文时，注文下还要再留空地，这是眼睛进入图画的"通道"。

多媒体课件的目的是便于使用、容易学习，它不是课本内容的简单堆砌。友好界面的简洁明快体现在信息输入、输出的简便上。每一个课程都拥有大量的信息，如何合理输出是关键。要精心设计每一屏的内容，避免拖沓冗余、胡乱堆砌。

三、多媒体课件界面构图的艺术风格

关于多媒体课件的制作，要讲究一致的艺术风格。所谓艺术风格就是艺术特点，是指艺术形式所带来的某种品格和情调，因此，有人称它为艺术格调。教材艺术风格的选择与构思是一个复杂的思维过程，包含着多方面的内容，诸如颜色的运用、汉字字体的选用、图形的搭配使用以及它们相互之间的联系，还有转换和运动方式的影响等都在之列。

一个课件界面必须具备统一的风格。所谓统一的风格就是在背景的处理、菜单的安排、按钮的形式等各方面的布局上有一种格调一致的模式。譬如，在整个软件中"上一页""下一页""返回""停止音乐"等按钮必须一致，不要有的章节的"上一页"按钮用文字表示，而有的章节则用图形表示。

风格、布局的统一，可避免学习者的误操作，也使人感到和谐优美。上面强调的一致性并不代表呆板、一成不变；恰恰相反，在格调统一的基础上应提倡灵活多变。没有人会对界面设计呆板、枯燥无味的课件感兴趣。

1．界面颜色基调

颜色的种类很多，对它们的运用不能毫无目的，不能任意拣来拼凑，而要注意它们的属性及其之间的联系，特别要注意同类色、近似色的关系。善于对某色、某同类色和近似色的重复使用、连续使用，可以形成一种基本色调。这种基本色调在视觉上给人以稳定自然的印象，在情调上给人以和谐一致的感觉。我们正是要利用基调的这种稳定印象和一致感觉，帮助读者更好地认识教材内容的连续性和关系的紧密性。例如，对屏面底色（背景）的设置（选择）就应讲究基调。展现同一课题或同一内容的屏面，其底色要相对稳定一致，最好不要换来换去，以免使读者的认知心理受到色感转移带来的不良影响。

当然，所要讲授的内容篇幅很长或其中的分立内容有明显的差别时，屏面底色应该调整变化，不然视觉上会感到乏味和劳累，或不能引起新的注意，但是变化必须合情合理和自然。变色不变调，变中有不变，即用同类色或类似色进行变化，或是改变颜色的纯度，或是改变颜色的明暗，或是改变底板（背景）的图案，其中颜色和图案两者中要有不变的。另外，这种变化还要照顾到内容的整体性，至少应以内容的大结构为变化范围，如果每个小问题都另变背景或颜色，就显得零乱，缺乏整体感。

2．界面图形（或图像）配伍

多媒体课件界面上的图形配伍，也要求艺术风格的一致性。首先要使用风格统一的背景。在大多数情况下，课件中不同界面的背景是应当有一定变化的，这种变化可以体现在背景应用的图上，但处理方法和色调一定要统一。其次，图形处理方式应统一。图形在多媒体课件中常常被大量运用，为了追求整体风格的统一，可以对所有的图形做同样的处理。在制作同一课题或同一章节内容的课件时，应采用同样形式或类似形式的配图，比如都是立体的或平面的，都是线描的（用单色线条画的），都是用边框框起来的或无边框的，都是无文字标注的或有注文的，题目衬底图形都是相似的，或形不同而颜色一样的，等等。总之，要形成类别，进而格式化。除此之外，按钮、装饰物等的风格也要统一。按钮不仅能够实现操作功能，更可以成为一种富于个性和装饰性的装饰物。如将课件的按钮设计成一系列图案或统一的图形符号，都有利于形成课件的风格。装饰物也是如此。运用时注意不同界面中按钮、装饰物的形象、提示音等应相对固定。

3．界面字体的运用

对汉字字体的运用更要讲究艺术风格的一致性，要进行分类、归纳。对于同一个层次的标题（如总标题、大标题、小标题等），要运用同样的字体、同样的大小以及同样的颜色等，这样可以达到层次分明、条理清晰的视觉效果。

标题之外的汉字的运用也不能例外，同样要受到风格的限制。概念解释、定义、引文、图解、图注等都要符合一定的规范，都要相对统一，能够用文字表示的就不另设图示和色块，能够用数码区分的就不要过多改变字体。因为从艺术的高度来说，既需要变化，也需要完整统一，更需要概括和简明。

清晰、可靠是保证界面优良的重要因素。用户界面必然涉及输入、输出，所以界面提供的指令及信息要求准确、清晰、可靠，只有这样才能让使用者看懂设计者的用意和内容安排。相反，界面信息含糊不清会导致用户错误操作，既影响计算机的工作效率，也影响教学效果。在设计界面时，信息文字力求简练、意义明确、易读易懂，尽量使用学习者所习惯的语言、图形，给学习者一种亲切感，提高他们的注意力。

4．界面艺术美感

是否具有欣赏价值是学习者对多媒体课件的第一感觉。界面设计者应将计算机的特性和美学特性巧妙地融合在一起，使之不露痕迹地贯穿于课件的始终，令学习者在学习的过程中得到美的熏陶。

在界面构图上力求做到主体突出、内容简洁、视觉明确、观察点集中，充分考虑到各物体的基本构造和空间位置的平衡，符合美学构图的基本原则。

在设计色彩时应考虑到内容表现的需要和教学对象的色彩心理特点。若设计的课件面对的是中小学生，则选择对比强烈的色彩较为合适，例如红与绿、红与蓝、黄与蓝等都是好的搭配。但如果课件面对的对象是大学生，那么以上的对比色就不是好的选择了。在我们的教学课件中，选择较为淡雅、柔和的色彩系列来处理背景图相当优美、质朴，比较符合现代大学生的色彩心理特点。

第二节　多媒体课件的界面设计

多媒体课件的界面具有定位软件风格和辅助信息传达的功能，界面形象的风格代表了课件的整体风貌。课件准确、个性化的风格定位能够给学习者以深刻的印象，学习者愿意与其进一步交流；而风格不明确的课件会造成学习者的困惑，学习者进而产生不稳定的情绪，影响信息的接受。

教学信息包含于多媒体课件内部，以一幅幅界面的形式呈现在学习者面前。优秀的界面设计要求突出主体教学内容，能够将内容"推"到学习者眼前；同时还要求美观和谐，使学习者在赏心悦目的界面营造的良好情绪中主动接受课件所要表达的信息。

多媒体课件的界面由多个画面要素组合而成，属于"控制"范畴的画面要素包括菜单、按钮、热字、图形等，属于"内容"范畴的画面要素包括图形、文字、视频、动画等，属于"其他"范畴的画面要素包括背景、装饰、画面间的过渡与图片文字的缓出等。

一、多媒体课件界面构成要素的设计

1．控制要素

与传统教学媒体相比，多媒体课件的突出特点就是能够实现人机交流，所以，多媒体课件必然蕴含着纷复错杂的网状交互。交互有时有表现形象（如菜单形象），有时没有表现形象（如条件函数智能判断）。交互形象设计的原则是简洁明了，操作方便，与界面风格融为一体。在整体层次性交互引导的设计上，常见的交互方式有菜单交互、按钮交互、热字交互、图像交互等。

（1）菜单交互

一般作为菜单栏放置在课件的边缘。菜单交互的优点是使用简便，可隐可现，基本不影响界面整体的美观；缺点是永远位于多媒体课件界面的某个位置，不能融入界面设计的整体中去，对界面的整体形象或多或少地有一些影响。

（2）按钮交互

按钮交互在实际制作中是使用得最多的一种交互方式，其优点是：制作简便，用户一目了然，操作便捷，可以根据界面的整体风格和形象来制作与界面融为一体的按钮；缺点是必须占用一定的平面空间，在某些情况下不得不为它考虑栖身之地。按钮交互的缺点在实际运用时能够避免，方法是制作隐形按钮，在学习者学习运用本界面教学内容时按钮组不出现，需要跳转到其他的层次和内容时利用某种方法（如鼠标光标滑动到界面下方）使按钮组出现。

按钮形象设计中另一个需要提出的问题是按钮本身，本身风格服从于界面的整体设计风格已毋庸置疑，然而为了使整体界面更加生动和用户视觉心理感觉更加友好，按钮本身必须是变化或具有一定动感的。产生变化和动感要靠按钮悬浮时、指针指向时和鼠标键按下时3种情况的互相配合，一般不外乎以下几种方法：按钮悬浮时下部有阴影，鼠标键按下时阴影消失；按钮悬浮时是凸出浮雕的效果，鼠标键按下时是凹下浮雕的效果；按钮悬浮时较大，鼠标键按下时按钮较小；指针指向时按钮变色、发光、发声或出现相应文字。符合整体风格、可隐形的按钮如图7-17所示。多种形式的按钮如图7-18所示。

图7-17　符合整体风格、可隐形的按钮

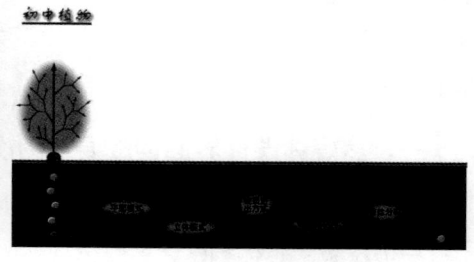

图7-18　多种形式的按钮

掌握了以上方法，配合鼠标指针的变化，在设计中就会产生生动的按钮形象。

（3）热字交互

热字交互在多媒体课件中的应用也相当普遍，与网页中的应用不同的是，在单机版多媒体课件中热字交互在多数情况下是起一个辅助作用——不用于整体的层次跳转，只用于对定义、名词等的解释和高层次章节目录的跳转。热字设计的原则是：突出于其他没有跳转链接的文字而又不影响文字块的整体性，一般采取字体、字号不变而文字颜色稍加变化的方法，颜色变化时要参照界面的整体风格和颜色，以不影响本界面整体形象的完整性为准。在课件交互设计中，遇到有热字的情况时应使鼠标指针有所变化，提醒用户这里是热字交互区域；在可能的情况下热字可以采用部分重叠的弹出式窗口方式，用户阅读后可随时消失，如果热字跳转到其他层次中，还应能够简便地跳转回来，如图7-19所示。

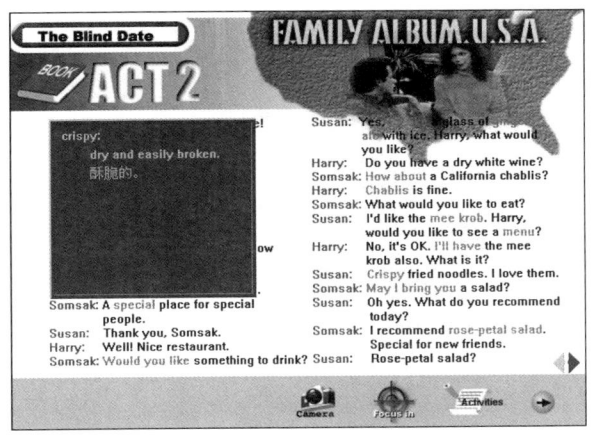

图7-19　典型的热字解释性交互

（4）图像交互

图像交互的应用有两种：其中一种是图像本身即是教学内容（见图7-20），通过交互操作可以调出对本图像的解释，可以局部放大进行说明，或者可以跳转到相关内容，目的是为了教学操作方便，视具体情况而定；另一种是为了美观，图像本身不包含教学内容，图像只不过是交互形象的一种变化，目的是使界面更加完整，富有吸引力。

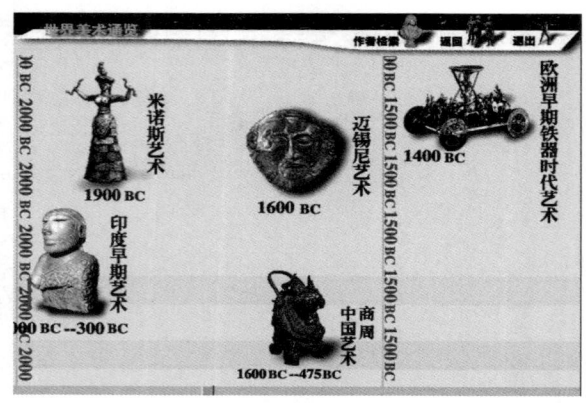

图7-20   图像交互应用示例

2．内容要素

（1）图形和图像

这里所说的图形和图像属于教学内容范畴，具有形象生动、信息量大、现场感强、容易记忆、便于理解和发挥想象力等特点。图形、图像与文字的优势互补，形成了文字理论与感性把握相得益彰的教学方式，丰富了教学内容，提高了教学质量，能够激发起学习者的学习兴趣。

图形和图像出现在多媒体课件的界面上有两层含义：第一它们传达的教学信息是必不可少的，第二要尽量使其形象美观并与整体界面交融协调。

先说图形。图形包括图纸、表格、柱状图、饼状图以及各种矢量图等。科学明确性是图形的基本属性，在设计和制作时要以保证基本属性为前提，达到可辨认性和美观性的统一。可辨认性是指学习者在学习时能够将图看清楚，要考虑线条的粗细和构成元素的对比是否明显、界面的容量有多大以及是否需要局部放大等问题。矢量图形作为传输信息的手段，常常比图像更为有效，因为完全如实的位图画面常常含有太多的视觉信息，会分散学习者的注意力。从作为画面要素的单纯图形的角度看，在保证科学准确性和可辨认性的前提下，美观性就只剩下颜色调配的问题了，色彩清晰和谐是追求的目标。对色彩的把握不是一朝一夕所能达到的，但可以注意的要领是做到色彩清晰和谐。

再说图像。图像可理解为照片一类的色彩细节丰富细腻的平面静止媒体。图像是真实度仅次于实物的一种画面要素，学习者可以很容易地获得直观信息。但是，有研究表明，学习者的注意力往往集中于图像本身而忽略了对其更深层次的思考，它对学习者的感官刺激较大，但学习者的思维却并不活跃。针对目前图像作为重要的画面要素在多媒体课件中大量使用的情况，我们必须看到它的弊端，对图像做出理性的选择和判断，不能滥用。图像的来源有两种：一种是资料图片，另一种是根据课件要求由制作人员拍摄或制作的图片。图像输入计算机后的拼接、修改要根据具体要求具体分析，这里不再赘述，只谈一个普遍存在的问题。数字化了的图像无论是数码相机拍摄的、扫描仪扫描的还是截取动态画面的单帧，其构图、清晰度、对比度、色彩表现等往往差强人意（高档数码相机和扫描仪在清晰度、对比度、色彩上要好得多），不能直接运用到课件中去，需要进行一定的修改，可以在最常用的图像处理软件Photoshop中进行色阶调整，具体方法可参考专门的书籍。如果经过处理后效果仍然不好，则主要是清晰度问题。这个问题非常简单，但确实是当前课件制作领域的一个通病和硬伤。画面清晰度差的衡量标准是看不清楚。教学画面应该看清楚却看不清首先不利于教学内容的传达，其次会使学习者心里产生烦躁情绪，影响学习效果。建议尽量不要用不清楚的画面，多媒体画面的应用也要讲究宁缺毋滥。

（2）文字

在多媒体课件中，文字往往用来表述用途最广的文本形式的教学内容，是非常重要的画面要素。文字的设计编排是赋予界面审美价值、增强教学效果的一种重要手段。

先看字体选择的审美趋向。常用字体可以分为几大类：端庄稳重的，如宋体、黑体、魏碑等；清秀挺拔的，如仿宋、行楷、圆体等；欢快轻盈的，如行楷、文鼎广告、方正少儿等；古朴凝重的，如隶书、颜体、文鼎古印等；新颖独特的，如文鼎酷字集中的字体等。字体的运用要服从界面的风格特征。文字的选择不能和整个界面的风格相脱离，字体与所表达的内容要有暗合点，起到相辅相成的作用。

再看文字的编排组合。多媒体课件界面中文字的主要功能是向学习者传达教学内容以及各种辅助信息，要达到这一目的必须考虑文字的整体诉求效果。文字编排非常重要，如果教学内容文字排列不当，不仅会影响界面本身的美感，也不利于学习者进行有效阅读，难以产生良好的教学效果。

标题文字可以各种形式出现：可与整体界面的艺术设计融为一体，富于装饰性；可以标志性Logo的形式出现——Logo的装饰风格相同，仅仅改变文字的内容；也可与正文成为一体，突出教学内容，如图7-21所示。

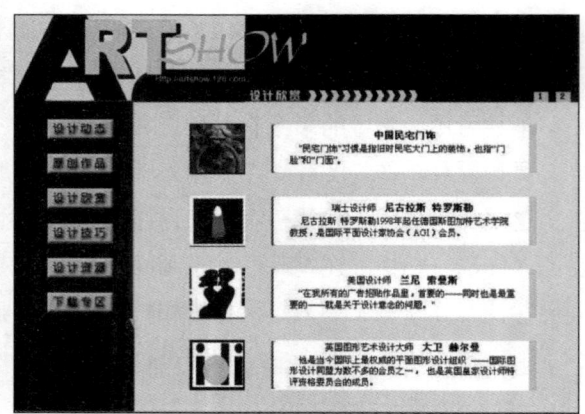

图7-21 富于装饰性的标题文字

　　要让正文文字给人以清晰的视觉印象，切忌只考虑美观而忽略功能，避免人眼辨认费力，要注意文字线条的粗细以及与背景颜色的反差。以宋体在Word软件中的标准为例，辅学型软件的正文文字不要小于10号，辅教型软件的正文文字不要小于14号，字形最好加粗。每行限制在14个汉字以内，每个界面内的文字内容尽可能少，简洁明了。必须要使用大量文字时，尽量不要集中在一起。用计算机输入文字时，字距一般用默认值，行距多为1～1.5倍。如果行距过窄，上下行文字相互干扰，容易跳行读错；如行距过宽，太多的空白显得松散，不能有效地保持阅读的延续性。文字的行距应大于字间距，否则学习者的视线难以按一定的方向和顺序进行阅读。仍以宋体在Word软件中的标准为例，采用10号字时行距应调整到11磅到16磅之间，采用14号字时行距应调整到16磅到24磅之间。文字过多和字体选用不当的画面分别如图7-22和图7-23所示。

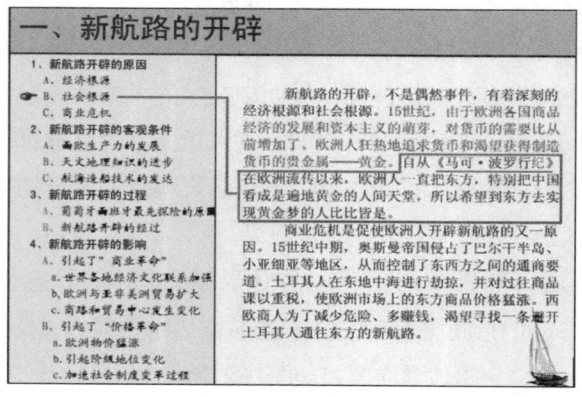

图7-22 文字过多、板书搬家型的画面

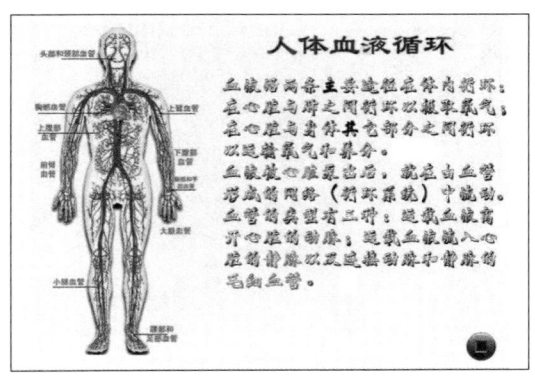

图7-23　字体选用不当，影响可辨认性

　　说明文字是指对课件内容、功能及操作进行解释说明的文字，一般可按正文文字处理，体现信息传达的清晰性。对于一些必须出现在具有教学内容的界面中的即时性说明文字，比如某个按钮的用途，则要尽量采用隐形方式，避免影响界面的美观。

　　同一界面中不得多于3种字体，文字的颜色不得超过3种，否则界面显得花哨，主次不明，教学效果不好。

　　（3）视频与动画

　　视频和动画展现了一个更加富有吸引力的动态空间，给多媒体课件整体带来动感和活力，提高了课件的质量。用动画和视频表现信息灵活方便，自由度大，能够在时间上浓缩百年风云，在空间上展现常人无法观察的微观世界和宇宙空间，实用性很强。

　　心理学研究早就告诉我们，无论在日常的三维空间里还是在平面上，动态的物象都比静态的物象具有更强的吸引力。在多媒体课件中对于一些知识点我们会着意运用一些二维、三维动画和视频的表现手段，动态画面一定会给多媒体课件整体带来动感和活力，提高课件的质量，如图7-24和图7-25所示。

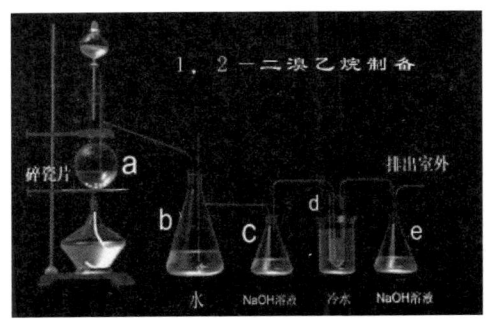

图7-24　化学实验中漂亮的动画

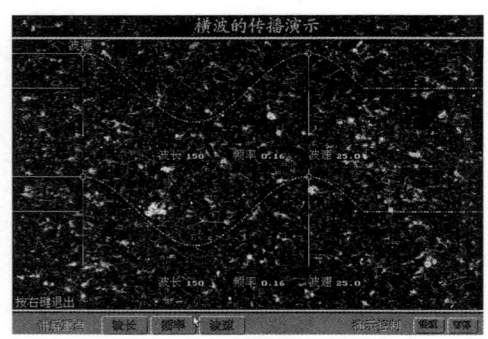

图7-25　动态演示机械波

　　视频和动画的运动包括对象的运动、摄像机的运动和蒙太奇运动3种。

　　对象的运动是指画面中人或物的运动，包括画面中人或物在空间和时间上的形态和位置等的变化、发展和运动过程，如运动员的动作过程、机械运动等。除了这些运动外，还可以表现那些平时难以看到的运动，如模拟电流运动、细胞的分裂、植物的发芽生长等。

　　摄像机的运动是指摄像机借助推、拉、摇、移、跟、升、降等，通过机位和焦距的变化造成运动。传统的模拟视频拍摄需要用到各种摄像机的运动，三维动画软件3ds Max中摄像机的运用被特别地强调了出来，它代表观察者从不同视角观察某种事物。二维动画的制作人员也越来越多地认识到这一点，并希望藉此使这一媒体艺术形式的画面表现更加丰富和多样化。

　　蒙太奇运动是指画面的剪辑衔接产生的运动，主要优势在表现叙事结构方面。在电影美学中强调表现画面与画面之间的联系，而在以说明性为主的教学视频或动画中更多地用这种方法来丰富视觉表现，造成某组画面本身的节奏感，使视频或动画画面有所变化，不致过分呆板。

　　在实际中，这3种运动方式往往是结合在一起的。当学习者必须关注对象的运动或对象运动幅度较大时，尽量减少摄像机的运动。比如在教师讲课时，学习者应当关注的是教师讲课的内容，此时摄像机的运动会造成学习者不稳定的心理，分散其注意力。画面中包含摄像机推、拉、摇、移等运动时，要等运动完成至少3秒以后才可以进行画面的切换，以免造成心理疲劳紧张。教学片中画面的剪辑切换不能太多，反映教学主体的画面的持续时间要在6秒以上，相对静止的、反映相似内容的画面连续应用不宜过多。

　　对于某一个界面来说，动态的画面更能够吸引学习者的注意力，那么如果在设计一个包含二维、三维动画和视频等媒体教学内容的界面时也加入了动态内容，哪一个更能吸引学习者的注意力呢？理论认为运动速度快的比运动速度慢的更能吸引注意力，面积大的比面积小的更能吸引注意力。但在实际操作中，要尽量避免表现教学内容的画面要素和其他画面要素"撞车"，原则就是：形式服从于内容，在包含有二维、三维动画和视频媒体的教学内容的界面中尽量不要采用动态的界面设计；而在大量的由静态的文字、图像等媒体形式表现教学内容的界面中，则可以根据设计风格有目的地选择一些动态的画面要素加入到界面设计中。比如能够融入背景的动画可以较大面积地使用，此时节奏必须放慢；较小的装饰性动画可以起到画龙点睛的作用；动态的交互设计（如隐形菜单等）能够提高软件的趣味性以及增强界面的统一感。

3．其他要素

（1）背景

多媒体课件界面设计的第一步就是决定用户窗口的大小以及长宽比例，我们将它放到背景表达中阐述。通常人们的视觉心理习惯于水平边缘大于竖直边缘的矩形（如显示器窗口的形状），在设计中这种矩形的长宽比例是可以根据具体情况有一些变化的，比如一般情况下多用与显示器相同的4：3比例，而在表现平稳庄重风格的作品时则可以考虑使用长宽比更大甚至夸张的比例尺寸。

多媒体课件组合了多种媒体表现的内容信息，它与用户的最终交流是通过显示器屏幕进行的，所以，为了美观，也为了主体表现不使人感觉突兀，安排适当的背景非常必要。背景的颜色、图案要根据课件整体形象风格的要求来制作。背景的设计原则是：色彩尽量单一，形象尽量简洁，避免喧宾夺主。

背景可以是图案的简单排列，可以是某种环境，也可以根据其他构成要素（如标题、主体文字、图形、按钮等）的安排在适当的地方突出某种图案，在一定程度上起到包围、装饰的效果，如图7-26至图7-29所示。

图7-26　颜色渐变的简洁背景

图7-27　具有空间感的环境型背景

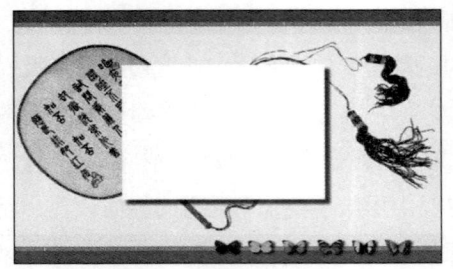

图7-28　图案装饰包围型背景　　　　图7-29　教学内容与背景浑然一体

（2）装饰

在多媒体课件界面的设计中，装饰物并不是必需的，初级设计者可以选择放弃装饰物。但在某些时候，比如寓教于乐型课件，装饰物还是很有必要的，其运用原则是提倡减去组装法，即在设计时要考虑装饰物放在这里是否有必要，减去行不行。装饰物可以是课件的整体标识，可以是标题文字的衬底和图案边框，也可以是空当处的装饰。

装饰物的设计原则是：与课件主题或内容信息有一定的关联性；与界面的整体风格统一；与背景有某些一致性，如颜色一致；不可过于醒目、喧宾夺主，如图7-30和图7-31所示。

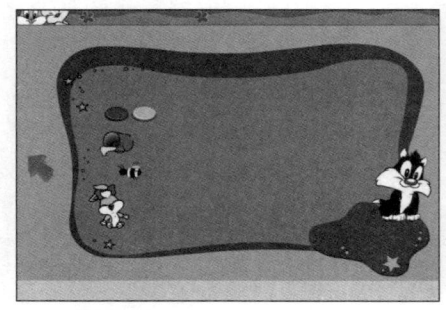

图7-30　卡通型装饰丰富的界面　　　　图7-31　与背景融为一体的界面

（3）画面间过渡与图片文字的缓出

大多数多媒体创作工具软件都为画面之间的过渡提供了各种形式，有的多达几十种乃至上百种。在选择过渡形式时要根据画面形式和内容具体分析。过渡绝不可过快或过慢，以1秒钟为宜，不能低于0.5秒钟或高于2秒钟。实际情况是，许多创作人员或教师偏爱过渡效果，长时间的运用屡见不鲜。原本过渡效果的目的是丰富画面形式，使学习者在变化中集中注意力，而若过渡的时间过长，教师讲课的情绪将被打断，学习者正在集中于教学内容的注意力也会遭到破坏，得不偿失。

图片或文字的缓出分为两种情况。一种是为了教学需要设计图片或文字缓出，讲这一部分的时候不让学习者看到下一部分以免分散注意力，但这些部分之间还有相当的关联，最后还要统一讲解，最好在同一画面中出现。在这种情况下，缓出过程尽量不要设计花哨的动画效果。另一种是为了使画面形式丰富、多变，在同一画面内图片、文字各自作为不同的对象，以相同或不同的形式，在相同或不同的时间内出现，多用于软件的主界面或者某一部分的标题性界面。这种运动形式切忌出现过程持续时间过长，若一个画面要素需要5秒钟，下一个画面要素又要5秒钟，则会引起学习者烦躁的心理情绪，对软件产生逆反心理。另外，还要注意动态出现的画面要素不要过多，一般以两三个为宜。

二、多媒体课件界面的整体编排设计

多媒体课件界面的整体设计是指对多个界面和界面中的各种构成要素在结构与色彩上进行整体设计，将最终要呈现在学习者眼前的所有构成要素作统一编排。由于人的知觉具有完整性，引起学习者注意的不是某个要素，而是呈现在其面前的界面的整体，所以整体编排是多媒体课件界面设计中最重要的部分。具体地说，多媒体课件界面的整体设计就是如何在多个不同的界面中选择最有代表性的图片或模型、相关的文字，设计制作不同的热点以及背景并将它们有机地安排在一起，成为一幅主题明确、内容醒目、画面和谐优美的屏幕布局。若能合理运用图像、声音、动画、视频等元素组成优良的界面，那么它在教学中的作用将会被发挥得淋漓尽致。

在多媒体课件界面设计中，不管哪种设计形式都是服务于内容的，也就是说应根据内容来设计表现形式，明确内容后再决定采取什么样的风格和形式，以达到内容与形式的统一。内容是构成设计的一切内在要素的总和，是设计存在的基础；形式是构成内容诸要素的内部结构或内容的外部表现方式。

若不懂得或不注意界面设计，容易造成喧宾夺主、文图相碍以及颜色失调等现象，这些都会给学习者带来视觉上的困难和心理上的不适，使想要表达的内容受到不同程度的影响，甚至还会因为设计的不合理而造成与预期目的相反的效果。所以，界面设计既是课件制作者应有的技能，也是课件评比中评委应该特别关注的方面。

界面设计时，整体编排的顺序应为：先安排承载教学信息内容的视觉构成要素，这是主体，如文本、图片、视频或动画等；再根据需要在主体周围依据设计原则放置所需的按钮、标志和各种装饰等。切不可事先选好偏爱的装饰物，再根据装饰物设计本界面的风格和主体形式，如果出现装饰物与主体表现冲突的情况，要舍弃装饰物，以主体表现为重。

1．教学内容鲜明突出

画面要素整体编排的目的在于使界面产生清晰的条理性，使教学内容鲜明突出，达成最佳的教学效果并富有美感。它有助于增强学习者对软件的注意，增进学习者对教学内容的理解。承载教学内容的画面要素是界面的绝对中心，从创意之初，一切其他画面要素就要围绕它来设计。按照主从关系顺序，使承载教学内容的画面要素成为视觉的中心，凸现教学内容，主要方法有以下几种。

① 在承载教学内容的画面要素四周留白（不要将"白"理解为单纯的白色），使被强调的画面要素形象更加鲜明突出。所谓"留白"，可为空白，也可为细弱的文字或图形。为强调承载教学内容的画面要素，可有意将其他部分削弱。我们总有一种认识：要充分利用界面，一旦某软件屏幕显示尺寸确定下来了，就要在最大限度内用各种画面要素填满界面。从美学意义上讲，留白与文字和图片具有同等重要的意义，是一种含蓄的、富有启发性的表现手法，留白不但能够突出承载教学内容的画面要素，还能够提升界面的整体格调，留给学习者思维活动必要的空间和时间，留白量的多少根据具体内容和空间环境而定，如图7-32和图7-33所示。

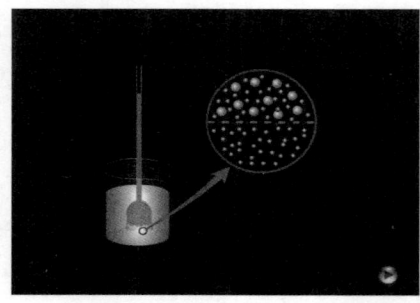

图7-32　没有任何装饰、突出教学内容的画面　　　图7-33　运用留白突出主题的封面

② 通过对比突出教学内容。界面中各种画面要素的不同构成了对比，承载教学内容的画面要素与其他画面要素形成适当的对比，以唤起学习者的注意，如图7-34所示。对比包括形象的对比、色彩的对比、肌理的对比、动静的对比等，其规律有：面积大的注目度高于面积小的，色彩鲜艳的注目度高于色彩暗淡的，肌理复杂的注目度高于肌理简单的，动态的注目度高于静态的。

图7-34　运用色彩对比、明暗对比提高教学内容的注目度

③ 运用线条（框）进行分割。这里的线条（框）指的是实际的线条（框），并非画面构成的消极分割线。运用线条（框）进行分割是设计界面时突出承载教学内容的画面要素的最常用方法，线条（框）的限定具有相对的约束限定功能。对于文字内容，多媒体制作集成软件（如Authorware）会产生默认的文字框，达到凸现文字的目的。线条（框）的限定具有相对约束的功能。线条（框）细，界面轻快而有弹性，但引起的注意弱；线条（框）加粗，教学内容有被强调的感觉，同时诱导视觉注意；线条（框）过粗，界面则变得稳定、呆板，空间封闭。运用消极的线条（框）时，界面显得柔和；用积极的线条（框）限定空间时，界面强调效果强烈，给人印象深刻，但有被约束和限制的感觉。在进行画面要素整体编排时，还要注意各要素间隙大小的节奏感。间隙大，节奏减慢，视觉流程舒展，但若过分增大，则失去了联系，彼此不能呼应，会给学习者心理造成拖怠的感觉；间隙小，节奏强而有力，布局显得紧凑，但若间隙过小，会显得紧张而拥挤，造成视觉疲劳，教学内容传达的清晰度也会被降低。教学画面有框限制和无框限制的效果分别如图7-35和图7-36所示。

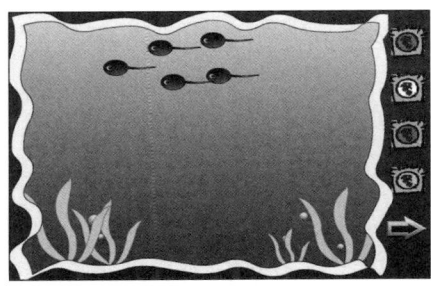

图7-35　教学画面有框限制时视觉更加集中

图7-36　教学画面无框限制的情况

④ 动态内容的运用使承载教学内容的画面要素的表现形式更加多样化。动态物体永远比静态物体的注目度高，如果教学内容能够用动画或视频来表现，将是十分引人注目的。这个观点早就在多媒体课件制作领域达成了共识，这里要提醒的只是GIF小动画的运用。运用适当的GIF小动画可以起到点睛的作用，但要考虑动画的大小、意味性以及整体感。一幅界面所用的装饰意味小动画不能超过一个，作为功能性按钮的小动画要有共同特征，系列化；而在教学内容为动态表现的界面中尽量不要使用GIF小动画，因为它将直接影响教学内容本身的动画或视频的注目度，危及教学效果，如图7-37所示。

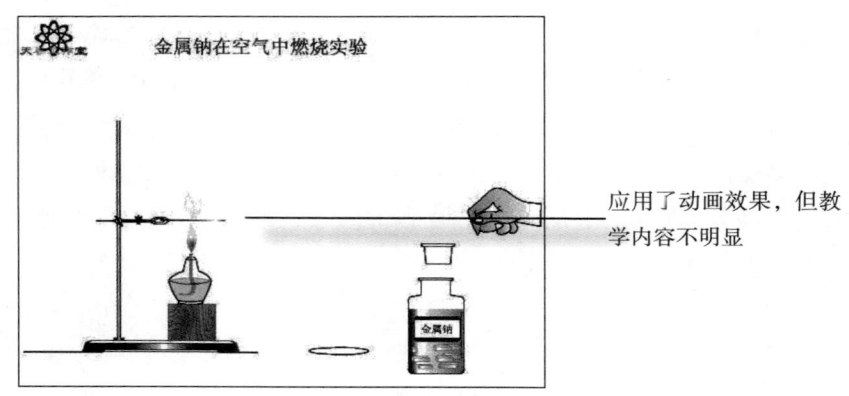

图7-37   使用动画效果不明显的画面

2. 形式与内容统一

多媒体画面是目的性与规律性的统一。上文中谈了很多关于规律性的问题，但是，无论是传达教学内容的画面还是整体界面设计所追求的完美形式，必须符合软件所要表达的教学内容，否则画面将会变得空洞或刻板。要将形式与内容统一，设计者必须首先深入领会软件教学内容的精髓，再融合自己的设计灵感和知识，找到一个合适的表现形式，画面才会体现出它独具的分量和特有的价值。

3. 风格设计与表现规律

综观人类艺术设计史，不同的时期、地域或不同的艺术家（设计者）都有不同的风格，风格几乎成为了我们研究各种艺术赖以通观把握的东西。对于多媒体课件来讲，风格也是非常重要而又常常被忽略的一个方面，制作人员或教师在设计多媒体课件的时候往往只注意其功能性和所谓的美观性，而忽略了应当首先确定的课件界面的个性风格。风格是有人性的，我们制作的多媒体课件不能只是堆砌在一起的教学信息。多媒体课件除了让学习者理解掌握理性的教学内容以外，还要使他们有美的感性认识，愿意与它相处交流，而带来这种感性美的就是某个课件不同于其他课件的地方，是它的整体形象给学习者的综合感受。这个整体形象包括软件的标志、色彩、字体、界面布局等诸多因素。实际上，多媒体课件的风格就是课件界面的风格。风格如何来表现呢？下面介绍一些规律性的方法。

首先，引入了网站设计的一个概念——标志（Logo）。互联网是一个巨大的信息集群，在浩如烟海的网站中如何树立自己网站的个性品牌与其他网站进行区分，网站的设计者们运用了Logo的概念。每一个网站都有自己独特的Logo，它频繁出现在几乎每一页网页上，成为网站的标志。可在多媒体课件中使用Logo，设计一个小小的个性化Logo，使它相对稳定地出现在每一个界面上。这种统一化的设计将是多媒体课件界面树立自我风格的第一步，如图 7-38所示。

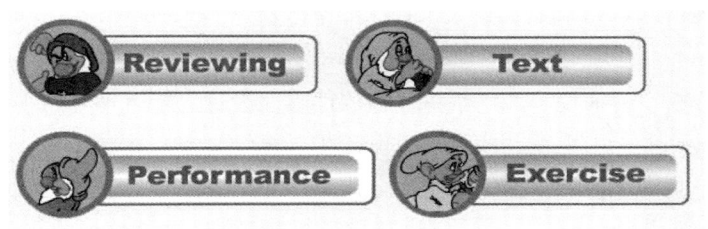

图7-38　课件《白雪公主》的一套Logo

其次，制定标准色彩和标准字体。这又是从企业CI设计中引入的概念。CI设计的理念经过70余年的发展已经相当成熟了，最早采用CI标准色的企业如今已经大受其益，比如可口可乐的红白两色对我们仍然具有暗示作用和强大的冲击力。将标准色概念引入多媒体课件界面的风格设计中有两个理由：其一，在谈色彩运用时我们将提到，色彩不能用得过多过杂，这对单个界面的视觉效果是非常重要的，色彩过多过杂就会使学习者产生“花”和“乱”的感觉，不利于信息的传播，也不利于课件品位的提升，而标准色是画面（界面）总的色彩倾向和风格，它为画面定基调，而色彩基调既是视觉造型又是情绪氛围；其二，有了一两个统一的标准色，会使多媒体课件的不同界面看起来统一，这对课件整体的风格化非常必要，同时学习者从中得到的是稳定的心理感受，也有利于认知活动的开展。设计者可以将某个多媒体课件界面的标准色设置为某一两种颜色，同时还可以指定四五种辅助色，这样不但可以简化设计过程中的配色工作，更可以求得视觉效果上风格的一致性。采用标准字体的理由同采用标准色一样，在一幅界面中，字体最好不要超过3种，整个软件的其他界面上也要运用同样的字体。比如，所有的标题都要用黑体，所有的正文都要用宋体，字号也要一致，等等。当然，世界上没有绝对的东西，比如设计活泼跳跃的卡通式风格，一两种标准色当然不够用；较大型多媒体课件各个大框架内容的标准颜色也可以在亮度、饱和度统一的情况下在色相上有一些变化。所以，上述规则在实际运用时也要根据具体情况具体对待。

再次，使用风格统一的背景和统一的图片效果处理方式。背景在多媒体课件界面设计中是大面积运用的，根据不同情况，可以选择一成不变的单色背景或稍有变化的图案背景。在大多数情况下，多媒体课件界面的背景应当有一定的变化，这种变化可以体现在背景应用的图片上，但处理方法和色调一定要统一。另外，图片在多媒体课件中也是大量运用的，为了追求课件设计整体风格的统一，设计者可以对所有的图片进行同样的处理，比如都加上阴影，阴影的方向、距离、透明度、模糊度等参数都保持一致。由于一般人在心理上习惯光线从左前方射入，阴影应在对象的右下方。

最后，按钮、装饰物等风格统一。在课件界面设计之初就不要忽视按钮，因为它不仅能够帮助你实现操作功能，更可以成为一种富于个性和装饰性的装饰物。比如，将某个多媒体课件的按钮设计成一系列的树叶、石头，或是统一的图形符号，哪怕是在每个按钮前加上一个小圆点，那也将是本课件的风格。而对于经过深思熟虑的很有必要的那些装饰物，设计者便要考虑如何使不同界面的不同装饰物表现出统一的风格。建议在设计之时多进行一些处理，使装饰物变成独特的东西，如独特的修饰性花边、线条等。运用时还要注意不同界面的统一化，应确保界面上要表现的主要内容在每一幅界面上都在同一位置，特别是按钮，形象、功能、信息提示都要保持相对固定。学习者在某一界面中刚看到或用过的按钮，不应该到了下一个界面中位置或功能就改变了，否则会给学习者造成困扰。

第三节　网络多媒体课件的界面设计

随着互联网的发展，基于网络的教育技术越来越成为现代教育的支撑技术，网络多媒体课件以其与生俱来的共享优势，解决了单机版课件无法解决的很多问题。具体来说，网络多媒体课件具有多种媒体的集成性、超文本（媒体）链接的可控性、存储资料的丰富性、拓展更新的便捷性、超越时空的共享性等诸多优点。当前普遍应用的网络多媒体课件基本上是网页型的，借助Internet或Intranet来实现计算机辅助教学和远程教育。课件运行在服务器上，用户只需用浏览器访问就行了，简便快捷。随着网络多媒体课件制作技术的日益简便易行，蕴含其中的界面设计就显得更为重要了。界面是教与学双向沟通的窗口，符合学生心理的、美观艺术的界面是教学实施的有力保障。本节将从网络多媒体课件设计的艺术角度，阐述与之相关的原则和规律。

一、网络多媒体课件界面设计的原则

应用网络多媒体课件进行教学的目的与单机版课件相同，一些原则上的要求（如主要教学内容突出等）也是单机版课件的要求，但由于传播方式不同，网络多媒体课件又有其自身的特殊规律。下面针对网络多媒体课件的自身特点进行原则分析。

1．主要教学内容突出

网络多媒体课件的界面表达的是一定的教学内容，有明确的主题。成功的网络多媒体课件会按照视觉心理规律将知识点主动传达给学习者。界面设计就是要创造出适当的环境，适应学习者的接受心理。在设计界面时，要考虑主要的教学内容是什么，通过什么形式表现出来，本身是否醒目，通过怎样的设计使其达到醒目的目的等问题。主要教学内容突出永远是第一位的，设计形式要服从这一点。

2．形式与内容统一

内容是课件的主题、媒体等要素的总和，形式就是它的结构、风格等外在表现。内容决定形式，形式反作用于内容，一个优秀的课件必定是形式对内容的完美表现。网络多媒体课件需要通过视觉形式传达教学内容，形式与内容通过设计达到统一将有利于学习者对课件及教学内容的接受。什么样的知识点应该有什么样的界面，很难想象用一个古典民俗风格的界面表现高科技DNA的知识点。

网络多媒体课件界面设计所追求的形式美必须适合主题的需要，只强调独特完美的设计风格而脱离内容，或者只求内容丰富而缺乏艺术的表现，课件都会变得令人难以接受。设计者只有将二者有机地统一起来，深入领会教学内容的精髓，再融合自己的思想感情，找到一个完美的表现形式，才能体现出网络多媒体课件独具的分量和特有的价值。

3．强调整体

网络多媒体课件的整体性包括内容和形式上的整体性两方面，这里主要讨论设计形式上的整体性。网页是教学信息的载体，它的作用是使一定的知识点在适当的时间和空间环境里为学习者所理解和接受。设计时强调其整体性，可以使学习者更快捷、更准确、更全面地认识它、掌握它，并给人一种内部有机联系、外部和谐完整的美感。网络多媒体课件是由多个页面组成的，在设计时强调界面各组成部分的共性因素或者使诸部分共同含有某种形式特征，是求得整体的常用方法。在版式上，对界面中各视觉要素作通盘考虑，以周密的组织和精确的定位来获得页面的秩序感。整个课件内部页面的界面都应统一规划，统一风格，让浏览者体会到设计者完整的设计思想；不能由于各部分出自不同教师之手，就忽略了整体的设计风格。

但是，过分强调界面形式的视觉整体性必然会牺牲灵活的多变性。在强调界面整体性设计的同时必须注意：“整体”是“多变”基础上的整体，过于强调整体性可能会使网页呆板、沉闷，影响学习者的注意力和继续学习的愿望。

二、网络多媒体课件界面设计的规律

网络多媒体课件的界面设计可以借鉴单机版课件设计的很多规律，但又与单机版课件有着原则上的不同。

1．界面中各种视觉要素的表达规律

被称为设计的行为永远包含主观和客观两方面的因素，网络多媒体课件界面设计也不例外。在设计之初，首先要确定课件中规定性的客观因素，主要指课程（或知识点）的主题、性质，需要运用哪些媒体手段。明确了设计的对象和构成要素这些必要条件，再来围绕它们发挥设计者的能动性。如利用Java语言技术丰富页面的表现力等，使这些要素有机地、艺术化地结合在一起，共同构成网络多媒体课件的视觉形式。

（1）背景

与单机版课件不同，网络多媒体课件页面的大小不是由设计者决定的，而是取决于用户屏幕和浏览器设置。一般来讲，在最常用的800×600像素的屏幕显示模式下，在IE安装后默认的状态（即工具栏、地址栏等没有改变）下，IE窗口内能看到的部分为778×435像素，设计时可以这个大小为标准。但通常的情况不是这样，大多数网页都采用了向下滚屏的手段来丰富页面内容。在网络多媒体课件的制作中，并不提倡长屏的应用，因为网络多媒体课件毕竟与一般网站不同，它是用来传达知识点内容的，而不是大容量知识的堆砌。当某些知识点或某方面的内容（如相关网站链接页面）需要加长页面来表示时，当然也要利用长屏形式来为具体必要的内容服务，设计中要做到具体内容具体分析。在上一节单机版多媒体课件界面设计的背

景规律分析中，我们提出了横向宽幅界面的设计方式，在网络课件界面设计中为达到某种效果，仍可以采取这种样式，如图7-39所示。

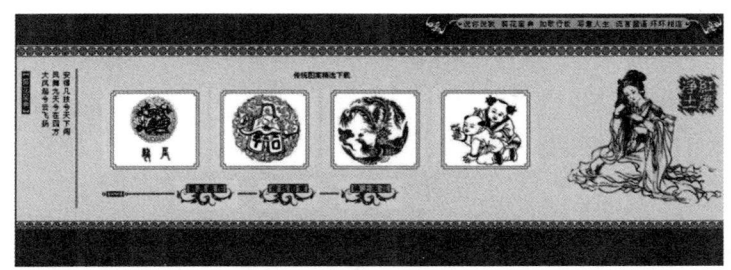

图7-39　可左右拖动的横向宽幅界面

网页界面的背景可以是单色的，可以是按图案性单元排列的，也可以采用实验室、博物馆等的图像环境或虚拟环境。虚拟现实技术在网络中已经达到了一定的应用，个别网上数字博物馆即采用了虚拟真实的博物馆场景的方式，这种方式同时也解决了背景问题。不要每页界面都采用不同的背景（图片），以免每次换页都要花时间去下载。采用相同的底色或背景图片还可增强网页的一致性，塑造课件的风格。

（2）交互形象

从某种程度上讲，网络依靠交互来生存，网络多媒体课件有着极多的交互，但通常看来，仍然不外乎是按钮、热字、图形、图像等几种。与单机版课件不同的是，网络多媒体课件的菜单变成了更加一目了然的导航栏。

由于网页浏览器具有多窗口同时工作以及后退功能，超链接的热字成了最普遍的交互对象，几乎没有哪一个页面不存在热字的参与，即使是最低级别的正文，热字也会被用来实现与相关页面（如上一层、相关文章等）的链接。由于大多数热字本身即课件的某级内容，所以热字的形象设计问题放在下文的"文字"小标题中具体介绍，这里只强调一点：为了使界面功能友好，一定要将访问过的超链接的颜色与其他热字区分开来。这是个举手之劳的小问题，却往往被设计者忽视。

网络多媒体课件中按钮的应用非常少，由于网络带宽的限制，较大的按钮无疑是对资源的浪费，也与网页中普遍应用的较小的文字不谐调；而小型的按钮旁又不得不加上说明文字，说明这个链接的功能和方向。为了操作方便，文字就变成热字，而按钮反而变成了热字前的装饰。

导航栏是网络多媒体课件中必不可少的交互形象，一般在首页中即会出现，它替代了菜单出现在网页界面中。多级的导航栏呈现了网站整体的逻辑结构。在大多数网页中，导航栏会出现在页面最上部或标题（Banner）的下部，用户一般习惯到这些位置去了解网站的大体内容信息。也有一些个性化的设计将导航栏在其他位置单独呈现。下一级导航栏通常被设计在上一级的下部，也有的利用框架技术，将导航栏部分设计为可折叠扩展型，安排在固定的并不随页面刷新的框架里。这种形式在网络多媒体课件中并不少见，因为它有利于把握课程的整体结构，如图7-40所示。

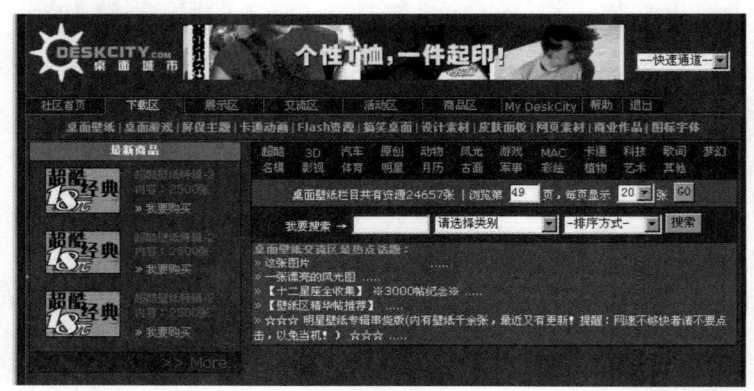

图7-40　常见的导航栏形式

（3）装饰

网络多媒体课件的装饰五花八门，单机版课件与之相比可谓是小巫见大巫。在网络多媒体课件中，有各种形式的图标、分隔线、Logo、Banner、滚动条、滚动字幕、鼠标指针移动特效、Java特效可供选择。这些看似花哨的图形、动画等装饰实现起来并不困难，互联网上有大量的素材或源代码资源可供使用。但是，作为设计者不能被它们炫目多彩的形式所迷惑，在惊喜的同时更要考虑什么是当前的课件所需要的，这个装饰（特效）对美化界面是否有用，不用行不行。直到确定运用这个装饰（特效）符合整体设计风格，有助于课件整体艺术品位的提升，有助于学习者更加便捷地掌握课件的功能，甚至可以帮助学习者理解教学内容时方可使用。本书将这些装饰或效果分为两类：静态的和动态的。静态装饰包括图标、分隔线、部分Logo和Banner、滚动条等，动态的包括部分Logo和Banner、滚动字幕、鼠标指针移动特效、Java特效等。

网络多媒体课件基本上为辅学型，适合个别化教学，不适合多媒体教室大屏幕投影集体学习。这就对其中视觉要素的可辨认性降低了要求——不必投射到投影幕上使全班学生都能看清，只要满足单个学生近距离观看计算机屏幕时的可辨认性就可以了，所以各种装饰普遍比用于辅教的单机版课件小，线型窄。比如，在单机版课件中，分隔线大都清晰质朴，往往只是一条直线或很粗的色线组合，极少出现网页界面中纤细的线条和细小的较为复杂的装饰图案。网络多媒体课件中分隔线的装饰性运用提高了界面的艺术表现力。

网页中普遍运用的ICO格式的小图标题材丰富，外观小巧（多为32×32像素，16色或256色），大多配套提供，选择余地大。用它作为某些部分风格统一的装饰，或取代部分高级别的链接热字来实现超链接，是提升网页界面人气值的首选。设计者还可以运用"图标小精灵"或IconCool Editor等软件自行设计制作。GIF格式的小图标为动态的（GIF格式也支持静态，但一般取其动态功能），体积小巧（最多支持256色），形态多样。GIF格式的小图标最常见的运用形式有3种：一种是单纯的某种形状（如圆形、箭头等），通过发光、位移等方式产生动感，置于多行热字性标题的前方，起到修饰和醒目的作用；另一种是动态的线条，置于网页界面下部，将主要内容与声明、电子邮件、版权声明等附属内容分隔开；还有一种是形式稍大且具有趣味性的小动画，根据设计要求安排在某些位置，提升界面的亲和力，如图 7-40所示。虽然GIF小动画网上也有大量提供，但根据以往的经验，拿来运用的效果并不理想。某个动画这里也见过，那里也见过，不能成为本网络多媒体课件独特的东西，而且不容易与课件的整体艺术效果相匹配，这就不如自己动手进行制作。制作软件除了普遍运用的Flash、Ulead GIF Animator，Photoshop附带的ImageReady也支持GIF动画制作。

为了配合页面的整体效果，滚动条也一改以往单调沉闷的灰色，出现了自定义划块等颜色设定方式，设计时可根据需要调整。

Logo是让其他网站链接的标志和门户，它比文字形式的链接更能引人注意，有人将它比喻成网站的名片。互联网上最普遍的Logo规格是88×31像素。Banner是位于网页界面上部的装饰性部分（在一般网站中通常是广告），用户可以从中领会到这个课件的类型、内容和风格，比较通用的规格是468×60像素。关于Logo和Banner，本书并不提倡静态化的应用，原因如下。第一，动态的表现力本身比静态强。网络多媒体课件不同于一般网站，不会出现无聊的广告性质的Banner。网络多媒体课件界面中的Banner应当是教学主题的形象化体现，动态形式自然是首选。

Logo是整个网络多媒体课件精神的浓缩，动态形式的传达使得意味更加丰富。第二，从形式上说，一个网页中往往文字居多，较少有动态视觉要素，Banner所在的位置注目度并不是最高的，在这里稍有动感，可对网页起到调节作用。动态Logo一般为GIF格式，Banner一般为GIF格式或SWF格式，用Flash等软件制作。

　　将滚动字幕放在装饰部分阐述可能会产生歧义，因为滚动字幕大多是功能性的，比如课程调整、内容更新的通知等，以滚动字幕形式出现提醒学习者注意。但也有一些课件出现了诸如"欢迎进入本课程学习"等没有具体功能的滚动字幕，将这种字幕安排在Banner下方、课程内容上方注目度较高的位置，会分散学习者的注意力，不提倡使用。而对于一些具有一定功能的必要的滚动字幕，则要注意字体大小、颜色、运动速度和面积。由于动态本身就极具吸引力，从右到左条状运动的面积较大的滚动字幕比页面其他部分运用的面积相对较小的运动图标更吸引人，所以，字体大小和颜色不需特别突出强调，可以试试与正文大小、颜色相同的字体设置。

　　（4）图形和图像

　　图形和图像是网页中的重要元素。网页界面的风格特点及亲和力主要是由界面上的图形和图像所决定的。图形和图像的运用要合理，通常有这样几个原则需要遵循。

　　① 图形和图像是界面中最具活力的视觉要素，要根据需要合理使用，不能滥用。只用一幅图像会使内容突出、页面安定，增加图像时页面会更加活泼。但图形和图像的安排是由内容决定的，在设计时应优先考虑教学内容本身所需要的图形和图像，不能由于个人爱好颠倒了主从关系。

　　② 图形和图像与背景是对比和统一的关系，即在和谐统一的基础上，应存在一定的对比，使主要内容更加突出。在设计中容易出现这样的问题：有的设计者对某些颜色有所偏爱，矢量图形的图表、背景、文字都用这样几种颜色，使得某种视觉要素（如图表）的可辨认性降低；有的设计者用图案作为背景，图形和图像用得较多且琐碎，背景和图形与图像混沌成一片，整个界面花哨凌乱。这些都是要尽量避免的。

　　③ 图形和图像在网页界面中所占据的面积能够直接显示其重要程度。一般来讲，面积大的图形和图像容易形成视觉焦点，对人脑的冲击力强；面积小的图形和图像常用来穿插在字群中，显得简洁而精致，有点缀和呼应页面主题的作用。在一

个界面中，不同大小的、装饰性的和承载教学内容的图形和图像要根据需要穿插错落运用，达到清楚传达教学信息和平衡美化界面的作用。

④ 限于网络传输速度，使用图形和图像时一定要谨慎，过大和过多的图形和图像会降低页面显示速度。图形和图像的优化是指在保证浏览质量的前提下将数据量降至最低，提高网页的下载速度。利用Photoshop或Fireworks可以将图形和图像切成小块，分别进行优化。输出的格式可以为GIF或JPEG，要视具体情况而定。一般把有较为复杂颜色变化的小块优化为JPEG，而把那种只有单纯色块的卡通画般的小块优化为GIF，这是由这两种格式的特点决定的。

（5）文字

新版的网页设计软件（如Dreamweaver MX）在显示文字时更加直观，用默认字体、字号是不错的选择。当然，如果需要的话，也可以加大或缩小字号。比如现在许多大型网站流行小字号，小字号容易产生整体感和精致感，但可读性较差，在教学课件中不提倡使用。

网页的字体问题不用多说，因为最终显示字体是由用户机系统所决定的，即使设计时应用了艺术化的字体，最终显示时也不一定看得到，所以，为了适应大多数机器的情况，字体均选择Windows系统自带的几种默认字体，如宋体、黑体等。在确有必要使用特殊字体的地方，可以将文字制成图像插入到页面中。一般一个界面所运用的字体不应超过3种。

值得一提的是文字的行距问题，在Dreamweaver MX中用默认设置一般不符合阅读要求，我们提倡用CSS样式表定义文本属性。CSS功能强大，可以预设置很多项目，如字形、字体大小、文字间距、行距、向哪边看齐、列表标识、边框等。网络多媒体课件不是Word文档，有时出于某种目的需要加大字距或行距，获得艺术化的韵律感，其调整控制也可以通过CSS来完成。

文字的颜色变化、加粗、倾斜、下划线等效果不可滥用。记住一点：什么都想强调，其实是什么都没有强调。

（6）视频和动画

由于网络传输速度问题，并不提倡在网络多媒体课件中加入大量的视频和动画。设计者在统筹规划的时候，针对视频和动画的部分，要考虑以下两个问题：第一，视频和动画是为课件服务的，对于课件中用文字、图像等不能表达清楚的课程内容和知识点，可酌情用视频或动画表达；第二，视频和动画要能够有针对性地、清楚地传达某一教学内容。在设计制作之前，先搞清有没有应用视频和动画的必要，避免资源浪费。

网络多媒体课件中的动画有两种：传达知识点的动画和装饰性、功能性的动画。传达知识点的动画不用解释，其要求是操作简单、界面清晰、一目了然。装饰性、功能性的动画包括前面提到过的动态装饰，也包括一些单纯用Flash制作的网络多媒体课件。

Flash是一款目前非常流行的矢量二维动画制作软件，许多教师都乐意在自己的课件中加入Flash作品。在课件中加入Flash动画一般有两种形式。第一种是直接嵌入网页，和网页紧密结合在一起构成课件。这种形式应用得较多，优点是知识点不间断，整体性强；缺点是课件数据量较大，在使用时可能因为网速慢而影响用户下载和浏览。第二种是在网页中使用超链接，把动画放在另一个网页中，用超链接来完成。当用户不需要动画的时候可以不下载和浏览，这样可以减少课件使用时的下载量，但这种形式的课件对连贯性的要求更高。在设计时这两种方法应结合使用，以达到最佳效果。

视频和动画的形式设计应当是独立于网页界面的一个单元，具体可参考前面的相关内容。需要注意的是一些教师喜欢制作纯Flash课件。纯Flash课件的下载速度比HTML的课件慢，网络上纯Flash网站的字号一般偏小，可辨认性差，操作也不如HTML的课件方便（也许因为纯Flash网站是新兴事物，大家还不习惯）。

2．版式设计

所谓版式设计即网络多媒体课件的界面统筹设计，是指在有限的屏幕空间内对视听多媒体元素进行有机的排列组合，将理性思维感性化地表现出来，以期在传达信息的同时使用户产生感官上的美感和精神上的享受。它同报刊杂志等平面媒体的版式设计有很多共同之处，也是一种具有某种风格和艺术特色的信息传达方式。它与书籍杂志的排版又有很多差异：印刷品都有固定的规格尺寸，网页则不然，它的尺寸是由用户端来控制的，这使设计者不能精确控制页面上每个元素的尺寸和位置；而且，网页的组织结构不像印刷品那样为线性组合，这给网页的版式设计带来了一定的难度。

网络多媒体课件界面的版式设计原则可以参照前文内容，需要强调的是突出个性风格。个性风格不等于唯艺术化，不等于稀奇古怪，之所以将它特别提出，是针对国内网站千篇一律、相互抄袭的现状。看习惯了这些类型的网站，教师在设计制作自己的网络多媒体课件时恐怕也会依照这样的定式来进行，却没有想到网页其实还有各种各样的排版方式。这一点可以向传统印刷媒体（如杂志设计、广告设计）借鉴。

网络多媒体课件界面的版式设计原则因其传播方式而具有独特性：第一，为了节省资源，一幅页面内的信息要尽可能丰富；第二，依据学习者的认知心理，一幅页面内不能安排过多的文字或其他教学信息；第三，根据现有网络的数据传输能力，一幅页面承载的数据量最好不要超过20KB，特殊情况下也不能超过50KB；第四，还要考虑界面的美观问题。要将这4点结合在一起来对各个页面进行统筹衡量。

第八章　PPT课件的教学设计

　　教师在教学过程中使用得最多的课件制作工具通常是微软的PowerPoint软件。用PowerPoint制作课件简单易学，容易插入多种媒体素材，但是，由于大多数学科教师并不具备相关的计算机知识，不是制作起来困难就是不知道从何下手，或者是制作的PPT课件只是代替黑板写字，课件形式千篇一律，课件内容呈现过程简单，操作呆板，缺少交互性。教师们辛辛苦苦做出来的课件只能用于课堂教学演示，课后学生无法使用这些课件进行自主学习。

　　为了提高教师设计制作PPT课件的能力，下面从课件的设计模式和方法规范等几个方面进行介绍，以便教师能够更加规范地将其应用于教学。

第一节　PPT课件的教学应用模式与教学设计流程

一、PPT课件的教学应用模式

　　在教学过程中，可采用的PPT课件的形式多种多样，主要有以下几种。

　　① 演示型课件模式：主要用于多媒体课堂教学演示，教师利用信息技术进行电子备课、演示教学内容。

　　② 网络探究型课件模式：指利用信息技术给学生提供自主学习和探究性学习的资源环境。

　　③ 互动协作型课件模式：利用信息技术进行师生之间的交流、个别辅导和答疑、同学之间的交流和协作学习。

　　④ 测验操练型课件模式：利用信息技术进行教学测试和教学评估。

二、PPT课件的教学设计流程

1．项目规划和目标分析

　　① 教学对象分析：明确使用对象的特征、资历、所具有的基础知识和技能以及

不同年龄阶段的学生认知结构的差别等，使教学媒体的设计与教学对象的特征相适应。

② 教学目标分析：教学目标是对希望通过教学过程使学生在认知情感和行为上发生哪些变化进行的描述，是教学活动的导向，是学习评价的依据。

③ 教学环境分析：主要明确运行环境以及开发所需的时间、人力、物力等。

2．选题

确定选题的目的是为了明确具体的任务和要求。根据学科教学的需要，确定教学当中的重点和难点以及解决教学中难以解决的问题。

3．教学设计

① 确定教学目标。应根据教学大纲的要求，首先明确教学目的、要求以及教材的重点与难点。例如，是激发学生的学习兴趣还是解决某一重点问题，是帮助理解、促进记忆还是加强知识运用，是扩大知识面还是培养技能和技巧，等等。

② 对教什么进行设计。对课程的教学内容进行设计（内容的组合方式及结构）。

③ 对教学媒体进行设计。各类媒体应用在教学过程中时，对不同教学内容、教学目标和教学环境所显示出来的能力是不同的。

④ 对怎样教进行设计。对组织何种教学结构或模式、采用何种手段和方法进行设计。

4．编写脚本

编写脚本是PPT课件制作中的一项重要内容。规范的PPT课件脚本可保证课件质量，提高课件开发的效率。PPT课件脚本的编写包括文字脚本的编写和制作脚本的编写两部分内容。由于PPT课件的制作难度比多媒体课件小，所以文字脚本和制作脚本都由教师一个人来完成。

（1）文字脚本

文字脚本是按照教学过程的先后顺序，描述每一环节的教学内容及其呈现方式的一种形式。完整的文字脚本应包含学生的特征分析、教学内容及教学目标的描述、知识结构流程图、问题的编写等。

（2）制作脚本

首先需要按照教学设计的思想和方法编写出能体现教学思想、教学过程等的文字脚本，再根据文字脚本的要求，编写课件的制作脚本。完整的制作脚本包括对屏幕布局、图文比例、色调、音乐节奏、显示方式及交互方式等进行规划。

5．素材准备

多媒体信息素材包括文本、图形、图像、动画、音频和视频等。

6．课件制作

根据预先编写的制作脚本，利用PPT创作工具对多媒体素材进行集成。

7．课件测试

课件制作完成后，还需要进行多次的检查与修改，有时还要进行优化。

第二节　PPT课件界面的组成与设计

一、PPT课件视觉要素的组成与设计

在制作PPT课件时，很多人会碰到背景设计、内容表现形式设计等问题。由于缺乏美工基础，不少教师放弃了形式设计。事实上，课件的表现形式在很大程度上决定了其品质和亲和力，教师可以通过简单的学习掌握其中的基本规律，避免出现常见问题。

PPT课件由多个视觉要素组合而成，主要包括背景、文字、交互形象、装饰、图像、图形、表格、动画、视频等。这些视觉要素有各自的表现规律，也有着彼此之间配合组织的规律，教师必须充分了解这些规律，才能够设计制作出符合视觉心理要求的高质量的PPT课件。

1．背景

设计PPT课件的第一步就是确定窗口的大小以及长宽比例。通常PowerPoint软件提供的模板采用4∶3的显示比例，这种比例是显示设备默认的显示方式，不容易出问题，看上去比较均衡、舒适，一般无需改变。如有特别需要（如宽屏显示等），则可以在"页面设置"对话框中将"幻灯片大小"设定为其他的显示比例。

PPT课件组合了多种媒体表现的教学内容，它与用户的最终交流是通过显示器屏幕或投影屏幕来实现的。为了美观，也为了使主体表现不突兀，安排适当的背景非常必要。背景的颜色、图案要根据课件整体风格的要求来设计，原则是色彩尽量单一，形象尽量简洁。

在屏幕显示的RGB色彩模式中，任何色彩（色相）都有256级亮度，最暗的是黑色，最亮的是白色。背景要尽量选择浅色或深色，避免亮度值居中的颜色。文字的可辨认性是由背景的亮度和文字的亮度差决定的，一旦背景采用了亮度居中的颜

色，无论将文字设置为黑色还是白色都难以达到投影要求的背景与文字的亮度差，会造成文字的可辨认性差。另外，背景颜色不要选用大面积高纯度的色彩，如明黄色、亮青色等。这些颜色虽然符合亮度要求，但人眼长时间盯看会非常疲劳。图8-1所示的浅色背景非常不错。

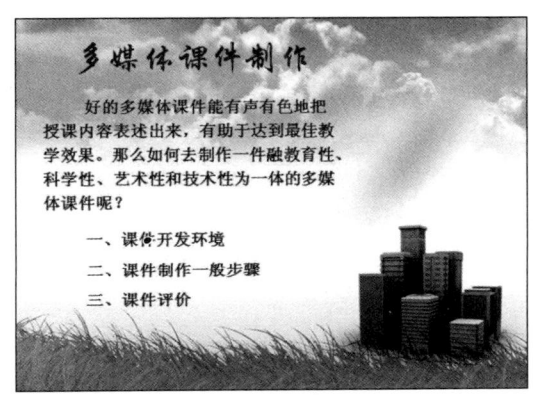

图8-1　简洁但不单调的浅色背景

　　PPT课件的背景图像（或图形）要尽量简洁，以突出教学内容为主。一般情况下，背景图像会被安排在一角或在幻灯片周围（采用包围方式），目的是为教学内容留出足够的空间。对于面积较大的背景图像，可以采用边角清晰、靠近教学内容的部分虚化的处理方式，如图8-2所示。

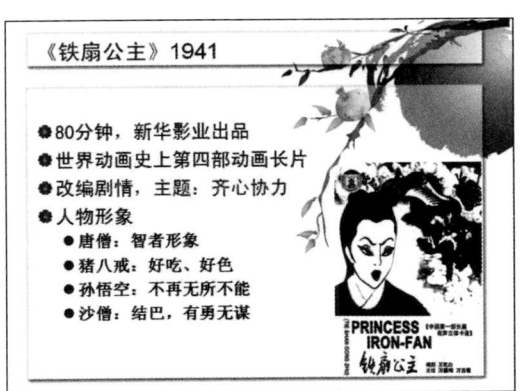

图8-2　背景装饰图面积较大，进行了虚化处理

　　在制作PPT课件时，如果选中的模板背景与文字的亮度差过小、文字辨认困难，则可以利用给文字添加背景等方式来调节，能够达到比较好的效果，如图8-3所示。

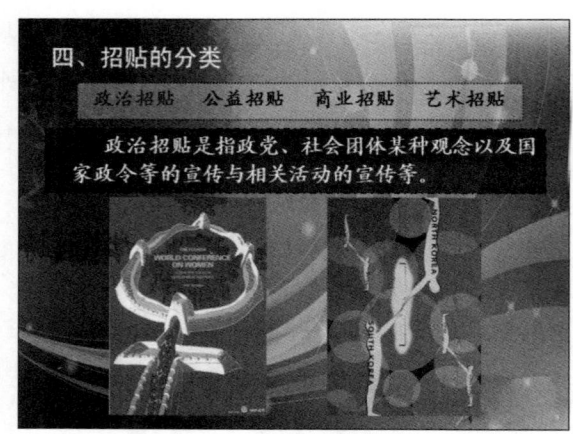

图8-3　在亮度值居中的背景上为文字特别添加深色和浅色的半透明衬底

2．交互形象

　　与传统教学媒体相比，PPT课件的突出特点就是能够实现人机交互。交互设计的方便实用性是衡量课件品质的一个重要指标。PowerPoint为幻灯片放映提供了诸如"上一张""下一张""上次查看过的""定位幻灯片"等功能，但远远不能满足课件使用要求。教师需要掌握的PPT课件交互设置方式主要有两类：一类是热字超链接，另一类是按钮（图像）超链接。

　　热字超链接在PPT课件中的应用极为普遍，目录页大多用热字实现与其他页面的跳转，其他页面之间的跳转也往往通过热字来实现。热字分为两类：一类是整行的目录性热字，另一类是将段落中的个别词句设置为热字。整行的目录性热字比较容易安排，颜色变化要参照界面的整体风格和颜色，以不影响本界面整体形象的完整性为准。在将段落中的个别词句设置为热字时，则要考虑突出于其他文字而又不影响整个文字块的整体性，一般采取字体、字号不变而只使文字颜色稍加变化的方法。通过热字可以跳转到其他页面中，另外还要考虑应能够方便地跳转回来。

　　按钮（图像）超链接也是PPT课件中使用得非常多的一种交互方式，其优点是一目了然、操作便捷。按钮（图像）本身可以是具体的教学内容，也可以是简洁的装饰。按钮交互的方式按照制作方法可分为3类：一类是利用"幻灯片放映"对话框添加动作按钮；另一类是设置好文本框或形状的格式，再为其添加超链接；还有一类是直接引入图像，再加超链接。按钮设计要服从幻灯片的整体设计风格，为了使幻灯片更加生动和学习者心理感觉更加友好，按钮需要有一定的动感，也就是单击操作时按钮最好产生变化。

3．装饰

在PPT课件中，装饰元素主要分为两类：一类是纯装饰，另一类是功能性装饰。在PPT课件中装饰元素与背景往往是一体的，在设计背景的时候就考虑设计一些装饰，因此，在制作过程中没有必要非得考虑加入什么装饰。如果需要，建议遵循以下原则。

① 与教学内容有一定的关联性，如化学课件的装饰元素可以是分子结构。

② 与界面的整体风格统一。

③ 与背景有某些一致性，如颜色一致。

④ 慎用动态装饰元素。

⑤ 不可过于醒目，以免喧宾夺主。

功能性装饰包括标题文字本身以及各类文字的填充和边框等。举例来说，在前文多媒体课件制作步骤中提到了文字图形化问题，在文字图形化的过程中必然要对"填充""描边""特殊效果"等形式因素进行设定。这些就是天然的功能性装饰，在设计与制作时不但要考虑到其功能性，即是否更加直观、明确地表达了文字的意思；还要考虑其装饰性，要美观，与整个幻灯片和谐统一。提倡将装饰与教学内容结合在一起考虑，达到功能性与美观性的统一，如图8-4和图8-5所示。

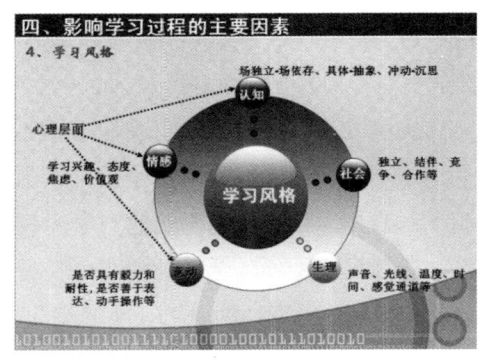

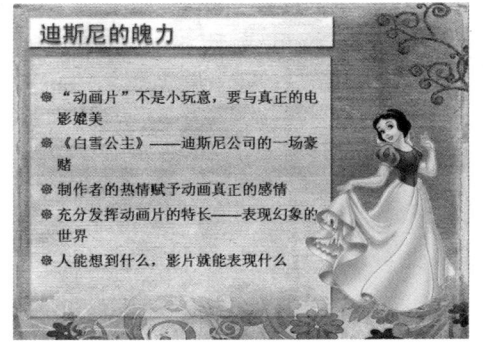

图8-4　各色圆形钮为功能性装饰　　　图8-5　卡通人物形象作为装饰遮挡住了文本框的一部分，页面显得很活泼

4．图形和图像

在PPT课件中属于教学内容范畴的图形和图像具有形象生动、信息量大、现场感强、容易记忆、便于理解和发挥想象力等特点。图形和图像与文字的优势互补，形成了文字理论与感性把握相得益彰的教学方式，丰富了教学内容，提高了教学质

量，能够激发起学习者的学习兴趣。

图形可以理解成矢量图形，包括各种图纸、柱状图、饼状图以及其他矢量图等。科学性和明确性是图形的基本属性，在设计和制作时要以保证基本属性为前提，达到可辨认性和美观性的统一。可辨认性是指学习者在学习时能够将图看清楚，要考虑线条的粗细是否合适、构成元素的对比是否明显、幻灯片的容量是否合适以及是否需要局部放大等问题，如图8-6所示。矢量图形作为传达信息的手段常常比图像更有效，因为完全如实的照片类图像常常含有太多的视觉信息，会分散学习者的注意力。

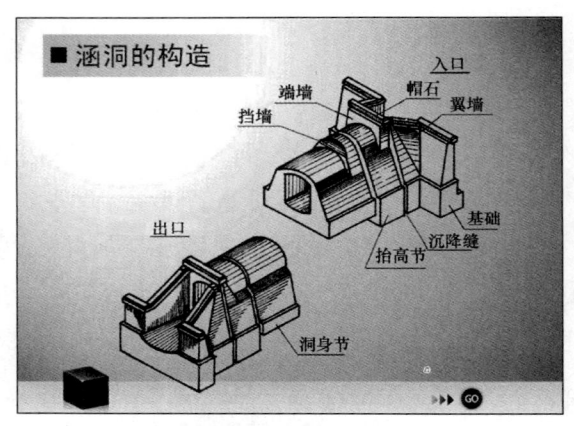

图8-6   图形清晰，学习者一目了然

图像可理解为照片一类的色彩细节丰富、细腻的平面静止媒体。图像是真实度仅次于实物的一种媒体，学习者能够很容易地从中获得直观信息。但是研究表明，学习者的注意力往往集中于图像本身而忽略了对其更深层次的思考，它对学习者的感官刺激较大，但学习者的思维却并不活跃。针对目前图像作为重要的媒体在课件中大量使用的情况，必须看到它的弊端，应对图像做出理性的选择和判断，不能滥用。

5．文字

在PPT课件中，文字的用途最广，是非常重要的要素。文字的设计编排是赋予幻灯片审美价值、增强教学效果的一种重要手段。

字体虽然多种多样，但由于PPT课件要到多媒体教室等其他地方的计算机中播放，为了避免出现因系统内未安装某种特殊的字体而使文字不能正常显示的情况，一般仅选用系统自带的字体，包括黑体、宋体、楷体、仿宋、隶书、姚体、行楷、新魏等。一般来讲，适用于标题的字体主要有黑体、宋体、隶书、姚体、行楷、新魏等，适用于正文的字体主要有黑体、宋体、仿宋、楷体等。

对于正文文字要特别考虑可辨认性与可读性，应给人以清晰的视觉印象，避免人眼辨认费力，主要注意以下3点。

第一点：注意文字与背景的亮度差。文字与背景之间的反差不是由色相（如红色、绿色、黄色等）差异决定的，而是由亮度差决定的。比如，在红色背景上设置蓝色文字，色相差别很明显，但就是看不清楚，原因就是亮度没有拉开差距。为了应对随时出现的投影质量差的问题，必须尽量加大文字与背景的亮度差，背景尽量选择很浅的或很深的颜色，文字设置为高亮度差的色彩，如深蓝背景上的黄字、白色背景上的深绿色字等。

第二点：注意文字和段落的格式设置。一般来讲，标题文字的字号不要大于36号，正文文字的字号不要小于20号，正文文字以24号为宜。对于过小的字号，坐在教室后面的学习者难以辨认。图表等中一些难以加大的文字的字号也不要小于16号，尽量加粗，如图8-7所示。无论是标题、正文还是图表，宋体、仿宋体文字必须加粗，其他字体可根据情况而定。PPT课件中的行距一般需要手动设置，如果行距过小，上下行文字会相互干扰，学习者容易跳行读错；如果行距过大，太多的空白会使界面显得松散，不能有效地保持阅读的延续性。对于段落文字，行距设置要大于1，1.15左右比较理想；对于提纲文字，可以根据情况再设置得大一些。

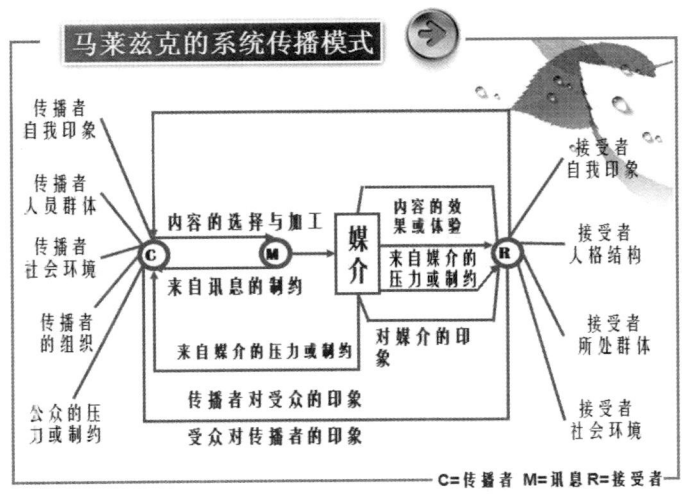

图8-7　图表中的文字不能过小，要让学习者看清楚

第三点：幻灯片上的文字不要过多，文字面积不要过大，正文面积占幻灯片面积的60%～65%比较适宜。对于文字段落中需要突出的重点词句，可换一种颜色表示加以突出。

6．视频和动画

视频和动画是集造型性与运动性于一身的综合艺术，画面真实，富于表现力和说明性，能够生动清楚地表现操作性、过程性的教学内容，这是其他教学媒体无法达到的。在PPT课件中，对于一些知识点可运用一些二维动画、三维动画和视频的表现手段，如图8-8所示。

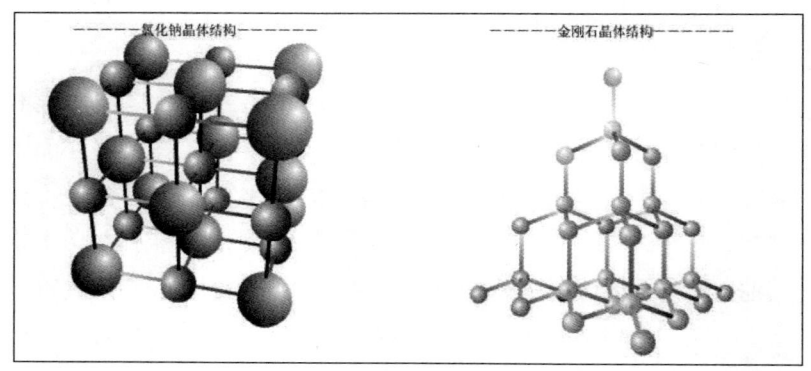

图8-8　虚拟的三维动态晶体结构图

7．过渡动画

PPT课件中的过渡动画有两种：一种是图形、图像或文字的缓出，另一种是幻灯片之间的过渡。

图形、图像或文字的缓出过渡动画是指在同一张幻灯片内图形、图像、文字各自作为不同的对象，以相同或不同的形式在不同或相同的时间内出现。这种过渡动画主要有3种功能：第一种仅仅是为了使形式丰富多变；第二种是为了满足讲课的需要，如讲这一部分的时候不让学习者看到下一部分，以免分散注意力；第三种是完成某种动态说明，如过程图、模式图的演示等。设计制作过渡动画应注意以下事项。

①　应当有明确的教学设计，按照教学设计的要求来完成，尽量不要使用过于花哨的动画效果。

②　在同一张幻灯片中，过渡动画效果可以在统一中体现变化，但不要过多。

③　切忌出现、退出等过程过慢，因为过慢的过渡效果会引起学习者烦躁的心理情绪，对教学内容产生逆反心理。在PowerPoint软件中，一般要将"速度"手动

调整为"快速"或"非常快"。

PowerPoint软件为幻灯片之间的过渡提供了各种形式，在选择过渡形式时要根据画面形式和内容的情况具体分析。一般来讲，幻灯片之间可以不设置过渡，如果设置了过渡，要注意过渡动画时间不要过长。

二、PPT课件的母版设计

PPT母版用来设置和存储幻灯片格式，其中包含各种格式的模板，在每个模板中可以设置背景、项目符号、字体、间距、文本框背景等形式元素。可以说前面提到的大多数视觉要素都可以通过母版来统一设置，不必再在每张具体的幻灯片中一一设置。在利用PowerPoint软件制作课件的过程中很重要的一个环节就是设置母版，设置合理的母版不但可为课件提供良好的格式，而且能为制作过程提供很大的便利。

母版设置要考虑多种因素，模板整体设计需要遵循的规律如下。

① 母版中的模板可以有多个，模板背景尽量做到风格统一，如图8-9所示。

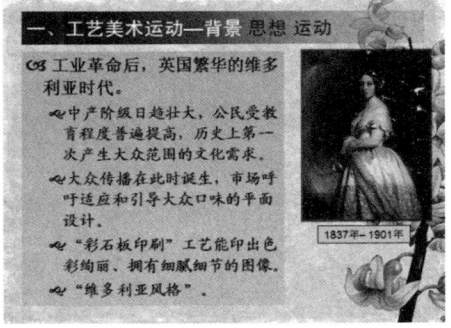
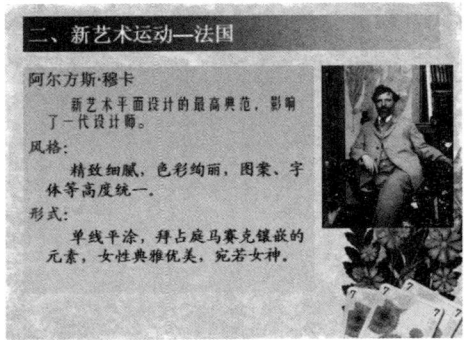
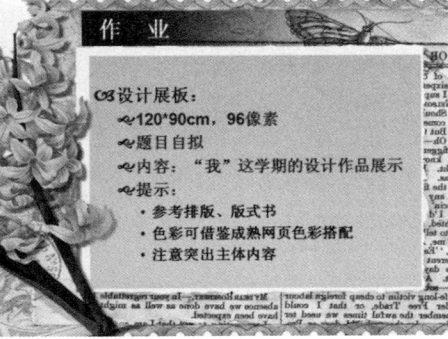

图8-9　风格统一的各个版面

②　文字格式一般设计到3级，注意设置文字的段落间距和行间距。

③　在模板中设置统一、醒目、独特的项目符号，有利于提高课件的可读性和美观度，如图8-10所示。

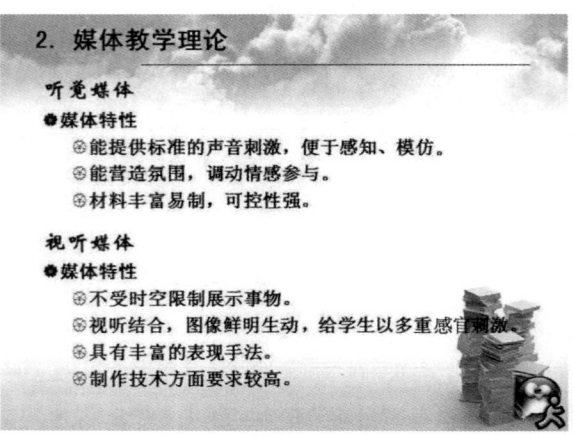

图8-10　设置独特的项目符号

④　要为课件制作提供较大的灵活性，装饰性的元素尽量不要在母版中进行设置。

第三节　PPT课件的制作步骤与制作中的问题

一、PPT课件的制作步骤

目前，学科教师开发的课件往往以个人的教学经验为依托，围绕个人对学生情况、教学目标和教学内容的理解，课件体现的个人教学特征比较明显。这类课件的主要优点是个性鲜明、灵活性强，但由于一线教师缺少对软件制作知识的了解，在制作多媒体课件的过程中往往会受到技术问题的困扰。另外，缺乏课件评价的专业知识，不明确什么样的课件是好的课件，课件能够为教学提供什么样的支持，这也是制约课件质量提高的一个因素。关于媒体技术问题，本书有专门的章节讲解，课件评价也将在本章最后一节中详细介绍，这里仅介绍PPT课件的制作过程。

①　打开PowerPoint软件，新建一个空白文件，选定并应用某种幻灯片模板。从PowerPoint自带的模板和由网络上下载的模板来看，幻灯片的背景形式一般比较单调，教师利用这些固定的模式是比较省事的，然而在时间和技术允许的条件下，建

议自己制作模板背景或在原模板的基础上进行修改，按照需要制作出多种排版效果的模板背景。现成的模板中标题位置和所占面积、正文文字位置和所占面积等基本上都是固定的，往往并不符合具体要求，教师要亲自动手切换到母版视图，将课件的各种格式（如文字设置、行距、项目编号等）在母版中设置好。

②　将要出现的主要文字内容分别罗列在各个幻灯片中。本步骤不要求所有文字完全合理精确，而仅仅是搭建一个内容框架，在接下来的操作中还要涉及幻灯片的增减和文字的增减。此步骤对格式等形式问题不作要求，教师主要完成对知识点及其先后呈现顺序的策略性组织。

③　插入所需媒体，包括图片、声音、利用Excel生成的图形和图表、利用公式编辑器编辑的公式、动画媒体和视频媒体等，也包括通过插件引入的其他媒体等。对于这个步骤引入的动画和音/视频，注意要设置绝对路径（即课件与音/视频、动画等媒体在一个文件夹下），否则在其他计算机上可能无法播放。

④　在可能的情况下尽量精简文字，文字要起到提纲挈领的作用，绝不能面面俱到。课件上文字的表述方式绝不能是大块叙述性的语言，如有必要，可以精简为几个关键词。

⑤　在上一步骤的基础上，考虑文字的图形化。比如，教育技术主要研究3种学习理论，可以使用3个不同色彩的形状来表示并加上说明文字，学习者能够一目了然，如图8-11所示。

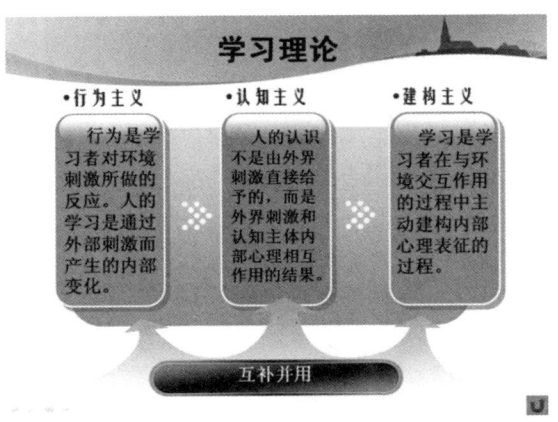

图8-11　图形化的文字有利于学习者对内容的把握

⑥　排版，设置格式。如果决定用刚开始设定的模板背景，那么根据情况对当初设置的母版格式进行微调即可。如果对课件的要求较高，要用自己设计的背景

等，刚开始设定的模板仅仅是个参考，这一步要对其进行较大的调整。调整主要涉及两个重点问题：一是背景的设计，二是母版的设置，如图8-12所示。另外，在母版视图状态下设置文字的字体、大小、色彩、行距、项目符号形式等也是非常必要的，能够为整体的格式设置节约不少时间。

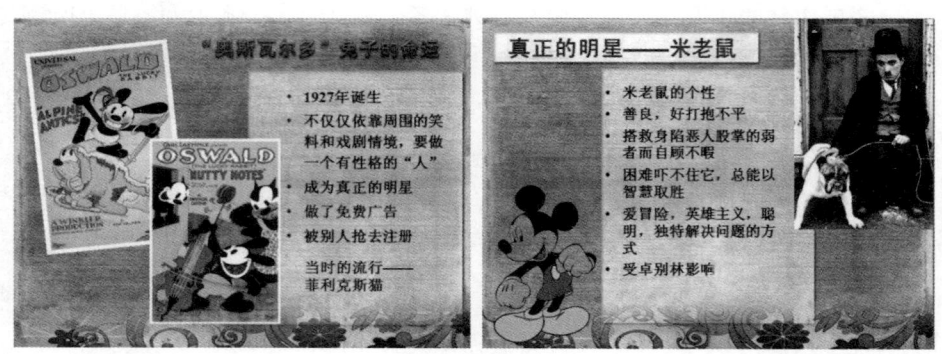

图8-12　不同版式的模板为课件内容编排提供了多种选择

⑦　设置出现、强调、退出等动态效果。众所周知，一张幻灯片中的内容一次性展现给学生是达不到最好的教学效果的，而一些表明关系、说明过程的学习内容则特别需要动态演示，所以，为文字、图形等添加动态效果是非常必要的。

⑧　编辑目录页，进行超链接和返回等设置。大多数课程的教学内容有明确的逻辑关系，章、节、知识点之间前后顺序分明，这些逻辑关系能够帮助学生在大脑中建立良性的链接，因此，PPT课件中体现知识结构关系的目录页是非常必要的。在讲课过程中，讲完一个知识点后返回目录页，能够让学生了解学习进度，做好进一步学习的思想准备，如图8-13所示。

图8-13　目录页

二、PPT课件制作中容易出现的问题

1. 书本搬家

在当前课堂上使用的PPT课件中，最突出的问题是书本搬家。书本搬家的问题主要体现在书上说什么，课件上有什么，课件上出现大段的文字，教师上课照着课件念，学生不知道该如何记笔记。课件中最常出现的文字应当是简练的提纲性文字，也可以出现一些重点的概念、定理等，说明性文字越少越好，可以关键词的形式出现，起到提示作用。

衡量课件是否出现了书本搬家的问题，可以采用一个标准：如果是上黑板课，教师是否要在黑板上写出那么多的文字？如果答案是否定的，那么课件上的文字恐怕就是多了，教师应当进行一定的调整。

2. 文字表现形式单调

多媒体辅助教学就是要发挥媒体的优势，改进过去那种纯文本的教学方法，将教学内容以更具说明性、更富亲和力的方式表述出来。当前很多PPT课件存在"一行接一行"的表现单调的弊病。在本环节的多媒体课件制作步骤中提到过，文字图形化是PPT课件制作的一个重要步骤，也是教师制作课件的一种重要能力。除此之外，将数据、表格等转换为柱状图、饼状图、折线图等也是文字图形化的重要方法。教师要在制作多媒体课件的实践中加强将一行行的文字转换为图形的能力，如图8-14所示。

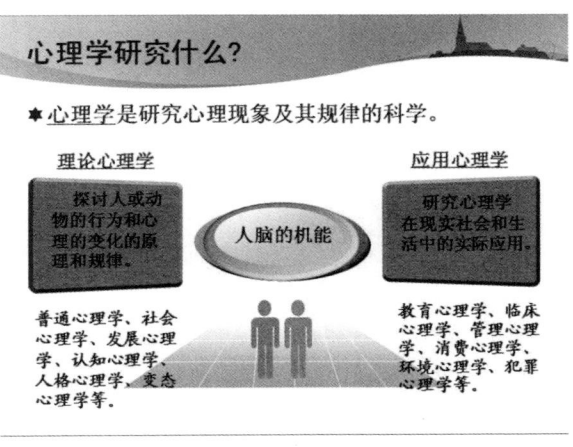

图8-14 文字图形化的页面，各类文字明确，易于学习

3. 媒体运用单一

在课件中"运用媒体"就是将文本、图形、动画、声音、影像等多种媒体通过

计算机有机地融合为一体，使教学信息的表现更加形象逼真、丰富多彩，给学生以多方位的感官刺激，有效地提升课堂教学效果。

当前PPT课件出现的问题之一便是仅仅采用文本，以电子屏幕替代了黑板板书，媒体运用单一，没有体现出多媒体的特色，没有发挥出多媒体的优势。建议学科教师日常要注意收集、整理各种媒体表现形式的学习资源，并将其恰当地运用到课件当中，为发挥多媒体课堂的优势、提高教学效率和效果做好准备。如图8-15所示，传播学课程中讲授"大众"概念时涉及法国资产阶级大革命的背景，当时的贵族理论家用他们的立场阐述"大众"概念，幻灯片中给出了法国路易十六皇后的电影剧照与19世纪画家米勒反映农妇拾麦穗的名画，真真切切地反映出两种生活状态，学生从中不难感受出贵族理论家立场的偏颇。

4. 逻辑性差

PPT课件逻辑性差的问题表现在两个方面：一是课件整体的逻辑性不明显，二是同一幻灯片中的逻辑性表述语言不明确。

整体逻辑性不明显的问题主要体现在：很多PPT课件存在没有目录页的情况，教师根据教学内容一页页向后翻，学生不知讲到哪个环节了，也不知道所讲的知识点在章节整体中所处的位置，难以形成知识逻辑结构，不利于知识的吸收和记忆。大学教学有个特色，即教师往往不会拘泥于某本教材来讲授，在对教学内容的筛选和组织方面体现了较大的个性和自由度。有时虽然有一本指定教材，但教学结构上的变动和对教学内容的加减是家常便饭。因此，学生在课堂上特别需要知识间逻辑关系的提示，目录页和适时的返回都是非常必要的，如图8-16所示。

图8-15　日常收集的有代表性的图片能够对
　　　　　内容起到很好的说明作用

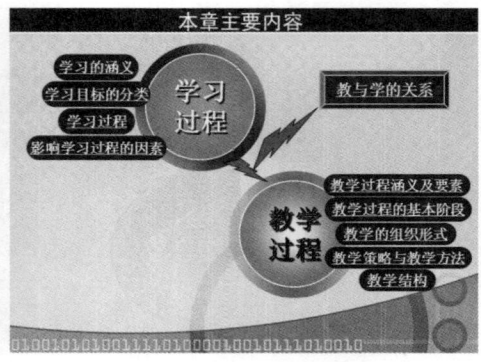

图8-16　生动活泼的目录页面

同一幻灯片中的逻辑性表述语言不明确的问题主要是：第一，缩进的级别设置问题；第二，字体、字号、颜色的设置问题。在同一幻灯片上，一般通过缩进的多少表现级别的附属关系，缩进少的是级别较高的标题，缩进多的是下一级内容。如果是段落式文字，也可适当打破缩进的程式，通过文字的设置来调整。另外，同一张幻灯片上的文字也要通过字体、字号、颜色的设置表现其中的逻辑关系。字号大的、字体粗壮整齐的是较高级别的文字，字号相对较小的、字体相对纤细温和的是较低级别的文字，如图8-17所示。

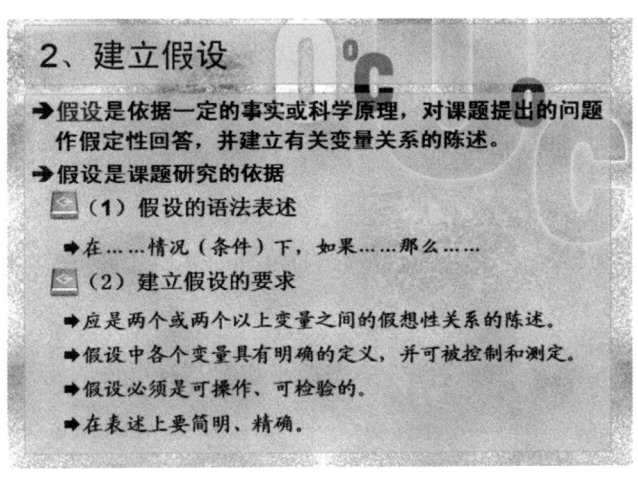

图8-17　逻辑关系表现比较清楚的各级内容

5．动态效果有问题

PPT课件的动态效果问题主要体现在以下3个方面。

第一，PPT课件不添加动态效果的情况是比较普遍的，很多学科教师在制作课件时忽略了这一环节，认为文字出现、图文演示的动态效果可有可无，这就造成了整张幻灯片的文字一下子展现在学生的眼前，讲前面的内容时后面的内容会分散学生的注意力，不利于课堂悬念的制造，不利于启发教学。

第二，需要添加动态效果演示的知识点不加动画效果。过程性的、结构逻辑分明的知识点往往需要设置动画效果，制作时要注意先出现什么，箭头指向哪里，后出现什么。动态设计良好的结构性、过程性知识点能够让学生循序渐进地接受，能够增强知识点的趣味性和亲和力。如图8-18所示，"使用与满足"过程的各个环节是随着箭头的指向按照先后顺序依次出现的，整个过程由教师单击鼠标进行控制。

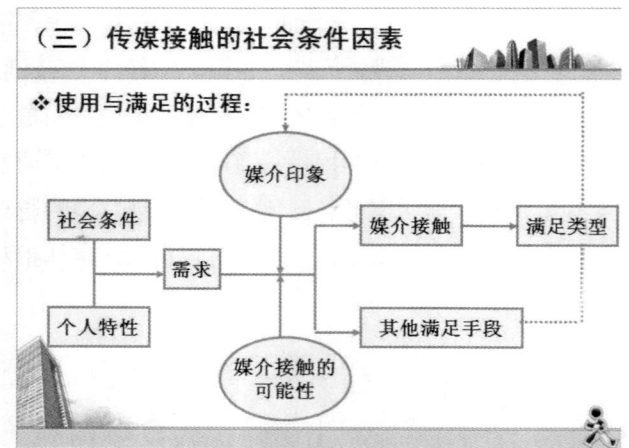

图8-18   动态演示过程性知识点能够收到很好的效果

第三，PPT课件动态效果设置不合理，表现在动态效果设置得花哨和动态效果出现速度缓慢等方面。动态效果的设置过于花哨，容易分散学生的注意力；文字、图形等的出现速度过于缓慢，也会影响课堂教学效果。

6. 界面设计问题

（1）文字可辨认性问题

很多用于课堂教学的PPT课件文字可辨认性差，学生反映看不清楚，课堂教学效果可想而知。产生这个问题的主要原因是教师对于文字和背景之间的色彩搭配问题认识不清，有的教师认为在自己的显示器上能够看清就行了。事实上，多媒体教室环境各不相同，设备情况良莠不齐，通过投影仪投射到屏幕上的画面质量要远远低于显示器上的画面质量，教师在设置文字的字号、色彩时需要考虑到质量较差的投影效果的情况，尽量加大文字和背景间的明度差，提高文字的可辨认性。

（2）装饰性动态媒体问题

有的教师为了增添课件的趣味性而在PPT幻灯片上添加小动画。这种做法是不可取的，因为动态效果特别吸引学生眼球，会让学生的目光不自觉地偏离教学内容，所以尽量不要添加装饰性的动画。在图8-19中，右上角是一直在旋转的GIF小动画，看上去不错，但在教学过程中容易分散学生的注意力。这个动画存在于从互联网上下载的现成母版当中，需要在母版中将其清除。

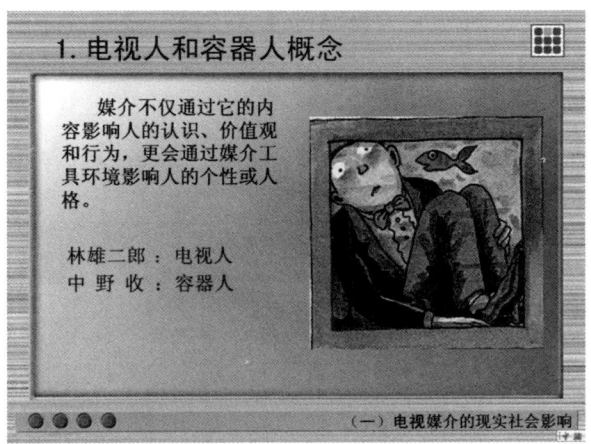

图8-19　右上角是一直在旋转的GIF小动画

上述问题是设计者尤其是初学者容易出现的毛病，在设计与制作过程中应加以克服。

第四节　多媒体课件的评价

对教育类软件的质量和实用价值的评价是不容乐观的，许多教学软件仅仅是教学内容"搬家"，即将书本上的内容搬到计算机上，无论是结构的编排还是界面的表现形式、交互性、学习灵活性、自主性等均无法符合多媒体教学软件的要求，教师感到对自己的教学帮助甚微。学习者不能很好地利用多媒体教学软件进行交互性、自主性的个别化学习，没有充分发挥多媒体的特长，造成了资源的浪费。其原因主要是制作出的教育软件缺乏现代教育理论指导下的多媒体教学软件设计，不经试用评价阶段的反馈和修改就大量推广发行，造成了教育类软件出版量多、质量低的现象。优秀的教学软件必须在科学理论的指导下进行精心的设计，组织专家制定统一的软件质量评价标准，以保证软件的教育性和科学性。

一、多媒体课件的评价方法

1. 保证课件评价的客观性

课件开发的目的就是应用于教学，改善教学效果，提高教学效率。如果对其的评价中含有太多的主观因素，必将对已开发的课件的实际使用以及正在开发的课件的质量产生不良影响。

　　首先是评价指标的确立尽量做到客观公正，能用等级表示的尽量设立不同等级；其次是对评价者进行培训，提高他们对课件评价活动的认识，加深其对评价指标的正确理解，从而提高不同评价者对同一课件、同一指标评定的一致性；再次是将评价课件教学效果的数据包含进评价结果之中，为课件的评价结果提供可靠的补充参考。

2．针对不同情况细化评价指标

① 不同的认知能力（如基础教育与高等教育）。

② 不同的学科类别（如文科与理科）。

③ 不同的课件类型（如助学型与助教型）。

　　课件目标用户不同，其评价指标应该有所不同，如针对基础教育设计的课件与针对高等教育设计的课件对使用者回答问题的反馈设计肯定应当各有特色，而不应一概论之。同样，适合于语文教学课件的评价指标用于对数学课件的评价，可能也未必完全合适。至于将那些适于评价助学型课件的指标拿来评价助教型课件，产生的偏差会更大。

3．建立多媒体课件评价体系

　　评价是一种判断实际行为或系统在多大程度上达到目标要求的活动和过程，其根本目的在于实现行为或系统的完善。多媒体课件评价需要把各种性能的规定变成描述性的语言，成为可以度量的客观指标，即评价标准。目前评价通常有3种方法：自我评价（由软件开发人员自己进行的评价）、使用中评价以及组织评价（组织一批专家进行的评价，又称专家评价）。自我评价是形成性评价，优点是个性强，灵活度高，课件通过几轮的教学自我检验，能够形成有利于发挥教师特点和个性的教学系统；缺点是教师受到个人思维定式限制，往往看不出问题，缺少权威性。使用中评价也是形成性评价，由学习者或同行、听课专家等人完成，其优点是能够听取到多方面意见，能够及时发现问题，便于随时对课件进行调整；缺点是评价人员多数不具备教育技术相关理论，评价的主观性强，往往缺乏客观性和系统性。组织评价是总结性评价，其优点是由专家进行评价，能够切中肯綮，便于发现重要问题，操作性强；缺点是组织难度稍大。目前各级单位组织的多媒体课件评价一般都采用组织评价。

4．建立评审模型

　　我国的课件组织评价在实践中形成了一种三级评审模型，其大体流程为：一审由评审工作人员检查程序的可靠性、稳定性，筛选掉不合格的课件；二审由学科专家与计算机多媒体专家进行，制定多媒体课件评价标准并给予加权与量化，根据评价标准全面地评价多媒体课件的教育性、科学性、实用性、技术性和艺术性；三审则由各方面专家汇总评价意见，确定课件等级。

二、多媒体课件界面的直观评价

（1）屏幕显示

观察每一部分的显示质量。除了检查显示器分辨率等技术问题外，还要求课件能够正常显示完整的页面，每屏显示的信息不宜过多，要与知识点的教学目标密切相关。在已有屏幕内容上显示新信息时，可以自然过渡，不干扰学习者原来的注意区域。

（2）呈现元素

对于文本、图像、动画、音频、视频等媒体呈现元素，要评价它们用得是否合适，是否符合学科的特点和知识点的要求，在学习者需要控制的地方是否能够被学习者控制（如视频的暂停、继续播放等），媒体质量（如动画表述清晰度、美观度）和呈现效果（如是否能够从背景中脱颖而出）如何。

（3）导航

导航是指使用者在运用课件进行教学或学习时是否能够随时定位。对于简单的课件，导航显得并不重要，但是对较大的和复杂的课件，良好的导航是必不可少的。

（4）交互

这里是指是否实现了真正的交互。交互应能促进更深层次的信息加工，而不是单纯地单击按钮或翻页。应检查课件中的交互反应是否准确（如输入正确答案后是否显示为"正确"），该实现交互的位置是否实现了交互（如随时能够退出课件），每个交互是否与学习目标相关，能否增进记忆、理解和便于学习。

（5）认知容量

呈现的信息量要与学习者的接受水平相适应。单位信息（如一幅页面中所呈现的文字数量）不应超出学习者的短时记忆容量。

（6）学习者控制

学习者控制的类型和数量应该合适，同时应给学习者提供关于控制的指示，不要只是迫使学习者按照指定的路径学习。

（7）答题与反馈

让学习者明确知道应该怎样回答问题，弄清楚问与答的过程及其操作方法。反馈应是建设性的，是支持激励而不是要求命令，应能促使学习者进一步更好地表现。反馈能够指出错误并提供正确答案，而不是让学习者感到失败。反馈的形式应该清晰、引人注意。

（8）隐性特征

隐性特征是指在课件运行中看不到的功能，包括登录课件、学习进度、学习者进入和退出等。

三、多媒体课件的评审标准

表8-1列出了多媒体课件的评审标准。

表8-1　多媒体课件的评审标准

一级指标（分值）	二级指标（分值）	三级指标（分值）	指标说明（分值）
教学内容（30）	科学性和规范性（10）	科学性（5）	教学内容正确，无科学性和知识性错误（0～5，错一处扣1分，扣完即止）
		规范性（5）	文字、符号、单位和公式符合国家标准（0～5，错一处扣1分，扣完即止）
	知识体系（16）	知识覆盖（6）	主题突出，内容完整：作品内容能够清晰、准确地表达并再现素材，整部作品已覆盖素材的主要内容（0～6）
		体系结构（10）	结构合理，逻辑顺畅：知识内容之间具有层次性和连贯性；逻辑顺畅，过渡恰当；整体风格统一流畅、协调（0～5）。紧扣主题：版式、作品的表现方式能够恰当地表现主题内容（0～5）
	资源扩展（4）	资源形式（2）	有丰富的和教学内容配合的各种资料、学习辅助材料或网络资源链接，有利于学习者学习（0～2）
		资源引用（2）	引用资源来源清楚，无侵权行为（0～2）
教学设计（25）	目标组织（10）	目标设计（5）	教学目标清晰，定位准确，体现课堂的知识框架，突出知识点、重点和难点，详略得当，内容呈现顺序合理（0～5）
		内容组织（5）	启发引导性强，符合认知规律，有利于激发学生主动学习（0～5）
	学习环境（15）	教学交互（5）	较好的人机交互，便于教师和学生、学生和学生的交互、讨论（0～5）
		习题实践（5）	有多种形式的题型，题量丰富；能模拟实践环境，注重能力培养（0～5）
		学习评价（5）	有对习题的评判或学生自主学习效果的评价（0～5）
技术性（25）	运行状况（10）	运行环境（5）	基本运行环境满足当前一般教学环境要求。作品经过优化处理，载入迅速，整部作品的播放流畅，运行稳定，无故障（0～5）
		操作情况（5）	知识定位清楚，操作方便、灵活，交互性强，启动时间、链接转换时间短（0～5）
	设计效果（15）	软件使用（5）	合理使用软件的新功能和新技术，或自主设计适于课件制作的软件（0～5）
		设计水平（5）	充分发挥软件的课堂演示优势，软件应用有较高的技术水准，用户环境友好，使用可靠、安全，素材资源丰富、规范、合理（0～5）
		媒体应用（5）	恰当运用多媒体（如图片、表格、图表、图形、视频、音频、动画等）技术表现工具，并具有相应的控制技术，可使用超链接或动作功能（0～5）

续表

一级指标 （分值）	二级指标 （分值）	三级指标 （分值）	指标说明（分值）
艺术性 （20）	界面设计 （10）	界面效果（5）	版面设计和谐美观，布局合理，导航清晰简捷，各界面内容紧扣且互相连通和协调（0～5）
		美工效果（5）	文字清晰，字体设计恰当，色彩搭配合理协调，风格统一，视觉效果好，符合视觉心理要求（0～5）
	媒体效果 （10）	媒体选择（5）	标题、版面文字清晰易读，并能恰当地使用多种媒体，符合教学主题，和谐协调（0～5）
		媒体设计（5）	媒体制作精良，交互性强，动态效果好，可激发学习兴趣（0～5）
加分 （10）	整体效果加分（5）		课件整体风格（包括模板设计、版式安排、色彩搭配等）立意新颖，构思独特，设计巧妙，具有想象力和表现力（0～5）
	创新创意加分（5）		作品素材原创成分达80%，具有鲜明的个性，创意新颖（0～5）

具体来说应当符合以下要求。

（1）教学内容的科学性

① 描述概念的科学性：课件的取材适宜，内容科学、正确、规范。

② 问题表述的准确性：课件中所有表述的内容要准确无误。

③ 引用资料的正确性：课件中引用的资料正确。

④ 认知逻辑的合理性：课件的演示符合现代教育理念。

（2）教学设计的合理性

① 直观性：课件的制作直观、形象，有利于学习者理解知识。

② 趣味性：有利于调动学习者学习的积极性和主动性。

③ 新颖性：课件的设计新颖，进一步调动学习者的学习热情。

④ 启发性：课件在课堂教学中具有较大的启发性。

⑤ 针对性：课件的针对性强，内容完整。

⑥ 创新性：能否支持合作学习、自主学习或探究式学习模式。

（3）技术应用的规范性

① 多媒体效果：课件的制作和使用是否恰当地运用了多媒体效果。

② 交互性：课件的交互性较强。

③ 稳定性：课件在调试、运行过程中不应出现故障。

④ 易操作性：操作简便、快捷。

⑤ 可移植性：移植是否方便，能否在不同配置的机器上正常运行。

⑥ 易维护性：课件可以被方便地更新，有利于交流、提高。

⑦ 合理性：课件是否恰当地选择了软件的类型。

⑧ 实用性：课件是否适用于教师的日常教学。

（4）界面设计的艺术性

① 画面艺术：画面制作应具有较高的艺术性，媒体使用规范，整体标准相对统一。

② 语言文字：课件所展示的语言文字应规范、简洁、明了。

③ 声音效果：声音清晰，无杂音，对课件有充实作用。

四、对教师日常使用的多媒体课堂教学PPT课件的评价

为了改变课件评比与课堂教学脱节的情况，在一定条件下还可专门举办PPT课件评比。评审方法可以采用评课件与 "说课" 相结合的方式。所谓说课，就是让教师以语言为主要表述工具，在备课的基础上，面对同行、专家，系统而概括地解说自己对具体课程的理解，阐述自己的教学观点，表述自己具体执教某课题的教学设想、方法、策略以及组织教学的理论依据等，然后由大家进行评说。这种评价方法在保留传统课件评价中对科学性、技术性、艺术性、实用性等评价的基础上添加说课环节，给教师机会将其独特的教学设计充分展现出来，说明课件的特点和在教学中的使用情况，避免"只评课件，不评课件在教学中的使用"的弊端。这种评价方法的主要操作流程是：由专家组成初审评委，评委构成应重点考虑教育技术专家，评审主要考量课件的运行情况、技术情况、美观度等。重组复审评委，评委构成应重点考虑学科教学专家，主要考量课件的选题情况，以及应用于教学的科学性、实用性、教学设计、创新程度等。复审要求教师结合课件说课，尽量体现课件在教学中的功能和作用。以下列出PPT课件初评、复评两个打分表，主要为教师评价PPT课件提供参考指标，如表8-2和表8-3所示。

表8-2　PPT课件初评打分表

评比指标（分值）	评比要素	分值
教学内容（40）	文字简洁、规范，非书本搬家	8
	文字表述生动，能够将文字图形化	8
	有必要的交互	8
	媒体内容适当，表现方式合理，控制便捷	8
	媒体能激发和维持学习者的学习动机与兴趣	8
技术性（25）	程序运行稳定，操作简便、明确	5
	媒体清晰，质量较高	10
	没有链接错误	5
	新技术运用有效	5

续表

评比指标（分值）	评比要素	分值
表现力（35）	界面设计美观、合理，风格统一	10
	文字清晰，重点突出	10
	没有分散学习者注意力和不利于教学的装饰	5
	有利于提高学习者的兴趣，有利于集中注意力	10

表8-3　PPT课件复评打分表

评比指标（分值）	评比要素	分值
选题（10）	选题有价值，能解决教学中的问题	10
科学规范（20）	内容科学严谨，表述准确，术语规范	20
教学设计（40）	教学目标明确	5
	学习者特征明确	5
	媒体选择合理，能够解决重点、难点问题	10
	内容结构安排合理	5
	教学内容容量适当，节奏安排合理	5
	教学策略有效，能够调动学习者积极思考	5
	有合理的交互设计或提示，体现启发式教学理念	5
创新程度（20）	教学思想明确，思路独特	10
	能够体现本领域的新思想或新技术	10
实用性（10）	能够运用于实际教学中，有推广价值	10

第三部分

微课程的教学设计与评价

第九章　微课程的教学特点

随着信息与通信技术的快速发展，与当前广泛应用的众多社会性工具软件（如博客、微博等）一样，微课程也将成为课堂学习的一种重要补充和拓展资源。对教师而言，微课程将革新传统的教学方式，突破教师传统的以教为主的教学模式。对学生而言，微课程能更好地满足学生对不同学科知识点的个性化学习要求，按需选择学习内容。特别是随着手持移动数码产品和无线网络的普及，基于微课程的移动学习、远程学习、在线学习将会越来越普及，微课程必将成为一种新型的教学模式和学习方式，更是一种可以让学生进行自主学习、探究性学习的平台。

第一节　认识微课程

一、微课程的概念与内涵

1. 微课程的定义

微课程（Microlecture）是以在线学习或移动学习为目的，将原有课程按照学生学习的规律分解成为一系列包括目标、任务、方法、资源、作业、互动等在内的并具有完整的教学设计环节（包含课程设计、开发、实施、评价等）的课程体系。

微课程近年来随着翻转课堂和可汗学院在全球迅速走红而成为教育界关注的热点话题。目前，这种录制教师上课的微视频和学生课前自主预习、课中教师辅导解疑的教学组织流程相结合的微课程也开始在国内流行。

在国外早已有了微课程这个概念，它最早是由美国新墨西哥州圣胡安学院的高级教学设计师、学院在线服务经理戴维·彭罗斯（David Penrose）于2008年秋首创的。戴维·彭罗斯把微课程称为知识脉冲（Knowledge Burst）。在他的陈述当中，指出了3个关键要素：一是时间长度为60秒，二是开发目的是满足在线学习或移动学习，三是其内在结构由方法论进行指导。当时的主要思想是小课程可以让学生们的注意力高度集中。

从20世纪80年代开始，教师将课程上的录像形成碎片式录像，称之为碎片式电视教材。到2008年以后，随着高效课堂、翻转课堂和可汗学院等新概念的普及应用，国内的教学机构开始注意和进行微课程研究。2010年，国内的李玉平老师研究了课堂小现象、小问题、小策略等，他以PPT数字化的方法将它呈现在屏幕上，称其为微课程。随后国内的胡铁生老师又将过去的教育资源库影像碎片化，提出了微课的概念。它是以教学视频为主要的呈现方式，记录教师在教学过程中针对知识点或环节所运用和生成的各种教学资源的有机结合体。

微课是一个完整的知识点，而不是一节课的压缩。微课需要与学习单元（多个知识点的组成）、学生的学习活动结合起来，即将若干个微课组成一条"项链"，才可形成一门完整的微课程。

2．微课程与传统课程的区别

按照外部形态及学生认识活动的特点，传统的教学方法通常分为"以语言传递信息为主的方法""以直接感知为主的方法"和"以实际训练为主的方法"等。以语言传递信息为主的方法是指以教师运用口头语言向学生传授知识、技能以及学生独立阅读书面语言为主的教学方法。这类教学方法与人类教育教学活动一起产生，先以口头语言作为主要媒介，文字产生以后又增加了书面语言作为媒介，至今仍然是教学活动中的主要方法。以直接感知为主的方法是指教师通过演示实物或直观教具和组织教学性参观等，使学生利用各种感官直接感知客观事物或现象而获得知识、形成技能和发展能力的方法。以实际训练为主的方法是指在教师指导下，学生通过练习、实验和实习等活动，学习、巩固和完善知识、技能和技巧。这类方法以学生的实践活动为基本特征。

传统的教学方法是把一门课程中的教学内容按先后次序制成序列化的教材，使学生的学习按一定的程序规范地展开。这一方法在设计具体的教学程序时因学科不同而有较大差异。首先，在长达50分钟的课堂教学中，要将教学内容由大化小、由浅入深地向学生展示并提出问题。教学的重点都是围绕某一个知识点展开，让学生主动地寻求答案，或教师通过媒体给出解释和答案。

由于我国是以班级授课式为主，教师最常用的是讲述法，学生多是被动地听，很少有机会参与课堂讨论。传统的教学方法只着重于教师如何去教，片面强调教师的传授作用，忽视了学生在教学这一特殊认识过程中的主体作用，使他们只能被动地接受、储存知识，从而束缚了他们的主动性和积极性的发挥。

教学方法理应包括教的方法和学的方法。教学是由教师和学生共同参与的双边活动，教师"教"的效果在很大程度上取决于学生"学"的适应性与主观能动性的发挥程度。因此，当我们说一种好的教学方法时，指的是这种教法能有效地调动学生学习的主观能动性，能适应学生的学习心理特征。而教学效果的真正获得则仍然取决于后者。这就告诉我们：所谓教学方法并非只是单一的教师教的方法，学生学的方法是更为重要的另一半，即教学方法是教法与学法的统一。

微课程是运用建构主义学习方法、以在线学习或移动学习为目的的实际教学内容，是一种由视频文件组成的、以讲授一个知识点（包括概念、知识、问题）为主体的新型课程组成单元。初期的微课程还只是一种微视频课件，重在解决传统教材由简单文本向多媒体资源的转变问题。

随后在慕课（MOOC，大规模开放型课程）的影响下，微课程不断发展，通过使用多媒体技术，使教学内容更加精简，教学目标更加明确，可以在短时间内传递教学活动中的某个知识点。微课程的意义在于它不是把所有的教学内容放在一节课50分钟内呈现出来，而是利用10～15分钟的时间就一个知识点进行针对性讲解，把教学中的重点、难点等内容给学生展现出来。在教学中，所讲授的内容呈点状、碎片化，能更好地满足个性化的学习需求，提高了学生的学习兴趣。这是以直接传递教学信息为主要特征的第一代微课程。

随着以学为主的教学模式的建立，微课程的含义开始延伸，它不再仅限于对知识点的讲授，问答、演示、练习和反馈等教学环节陆续加入，开始覆盖学生学习的全过程，包含教学目标、内容、资源、活动和评价等必要的课程要素，并以整合课堂教学或在线教育应用为基础，一个重要的变化就是教学内容的组织方式产生了相应的变更。微课程不仅仅作为一种新的媒体、工具和资源而存在，而且作为一种新型的课程组成单元存在。以直接传递教学信息为主要特征的第一代微课程逐步向以鼓励学生参与各种主动探究活动、自主建构知识为主要特征的第二代微课程转变。

微课程不仅给我们带来了一种全新的课程教学资源组织形式，而且为我们展示了一种全新的教学理念、教学思想和教学方法。微课程与传统课程的区别如表9-1所示。

表9-1　微课程与传统课程的区别

比较项目 \ 课程	传统课程	微课程
知识结构	完整学术型	碎片式应用型
学习理念	行为主义	建构主义
教师角色	知识的传授者	知识的启发者
学生角色	知识的被动灌输者	以学生为中心
学习目标	掌握知识	应用知识
学习时间	固定不变	灵活可变
参与程度	消极被动	积极主动
个别化程度	低	高
学习策略	讲授加练习	自主探索
自由度	低	高
灵活性	固定课程表	个别化课程
学习教材	脱离实际	联系实际
学习形式	课堂学习	移动式自主学习
学习评价	统一标准	因人而异
能力培养	不够	较好

二、微课程的教学模式——翻转课堂

翻转课堂是从英语"Flipped Classroom"或"Inverted Classroom"翻译过来的术语，一般被称为"翻转课堂式教学模式"。所谓翻转课堂就是在信息化环境中，教师提供以教学视频为主要形式的学习资源，学生在上课前完成对教学视频等学习资源的观看和学习，师生在课堂上一起完成作业答疑、协作探究和互动交流等活动的一种新型教学模式。

翻转课堂起源于2007年美国科罗拉多州落基山林地公园高中，教师们常常被一个问题所困扰：有些学生由于各种原因时常错过正常的学校活动，而且学生将过多的时间花费在往返于学校和家的路上，这样导致很多学生由于缺课而跟不上学习进度。

为了解决上述问题，该校的两位化学老师乔纳森·伯尔曼和亚伦·萨姆斯把结合实时讲解和PPT演示的视频上传到网络上，以此帮助课堂缺席的学生补课。随后，两位教师逐渐以学生在家看视频听讲解为基础，节省出课堂时间来为在完成作业或做实验过程中有困难的学生提供帮助。两位教师的实践引起了越来越多的人的关注，逐渐有更多的教师开始利用在线视频在课外教授学生，回到课堂上则进行协作学习和概念掌握的练习。

在传统教学过程中，教学形式通常包括知识传授和知识内化两个阶段。知识传授通过教师的"课中"讲授来完成，知识内化则通过学生"课后"的作业、练习或实践来完成。传统课堂是先教后学，教学结构分为课堂内与课堂外，课堂内完成知识传递，课堂外完成知识消化。

与传统的课堂教学模式不同，翻转课堂设计的核心思想是将传统教学活动中的知识传授和知识内化这两个环节颠倒与翻转。在翻转课堂式教学模式下，知识传授是指将所要学习的知识点制作成微课程，通过网络在课前完成，也就是由学生在课下自主完成知识的获取，在课上将不再讲授这些知识。知识内化是指在课中讨论、总结学生不能自行解决的问题，并有教师进行引导、启发和评价。

翻转课堂的目的在于以下几点。

第一，改变了传统的教学理念。其结果不仅创新了教学方式，而且翻转了传统的教学结构和教学模式，真正建立起"以学生为中心"的教学方式。在这种模式下，学生的学习主动性和积极性得到了提高，教师成为了学生学习的组织者、帮助者和指导者。

第二，转变学生的学习方式。翻转课堂改变了传统的教学流程，学生在课前自主学习，在课堂上教师因材施教或开展活动帮助学生掌握和运用在课前学到的新知识与技能。学生学习授课教师提供的微课程等课程材料，完全在自身的控制和管理下完成学习任务并进行自我测试，这种学习方式的改变对提高学生的自学能力和培养创新思维有很大的帮助。

第三，重构已有的教学结构。教学结构是指在一定的教育思想、教学理论、学习理论指导下，在某种环境中展开的，由教师、学生、教材和教学媒体这4个要素相互联系、相互作用而形成的教学活动的进程的稳定结构形式。目前，常见的教学结构形式主要有以教师为中心和以学生为中心两种。翻转课堂改变了上述的教学结构形式，由"先教而后学"转向了"先学而后教"，由"注重学习结果"转向了"注重学习过程"。教学结构在翻转课堂的不同环节具有不同的特点，翻转课堂也是对教学结构形式的又一次重构。

第四，提升学生的协作意识。实施翻转课堂，无论是在课前还是在课上，学生在学习的过程中如果遇到问题，可随时与其他同学或教师进行交流，增加了学生与他人进行沟通的机会，提升了学生的交流能力和协作意识。

随着网络和多媒体技术的快速发展，翻转课堂教学模式的实施变得可行与现实。学生不再单纯依赖教师的讲授来获取知识，可以通过互联网来获得新的、最前沿的科学文化知识。微课程不仅仅作为配合教师上课的教学资源存在，而且还要与翻转课堂这种新型的教学模式相结合，从根本上改变教师组织课堂教学的方式。如果教师的教学方法没有改变，微课程还停留在"积件"应用的思路上，就会形成网络精品课程与视频公开课等教学资源利用率低的困境。随着课堂教学的知识传授方式逐步向知识探究方式转变，翻转课堂的创新应用就成了当前教育教学改革的焦点。微课程只有围绕教学方法这个核心要素来整合教学应用，才能真正促进翻转课堂教学模式的应用和发展。

三、微课程与慕课的应用

大规模开放型课程（Massive Open Online Course，MOOC）是近年来在全球范围内涌现出来的一种新型的在线课程学习模式，它的迅速普及引起了教育界的广泛关注。其中字母"M"代表Massive（大规模），主要指大量的学习者参与课程，也可以指大规模的课程活动范围。第二个字母"O"代表Open（开放），是说学习者来自全球各地，而且课程的信息来源、评价过程和学习环境都是开放的。第三个字母"O"代表Online（在线），意味着它提供了一系列符合移动智能背景的学习材料，可随时随地满足学习者的学习需求。第四个字母"C"代表 Course，是课程的意思，也可以说成是大规模在线课程。MOOC中文音译为"慕课"。

MOOC借助科技发展之力，最大限度地突破了高校围墙的限制，使得世界各地的学生能够最大限度地获得优质的课程资源。和早期的视频公开课不同，MOOC不仅仅是几段简单的课程录像，而且还具有明确的教学目标以及详细的教学进度安排，为学生布置作业并打分，提供教师和学生的互动空间，具有完整的课程结构。具体来说，MOOC由课程视频、课程测验和互动社区组成。

① 课程视频。MOOC的课程主要由微课程组成。为了保证学生线上学习的关注度，每节课程通常是一个时长为2小时左右、事先录制好的视频文件，每节课程由若干个8～15分钟的微课模块组成。每个微课模块中包括8～15分钟的讲座视频，视频中会穿插或嵌入一些提问，并且课后会进行测验和考试，帮助学生将注意力集中在课上。学生只有按教师要求在视频上完成作答之后，才能进入下一个微课模块进行学习。微课模块设计的初衷是让学生自主决定学习进度，在与学习材料的互动当中掌握知识要点。

② 课程测验。MOOC的课程测验采用在线习题的形式，嵌入在学习模块当中或者末尾，可以是单选题、多选题等。在线练习题由程序自动评估打分，有些提供

正确答案，有些要求完成测试之后才能继续学习。在线练习使学生积极参与到学习当中，鼓励学生"回忆"知识，测查他们的理解程度。机器评分给予学生及时反馈，不仅可以使学生迅速了解学习成效，也可以帮助学生在数次练习之后掌握某一知识模块。

③ 互动社区。MOOC的课程一般都设有讨论区，选择同一门课程的同学通过讨论区互相帮助，授课教师会通过网络平台积极参与到学生们的讨论中。除了学生与教师的互动之外，MOOC还可以提供学生彼此之间的互动通道，产生学习社群。

MOOC教学模式的主要特征如下。

第一，学习的时空界限被打破。MOOC的教学模式依托互联网技术，拓展了学习方式的时空界限；通过互联网这个虚拟空间营造了一个真实的学习空间，借助技术手段打破了时间和空间的局限。

第二，教学规模大。MOOC教学模式的另一个最显著的特点就是教学规模大，同一门课程的在线学习人数可以高达几千乃至上万，这大大突破了传统课堂几十人或上百人的限制。

第三，学习的开放性。在 MOOC 教学平台上参加课程的学习无需通过入学考试等资格性的验证，任何人都可以根据自己的兴趣选择课程。

MOOC在线教学扩大了受众范围，实现了在线双向互动，它以提高能力为导向，促进了教学改革，提高了教学质量，同时也催生了以微课程为单位的MOOC学习环境。对于高等教育的发展而言，MOOC的出现引发了教学理念和教学方法的重大变革。尽管人们对MOOC的教学形式和教学效果还存在各种认知差异，但不得不承认，MOOC已经开始触动传统高等教育的根基。在新的教育背景下，要建设好我国高等教育的MOOC体系，一个重要的基础就是加强高校微课程的研究和建设。如果以"课"的角度去审视，MOOC其实就是一系列同一课程体系下的微课程组合。在MOOC和微课程的关系上，围绕各学科及其知识体系的重点和难点，利用短小精悍的微课教授方法，形成系统且逻辑严密的微课程体系，既是MOOC开发课程的基础，也呈现出向MOOC趋同的特征。

目前，教育技术与教学的深度融合是我国教育教学改革的重点和难点，将微课程融入到学科教学中，是实现深度融合的又一方法。只有微课程与教学方法有机整合，才能促进传统教与学方式产生深刻变革。只有对微课程教学内容的组织形式进行创新，对微课程应用的教学环节和教学模式进行分析，才能进一步推进微课程与教学方法的有效整合应用，才能充分体现其应有的教学内涵。

四、微课程的主要特点

微课程是一种新型的"课程"组成单元，其主要载体是短小精悍的微视频，也可以是其他媒体形式的内容，如文本、音频和动画等。微课程将传统课堂先教后学的教学模式转变成为先学后教的模式，将对知识的认知放在课堂之前，将知识的内化安排到课堂之中，改变了课堂的教学结构，形成了翻转课堂的教学新模式。微课程的应用不仅提高了学生自主学习的能力，更重要的是对学生的创新思维和创新能力的培养与提高起到了积极作用。

1．视频为主，短小精悍

教学视频是微课程的核心组成内容。根据大学生的认知特点和学习规律，微课程的时长一般为10～15分钟，最长不宜超过15分钟。微课程主要是基于教学设计思想，为了突出课堂教学中的某个学科，就一个或几个知识点进行针对性讲解的教学，或是反映课堂中某个教学环节、教学主题的教与学活动。

2．主题突出，内容精练

微课程选取的教学内容一般要求主题突出、相对完整。它以教学视频片段为主线，所讲授内容以知识点的形式来呈现。这些知识点可以是教材解读、题型精讲，也可以是方法传授、教学经验等技能方面的知识讲解和展示。所讲授的内容呈点状、碎片化。相对于传统一节课要完成众多复杂的教学内容，微课程的内容更加精简。

3．资源多样，情境再现

微课程资源具有视频教学案例的特征。课堂教学时使用到的多媒体课件、教师的教学反思、学生的反馈意见等相关教学资源，构成了一个真实的微教学资源环境。学生在这种真实的、具体的、典型案例化的情境中易于实现高阶思维能力的学习，从而迅速提高学业水平。它不仅成为教师和学生的重要教育资源，而且也构成了学校教育教学模式改革的基础。

4．基于网络，移动学习

微课程是采用流媒体形式，围绕某个知识点或教学环节开展的简短而又完整的教学活动，适合采用支持网络在线播放的流媒体格式，如RM、WMV、FLV等。学生可流畅地在线观摩课例，查看教案、课件等辅助资源，也可灵活方便地将其下载保存到终端设备（如笔记本电脑、手机）上，适合基于移动设备的移动学习。

5．个性课程，自主学习

为使学生的自主学习获得最佳效果，微课程可提供个性化的自主学习课程。它的形式是自主学习，目的是获得最佳效果，内容是某个知识点或教学环节，本质是完整的教学活动。

第二节　微课程的组成形式

一、微课程的学习过程

微课程的核心组成内容是教学视频，同时还包含与该教学主题相关的教学设计、多媒体课件、教学反思、练习测试、学生反馈、教师点评等辅助性教学资源。

微课单元是一个完整的知识点，由若干个知识点构成了不同的微课单元，从而组成了微课的章节体系。此时的微课章节体系还需要与学习单元、教师与学生的学习活动以及网络平台结合起来，由此构成一个完整的微课程。

因此，微课程有别于传统单一资源类型的教学课例、教学课件、教学设计、教学反思等教学资源。这类资源通常是以教师为中心的讲授性教学的助手，帮助教师把讲课的内容呈现在屏幕上。微课程则是以学生为中心，指导学生进行自主学习，是在其基础上继承和发展起来的一种新型教学资源。微课程的核心是教学目标、教学策略和教学评价。

在以知识点为主的教学内容组织的基础上，相应的教学环节的选择就成了微课整合教学应用的前提。所谓教学环节，就是指教学过程所涉及的各个阶段和程序。由一定的教学环节组成的教学活动就构成了特定的教学模式。微课的教学环节应包括课前、课中和课后3个主要环节，以及评价、诊断两个辅助环节。

通常情况下，学生的学习过程由两个阶段组成。第一阶段是信息的传递，是通过教师和学生、学生与学生之间的互动来完成的。在课前内容预习阶段，最简单有效的方法就是结合课堂上教师需要传递的核心概念制作微课，以创设生动的数字化教学环境。微课以微视频＋交互式练习＋即时反馈为学习单位，教师不仅应提供视频，还需要提供在线的学习辅导。

第二阶段是吸收内化，在课堂上通过互动来完成。在课中通过翻转课堂这种教学模式，将讨论、交流作为两个主要环节，教师的答疑解惑是翻转课堂的关键环节，学生之间的相互交流更有助于学生对知识的吸收内化。通过微练习、微测验、微评价与微反馈相结合，可形成对学生学习过程的有效控制。

课后，教师将课堂上没有完成的讨论问题或其他的知识学习内容放到微课程的网络学习平台上，让学生进一步开展自主探究学习或交流互动学习。

评价和诊断两个辅助教学环节可以借助网络建立反馈信息，通过相关技术和自动化的评价与反馈机制，帮助学生发现各自的学习优势和缺陷，使个别化的学习模式得到顺利实施，使学生的学习能力和学习水平得到更大的提高。

二、微课程的类型

根据学科和教学内容的不同，在教学活动中，按照教学方法的组成与分类，微课程的类型通常划分为课堂讲授型、百家讲坛型、主持采访型、讨论协作型、教学实验型和其他类型。

1．课堂讲授型

以描绘情境、叙述事实、解释概念、论证原理为主，或以学科知识点及重点、难点的讲授为主。这种授课形式通常适于各类学科教学内容的讲授。

2．百家讲坛型

这种类型与课堂讲授型有相同之处，所不同的是采用了大众化讲故事的叙述方式，将教学内容设计成小故事，通过话里面带着的一些悬疑，引发学生进一步观看的欲望。"故事化"手法特别适用于文科、艺术、体育、管理等学科的讲授，有些理工科的内容也可以采用这种类型。

3．主持采访型

由节目主持人通过话筒或镜头在拍摄现场进行口头采访，通过主持人起到一种引导和讲述的作用。主持人可以根据自己的主观思维，通过指示性的语言诱导采访对象按照自己的意图回答提问。这种方法适合各类主题性的教学内容。

4．讨论协作型

在教师指导下，学生以小组形式围绕某一中心问题发表各自的意见和看法，共同研讨，相互启发，集思广益地进行学习。

5．教学实验型

针对教学实验进行设计、操作与演示，即在教师的指导下，使用一定的设备和材料，通过控制条件的操作过程，引起实验对象的某些变化，从观察这些现象的变化中获取新知识或验证知识。

6．其他类型

不属于上述分类的均可归为此类型。

三、微课程的屏幕呈现形式

微课程按照屏幕呈现方式的不同，可分为真人普通实录型、录屏软件录制型、真人与抓屏混合型和高清多机录制型等多种类型。

1．真人普通实录型

使用具有摄录功能的设备（如DV摄像机、数码相机、手机等），可以实时录制教师的真实授课过程。在整个拍摄过程中，均以教师为主背景画面，教学用PPT课件画面作为辅助背景画面。同时，也可以根据教学内容的需要，对主画面和辅助画面进行主与次的转换。例如，在利用PPT课件讲解教学内容时，PPT课件画面由辅助画面变为主背景画面出现。

2．录屏软件录制型

屏幕录制主要是指使用计算机屏幕录制软件，将自己在计算机上的操作过程完整录制下来。此方法的优点在于在操作计算机的过程中，教师可利用耳麦同步录制自己的声音。录制所用软件有多种，目前比较常用的有Camtasia Studio、Screen2swf、屏幕录像专家等。

（1）录屏软件录制+手写板+画图工具模式

通过电子黑板系统（包括手写板、画图工具软件）结合屏幕录制软件录制教学过程并配音。教师使用手写板和绘图工具，一边讲解，一边在电子黑板上对教学过程进行演示。在整个教学过程中，教师不出现在视频课程中，视频呈现的是用手写板或绘图工具演示的过程。这种方式也称可汗学院制作方式。

（2）录屏软件+PPT课件模式

通过屏幕录制软件录制教学过程并配音。教师利用PPT课件一边演示一边讲解，在整个教学过程中教师不出现在视频课程中，视频呈现的是PPT课件演示过程和教师的声音。

使用iPad里面的制作微课软件Educreations、ExplainEverything或Showme就可以非常方便地进行微视频录制。iPad的屏幕就是电子黑板，教师可以边讲解边做板书，电子黑板上的内容和教师的声音就同时被记录下来了。

3．真人与抓屏混合型

通过融合电子黑板、PPT、Flash、图片、视频等多种元素来使教学内容更加生动形象，可以同时使用录屏软件、摄录机等进行课程实录拍摄。在整个拍摄过程中，可以将教师作为主背景画面，也可以使用录屏软件进行抓屏，将PPT课件画面作为主背景画面，根据教学需要进行画面切换。

4．高清多机录制型

这种模式使用多台专业高清摄录像机和后期剪辑制作设备进行录制，画面及音质效果较好，但是这种类型不是由教师单人完成操作的，需要学校的教育技术中心组成专人团队来进行录制。前期全程录制教师真实授课过程，后期需要进行剪辑。

第三节　微课程的理论基础与教学模式

一、不同学习理论呈现的教学理念

学习理论是研究人类学习过程的心理机制的一门学问，是从心理学角度讨论人类如何进行学习的理论。学习和了解学习理论的目的是思考在新的教学环境下，如何改进学习方法，提高教学质量，促进有效学习。目前，具有一定影响力的学习理论有行为主义学习理论、认知主义学习理论、人本主义学习理论及建构主义学习理论，不同学习理论呈现的教学理念如下。

1．行为主义学习理论的教学理念

行为主义学习理论认为学习过程可以用刺激和反应来解释，而刺激—反应联结是需要不断强化的，如果不进行及时和有效的强化，反应就可能退化。在进行教学时，可以将教学内容分解为一系列的教学单元（对学生所需要学习的知识点进行划分），再对单元进行细分，划分成几个学习步骤，学生完成这些步骤就意味着掌握了这些知识点。

在学习过程中，学生可以自定步调，自主进行反应，以实现由易到难、具有逻辑联系的程序教学，逐步达到教学目的。在教学过程中，教师还必须及时地给予反馈，即刺激—反应联结中的强化。学生对知识点不断地进行巩固，努力掌握各知识点的联系，以强化所学习的知识。这也是教师要布置作业、要有考试的原因。

学生在强化的帮助下对教学单元的内容进行学习，使强化的频率被最大限度地提高，将出错带来的消极反应降低到最低限度。根据刺激（提问）—反应（回答）—强化（确认）的原理，制订程序教学的基本原则。

　　行为主义学习理论偏重于教师的教，主要研究人的外显行为，认为学习过程与内部心理过程无关，只要控制外部刺激，就能控制和预测学习效果；重视学习过程中的强化，并且认为行为发生变化是强化作用的结果。

　　行为主义学习理论对教学的作用还体现在教师进行教学时要注意前后知识点的联系，在讲解知识点前进行铺垫（所谓的引题）时应注意与以后的教学产生联系，从而引导学生养成预习的习惯。

2．认知主义学习理论的教学理念

　　认知主义学习理论认为学习的本质不是被动地形成刺激—反应的联结，而是主动地形成认知结构；学生不是被动地接受知识，而是主动地获取知识，并通过把新获得的知识和已有的认知结构联系起来，积极地建构其知识体系。

　　认知主义学习理论侧重于学生的学。学习是新旧知识经验相互作用的过程。课堂教学不是凭经验而教，而是需要不断更新知识，更新教育观念。由于认知主义学习理论更注重学生的内部心理机制，教师在进行教学时要充分考虑学生的身心发展以及不同学生之间的个性差异，做到因材施教。

　　教师在进行教学时要强调如何使得知识更有意义，帮助学生组织新信息以及将它们与记忆中原有的知识联系起来，要有意识地培养学生进行推理、类比的能力，并同时注意"设计先行组织者"，让学生能自行从已知的知识点过渡到未知的知识点上来。在教学过程中，要注意激发学生的学习兴趣，吸引学生注意，要从心理机制下手，让学生想学和会学。

3．人本主义学习理论的教学理念

　　人本主义学习理论主要体现在注重对人的学习研究，突破了长期以来行为主义和认知主义在学习心理的研究上主要对动物学习进行实验研究的偏向，重视人与动物学习的区别和对促进学习的理论的发展，注重促进学生学会如何学习和学会适应变化。

　　人本主义学习理论重视学生的主动性及人的价值观、态度体系和情感等心理因素在学习中的作用，主张建立良好的师生关系，强调要以学生为中心来构建学习情境，强调有意义的学习。

4．建构主义学习理论的教学理念

　　建构主义学习理论看重协作学习和教学情境的创设，认为学习是一个知识建构的过程。学习并不是对输入信息的被动记录，而是主动建构内部心理表征的过程。

学生根据自己的原有知识对新信息进行编码，建构自己的理解。建构主义学习理论的核心用一句话就可以概括：以学生为中心，强调学生对知识的主动探索、主动发现和对所学知识意义的主动建构。

建构主义学习理论认为，学生与周围环境的交互作用对于学习内容的理解起着关键性的作用。这也是建构主义的核心概念之一。学生在教师的组织和引导下一起讨论和交流，共同建立起学习群体并成为其中的一员。

采用"情境式教学"强调学习环境应是真实的任务情境，学习应与问题的解决联系起来，主张教师在课堂上提供问题原型，指导学生探索。在整个教学过程中，"以学生为中心"，教师起组织者、指导者、帮助者和促进者的作用，利用情境、协作、会话等学习环境要素充分发挥学生的主动性、积极性和首创精神，最终达到使学生有效地实现对当前所学知识的意义建构的目的。

二、微课程的理论基础

微课程的理论基础主要是建构主义学习理论。

1. 建构主义学习理论

建构主义学习理论认为学习是学生主动建构内部心理结构的过程，强调在较真实的情境性学习活动中，在原有的经验和认知结构基础上，通过主动建构知识的意义来达到个人对新知识的理解的目的。建构主义学习理论强调情境创设，提倡合作学习。

建构主义认为，知识不是通过教师传授得到的，而是学习者在一定的情境（即社会文化背景）下，借助其他人（包括教师和学习伙伴）的帮助，利用必要的学习资料，通过意义建构的方式而获得的。

由于学习是在一定的情境下借助其他人的帮助（即通过人际间的协作活动）而实现的意义建构过程，因此，建构主义学习理论认为情境、协作、会话和意义建构是学习环境中的四大要素。

（1）情境

学习环境中的情境必须有利于学生对所学内容的意义建构。这就对教学设计提出了新的要求，也就是说，在建构主义学习环境下，教学设计不仅要考虑教学目标分析，还要考虑有利于学生建构意义的情境的创设问题，并把情境创设看作教学设计中最重要的内容之一。

（2）协作

协作发生在学习过程的始终。协作对学习资料的搜集与分析、假设的提出与验证、学习成果的评价直至意义的最终建构均有重要作用。建构主义认为，每个学生都有自己的经验世界，不同的学生可以对某种问题形成不同的假设和推论，而学生可以通过相互沟通和交流、相互争辩和讨论，合作完成一定的任务，共同解决问题，从而形成更丰富、更灵活的理解。同时，学生可以与教师、学科专家等展开充分的沟通。

（3）会话

会话是协作过程中不可缺少的环节。学习小组成员之间必须通过会话商讨如何完成规定的学习计划。此外，协作学习过程也是会话过程，在此过程中每个学生的思维成果（智慧）为整个学习群体所共享，因此会话是达到意义建构的重要手段之一。

（4）意义建构

这是整个学习过程的最终目标。所要建构的意义是指事物的性质、规律以及事物之间的内在联系。在学习过程中帮助学生建构意义，就是要帮助学生对当前学习内容所反映的事物的性质、规律以及该事物与其他事物之间的内在联系达到较深刻的理解。这种理解在大脑中的长期存储形式就是关于当前所学内容的认知结构。

2．关于学习的方法

建构主义学习理论提倡的学习方法是教师指导下的、以学生为中心的学习。学生是知识意义的主动建构者；教师是教学过程的组织者、帮助者、指导者和促进者；教材所提供的知识不再是教师唯一讲授的内容，而是学生主动建构意义的对象；媒体也不再是帮助教师传授知识的手段、方法，而是用来创设情境、进行协作学习和会话交流，即作为学生探索的认知工具。学生要成为意义的主动建构者，就要求学生在学习过程中从以下几个方面发挥主体作用。

① 要用探索法、发现法去建构知识的意义。

② 在建构意义的过程中主动搜集并分析有关的信息和资料，对所学习的知识提出各种假设并努力加以验证。

③ 要尽量把当前学习内容所反映的事物和自己已经知道的事物相联系，并对这种联系加以认真的思考。

教师要成为学生建构意义的帮助者，就要求教师在教学过程中从以下几个方面发挥指导作用。

① 激发学生的学习兴趣，帮助学生形成学习动机。

② 通过创设符合教学内容要求的情境和提示新旧知识之间联系的线索，帮助学生建构当前所学知识的意义。

③ 为了使意义建构更有效，教师应在可能的条件下组织协作学习（开展讨论与交流），并对协作学习过程进行引导，使之朝有利于意义建构的方向发展。

三、微课程的教学模式

教学模式是指在一定的教育思想、教学理论和学习理论指导下，在某种环境中展开的教学活动进程的稳定结构形式。教学活动进程的简称就是通常所说的教学过程。在传统教学过程中通常包含教师、学生和教材这3个要素，而在现代化教学中，除了上述的3个要素以外，还需要使用多种教学媒体，所以又增加了媒体这个要素。这4个要素在教学过程中彼此相互联系、相互作用，形成一个有机的整体。由教学过程中的4个要素所形成的稳定的结构形式，就称为教学模式。

微课程的理论基础主要基于建构主义学习理论，这些理论着重探讨了学生高层次思维能力的发展，而非侧重于学生对于知识的机械掌握。微课程的设计开发主要包括以下6种不同的教学模式。

1．基于翻转课堂的教学模式

翻转课堂的核心思想是将传统教学活动中的知识传授和知识内化这两个环节颠倒与翻转。在翻转课堂式教学模式下，知识传授是指将所要学习的知识点制作成微课，通过网络在课前完成，也就是由学生在课下自主完成知识的获取，在课上将不再讲授这些知识。知识内化则是指在课中讨论、总结学生不能自行解决的问题，并且包括教师引导、启发、评价等知识内化过程。

2．基于问题学习的教学模式

基于问题式学习是以问题为基础、以学生为中心的教学方法。在这种教学模式的作用和影响下，学生在学习中能够思想活跃、大胆质疑、积极提出问题，然后开始进行查询，一直持续到发现正确的方法为止，学生在解决复杂问题的过程中获得知识。

3．基于案例学习的教学模式

案例教学模式是一种以学生为中心的、理论与实践相结合的互动式教学方式。教师在教学过程中，以真实的社会生活情境或事件为题材，通过典型案例使学生认识某一事物的本质特征，为学生提供一个广阔的思维空间和与实战极其相近的实习氛围，培养学生独立思考、分析和解决问题的能力。

4．基于情境学习的教学模式

这种教学模式要求建立在有感染力的真实事件或真实问题的基础上，所以也称为情境式教学。情境教学模式以案例或情境为载体引导学生自主进行探究性学习，并试图通过真实实践中的活动和社会性互动促进学生学习。创设问题情境和制造悬念时以教师的活动为主，其他几个程序都可以由教师、学生共同参与。情境教学是一种课堂交流活动型教学方式。

5．基于讨论学习的教学模式

讨论学习模式是指在教师的指导下，学生围绕某一主题或中心内容，积极主动地发表观点、互相争论，以掌握教学内容的教学方法。讨论学习模式可以激发学生的学习热情和创造性思维，增加学生之间的协作和交流，同时也能提高学生的思考能力、阅读能力和多种方式的表达能力。

6．基于个别化学习的教学模式

个别化教学是在课堂教学中为照顾学生的个别差异而采取的一种教学方法。确立学生的主体地位是个性化教育的前提。承认学生的主体性，在教学过程中就必须把学生当作活动的主人，并充分发挥其主观能动性。在实际教学中，个别化教学的主要形式是进行分层教学。

分层教学包含3个方面的内容：一是分层要求，即把原来统一的教学内容变为不同层次的教学内容；二是分层练习，即把原来固定的班级统一练习变为多层练习；三是分层评价，即把原来统一的评价变为有梯度的分层评价。

第十章　微课程的教学设计

教学设计是20世纪60年代以来逐渐形成和发展起来的一门具有实践性的教育应用学科，它是以现代教育观念为指导思想，运用系统论的观点和方法，分析教学中的问题和需求，从而找出最佳解决方案的一种理论和方法。在微课教学中，还需要对传统的文字教材进行规划设计，形成以相关知识点为主的内容结构。微课程的教学设计需要在心理学、教育学及其他相关学科知识的指导下进行。只有掌握了这些基础的理论与技术，才能更有效地组织微课教学。

第一节　教学设计的方法

一、教学设计的内涵

1．教学设计的目的

传统的教学计划方法过分依赖教师本人的经验、主观意识和特有素质，因而在某种程度上，教师的讲授方法只是一种教学艺术，但能掌握这门艺术的教师毕竟有限。

教学设计综合了教学系统的各个要素，运用系统科学方法的设计过程并加以模式化，提供了一种实施教学系统方法的、具有可操作性的程序与技术。教师教学实践能力的提高不再完全靠经验积累和老教师的传帮带，而可以通过教学培训来达到。

教学设计的最终目的是优化教学效果。具体来说，就是提高教学效率和教学质量，使学生在单位时间内能够学到更多的知识，提高学生各方面的能力，使学生获得良好的发展。

2．教学设计的研究对象

教学设计的研究对象是教学系统。教学系统中的各个因素（包括课程计划、单元教学计划、教师进行课堂教学的过程和各种教学媒体等）都可以看成教学设计的研究对象。可以说，整个教与学的活动都是教学设计的研究对象。

3．教学设计的研究方法

教学设计的研究方法是系统科学方法。系统科学方法是指运用系统方法论的观点研究、处理各种复杂的系统问题而形成的方法。具体地说，教学设计是将系统科学方法应用到教学实践之中而形成的指导教学实践的一般方法。

在学习教学设计时，可以分为两个不同的层次：一是掌握教学设计的理论，了解教学系统的方法，改进教学观念；二是要掌握教学设计的实际技能。这就要求我们一方面要学习理论知识，另一方面要进行一定的动手实践。

4．教学设计的应用范围

教学设计又称为教学系统设计。教学设计的最终结果是经过验证的能够实现预期功能的各个层次的教学方案。它可以是一门课程的教学大纲，也可以是一个教学单元或一节课的教学计划（或教案），还可以是直接用于教学过程并能完成一定教学目标的教学资源，如文字教材、音像教材、多媒体课件、学习指导手册和微课等。可以将上述的这些单元看成是不同层次的教学系统，通过运用教学设计的理论和方法加以贯穿。

二、教学设计的概念

1．教学的概念

教学是一种通过信息传播促进学生达到预期的特定学习目标的活动。教学作为一种交往过程，具有一定的特征。首先，教学是教和学的统一。教主要是教师的行为，是一种外化的过程；学主要是学生的行为，是一种内化的过程。也正是由于这种差异，教师和学生的交往才有价值。要使学生能够尽快掌握知识和技能，就必须对学习活动进行精细的设计与安排，提供有利的学习条件。我们称这种有组织、有计划的教与学的活动为教学。

2．设计的概念

教学过程是教师行为、教学内容与学生行为相互作用的交互过程。正是由于教学过程本身的这些特点，才需要教师对教学过程中的具体步骤和活动进行设计。所谓设计是指在解决某些问题、开发某些事物和实施某种方案之前所采取的系统化的计划过程。

3．教学设计的含义

教学设计是教育技术的核心内容，也是教育技术领域中较为重要的一个分支，它综合了多种学术理论，运用了系统的分析方法，解决了教学中的问题，实现了教学优化的规范计划过程和操作程序。

教学过程是教师行为、教学内容与学生行为相互作用的交互过程，教学系统是一个由教师、学生、教学媒体和教学内容组成的动态系统。虽然教学过程和教学系统较为复杂，但是它们都可以通过系统的科学分析找出其规律和模式，也能够科学地、有意识地进行教学设计。教学设计主要体现在以下几个方面。

① 对教与学的双边活动进行设计。教学设计主要研究教和学的基本规律，实现教学效果最优化。

② 把学生的具体情况作为设计的出发点。传统教学一般以学生的平均水平为假想的教学对象，忽视了学生的个别差异。现实中的学生在各个方面都具有自身的特点，学生的个别差异是明显存在的。

③ 教学设计是一个解决问题的过程，以帮助学生的学习为目的，把学生在学习中遇到的问题作为设计工作的出发点。教学设计是寻找教学问题、研究解决问题的办法、最终解决教学问题的过程。

④ 重视评价整个设计过程及教学效果。在教学设计的每一个环节，都要不断地收集反馈信息，并根据这些信息对整个设计过程和设计结果进行评价及必要的修改。

⑤ 使学生都处在教学设计的优势之中。在教学设计的过程中，使每一个学生都能达到满意的学习效果。

教学设计综合了教学过程中诸如教学目标、教学内容、教学对象、教学策略、教学媒体以及教学评价等基本要素，用系统的方法分析和研究教学需要，设计解决教学问题的方法和步骤，并对教学效果做出价值判断。

三、教学设计的任务

在进行教学设计时，通常会考虑以下几个问题。

① 为谁而教：分析教学对象和教学需求。

② 为什么教：分析教学要达到的目标。

③ 教什么：分析教学内容。

④ 如何来教：使用什么样的方法、策略，选择什么样的媒体等。

⑤ 教得如何：怎样评价学生的学习效果。

这几个部分构成了一个有机的整体，是教学设计要考虑的主要内容，也是教学设计的具体研究对象，如图10-1所示。

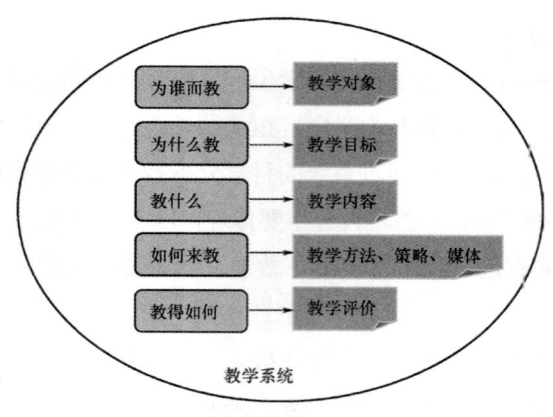

图10-1 教学设计的研究对象

教学设计通常需要完成以下任务。

（1）确定教学目标

确定教学目标是课堂教学设计的第一步，是教师完成教学任务所要达到的要求或标准，同时也起到指导教师开展课堂教学实践活动的作用。在开始课堂教学之前，教师往往需要考虑在教学之后学生应该掌握的教学内容，进一步确定学生应获得何种知识或能力，教师本人是否完成了教学任务，学生是否完成了预期的学习任务，这样的教学任务是否适合学生，根据这一个单元的教学效果下一步的教学目标应当如何制定等。

（2）进行教学任务分析

教学目标只是规定了一定的教学活动完成之后学生应获得的目标能力及其类型，而没有具体说明这些能力或者行为倾向形成或获得的过程与条件。要使教学目标真正起到指导教学的作用，教师需要确定目标中包含的学习类型，分析完成目标任务所需要的步骤。同时，还要对教学目标中规定的需要学生获得的能力或倾向的构成成分及其层次关系进行分析，包括将目标技能分解成一系列子技能，确定子技能的性质及其之间的层次关系等。通过这种分析，可以得出完成这一目标所需的能力或子能力，以及这些能力之间的关系。

（3）确定初始能力

除了确定目标能力中的技能和任务操作的步骤外，教师还需明确在教学之前学生必须先具有何种知识或技能。同时，还应明确对本次教学活动将有重要影响的学生另外的一些学习特征。

（4）确定行为目标

在教学分析和起点能力确定后，教师还要详细描述在教学任务完成之后学生应该能做什么或有怎样的表现。行为目标的陈述内容包括学生将要学习的行为、行为发生的条件以及完成任务的标准。

（5）设计和选择教学策略

教学策略是指为完成特定的教学目标而采用的具体教学活动的方法和形式。教师要考虑如何形成教学策略，如教学前或教学后的活动安排、知识内容的呈现、练习、反馈和测试等。

（6）设计和选择教学媒体

在确定运用何种教学策略后，教师需要考虑采用何种教学媒体，进行何种教学活动等。媒体与学生之间的相互作用，是教学设计中的一项重要的教学策略。过去人们对媒体的呈现形式注意了视听心理规律的应用，使媒体在声画设计的操作中符合了学生的视听规律。在当今的教学设计中，通过对更深层次的内容（即信息形态、信息传递技术和学习者的相互作用）的研究，可将媒体的内容设计与学生内在的信息加工方式更好地结合起来，以提高媒体设计和使用的层次。

（7）设计和实施教学评价

教学评价是对教学效果的优劣和价值进行的判断，也是教学工作中不可缺少的基本环节。教学评价方法可以是形成性评价，其形式可以是个别、小组或全班的测试。每一种评价的结果都为教师提供了可用于改进教学的数据或信息。

（8）修改教学过程

在完成评价之后，教师通过各种测验，系统地收集数据并对数据进行客观的、科学的分析和评价，确定学生遇到的问题以及发生这些问题的原因，并修改教学过程中的步骤，使教学效果得到进一步提高。

四、教学设计的基本要素

在教学设计过程中，分析教学对象、制定教学目标、选用教学方法和开展教学评估是教学设计中最基本的4个要素。

（1）分析教学对象

了解教学对象的特征，即了解教学对象的初始能力、教学起点、一般特征和学习风格，为教学设计的一切活动提供依据。

（2）制定教学目标

使用可操作、可观察和可测定性的术语表述教学目标。在对学生分析的基础上，对教学目标进行设计，即要求用可观察、可测量的术语精确表达学生需要哪些知识和技能、形成怎样的态度和认识等。这是教学系统设计的一项基本要求，因为明确具体的教学目标有利于教学策略的设计和教学媒体的选择，同时也为教学评价提供依据。

（3）选用教学方法

教学方法的选用包括教与学的形式、媒体、活动等方面的选择与设计。教学策略是实现教学目标的重要手段，是教学设计研究的重点。教学策略的设计主要包括：采用何种有效的教与学的形式，安排什么样的教师教的活动和学生学的活动，设计何种教的方法和学的方法，进行什么样的教学媒体设计及怎样进行设计，怎样使用或利用现有的教学资源，设计怎样的教学环节和步骤，等等。

（4）开展教学评估

了解教学目标是否达到要求，也是对教学效果优劣的判断，同时也是修正教学系统设计的实际依据。

教学评估也是对教学设计的方案是否能带来理想的教学效果、教学目标的设计是否具体明确、教学策略设计是否合理、教学媒体选择是否有效等一些问题的回答。

上述4个基本要素相互联系、相互制约。完整的教学设计过程是在这4个基本要素的构架上建立起来的，并运用系统科学方法的设计过程加以模式化。

五、以学生为中心的教学设计的内涵

随着建构主义学习理论的不断完善，人们对学习的本质提出了与行为主义学习理论全然不同的观点，加之信息化社会对未来的公民有了更高的要求，开展素质教育培养学生的能力已成为普遍认同的公理，以教为主的教学设计已经不能满足教学的需要，而以学为主的教学设计方法成为实现新型教学模式的有效方法。

以学生为中心的教学设计与一般的教学设计相比有哪些特征呢？是否只要是教学设计者为了学生的学而进行的教学设计就是以学生为中心的教学设计呢？要想解释清楚这两个问题，首先要了解以学生为中心的含义。

以学生为中心的观念源于美国儿童心理学家和教育家杜威的以儿童为中心的观念。杜威极力反对在教学中采用以教师为中心的做法，反对在课堂教学中采用填鸭式、灌输式的教学方法，主张解放儿童的思维，提倡在"做中学"。以儿童为中心的思想进一步运用于中学和大学教育中就成为今天所提倡的以学生为中心的思想了。

以教师为中心的教学最明显的特征就是忽视了学生的主体作用，通常采用集体的、满堂灌的讲授式教学方式。以学生为中心的教学特征是既重视和体现学生的主体作用，同时又不忽视教师的指导作用。通常采用协作式教学、个别化教学以及小组讨论等教学形式，或将多种教学形式组合起来进行教学。除这些之外，以学生为中心的教学的另外一个外部特征是"谁是学生学习外部活动的控制者和管理者"。如果在教学活动中学生自己负责控制和管理学习活动，这种教学便是以学生为中心的，相反则是以教师为中心的教学。

在教学设计过程中，如果设计者在教学目标和教学策略中充分重视和体现了学生学习的主体作用，那么这种教学设计便是以学生为中心的教学设计。

以学生为中心（建构主义）的教学设计原则如下。

① 强调以学生为主体。要在学习过程中充分发挥学生的主动性，要体现出学生的创新思维精神，要让学生有多种机会在不同情况下去运用他们所学的知识，要让学生能够根据自身行动的反馈信息来完成对客观事实的认识和形成解决实际问题的方案。

② 强调情境对意义建构的作用。通过同化与顺应达到对新知识的意义建构。使学生能够利用自己原有认知结构中的有关经验去同化当前学习到的新知识，从而赋予新知识以某种意义；如果原有经验不能同化新知识，则要引起顺应过程，即对原有认知结构进行改造和重组。

③ 强调协作学习对意义建构的作用。学生与周围环境的交互作用，对学习内容的理解起着关键性的作用。学生在教师的组织和引导下一起讨论与交流，共同建立起学习群体并成为其中的一员。教师与学生之间、学生与学生之间通过彼此激励、互相帮助的积极依赖，共同完成学习任务。

④ 强调对学习环境（而不是教学环境）的设计。学习环境是学生可以在其中进行自由探索和自由学习的场所。在此环境中，学生可以利用各种工具和信息资源来达到自己的学习目标。在这一过程中，学生不仅能够得到教师的帮助和支持，而且学生之间也可以相互协作与支持。

⑤ 强调利用各种信息资源来支持"学"而非支持"教"。为了支持学生的主动探索和完成意义建构，在学习过程中要为学生提供各种信息资源，用于支持学生的自主学习。

第二节   微课程的整体教学设计

微课程的整体教学设计过程可分为教学分析、教学设计、教学开发和教学评价4个阶段。

一、教学分析阶段

在正式讲授微课之前，首先要认真分析将要面对的教学对象，考虑他们原来的知识基础和学习态度对教学带来的影响。在教学开始之前或教学过程中，要对教学对象的一般特征、学习准备等进行综合评价，以为后续各教学环节的设计和教学过程的开展提供依据。

分析教学对象的特征是教学设计起始阶段的重要任务（为谁而教的问题），获取学生的初始能力、目标技能、学习态度等有关信息对后续教学设计环节以及教学的顺利开展有重要的意义，有助于教师确定教学起点，制定合理的教学目标，安排适当的教学任务，提高教学效率，改善教学效果。

1．分析教学对象的一般特征

教学对象的一般特征（智力发展和情感发展特征）是不同年龄段的学生所表现出来的与该年龄段相符的共同特征。在面对这些学生时，要充分考虑到这些一般特征，设计恰当的教学目标和内容，以采用符合年龄特点的教学方法。

2．学习准备分析

学习准备指的是学生在学习之前的初始能力、目标能力以及学习态度等现实情况。不同的学生具有不同的学习态度、初始能力、已有知识和个性特征，这些能力和特征直接或间接地影响着学生的学习效果。

（1）学生初始能力分析

初始能力分析是指学生在接受新的学习任务之前，教师对学生的原有知识和技能、学习新知识必须要具备的基础等的分析。教师在诊断学生的初始能力时还需要凭借对教学目标和教学内容进行的分析，预测学生的知识基础和预备能力。

（2）学生目标技能分析

目标技能分析是指了解学生对将要学习的内容已经知道了多少。对于目标技能的预测有助于教师在确定教学内容时做到详略得当。

（3）学生学习态度分析

学生对待所学内容的态度通常也会对教学效果产生重要的影响。当学生对学习持积极主动的态度时，将迸发出强烈的求知欲和高涨的学习兴趣，感知敏锐，观察细致，思维活跃，记忆效率高。

3．确定教学目标

根据教学对象的一般特征和学习准备分析的结果，选择适合用微课呈现的学习内容，并针对不同的内容来确定合适的教学目标（为什么教的问题）。

在众多的教学目标分类理论中，最具代表性的理论是布卢姆的教学目标分类体系和加涅的学习结果分类目标系统。二人分别从教和学两方面提出了层级递进的教学目标（或学习结果）分类标准，虽然表达方式不同，但都将教学目标分为了认知、情感和动作技能三大领域。

布卢姆和加涅关于教学目标的对比如图10-2所示。

布卢姆教学目标	加涅学习结果
认知领域 { 知道 理解 应用 分析 综合 评价	言语信息 智力技能 认知策略 { 辨别 概念 规则 高级规则
情感领域	态度
动作技能领域	动作技能

图10-2　布卢姆和加涅关于教学目标分类的理论

（1）认知领域的目标设计

认知领域是学科教学中最重要的部分，它涉及知识的获得、分析和应用以及智力技能的提高等。布卢姆将认知领域的目标分为知道、理解、应用、分析、综合和评价6级，在设计教学目标时可根据具体内容的不同采用不同术语。

认知目标分类的意义不仅在于为教师确定教学目标、评定教学质量提供依据，在设计教学目标或进行教学评价时，不能只停留在传授或要求"知道"的水平上，还应重视培养学生的智力技能。而学生智力技能的培养，不能只局限于理解的水平，还应重视创新能力与判断能力的培养。

（2）情感领域的教学目标

情感是对外界刺激肯定或否定的心理反应，如喜欢、厌恶等。情感教学目标是教学的重要目标之一。情感教学目标根据价值内化的程度分为接受、思考、兴趣、热爱和品格形成5级。

（3）动作技能领域的教学目标

动作技能涉及骨骼和肌肉的运用、发展和协调，在实验课、体育课等科目中常常是主要的教学目标。常用的是辛普森的7级分类法，即感知、准备、有指导的反应、机械动作、复杂的外显反应、适应和创新。

4. 教学内容分析

通过上面的叙述我们已经知道了教学对象的特征和需求，也知道为什么要教（即明确了教学的目标），接下来要具体教什么，也就是要分析教学内容，找出它们之间的内在联系。除此之外，还需要认真筛选、组织和评价所要讲授的内容。你要怎么教呢？对于同样的知识，不同的教学方法和策略会导致不同的教学效果，这是在实施教学前或教学实施的过程中需要认真考虑的问题。

教学内容是指为了实现教学目标，要求学生系统学习的知识、技能和行为规范的总和。教学内容的分析应该以教学目标为基础，旨在确定教学内容的范围、深度和各部分内容之间的联系。教学内容的范围是指学生必须达到的知识和能力的广度，深度则规定了学生必须达到的知识的深浅程度和能力的质量水平，明确了各部分内容之间的联系。因此，教学内容的分析就是要确定"教什么"。

对教学内容进行评价和分析，不仅可以避免在次要的内容上花费时间和精力，而且更重要的是可确保教学内容与教学目标及后续的教学评价保持一致，以保证教学的效果和效率。可以从以下几个方面进行评价和进一步选择组织内容。

① 所选的教学内容是否为实现微课目标所必需，哪些与目标无关而应该删除，还应该增加哪些。

② 各单元的顺序排列与本学科逻辑结构的关系如何，是否符合学生的心理发展要求。

③ 各单元的顺序排列是否符合教学的实际情况，是否需要调整顺序。

④ 学生已经掌握了哪些内容，教学应从哪里开始。

对教学内容的分析常常采用归类分析法、图解分析法、层级分析法等。归类分析法可以鉴别为实现教学目标所需要学习的所有知识点，一般可用来对类别明晰的教学内容进行分析。图解分析法是一种用直观形式揭示教学内容要素及其相互关系的内容分析法，其结果是一套简明扼要、提纲挈领的从内容和逻辑上高度概括教学内容的图表或符号。层级分析法是用来解释教学目标所要求掌握的从属技能的一种内容分析法。具体哪种方法合适，还需要根据教学的内容而定。

二、教学设计阶段

教学设计阶段包括制定教学策略和安排教学程序。明确了教什么以后，下面将具体确定所要教的内容适合采用什么样的教学方法（如何来教的问题）。有经验的教师都知道，教学效果的优劣在很大程度上依赖于所采用的教学方法和教学策略是否合适。这里的"合适"指的是教学方法和策略适合教师的特点、学生的特点、教学内容和教学目标的要求以及教学方法和教学策略本身的要求。

教学方法是指为了实现教学目标，在教学原则的指导下，借助教学手段（工具、媒体、设备）而进行的师生相互作用的活动。教学方法具有一定的客观性和主观性。客观性指的是不同的教学方法具有各自的优势，例如发现教学法比讲授法更能突出学生的主体地位，调动学生学习的积极性。教学方法的主观性是指，即便是同一种教学方法，不同的教师运用时也会有很大的差别。因此，无论是哪种教学方法，在运用时都要把学生置于主体位置，充分调动学生的积极主动性，一切教学活动都要围绕学生的需要来进行。

教学策略是实现教学目标的重要手段，是教学设计研究的重点。教学策略的设计主要有：采用何种有效的教与学的形式，设计何种教的方法和学的方法，进行什么样的教学媒体设计，怎样设计或使用现有的教学资源。

安排教学程序是根据教学目标对整个教学过程进行合理的组织安排，也就是说在有限的时间内教师先讲什么和后讲什么，如何结尾，这些是教学程序主要解决的问题。编排的教学内容要具有一定的系统性和层次性，从而有助于学生对知识由浅入深的理解。

三、教学开发阶段

教学开发阶段是微课制作的核心阶段，主要涉及教学文字稿本和制作稿本的编写、PPT课件的制作以及微课的制作等，具体内容请详见第十五章。

四、教学评价阶段

通过前面的讲述已经知道了教谁、为什么教、教什么和如何教4个大问题，接下来还有一个极其重要的问题需要考虑：做了这么多精心的准备，其目的都是为了实现好的教学效果，我们可以用什么方法有效地评价教学效果呢？实际上教学评价不只是在教学过程实施以后才进行，而在设计教学的过程中就应该全面地考虑进去，所以，在教学开始前、教学过程中以及教学结束后都要进行教学评价（教得如何）。

评价是按照一定的标准对事物的价值做出判断。教学评价是指以教学目标为依据，制定科学的标准，运用一切技术手段，对教学活动过程及其结果进行测定，并给予价值判断。教学设计的评价贯穿在整个教学设计过程中，如对教学目标的评价、对教学内容的评价、对教学方法的评价、对教学效果的评价等。评价是教学过程中的内部动力，是保证教学各环节质量和最终教学效果的重要措施。

按照评价的功能不同，教学评价可分为诊断性评价、形成性评价和总结性评价。诊断性评价也称为教学前评价或前置评价，一般在教学之前或教学初期进行，相当于对学生的知识、技能、智力和情感等状况的"摸底"测验，如学生分析中对学习准备的测评就属于诊断性评价。形成性评价是指在某项教学活动的实施过程中，为保证教学活动的效果更好而不断进行的评价，目的是及时得到反馈，调整和改进下一阶段的教学。形成性评价又称为过程性评价，重视过程性评价有助于不断收集有力的数据和资料，以完善教学方案和教学过程。总结性评价又称事后评价，一般是在教学活动告一段落时对教学效果的最终评价。

第三节　微课的结构规划与设计

一、微课的体系结构

在设计和制作微课的过程中，首先要了解一套微课体系由哪些部分组成。

通常微课体系包含3级结构，即课程、章节和知识点，如图10-3所示。其中，知识点是课程的最小组成单位。

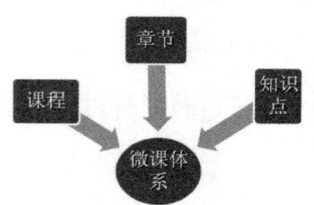

微课定义的知识点和学校传统授课或教材的知识点有所不同。在学校教学中，一个知识点往往就是指一个新概念、一个新知识。在微课中，因为一个新概

图10-3　微课体系的结构

念、一个新知识会涉及预习、讲解、复习、巩固等多个学习环节，所以，一个新概念、新知识就可能需要由多个知识点来共同构成。学习者通过对许多个不同形式、内容丰富的知识点的学习，就可以获得完整的学习体验。

微课中的知识点也可以称为一个形式上比较完整的学习环节，它们有不同的类型和不同的展现形式。知识点的展现形式通常有调查问卷、视频拍摄内容和测验题等类型，其中测验题可由单选题、多选题、判断题和填空题构成。

二、微课的结构规划

结构规划就是对一门微课的课程简介部分和章（节）这一级的规划，好比是预先为一本书撰写前言和目录。在这个规划过程中，将确定一门课程涵盖多少内容以及大概的体系结构。为了制作上的方便，可以设计一个Excel模板表格，将不同项目和层次的内容填写在表格中。

在这个表格中含有微课目标及描述、授课教师、课程大纲、知识点、调查方式和测验题6个功能描述项。微课结构规划只是填写表格中的前3项，后3项将在后续微课的内容规划部分进行介绍。

微课目标及描述工作栏中有微课名称、微课目标和微课描述3个功能子描述项。授课教师工作栏中有姓名、性别、职称、专业和简介5个功能子描述项。微课大纲工作栏中有对微课章（节）一级的填写要求，有4个功能子描述项，即序号、章（节）、教学目标和时长。时长这一子项是预估介绍该章（节）所包含的知识点所需的时间。

在规划章这一级内容时，不宜在一章中包含过多的内容，以免影响学习者的学习。在这个表格里，为了使章有更细的划分，可增加节这一层级，目的是在微课的结构规划阶段，方便对微课结构作进一步归纳。在使用原有的教材进行微课内容规划时，需要对一章中的内容进行细致化拆分。通常而言，一章中包含的知识点最多不宜超过10个。

完成微课结构规划后，还需要新建一个以微课名称命名的文件夹，在其内按章（节）的次序建立若干子文件夹，并以章（节）序号加章（节）名称的格式命名。

三、微课的内容规划

该环节是对每一章（节）中包含的具体知识点进行规划。由于微课中的知识点与原有教学中的知识点不同，因此，在微课知识点中不但要安排讲解新知识的环节，还要安排预习、复习等环节。

打开微课结构规划中所用的Excel模板表格，在知识点这一工作栏中设置体现形式、视频字幕、课程资料和时长4个功能子描述项。

在体现形式一项中，需要考虑每一个知识点以什么方式展现，通常有视频拍摄内容、调查问卷和测验题3种形式。视频拍摄内容适用于新知识的讲解，调查问卷适用于课前的预习，测验题适用于知识的复习巩固。其中测验题可以有单选题、多选题、判断题、填空题等几种题目形式。知识点的体现形式不是固定的，视频拍摄内容也可用来进行预习和复习，可以根据需要而定。

视频字幕一项是针对以视频形式展现的知识点而设定的。在制作完毕的视频中，选取比较关键的起到承上启下作用的讲解词若干条，为每条附上在视频中出现的时间。

如果将某个知识点的体现形式选择为调查问卷，还要在调查方式工作栏中填写相应的信息。调查方式这一项中有调查名称、调查题目、选项类型和选项4个功能子描述项。

如果知识点的体现形式选择为测验题，需要在测验题工作栏中填写相应的信息。测验题这一项中有实验名称、实验题目、题目类型、分数、选项和有无答案6个功能子描述项。

在实验名称子项目中需要指明一套测验题的知识点序号，在分数子项目中为一个知识点中所有的题目赋一个分值。测验的评分值可以是百分制或十分制。

完成了微课的内容规划，即具体的知识点规划后，还需要依照每章（节）的知识点顺序，建立相应的文件夹，并以知识点序号加知识点名称的格式命名，与一个知识点相关的图片、音频、视频等素材文件应放置到对应的知识点文件夹内。

四、微课的教学结构设计

微课的教学结构设计要体现教学设计的思路，符合学习者的认知特点，有利于引起学习者的兴趣与注意，有助于学习者理解知识点、掌握技能、培养能力。微课的教学结构设计一般遵循从具象到抽象、从现象到本质、由简单到复杂的思路。微课的教学结构可以划分为开始、核心讲授和结尾3个部分。

1．微课的开始部分

微课的开始部分包括片头和导入两部分内容。片头设计应力求简约，不要设计过于花哨复杂的片头效果。片头呈现出微课名称、主讲教师的基本信息、联系方式即可，时间长度以5～10秒为宜。

导入部分在微课中有着重要作用，由于微课教学时间短，切入课题要简洁和迅速，总体要求是短小精悍、开门见山，要能在较短的时间内引发学习者注意，激发他们的学习兴趣，交代课程主题，明确学习任务。可以通过设置一个题目或问题引入课题，可以从以前的基本内容引入课题，也可以从生活现象、实际问题引入课题，还可以通过设置疑问、悬念等进入课题。

新颖别致的开篇处理能极大地激发学习者的学习兴趣。正如美国导演阿伦·A.阿莫尔所说："成功的教师懂得知识的药片经常需要用糖衣去刺激或保持学生的兴趣……糖衣就是指奇观、幽默、惊奇、矛盾、好奇心、性吸引或戏剧化的个人参与等。"教师需要认真设计微课开始部分的形式，尽量做到新颖别致。如时长为12分钟的微课《遮罩特效应用》的开始部分就设计了如下的情境短剧：一名学生上课时看到了教室中3个同样的老师（见图10-4），于是很诧异地向老师询问原因，进而带出了课程要讲授的利用遮罩特效制作同一人物分身效果的教学知识点。这段时长为40秒的微课开头设计短小精悍、形式新颖、生动有趣，在很短的时间内就激发起了学习者的学习兴趣。

图10-4　使用情境短剧式的微课开头设计激发学习者的学习兴趣

2．微课的核心讲授部分

微课讲授的教学内容为某一个完整的知识点，主体部分是微课中时间最长的内容，承担着重要的教学功能。这部分的结构需要依据教学设计来设计，要求材料充实、层次清楚、段落分明、衔接流畅、视听手段多样。主体部分的内容应由浅入深，逐步深入，启发思维。微课中教师一般面对摄像机授课，缺少课堂教学的现场氛围。为增强微课中的师生互动，建议在微课中采用任务驱动的启发式教学，以设问、解答等方式，与镜头外的学习者展开人性化的虚拟教学互动，引发学习者的学习兴趣。

在微课讲授中，应注意以下几点。

第一，讲授主线要清晰。要尽可能地沿着一条线索展开，在这条线索上突出重点内容，着重进行主干知识的讲解与剖析。在课堂教学中，不同类型知识的传授过程是有区别的，有的适合讲授，有的适合启发提问，有的适合展开讨论，力争在有限的时间内完成本课所规定的教学任务。

第二，讲授语言要有力度。在微课讲授中，学习者的某些活动被省略之后，教师的讲解水平更受关注。教师的语言要求生动、富有感染力，更应做到准确、逻辑性强、简单明了。微课由于时间短、节奏快，要求教师在备课的过程中用正常的语速在规定时间内讲完教学内容。根据正常语速，不同的人1分钟可以讲200～250字（播音员为350字），10分钟讲稿的文字就应控制在2500字左右。

第三，课堂板书要简约。在微课中，板书可与PPT课件共同使用，真正起到承上启下和画龙点睛的作用。

3．微课的结尾部分

微课的结尾部分主要是对微课的主体内容进行概括总结，强化知识点，并可提出相关启发性的思考问题，与开始部分呼应，使学习者在本次微课内容的基础上作深入探究思考，在注重总结内容的同时更应注重学科方法的总结。对于系列微课，教师还可以在结尾部分为下一个微课内容进行前期的铺垫处理，使得各个微课间形成有机的联系。

微课的开头、主体和结尾设计应当浑然一体，相互呼应，过渡巧妙，不可分割。开头部分要在很短的时间内引发学习者的兴趣，并开宗明义；主体部分要丰富饱满；结尾部分概括有力，总结提高，引人深思。

第四节　微课教学设计案例

一、《〈消费者权益保护法〉立法目的》微课教学设计之教学对象的一般特征和学习准备分析

1．分析教学对象的一般特征（教谁）

该微课的授课对象是法学专业二年级本科生。他们在智力发展特征方面有着更高的抽象性和理论性，由抽象思维向辩证思维发展，目的性、系统性进一步增强，注意力更加集中。他们的语词逻辑思维占主导地位，通过专业知识的学习，掌握了较多的抽象概念、原理、定理、定律和公式。在解决问题时都要运用这种思维，这种思维能够较好地抓住事物的本质和关键，使问题得到正确的解决。在情感发展特征方面，他们具有明确的价值观念和一定的社会实践经验，不满足现状，不迷信权威，有强烈的好奇心，社会参与意识很强。但是由于他们所掌握的知识有一定的局限性，各种实践经验不够丰富，并且受其他心理因素的制约和影响，因此在观察、分析事物时，他们易于表现出主观片面性。

在设计课程教学时，应充分利用这些特点，按照以学生发展为本的教学思想，

发挥多媒体的优势，通过师生共同创作、自导自演的消费维权情境剧剧情的推进和角色扮演，帮助学生不断创设学习情境，注重让他们充分参与教学；通过视频的声、色、光的动态感知激发学生的情感，提高其学习的自觉性和主动性，加强其综合能力的培养。

2．学习准备分析（教谁）

（1）学习者初始能力分析

作为法学专业二年级本科生，学生已经系统地学习了法理学、民法学、刑法学等专业基础课程，具备初步的法学理论功底和一定的分析理解能力，尤其是逻辑分析判断能力、语言运用表达能力、团队沟通协作能力等。

（2）学习者目标技能分析

《〈消费者权益保护法〉立法目的》微课是经济法课程中消费者权益保护法部分的开篇章节，在学习本课程之前学生已经学习了经济法课程中的经济法学基础理论和竞争法等内容，对于整个经济法学已经有了初步的理解和认识。在《中华人民共和国消费者权益保护法》（简称《消费者权益保护法》）立法目的的具体学习过程中，学生需要在教师的引导下不断将《消费者权益保护法》立法目的理念与已经学习过的《口华人民共和国合同法》（简称《合同法》）立法目的理念相对比，并在此基础上自主建构新的知识。《合同法》作为先修课程，学生在前面已经学习完毕，普遍具备《合同法》知识技能储备和运用《合同法》知识解决实际问题的能力，对于学习目标技能的完成没有太多的困难。

（3）学习者学习态度分析

《消费者权益保护法》教学内容贴近生活，不仅每个人都有消费经历，而且媒体对于消费者权益保护相关知识、案例的介绍较为直观全面。在学习过程中，学生运用已经掌握的知识和技能，参与教学环节、讨论求解问题的意愿较为强烈。

二、《〈消费者权益保护法〉立法目的》微课教学设计之教学目标分析

根据对学生起点水平的分析，制定了认知—情感—能力3级教学目标（为什么教）。

1．认知目标分析

① 理解《消费者权益保护法》的立法目的。（领会）

② 掌握消费者与经营者的关系。（应用）

③ 掌握《合同法》与《消费者权益保护法》对于消费者权益保护的差异性。（应用）

④ 获得与《消费者权益保护法》立法目的相关的基础知识和基本技能。（分析）

2．情感目标分析

结合情境剧剧情的推进，通过热点分析、讨论等教学环节的开展，使学生形成对《消费者权益保护法》立法目的的初步认识，提高学生的学习兴趣。

① 在教师的引导下通过对知识有目的、有意义的建构，产生学习兴趣和成就感。（接受或注意）

② 积极主动思考教师提出的问题，寻找答案。（反应，兴趣）

③ 通过协作学习、会话交流寻找问题的答案，获得成就感。（兴趣）

④ 学会以理性、客观的态度运用法学及相关知识分析、领会《消费者权益保护法》的特别保护原则。（兴趣，热爱）

⑤ 养成健全的人格，培养对于公平、正义等普适价值的坚持和信仰等法律职业操守。（品格形成）

3．能力目标分析

① 在应用中进一步领会《消费者权益保护法》的立法目的。（有指导的反应，机械动作）

② 分析和判断如何应用《消费者权益保护法》中的第四十九条维护权益。（复杂反应，适应）

③ 结合具体案例熟练运用消费者权益保护知识解决实际问题。（创新）

三、《〈消费者权益保护法〉立法目的》微课教学设计之教学内容分析

根据制定的教学目标，对教学内容进行分析（教什么）。该微课全长16分钟，以一个情境剧的剧情推进贯穿其中，通过两次角色扮演进行情境创设，基于两部法律通过对比协助知识构建，依托两度互动反馈掌握学习状况；开展5轮讨论思考，促进协作学习与会话交流；安排一个案例实训，推动能力提升。教学过程中始终突出以学生为中心的教学理念，教师不再是单纯的知识传导者，而主要作为学习的指导者和辅助者。

该微课采用了图解分析法直观展示内容结构、各部分的知识点以及知识点之间的联系，如图10-5所示。

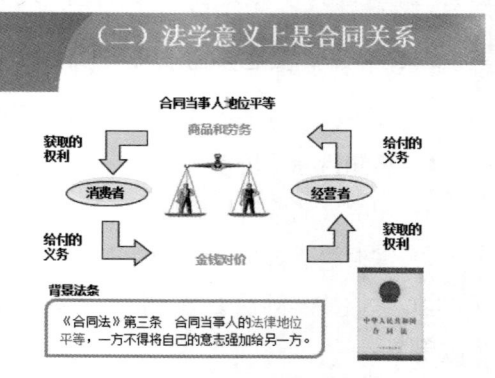

图10-5　该微课采用的图解分析法

四、《〈消费者权益保护法〉立法目的》微课教学设计之教学策略和教学程序分析

根据对教学内容的分析，制定教学策略和安排教学程序（怎么教）。本课采用的教学方法主要有提问法、讲授法、演示法、情境法和讨论法。

① 以提问法贯穿始终，对重点问题加以启发。提出问题的方式包括：课上提问，有的问题由学生集体回答，有的问题单独提问学生回答，有的问题引领学生体会，点到为止，不回答；课下思考，引导学生注意课后以小组形式学习《消费者权益保护法》最新修改的相关条文，培养学生的独立思考和自我把握能力。

② 讲授法要求教师的语言要有美感，富于感染力，为学生在课堂中创立学习情境，使学生心随讲授而动，沉浸在剧情氛围之中。

③ 演示法主要采用多媒体辅助教学。在本课的教学中，需要利用多媒体教学课件播放师生自导自演的情境剧，帮助学生创设学习情境，培养学生独立思考的能力，帮助学生将新知识与头脑中的旧知识建立链接，学生能够主动参与教学过程。

④ 情境法是将教学内容以情境剧的剧情进行推进，学生处于身临其境的学习和思考之中，并结合问题引导学生进行角色扮演，以剧中"法学系学生"的身份帮助剧中权益受到侵犯的"小芳"依《合同法》维护权益。

⑤ 讨论法是在教学过程中，采取师生互动、生生互动等多种方式，通过层层设疑置问引导学生开展协作学习和会话交流。

教学过程分为课程导入、核心讲授和结尾总结3个教学环节。从前节课所学内容的复习开始，通过简短导入环节引入课程学习。在课程开始部分，首先介绍教学目标、重点难点，不仅能够使教师在教学中做到有的放矢，也可使得学生对于微课程的具体学习目标做到心中有数。教师引导学生回忆前节课学过的竞争法主要规范的主体（经营者），顺势引出市场经济中与经营者对应的主体消费者，并导入《消费者权益保护法》立法目的的学习。

在情境教学的核心讲授环节，从教学需要出发综合运用引导式、情境式、讨论式、案例式、讲授式等多种教学方法，帮助学生基于已有的知识信息，进行《消费者权益保护法》立法目的相关知识的获取与建构。首先，通过制作的多媒体课件播放师生自导自演的情境剧，帮助学生创设学习情境，引导学生思考什么是消费者。然后，结合情境剧剧情的推进，引导学生进行角色扮演，以剧中"法学系学生"的身份帮助剧中权益受到侵犯的"小芳"依《合同法》维护权益。在小组协作和会话

交流之后，教师引导学生梳理、总结维权思路。然后，围绕剧情在教学过程中层层设疑置问，通过"《合同法》如何规范消费者与经营者之间的关系""既然《合同法》可以维护消费者权益，是否有必要单独制定《消费者权益保护法》""为什么同一案件依据《消费者权益保护法》和《合同法》处理的结果会有所不同""消费者与经营者力量是否均衡""《消费者权益保护法》的体例结构是否与法理学中的权利义务对等性原则存在冲突"多个讨论环节的相继展开，引导学生对课程核心内容开展协作学习和会话交流，进行探究式学习。通过多种教学方法的综合运用，将授课模式由"独唱"改为"联唱"。另一方面通过师生互动、生生互动等多种方式，借助多种教学媒体给学生更多表达的机会，实现教学由教师的"独角戏"向师生合作的"多角戏"转变。

在案例实训环节，引导学生扮演法官角色，学习小组讨论典型消费维权案例判决方案，并将"学生法官"的观点与法院判决结果进行对照，帮助学生进一步领会《消费者权益保护法》的立法目的，提高对《消费者权益保护法》第四十九条的实际应用能力，进而理解、掌握该条文的实质和价值，并提示学生注意课后以小组形式学习《消费者权益保护法》相关条文的最新修改之处。

五、《〈消费者权益保护法〉立法目的》微课教学设计之教学效果评价分析

可采用多种方法进行教学效果评价（教得如何）。在内容讲解的过程中随时对学生进行定量和个别化的评价。利用教学互动反馈软件，通过互动反馈多媒体教学系统即时检测反馈，及时了解学生对知识的兴趣以及掌握的程度，结合测试结果，帮助学生进行主要知识点的梳理，有针对性地进行教学调整改进。

六、《〈消费者权益保护法〉立法目的》微课教学设计之教学方案

1. 基本教学方案设计页

《〈消费者权益保护法〉立法目的》微课的基本教学方案设计页如表10-1所示。

表10-1　《〈消费者权益保护法〉立法目的》微课基本教学方案设计页

微课题目		《〈消费者权益保护法〉立法目的》			
微课名称	经济法	课程时长	16分钟	授课对象	法学专业本科生
教学分析	教学对象分析	① 初始能力：作为法学专业二年级本科生，学生已经系统地学习了法理学、民法学、刑法学等专业基础课程，具备初步的法学理论功底和一定的分析、理解能力，尤其是逻辑分析判断能力、语言运用表达能力、团队沟通协作能力等。 ② 目标技能：学生已经学习了经济法学基础理论和竞争法等内容，对于整个经济法学已经有了初步的理解和认识。 ③ 学习态度：在学习过程中，学生运用已经掌握的知识和技能，参与教学环节，讨论求解问题的意愿较为强烈			
	教学内容分析	① 主要通过消费维权情境剧剧情的推进和角色扮演帮助学生创设学习情境。最后通过案例实训促进学生对《消费者权益保护法》立法目的的领会和实际应用能力的提升。 ② 微课采用了图解分析法直观展示本节课的内容结构和各部分的知识点，以及知识点之间的联系			
教学理念	学习者层面	以学生收获为目标，以建构主义学习理论为基础，以学生为中心，充分发挥学生的主动性，进行探究式、研讨式学习			
	教师层面	教师作为指导者和辅助者，主要通过消费维权情境剧剧情的推进和角色扮演帮助学生创设学习情境，并且在教学过程中通过层层设疑层间引导学生开展协作学习和会话交流			
教学目标	知识领域的目标	通过本节讲授，帮助学生掌握消费者与经营者的关系、《合同法》与《消费者权益保护法》对于消费者权益保护的差异性，进而理解《消费者权益保护法》的立法目的			
	技能领域目标	结合具体案例熟练运用消费者权益保护知识，分析和判断如何应用《消费者权益保护法》中的第四十九条维护权益。在应用中进一步领会《消费者权益保护法》的立法目的			
	情感态度领域目标	结合情境剧剧情的推进，通过热点分析讨论等教学环节，使学生形成对《消费者权益保护法》立法目的的初步认识，学会以理性、客观的态度运用法学及相关知识分析消费者特别保护原则			
教学侧重	教学重点	① 消费者与经营者在经济学和法学层面关系的界定。 ② 对比理解《合同法》与《消费者权益保护法》对于消费者权益保护的差异性			
	教学难点	① 消费者特别保护原则的确立基础。 ② 上述原则在《消费者权益保护法》立法和实践中的体现			
教学思路	总体思路线索	 本次课以一个情境剧剧情的推进贯穿其中，通过两次角色扮演进行情境创设，基于两部法律通过对比协助知识构建，依托两度互动反馈掌握学习状况，开展5次讨论思考促进协作学习与会话交流，安排一个案例实训推动能力提升			
	教学过程、方法、模式设计	根据学生的认知发展规律，配合教学内容，从前节课所学内容的复习开始，通过简短导入环节引入课程学习。在课程开始部分，首先介绍教学安排、重点难点，使学生在学习过程中有的放矢。在情境教学和核心讲授环节，从教学需要出发，综合运用引导式、情境式、讨论式、案例式、讲授式等多种教学方法和多媒体教学手段，帮助学生进行《消费者权益保护法》立法目的相关知识的获取与建构。在讲授完毕后及时进行课程小结，并通过互动反馈多媒体教学系统即时了解和评价学生的学习效果。最后通过课程作业帮助学生进行知识巩固消化。			

续表

微课题目		《〈消费者权益保护法〉立法目的》
教学思路	教学过程、方法、模式设计	① 微课导学 → ② 课程导入 → ③ 教学安排 → ④ 情境教学 → ⑤ 核心讲授 → ⑥ 课程小结 → ⑦ 课后作业
教学媒体辅助手段	PPT和黑板	自拍情境剧、Flash动画、相关图片、图示及文字
	互动反馈教学系统	接收器、学生选择答题器以及即时编辑统计系统

2．教学内容页（见表10-2）

表10-2　《〈消费者权益保护法〉立法目的》微课教学内容页

教学环节	基本内容	教学手段	时间安排
前节复习	教师引导学生回忆前节课学过的竞争法主要规范的主体（经营者）	讲述、提问、PPT	30秒
课程导入	顺势引出市场经济中与经营者对应的主体消费者，并导入《消费者权益保护法》立法目的学习 市场经济　供给　需求　经营者 → 消费者	讲述、PPT	30秒
教学安排	介绍本节课的讲授要点及学习重点和难点，明确教学目标。 学习重点：消费者与经营者关系的界定 学习难点：《消费者权益保护法》的立法目的	讲述、PPT	30秒
情境教学	通过师生自导自演情境剧的播放，帮助学生创设学习情境，引导学生思考什么是消费者	讲述、视频	2分钟
核心讲授	一、消费者与经营者关系的界定 ① 介绍在经济学层面两者之间是交易关系，交易的对象是商品和劳务，并重点分析二者之间存在的巨大利益冲突及原因。 消费者利益 效能最大化 费用最小化 经营者利益 成本最小化 收益最大化	讲述、PPT	1分钟

续表

教学环节	基本内容	教学手段	时间安排
	②　介绍在法学层面两者之间是合同关系，并结合《合同法》第三条阐释二者的法律地位平等。 	讲述、PPT	30秒
核心讲授	引导学生思考《合同法》如何规范消费者与经营者之间的关系。结合情境剧剧情的推进，引导学生进行角色扮演，以剧中"法学系学生"的身份帮助剧中权益受到侵犯的"小芳"依《合同法》维护权益；在小组协作和会话交流之后，教师引导学生梳理、总结维权思路。 	视频、讲授、角色扮演、小组讨论、PPT、板书	2分钟
	二、《消费者权益保护法》的立法目的 引导大家思考既然《合同法》可以维护消费者权益，是否有必要单独制定《消费者权益保护法》？ ①　通过互动反馈多媒体教学软件即时掌握学生所思所想。 ②　教师结合情境剧剧情转换分析依《消费者权益保护法》的维权结果。 ③　通过列表将两部法律在消费者维权方面进行对比，论证《消费者权益保护法》制定的必要性。 （1）消费者的弱者地位 ①　引导学生思考、讨论经营者与消费者的力量关系。 ②　教师通过经营者与消费者力量对比，列表引导学生总结分析消费者的弱者地位。	互动反馈多媒体教学系统、视频、讲授、PPT、板书	2分钟
	（2）经营者侵害消费者权益 ①　结合前面提到的经营者与消费者存在利益冲突，分析经营者侵害消费者权益的原因。 ②　以数据反映经营者侵害消费者权益的现实。	讲授、PPT	1分钟

教学环节	基本内容	教学手段	时间安排
核心讲授	（3）消费者特别保护原则 ① 该原则首要地体现在《消费者权益保护法》的立法宗旨上。 ② 该原则还体现在《消费者权益保护法》独特的体系结构上——单纯规定消费者权利而没有规定其义务，单纯规定经营者义务而没有对应规定其权利。 ③ 进一步引导学生思考这一立法体系结构是否与法理学中的"权利义务对等性"原则存在冲突。通过提问与学生回答，教师协助分析说明这种形式上不平等的规定正是为了实现实质的公平和正义	讲授、问答、PPT、Flash	1分钟
案例实训	引导学生扮演法官角色，学习小组讨论典型消费维权案例判决方案，并将"学生法官"的观点与法院判决结果进行对照，帮助学生进一步领会《消费者权益保护法》的立法目的，提高对于《消费者权益保护法》第四十九条的实际应用能力，进而理解掌握该条文的实质和价值，提示学生注意课后以小组的形式学习《消费者权益保护法》相关条文的最新修改之处	讲授、PPT、角色扮演、小组讨论	3分钟
课程结尾（小结）	对于课程讲授的主线脉络进行总结。 通过互动反馈多媒体教学系统即时检测反馈，对教学效果进行形成性评价，掌握学生对课程核心内容的接受和理解情况。 结合测试结果，帮助学生进行主要知识点的梳理。 结合课程重点、难点和学生反馈情况，布置课后思考题与作业，促进知识的消化与巩固。 	讲述、PPT、互动反馈多媒体教学系统	1分钟

3．教学总结页（见表10-3）

表10-3　《〈消费者权益保护法〉立法目的》微课教学总结页

教学中的亮点和收获	① 教学中以问题或任务为核心驱动学习，将鼓励学生发掘问题作为学习活动的刺激物，使学习成为自愿的事。 ② 强调情境对学习的重要性，设计的学习情境应具有与实际情境相近的复杂程度，但要避免降低学生的认知要求。 ③ 强调以"学生"为主体，让学生拥有学习过程的主动权。结合教学内容贴近生活、易于理解的特点，以学生收获为目标，以建构主义学习理论为基础，注重发挥学生的主体作用。学生通过探究式学习研讨并结合教师讲授，对知识进行自主建构。教师作为指导者和辅助者，主要通过消费维权情景剧剧情的推进和角色扮演帮助学生创设学习情境，并且在教学过程中通过层层设疑设问，引导学生开展协作学习和会话交流。 ④ 为学生提供学习环境。设计和提供丰富的学习资源，当学生遇到问题或偏离方向时，教师应给予有效的援助和支持。 ⑤ 鼓励学生体验多种情境和验证不同的观点，鼓励各种合作学习方式。 ⑥ 设计多种评价方式，强调过程中评价和互动评价等多种评价方式相结合。在教学过程中根据师生交互需要，有效使用了互动反馈多媒体教学系统。一方面面向课堂上的全体同学创设即时表达机会，另一方面使教师能够及时掌握学生领会、思考状况，便于对教学效果实施形成性评价，从而能因势利导、有针对性地展开教学活动，避免单一注重结果评价
教学中发现的 问题和不足	学生建构知识的主动性有待提升，学生在协作学习和自主学习过程中发现问题、解决问题的能力有待进一步培养。 在本次课程中对于以后课程将要学习的内容的引介不够，课程的衔接贯通性有待进一步加强
改进措施与设想	未来要从教育对象和教学内容实际出发，加强对教学的筹划与设计，增强教学过程的交互性，通过综合运用多种教学方法、手段、模式调动学生学习的主动性。 教师在教学中除了做一名讲授者，更应做一名优秀的引导者和组织者。注意结合教学内容增加有效的情境创设，为学生协作学习、自主学习和会话交流创造条件。在"授人以鱼"的同时更要"授人以渔"，注意学生知识获取、建构和应用能力的提升。 本次课程只是整个经济法课程的一部分，未来在经济法课程教学中，要继续总结此次微课制作经验，对课程中的其他教学内容展开研究，进行后续微课的制作、开发与探索

第十一章　微课程的教学技能

教学既是一门科学又是一门艺术，它是建立在教师具有广博的知识和熟练的教学技能基础之上的。熟练的教学技能可以把教学搞得生动活泼，有效促进学生学习，形成独特的教学艺术。

第一节　基本教学技能

基本教学技能是指教师在教学活动中运用专业知识、教学理论，依据学习理论和教学原则进行教学设计、教学研究，组织课内外教学活动，有效地促进学生完成学习任务的活动方式。基本教学技能分为教学语言技能、教态变化技能、板书技能、讲解技能和演示技能。

一、教学语言技能

苏联教育家苏霍姆林斯基说："教师的语言修养在极大程度上决定着学生在课堂上的智力劳动效率。"教师的教学语言技能是提高教育、教学质量的基本教学技能。

1．教学语言技能的含义

教学语言是教学信息的载体，是教师完成教学任务的主要工具。教师的教学语言水平是影响学生学习水平和学习能力的重要因素，在引导学生学习、启发学生思维、实现教学目标等方面具有重要作用。教师在课堂上用来阐明教材、传授知识、组织练习、不断激发学生积极的学习情绪以完成教学任务所运用的语言，就叫作教学语言。我们深信，高度的语言修养是合理利用时间的重要条件。教师的语言表达形式是多种多样的，包括课堂口语、书面语言及体态语言。课堂口语是课堂教学中语言表达的主要形式。

2．教学语言的构成

教学语言由基本语言技能和特殊语言技能两方面因素构成。

（1）基本语言技能

这是在社会交际中人人都必须具备的语言技能，包括以下诸要素。

① 语音和吐字。语音是语言的物质材料。有了语音这一载体，表达信息的符号——语言才能以声音的形式发出和被感知。在交际中，特别是在教学中，对语音的基本要求是要规范，即要用普通话语音来讲话，方言是交流的极大障碍。如有位教师对"多"和"独"的音区别不开，因此在讲"多幕剧"和"独幕剧"的区别时，这位教师若不借助于板书，学生就很难听清楚。与语音相关的还有吐字问题，造成吐字不准确的主要原因是发音器官（唇、齿、舌）在发相应的字音时动作不到位。这种问题只要有意识地矫正并经常练习、养成习惯，是完全可以解决的。

② 音量和语速。音量指声音的大小，声音过小听不清楚，声音过大没必要，使人听起来感到不舒服。音量应控制在教室内安静的情况下最后一排也能听清楚。音量大小和气息控制有关。要达到一定的音量，就要注意深呼吸，要注意有控制地用气。注意音量的保持，避免学生听得清前半句，而听不清后半句。要把每一句的最后一个字都清清楚楚地送进学生的耳朵。语速是指一个人讲话的速度。耳朵有一定的承受力，超载就听不清，因此，讲话时以每分钟200～250字为宜（播音员为350字/分钟）。

③ 语调和节奏。语调一般指的是讲话时声音的高低升降、抑扬顿挫的变化。适度的语调可以加强口语表达的生动性。节奏是指讲话时的快慢变化。它和语速有联系，但不是一回事。每个字音长音短时间并不一样，句中句间长短不一的停顿就是节奏。善于调节音调徐疾变化，形成和谐的节奏，同样可以加强口语表达的生动性。

④ 词汇。没有词汇就没有语言。一个人只有具备一定的词汇量并能正确、熟练地运用于口头表达中，才能具有一定的口语技能。在课堂口语中，对词汇的要求是：规范，要用普通话的词汇交流；准确，表达一个意思要用恰当的词语，不走样；生动，注意用词的形象性、可感性，注意用词的感情色彩，能启发想象、联想，激发人的感情。

⑤ 语法。要注意符合语法要求，否则让人听不懂或费解；还要注意合乎逻辑规律。

（2）特殊语言技能

特殊语言技能是指在特定的交流中形成的语言技能。教师的课堂口语技能是在课堂教学的特殊环境中形成的。加强教师的语言修养，就是要培养教师具有良好的口语技能。教师要培养口语技能的科学性、艺术性，需要注意以下几个方面。

① 准确。要确切地表述概念、原理、定律等，而不是错误地或含混不清地表述。

② 规范。虽然是口头语言，也要符合现代汉语的规范，如发音要标准，吐字要清楚，遣词造句要讲究语法，叙述事理要符合逻辑。

③ 言简意赅。语言表达应明白简练。所谓明白，即语言通俗易懂、深入浅出，使学生明确地知道教师所要表达的内容以及教师本人赞成什么、反对什么。那种模棱两可、似是而非的语言是不能把意思表达明白的。所谓简练，即语言简洁清楚、干净利落、恰到好处。至于那种毫无目的、毫无选择的旁征博引，尽管教师讲得天花乱坠、绘声绘色，学生却抓不住教学的重心，效果很差。

④ 语言要生动形象，富于启发性。把抽象的概念具体化，把深奥的道理形象化，运用学生们所熟知的生动事例启发、引导学生理解、掌握并运用所学的知识。概念、原理及定理都是前人总结出来的经验，具有一定的概括性和抽象性，有些含有深奥的哲理，这就给初学者带来一定的困难。这时如果运用恰当的典故、生动的比喻、形象的事例，既可增加教师授课的趣味性，活跃课堂气氛，又可帮助学生加深对知识的理解和记忆。

⑤ 语言要有节奏感。这是教师运用语言的技巧问题。所谓节奏感是指教师讲课时声调要有高低，节奏要讲究快慢，即讲话不能总是一个声调、一个速度。声音要有停顿，该高则高，该低则低，该快则快，该停则停。高低快慢、轻重缓急、抑扬顿挫相结合的语言表达，可增强学生的注意力，减少学生的疲劳感，使学生时刻处于最佳思维状态。很多时候经验丰富的教师可以将自己的课程与现实生活联系在一起，让学生听起来豁然开朗，感悟颇深。

3．言语训练

在课堂上，教师要从一定的教学目的、教学内容、教学对象出发来组织自己的语言，这就形成了课堂口语的特殊结构。课堂口语的3个要素（阶段）为引入、介入和评核。

（1）引入

引入是指教师用不同的方式使学生对所学内容做好心理准备，其中又有若干细节。

① 界限标志：指明一个新话题或新要求的开始。

② 点题、集中：指明新话题或新要求的目的。

③ 指名：指定学生作答。

（2）介入

介入是指教师用不同的方式鼓励、诱发、提示学生做出正确的回答或正确地执行教师的要求，又分为以下几种方式。

① 提示：指为使学生做出正确回答，教师提示问题、提供知识、提示行为的依据。

② 重复：重复学生的答案，目的是引起全体学生的重视以做出相应判断。

③ 追问：教师根据学生的答案（不完全正确或完全错误）提出问题，以引发思考，得出正确的回答。

（3）评核

教师以不同的方式处理学生的回答。在评核这个要素中又有以下若干细节。

① 评价：对学生的回答加以分析，加以评论。

② 重复：教师重复学生的答案，以引起重视。

③ 更正：学生的答案依然不正确，教师予以分析、更正，并给出正确答案。

④ 追问：教师根据学生的答案（不完全正确或完全正确）继续提出问题，以引起学生深入而广泛的思考。

⑤ 扩展、延伸：在已经得到正确回答的基础上，联系其他有关资料进行分析，使学生对问题的认识更深入、更广泛。

4．教学语言技能评价

按照下面的评价内容为待评价的教学语言技能打分，如表11-1所示。

表11-1 教学语言技能评价表

评价内容	评价标准			权重
① 语言流畅，节奏适当	好	中	差	0.10
② 正确使用本学科的名词术语	好	中	差	0.13
③ 比喻恰当，通俗易懂	好	中	差	0.10
④ 逻辑严密，条理清晰	好	中	差	0.13
⑤ 感情充沛，语言具有趣味性和启发性	好	中	差	0.10
⑥ 普通话发音正确	好	中	差	0.10
⑦ 语调抑扬顿挫，舒缓适当，有节奏感	好	中	差	0.08
⑧ 运用短句，避免语句过长	好	中	差	0.08
⑨ 简明扼要，在重点之处重复强调	好	中	差	0.10
⑩ 没有明显的口头语和多余的语气助词	好	中	差	0.08

如果评价的分数在0.5以下，就需要通过一些方法进行训练来提升教学语言使用

方面的能力。

二、教态变化技能

有魅力的教师在课堂上的一举一动、一个表情、一句话均能对学生产生深刻的影响，继而形成教师特有的个人魅力。如果想在短时间内形成自己的教学风格，必须了解下面有关教态变化技能的知识。

社会心理学认为，几乎一切非言语的声音和动作都可以作为沟通的手段。教师在课堂上的体态语有效地开辟了师生信息交流的第二渠道。

1．教态变化的概念

教态变化是指教师讲话的声音、使用的手势和身体的运动等变化。这些变化是教师教学热情及感染力的具体表现。教态变化不需要借助其他工具就可以实现，是最基本的教学技能。教师在深得教材精髓的前提下，借助面部表情、手臂活动等教学辅助方式，活灵活现地外化教材的主题、情感、知识，使学生在潜移默化中把握教材并开发其思维。

需要指出的是，刺激的变化并非绝对的刺激等级的变化和增强学生的惊觉反应。有充分的生理证据证明，刺激变化对学生所产生的激发作用主要是获得和抓住学生的注意力。在教学中，只有抓住学生的注意力时，他们才更喜欢向你学习。

教师运用教态变化技能时要根据教学内容和学生的特点确定变化的类型，注意每一种类型的应用都要有助于增强学生的注意力和传递教学信息，变化技能的应用还要合理适度。

2．教态变化的类型

（1）身姿变化

身姿是指教师在教室里身体位置的移动和身体的局部动作。教师适时适度地在教室中走动，不但不会分散学生的注意力，还会使课堂变得有生气，有助于调动学生的积极情绪。教师从讲台上下来走到学生中间，可以加强师生间的感情交流，密切师生关系。但是要注意，教师在课堂上的走动不要过于频繁，以免造成学生的视觉疲劳，分散学生的注意力。身姿变化中还有一项重要方式是手势。手势是强化教学效果的重要方式。教师恰如其分的手势能够增强语言的表现力，突出重点，使学生加深印象。教师做出某种手势的目的要明确，不要带有随意性。手势的变化不要过于琐碎、过多，要适度、自然大方；反之，生硬造作的手势，如挠头皮、挖鼻孔、敲桌子等，不仅不能给人以美感，还会分散学生的注意力，影响教学效果。

（2）表情变化

课堂上师生之间情感的交流，不但是创造和谐课堂气氛的重要因素，而且对开启学生的智力有重要作用。教师上课面带微笑，具有感染力的表情可以让学生感受到关心、爱护、理解和友谊，可以激发学生同样的情感，并延伸至热爱教师讲授的课程内容。

（3）眼神变化

教师在教学时要密切注视学生的眼睛，通过观察学生的眼睛获取学生的反馈信息。教师讲课时如果不面对全班学生，与学生没有长时间的眼神交流，学生就不愿意被动地接受教师的讲课信息，教师也不能从学生的目光中发现他们对课程的反应。

（4）停顿变化

停顿是引起注意的一种有效方法。停顿的目的是给学生回味、思考的时间，减少学生的疲劳感，改善学生的思维状态。

3．教态训练

如果你是一名不善于表达的教师，要如何使用丰富的肢体语言配合你的语言讲解呢？如何达到此时无声胜有声呢？可以试试下面的方法。

首先需要做的是沉着、稳重。教师的神态要沉着、稳重、自然大方，使学生敬而不畏，感到听你的课是一种美的享受，越听越爱听。教师要注意既不要待在一个位置用一种机械的姿势讲课，也不要在讲台上频繁地来回走动，以免分散学生的注意力，影响听课的效果。

其次使用眼睛环视全班学生。教师的视线要注视全班学生，既不能只面对课本、教案，也不能只面对黑板。教师的视线要尽量环顾班内的每一位学生，通过视线与学生交流信息，得到反馈。

最后使自己情绪饱满、自然。教师的情绪要乐观、饱满、笑而不露，表情发自内心而自然流露；教师要用乐观饱满的情绪去调剂学生听课的情绪，以减轻学生听课的疲劳。

4．教态变化技能评价

作为一名能够使学生感觉亲近且留下深刻印象的教师，我们需要随时注意自我的教态是否得体。按照下面的评价内容为待评价的教态变化技能打分，如表11-2所示。

表11-2　教态变化技能评价表

评价项目	评价等级			
	优	良	中	差
① 穿着端庄大方，打扮自然				
② 目光与学生接触时恰当自然，关注全体学生				
③ 面部表情严肃而又友善，有亲和力				
④ 神态自若、镇静，有幽默感				
⑤ 教态与教学内容协调一致				
⑥ 表情、目光、手势、体位等有变化				

三、板书技能

在现代化教学手段广泛使用的今天，教学板书仍然起着不可忽视的作用，板书设计的好坏直接影响教学效果。板书是教师进行教学的基本功之一，也是教师必须掌握的一项基本教学技能。

1．板书的含义

板书是课堂教学的重要辅助手段，也是课堂教学的一大优势。板书是教师在教学过程中帮助学生理解和掌握知识而利用黑板以凝练的文字符号、图表等呈现的教学信息的总称。教学板书一般表现为3种形式：板书、板演和板画。板书是教师写在黑板上的授课内容的主要标题内容。板演是指教师在黑板上推导公式、演算例题或书写方程式等，是理科教学中常用的一种形式，一般效果要优于计算机多媒体演示。板画是指教师在黑板上画的各种图形、符号和表格，在美术、生物、物理、化学等学科中常用。

2．板书的类型

板书设计没有固定的模式，一节课采用哪种板书形式，主要取决于教学内容。内容决定形式，形式服务于内容。教师在备课时首先必须吃透教材，把握教材内容的特点；其次还要考虑教学目的，比如是让学生掌握基础知识还是培养实际能力；最后，课程特点以及学生实际也是决定板书形式的因素。一般来说，教学板书可以分为基本板书和辅助板书。基本板书也叫作主板书，是体现教学目的和教学内容内在联系的重点、难点和关键点的板书，体现教学内容的基本事实、基本思想及结构形式。基本板书是整个课堂板书的骨架。辅助板书也叫副板书。辅助板书是教师为了引起学生的注意或为了解释一些学生难以理解的字、词、符号等，随机在黑板右侧写下的板书。依据具体表现形式，教学板书分为词语式、提纲式、结构造型式、表图示意式等类型。

3. 板书技能训练

训练目标：能够根据教学实际需要，运用常见的板书类型进行规范的板书设计。

训练程序：包括以下几个环节。

① 知识准备：首先了解有关板书的基本知识，例如教学板书的作用有哪些，教学板书有哪些基本形式，如何根据教学实际恰当选择板书形式，板书设计应考虑哪些因素，运用板书时需要注意的问题有哪些。

② 提供示范：查找有关板书的典型实例，了解对于相同的教学内容可以采用不同的板书形式，分析不恰当的板书形式，进一步掌握板书设计的类型及需要注意的问题。

③ 教学实践：选择一个单元的教学内容，根据教学需要设计板书，要求为相同内容至少设计3种板书形式，并对设计的板书进行教学实践。步骤包括设计板书草稿、板书设计自评、板书设计他评、修改板书设计重新实践。

4. 板书技能评价

表11-3是一个有关板书的自我评价量表，可以对照相应内容进行自我评测。

表11-3　板书自我评价量表

课题名称：_____　日期：_____　评价人：_____

评价项目	评价成绩	参考权重（分）
① 文图准确，科学性		12
② 层次分明，条理性		12
③ 简明扼要，简洁性		12
④ 书写规范，示范性		10
⑤ 重点突出，计划性		12
⑥ 布局合理，艺术性		10
⑦ 形式多样，启发性		10
⑧ 讲写配合，适时性		12
⑨ 运用灵活，创新性		10
总评：A优秀（85分以上）　B良好（70～85分） C合格（60～70分）　　D不合格（60分以下）	总成绩：	

四、讲解技能

讲解是教学过程中常用的技能之一，几乎在每一堂课的教学活动中都有教师的讲解过程。教师的讲解技能的熟练程度直接影响教学的效果。

1．讲解技能的含义

讲解技能是指教师在课堂教学中运用讲解的方式完成教学任务、达到教学目的的教学行为方式。讲解技能是教师应具备的诸多教学技能中最基本的、运用频率最高的，也是运用最广泛的技能。讲解技能是教师传授知识、启发思维、表达情感、传播思想的一种教学行为，这种教学行为能充分发挥教师在教学中的主导作用，控制教学进程，掌握教学进度，而且具有信息传输密度高、知识面宽等特点。正面的、系统的讲解可使学生少走弯路。

讲解技能有两个显著的特点：一是教学媒体的单一性，即以语言为唯一媒体；二是信息传递的单向性，即由教师传向学生。

2．讲解技能的类型

根据不同的标准、层次划分，讲解技能一般分为解释式、描述式、原理中心式和问题中心式等几种类型。

（1）解释式

解释式又称说明式、翻译式，通过讲解把未知和已知联系起来，因其讲解内容的不同又可分为意义解释、结构/程序说明、翻译性解释和附加说明。

解释式一般适用于初级的、具体的、事件性的知识，对于抽象的、复杂的知识，单用解释方法难以收到好的效果。解释是经常、普遍运用的一种讲解方法。

（2）描述式

描述式又称叙述式、记述式。描述的对象是人、事和物，描述的内容是人、事、物的发生、发展变化过程和形象、结构、要素，描述的任务在于使学生对描述的事物、过程有一个完整的形象，有一定深度的认识和了解。描述又可分为以下两种。

① 结构要素性描述。要注意揭示事物的结构层次关系和要素间的关系，突出重点，抓住关键，注意运用生动、形象的比喻和类比方法。

② 顺序性描述。按事物发生、发展变化的先后顺序进行描述，可分为顺叙、倒叙、插叙等，但其时间顺序不能颠倒。此种描述要注意事物发展的阶段性，注意抓事物发展的关节点，而不是无重点、无要点、流水账似的叙述。

由于描述式讲解的内容主要是事物的结构变化过程，因此所描述的知识多是形象性的、具体的，也是初级的。描述可以提供大量的材料，激发学生形象思维（如联想、想象）的发展。但是，描述难以胜任抽象知识的传授，也难以培养学生的逻辑思维（或说概念和理论思维）能力。描述讲解是大量应用的一种讲解方式。

（3）原理中心式

原理中心式描述是以概念、规律、原理为中心内容的讲解，又可细分为概念中心式和规律中心式。原理中心式讲解是教学中最重要、最基本的一种教学方式，这是因为概念、规律的教学是基础教学中的核心部分。

（4）问题中心式

问题中心式描述即以解答问题为中心的讲解。"问题"即未知，它从实际中来，以事实材料为背景。"解答"即由未知到已知的认知过程，认知的关键是方法。有了有效的方法，也就有了"过河的船和桥"，"过河"就不再是空话。选择方法和具体解决问题都离不开知识，也离不开思维能力。问题可能是一个练习题、作文题、智力测验题，也可能是带有实际意义的课题。总之，问题中心式讲解具有一定的探究性，处理得当对启发学生思维、培养能力大有好处。当然，要取得好的效果还需把讲解技能与其他技能结合起来运用。

3．讲解技能训练

（1）实训目的

能综合运用讲解技能和技巧完整讲解某一节教学知识。

（2）实训要求

① 能够根据不同场合、情境恰当选择讲解类型。

② 能够结合自己的学科知识，恰当组合使用基本的讲解方法。

③ 能够使用各种教师讲解方法编写教案。

④ 综合运用体态语言，注意语音、语调的准确运用。

（3）实训材料

① 一套模拟教学内容的卡片。

② 多媒体教学设备及相应教学内容的影像资料或PPT。

③ 模拟学生问答。

（4）实训课时

实训课时为1学时。

（5）实训内容与步骤

① 学生分组，归类分析教师在不同场合的讲解方法，体会综合运用不同方法组合的效果，并进行简要评价，加深对讲解方法使用的理解。

② 根据提供的教学影像材料或者选择具体的情境进行现场讲解，选用适当的

方法，组织教师模拟实地进行策略性讲解。

③ 提出建设性反馈意见。

④ 交流分享。

4．讲解技能评价

按照下面的评价内容为待评价的讲解技能打分，如表11-4所示。

表11-4　讲解技能评价表

日期：		任课教师：		
请您在听课后对以下各项进行评价，并在恰当的等级栏内打勾				
评价项目	评价等级			
	优	良	中	差
① 讲解内容准确，观点科学				
② 讲解目标明确，条理清楚				
③ 描述生动，富于感染力，有趣味性				
④ 语言简练、清晰，普通话标准				
⑤ 音量、语调、语速、节奏合适且有变化				
⑥ 启发学生思考，戒除"满堂灌"				
您有什么建议，请写在这里：				

五、演示技能

目前大多数高校的教室都配备了多媒体柜，教师可以非常方便地利用现代化教学手段和教学媒体促进教学活动。优秀的教师可以灵活地利用丰富的演示材料充实课堂内容，加深学生对知识内容的理解，更好地完成教学任务。那么，教师如何有效地提高自己的演示技能呢？

演示是教师在传授知识时运用各种直观教具、实验以及现代教学媒体传递信息的一种教学行为方式。演示有时在新知识讲解之前进行，有时在讲解之后进行，但多数与讲解同步进行。无论采取哪一种形式，演示对教学都有直观强化的作用。

1．演示技能的概念

演示技能是指教师在课堂教学中，通过演示各种实物、教具、操作性行为或运用信息技术及其资源为学生呈现教学演示信息等，引领和指导学生进行观察、体验、感悟，让他们形成正确的表象，产生感性认识，提升知识与技能。

演示技能是一种常用的课堂教学技能，教师可以用演示实物（含模型）、教具、自身操作活动或信息技术呈现演示信息，帮助学生学习知识与技能。但是，教师所操作的一系列演示不是盲目的、随意的，需要用自己个性化的演示技能理论指导自己的教学行为，需要用创造性劳动来形成独特的教学情境，呈现其教学艺术，以此获得较高的教学质量和效率。所以，要不断研究其理论，使演示技能形成更精彩的教学行为。

2．演示的类型

演示的类型主要有实物、标本和模型演示，挂图演示，幻灯、投影演示，电影、电视、计算机演示等几种类型。

（1）实物、标本和模型演示

在教学过程中，演示实物、标本和模型的目的是使学生充分感知教学内容所反映的主要事物，了解其形态和结构的基本特征，获得对有关事物直接的感性认识。为了使学生的观察更有效，教师在恰当地使用演示技能的同时，还要用简洁的语言适时地引导和启发学生思维，使其更好地掌握所观察的内容。具体来说，这类演示要注意以下问题。

①　材料的演示要与语言讲解恰当结合。教师把实物、标本、模型等展示给学生之后，不作讲解而只让学生自己观察的做法是不正确的。同样，在学生观察时，教师滔滔不绝地进行详尽的讲解，不给学生留下思考的余地，也是不可取的。讲解与演示有机结合，讲解与学生思维有机结合，体现了教师演示的教学艺术。

②　实物演示与其他演示手段恰当结合。实物和标本所表现出来的现象有时在结构上界线不清，影响学生清晰而准确地感知。为了深化学生的直观感觉，加深对所学知识的理解，凡是外部结构界线不清的以及内部结构和生理过程难以观察的实物、标本和模型，都应配合挂图、黑板画、幻灯、投影、电视录像等演示手段，从而引导学生的观察向深入发展。

③　模型的演示要作必要的说明，一般可按标本的演示方法进行。但是有时它的大小比例以及颜色等与实物有所不同，必须向学生交代清楚。

④　必要时进行重复演示和观察。在教授新的教学内容后，学生已经获得了一定的知识，必要时可再次演示，以便起到验证、巩固、检查、加深已获得的知识的作用。

（2）挂图演示

挂图是教学中最早使用的一种教学辅助手段。它不但制作方法简单，而且使用灵活方便，不受地点和条件的限制。挂图一般包括两类：一类是正规的印刷挂图，另一类是教师自制的简略图、设计图、结构图、分类图、表格图和象形图等。挂图是教学中最常用的直观教具，在演示时应注意以下问题。

① 注意演示的及时性，把握好演示时间。挂图不能在课前就展示给学生，以免分散注意力。上课前应把挂图背面朝外挂在挂图架或黑板上，需要时再挂在明显的位置上让学生观察，使用完毕再把它反过去或取下来放回原处。这样，学生就不会被挂图分散注意力，观察时也会有一种新鲜感。

② 挂图、语言、文字有机结合。教师在演示过程中，一方面要进行必要的讲解，另一方面还要写板书，使语言、图像、文字密切结合，发挥多种符号的作用，帮助学生理解。为使这三者配合得既恰当又自然，教师应注意采用缩短挂图与板书间距离的办法，在图的旁边对应图中各部分的位置写板书。演示挂图时并不写板书，总结时再写板书，使板书起到归纳总结的作用，做到讲解、演示、板书有主有从，同时也充分发挥语言和挂图有机结合的作用。

③ 画略图或使用辅助图配合主图。挂图的大小是有限的，尤其是在图形比较复杂的时候，不管多大的挂图都难免有个别细小的部分不易被学生看清楚。例如，地图挂图中的某些部分学生是不容易看清楚的。如果在挂图上没有局部放大内容，教师就应当在讲解中再在黑板上画一些略图，或使用辅助挂图，把局部放大，帮助学生配合主图看清一些细小而重要的部分。

（3）幻灯、投影演示

幻灯、投影演示就是使用幻灯机、投影仪进行的演示，能够化抽象为具体、化虚为实、化大为小，向学生提供相关事物丰富的感性材料。幻灯片、投影片的制作简单，成本低廉，容易掌握，因此，幻灯机和投影仪在现代教学中的运用十分广泛。使用幻灯、投影演示时应该注意以下问题。

① 要保证画面的质量。幻灯机、投影仪放映出来的画面质量直接影响教学效果。清晰、色彩鲜明、色调调和的画面能够引人入胜；反之，模糊的、色调暗淡的画面会使人产生厌烦情绪。因此，演示前要对幻灯、投影片进行精心设计，仔细挑选；放映时把焦点调节准确，画面大小适当。

② 演示时间不宜过长。幻灯、投影的演示虽然容易吸引学生的注意，激发学习兴趣，但长时间演示会使学生产生视觉疲劳，因此，每次演示的时间不宜过长。同时，演示的次数要适量，不能过于频繁。

③ 室内局部遮光。幻灯机、投影仪虽然亮度较高，但在演示时仍需有一定的遮光条件。教室内长时间遮光会影响学生的视力，若亮暗变化过大，不但教师操作

不方便，还会影响学生的情绪。因此，一般采用局部遮光的办法，把靠近银幕的窗户遮挡起来。这样既不影响学生看书或做笔记，又不会太影响放映效果。

（4）电影、电视、计算机演示

这类演示是利用电影放映机、电视机、计算机等现代化教学媒体进行的演示。电影、电视具有图像鲜明生动、直观形象的特点，并且图像、声音同步。计算机演示是指运用电子投影仪放映演示文稿或教学课件，这类演示能使教学内容得到充分表达，有助于激发学生的学习动机和集中学生的注意力，加深学生对知识的理解。

应用电影、电视、计算机配合课堂教学，是目前国内外普遍重视的一种教学方法。这种演示方法给学生提供了感性材料，在加深对抽象知识的理解、拓宽学生的知识面和发展他们的思维能力等方面都有重要作用。使用电影、电视、计算机等媒体演示，必须注意做好以下几方面的工作。

① 做好课前准备。主要包括选择媒体软件，了解媒体软件的详细内容；计划课程进度，把媒体软件内容和课堂教学活动有机地结合起来；准备演示前必要的说明、对媒体软件内容的提示以及在观看中应思考的问题；和有关部门进行联系；等等。

② 辅助课堂教学。在用电影、电视、计算机辅助课堂教学时，可在概念、原理的讲解之前进行演示，也可以在之后进行演示，为概念或原理的理解提供感性材料。其程序是：教师讲解概念或原理；放映媒体软件提供感性材料；结合讲过的概念、原理对媒体软件的内容进行系统分析，促进学生认识的深化；继续新的教学内容。

（5）实验演示

在课堂教学中，为了使学生对教学内容获得直观的感性认识，有时也采用实验演示的方法。实验演示有3个突出的特点，即科学性、直观性和启发性。实验演示具体可分为获取新知识的实验演示和验证、巩固知识的实验演示两种。

获取新知识的实验演示是指教师在向学生讲解、传授新知识之前所进行的与之有关的实验演示。在演示时，教师要先详细说明实验条件，在学生看到实验现象后，启发、引导学生对实验现象进行分析、解释，从而得到正确的结论。而验证、巩固知识的实验演示是教师先向学生教授知识，学生掌握以后，再进行实验演示。演示之前教师要向学生说明要做什么实验，引导学生运用刚学过的知识预测将产生什么结果，再开始实验。实验完毕后让学生说明为什么会产生这样的结果，并用所学的知识来解释实验现象。

3．演示技能评价

针对如何合理地运用演示技能，可以通过以下评价表进行自我测试，如表11-5所示。

表11-5　演示技能评价表

日期：		任课教师：		
请您在听课后对以下各项进行评价，并在恰当的等级栏内打勾				
评价项目	评价等级			
	优	良	中	差
① 演示体现的教学目的、内容与课程内容配合紧密				
② 演示操作规范熟练，效果清楚明显				
③ 唤起学生兴趣，积极探索				
④ 指引观察及时恰当				
⑤ 归纳总结，形成概念				
⑥ 演示简便易行				
您有什么建议，请写在这里：				

第二节　微课程的课堂教学技能

教师的舞台在课堂上，当我们登上讲台后，学生主要通过教师的言传身教获得知识，因此，了解相关的课堂教学技能基础知识是我们发挥个人专长和优势，充分调动学生学习积极性的第一要素。有经验的教师可以在一门课程的开始就将学生深深吸引住，将学生自然地引入到课程体系中来，每节新课的讲授也是如此。那么一节课如何开始才能吸引学生呢？

一、导入技能

教学过程的导入是教学的开始，导入运用得好，教师可以很快集中学生的注意力，激发学生的学习兴趣，很自然地将学习目标告知学生。设计精良的导入环节可以为新知识的引入创造良好的氛围。导入包括课程导入、单元导入和课时导入。

1．导入的概念

导入是一节课的开始，一般教师可以使用2~3分钟的时间创设一个情境，将今天要讲授的新知识巧妙地融入进去，让学生了解到今天所学知识的实际用处及其与以往知识之间的关联性，使学生快速产生对新知识的求知欲望，把学生的注意力吸引到特定的教学任务中来。所以，关于一堂课的好坏，开始几分钟是最重要的，主要在于如何设计导入环节。

课堂教学的导入是教师在新课或教学内容开始前引导学生进入学习的行为。导入的成功与否关系到后面教学时学生的学习状态。教师应该重视并抓好课堂教学中的导入这个环节，以促进教学效果、教学质量的提高。

2．导入的类型

教学没有固定的形式，一堂课（知识点）如何开头，也没有固定的方法。由于教育对象不同、内容不同，开头也会不同。即使是同一内容，不同的教师也有不同的处理方法。教师要根据所教学生的心理特点，结合教学内容，以调动学生的积极性为目的，采用灵活多样的方式导入新课。理科教学中的导入形式很多，主要有以下几种。

① 通过复习旧知识的方式导入新知识，引导学生去发现问题，明确探索目标，这是理科教学中最常用的方式。

② 利用直观演示的方式导入。根据学科的特点，要尽量采用直观教学方式，使抽象的知识具体化、形象化，为学生架起由形象向抽象过渡的桥梁。因此，采用直观教具来揭示道理或规律是十分重要的。

③ 用实验演示的方式导入。教师巧妙地设计一些小实验或小练习，指出一些现象让学生自己观察和分析，进行归纳总结，得出的结论就是本节要讲的主要内容，因而课题随之被揭示出来。这种导入方法能帮助学生掌握抽象的知识，激发学生的思维活动。

④ 从生产实践和生活实际问题导入。在实际生产和生活中有不少现象人们往往能感觉到而不能理解，一旦把它们上升到理论的高度便能引起人们浓厚的兴趣。教师可以利用这种心理，从学生亲身经历过的实际问题或本身的生理现象导入新课，使学生产生亲近感和实用感，这样容易产生兴趣。

⑤ 以讲故事的方式导入。中学生的特点是求知欲和好奇心强，他们爱听、爱看有趣的故事。教师应紧紧抓住学生的这个心理特点，将学生的好奇心转化为浓厚的学习兴趣，使学生的思维活动活跃起来。教师根据教学内容适当地引入一些材料，从与教材有关的趣事轶闻出发导入新知识，能激起学生对所学新课产生浓厚的兴趣。

⑥ 运用逻辑推理的方法导入。推理是指人们根据头脑中已有的判断，经大脑的分析综合，引出新的判断的过程。它是根据已有的概括性认识和有关材料或事

实，对过去进行推断或对未来进行预测。

3．导入技能评价

对于导入技能可按表11-6进行评价。

表11-6   导入技能评价表

日期：		任课教师：		
请您在听课后对以下各项进行评价，并在恰当的等级栏内打勾				
评价项目	评价等级			
	优	良	中	差
① 能引起学生注意，进入学习准备状态				
② 教学设计合理，能自然引入新课				
③ 时间和内容衔接紧凑、恰当				
④ 能激发学生的学习兴趣				
您有什么建议，请写在这里：				

4．导入技能训练

（1）训练目的

导入的类型是在深入钻研教学内容、明确教学目标和分析学生认知特点的基础上确定的。因此，每种导入都应从教学目标出发，使学生明确学习目的和教学内容，启发他们学习的积极性和主动性，造成寻求答案的迫切心理，从而更好地理解和掌握知识。导入部分必须具有合理的结构。

（2）训练步骤

典型的导入由以下4个方面构成。

① 集中注意。导入的首要任务是使学生与教学无关的活动得到抑制，使他们迅速投入到新的学习中来，并使之得到保持。

② 引起兴趣。兴趣是学习动机中的重要成分，是求知欲的起点。导入的目的是用各种方法把学生的这种内部积极性调动起来。

③ 明确目的。在导入的过程中只有使学生明确学习目的，才能把他们的内部动机充分调动起来，发挥学习的积极性和主动性。

④ 进入课题。通过导入自然地进入新课题，使导入和新课题之间建立起有机的联系，才能发挥导入的作用。

二、提问技能

提问是一项具有悠久历史的教学技能，我国古代教育家孔子就常用富有启发性的提问进行教学。他认为教学应"循循善诱"，运用"叩其两端"的追问方法，引导学生从事物的正反两方面去探求知识。古希腊哲学家苏格拉底也是一位提问高手，他使用"精神产婆术"的方法进行教学，通过不断提问让学生回答，然后找出学生回答中的缺陷，使其意识到自己结论的荒谬，通过再思索，最终自己得出正确的结论。

提问是教学过程中教师和学生之间常用的一种相互交流的方式。通过提问，可以了解学生对知识的理解程度，诊断学生在学习中遇到的障碍，反馈教学效果，对学生进行个别指导。提问还有一个有效的功能，就是激发学生的学习兴趣，维持学生的注意力。

1．提问的类型

在教学中，需要学生学习的知识是多种多样的，有事实、现象、过程、原理、概念、法则等，有的需要记忆，有的需要理解，有的需要分析、综合。学生的思维方式也有不同的形式和水平。这就要求教学中所提的问题不能千篇一律，应包括多种类型。

根据提问的概念，所提问题可分为检查知识和创造知识两大类。检查知识的问题一般只有一个正确答案，学习者用所记忆的知识照原样回答即可，不需要深入的思考，判断时也比较容易，只简单地分为正确和错误。这类问题又称为低级认知问题。创造知识的问题是指在学生的内心引起新知识的问题，通常不是只有一个正确答案，答案需要学生自己经过思考得出。判断时根据提问的意图，判断答案是否合理，有无独创性，或者在几个答案中比较哪一个更好一些。因此，这类问题又被称为高级认知问题。

（1）低级认知提问

① 回忆提问。回忆提问是要求学生回答是与否的提问，或称为二择一的问题。学生在回答这类问题时不需要进行深入思考，只需对教师提出的问题回答"是"或"不是"、"对"或"不对"即可。回答这类问题，一般多是集体应答，不容易发现学生个体对知识的掌握情况。

简单的回忆提问限制了学生的独立思考，没有给他们表达自己思想的机会，因而教师在课堂上不应过多地把提问局限在这一等级上。有些课堂看上去好像很活跃，师生之间的交流似乎很多，但学生除了回答"是"或"不是"外，很少有其他经过较高级思维的回答，是不可取的。但这并不意味着这类提问方式不能使用，只是应有所节制，一般用在一节课的开始或某一问题的初期论证阶段，使学生回忆所学过的概念或事实，为学习新的知识提供材料。

② 理解提问。根据要求学生理解程度的不同，理解提问可分为3种类型：一是要求学生用自己的话对事实、事件等进行描述，以便了解学生是否理解所提问题；二是要求学生用自己的话讲述中心思想，以便了解学生是否抓住了问题的实质；三是对事实、事件进行对比，区别其本质的不同，达到更深入的理解。一般来说，理解提问多用来检查学生对在课堂上新学到的知识与技能的理解和掌握情况，通常在某个概念或原理讲解完毕之后或课程结束时进行提问。学生要回答这些问题，必须对已学过的知识进行回忆、解释或重新组合，因而是较高级的提问。

③ 运用提问。运用提问是指建立一个简单的问题情境，让学生运用新获得的知识和过去学过的知识来解决新的问题。理科的概念教学常采用这类提问方式。

（2）高级认知提问

① 分析提问。分析提问是指要求学生识别条件与原因，或者找出条件之间、原因与结果之间的关系。因为所有的高级认知提问都没有现成的答案，所以学生仅靠阅读课本或记住教师所提供的材料是无法回答的。这要求学生能组织自己的思想，寻找问题的根源并进行解释或鉴别，进行较高级的思维活动。如果学生只是简单地回答或者死记硬背课文中的有关内容，就不是高级思维活动。

② 综合提问。这类问题的作用是激发学生的想象力和创造力，通过对提出的问题的回答，学生需要在脑海中迅速检索与该问题有关的知识，通过对这些知识进行分析综合得出崭新的结论，有利于学生思维能力的培养。综合提问的表达形式一般如下：根据……你能提出什么问题吗？/为了……我们应该……？/如果……会出现什么情况？/假如……会产生什么后果？

③ 评价提问。在分析提问或者综合提问之后，无论答案怎样出色，都应要求学生分析其理由是否充分、结论是否正确、表达是否准确，对答案进行分析，估计其价值。杜威认为，在教学中应该鼓励学生进行判断和给出判断的理由，这样做会使他们回答问题时的理由十分明晰。因此，对评价提问的回答也是一种高级思维活动。在进行这种提问之前，必须让学生独立建立起正确的价值、思想观念，或者给出判断评价的原则，以作为他们评价的依据。评价提问的表达形式通常如下：你同意……？为什么？/你认为……？为什么？/你相信……？为什么？/你觉得……？为什么？/你细化……？为什么？

2．提问的过程

从教师的最初提问引导出学生最初的反应、回答，再通过相应的对话引导出事先希望得到的回答，并对学生的回答给予分析和评价，这个过程称为提问的过程。提问的过程可分为以下几个阶段。

（1）引入阶段

教师用不同的语言或方式来表示即将提问，使学生对提问做好心理上的准备。因此，提问前要有一个十分明显的界限标志，表示由语言讲解或讨论等转入提问。

（2）陈述阶段

陈述所提问题并做出必要的说明。

① 点题集中。引导学生弄清要提问的主题，或使学生能承上启下地把新旧知识联系起来。

② 陈述问题。清晰准确地把问题表述出来。

③ 提示结构。教师预先向学生提示有关答案的组织结构。

（3）介入阶段

在学生不能做答或回答不完全时才引入此阶段，教师以不同的方式鼓励或启发学生回答问题，主要考虑以下5个方面。

① 核查：核对查问学生是否明白问题的意思。

② 催促：让学生尽快做出回答或完成教学指示。

③ 提示：提示问题的重点或答案的结构。

④ 重复：在学生没听清题意时，原样重复所提问题。

⑤ 重述：在学生未理解题意时，用不同的词句重述问题。

（4）评价阶段

当学生对问题做出回答后，教师可采用以下不同的方式处理学生的回答。

① 重复：教师重复学生的答案。

② 重述：教师以不同的词句重述学生的答案。

③ 追问：根据学生回答中的不足，追问其中的要点。

④ 更正：纠正错误回答，给出正确答案。

⑤ 评价：教师对学生的回答进行评价。

⑥ 延伸：依据学生的答案，引导学生思考另一个新的问题或更深入的问题。

⑦ 扩展：就学生的答案加入新的材料或见解，扩大学习成果或展开新的内容。

⑧　核查：检查其他学生是否理解某位学生的答案或反应。

3．提问的要求

提问不仅是为了得到一个正确答案，更重要的是让学生掌握已学过的知识，并利用旧知识解决新问题，或使学生向更深一层发展。为了使提问能达到这些预期的目的，教师还必须掌握提问的要求。提问的要求主要包括以下几个方面，即清晰与连贯、停顿与语速、指导与分配、提示与探询。

（1）清晰与连贯

要使问题表述清晰、意义连贯，必须事前精心设计，尤其在进行高级认知提问时这显得更为重要。这就要求在设计时对所提问题要进行仔细推敲，不但要考虑问题与教学内容的关系，还要考虑学生是否能理解和接受。对于某一问题，教师或对这个问题有专门研究的人可能认为是简明的、清晰的和连贯的，而对于一个中学生来说，由于基本知识和理解能力的限制，就可能认为在概念上是混乱的。另外，提问时的措辞是否恰当以及表达是否准确，也会影响到问题表述的清晰与连贯。

（2）停顿与语速

在进行提问时应有必要的停顿，使学生做好接受问题和回答问题的准备。停顿对于学生和教师都有一定的意义。教师提出问题后停顿一下，然后环顾全班，观察学生对提问的反应，这些反应一般都是非语言的身体动作或情绪反应。

提问的语速是由提问的类型决定的。低级认知提问由于问题比较简单，可以用较快的速度叙述，而高级认知提问是针对比较复杂的问题，除应有较长时间的停顿外，还应仔细缓慢地叙述，以使学生对问题有清晰的印象。如果以较快的节奏提出比较复杂的问题，学生很可能听不清题意，就会造成混乱或保持沉默。

（3）指导与分配

在任何一个班集体中，学生的性格特点以及对问题的理解程度都是各不相同的。有些学生理解能力强，并善于发表自己的见解，他们往往在教师提出问题后很快举手要求回答，教师对答案也比较满意。这样教师对他们的注意较多，乐于让他们回答问题。有些学生理解问题并不慢，可不愿在众人面前表现自己，一般不会积极回答问题。还有一些学生成绩较差，又不善于表达。教师往往对后两种学生的注意较少，这就有意或无意地把班级分为一小组积极参与者和一大组被动学习者。为了调动每一个学生学习的积极性，让他们主动参与教学过程，教师必须对提问进行适当的分配。首先，教师必须细心观察班级里谁积极参与活动，谁对活动不感兴趣；其次，对于不善于表达的学生要给予锻炼的机会，对于学习不好的学生要让他们先回答比较简单的问题，不断给予鼓励和帮助，使他们逐步赶上去。最后，要特别注意坐在教室后面和两边的学生，这些区域常常被教师忽略。

指导主要是指对不愿意参加交流的学生进行指导。通常总有一些学生不愿意参加讨论，这时教师可以提出一些没有威胁的问题，引导他们参加活动，并给予适当的鼓励和提示。

（4）提示和探询

提示是由为帮助学生而给出的一系列暗示所组成的，当学生应答不完全或有错误时，为了使应答完整就需要提示。提示的目的主要是使学生的回答要点突出，指示解决问题的方向以及引起学生进一步思考，更好地回答问题。为了使提示能收到预期的效果，要根据出现的问题有意识地提示以下几个方面的问题。

① 使学生回忆已知的知识或生活经验（回忆）。如果学生因为旧知识遗忘太多而不能把已学知识和问题有机地联系起来，或因为思想紧张无法联系生活中的常识而不能回答问题，应提示其回忆从前学过的事实、概念或生活经验、体会等。

② 使学生理解已学过的知识（理解）。如果学生因为对已学过的知识没有理解而不能回答所提出的问题，就应了解其对以前所学内容的理解情况。了解的方法是让学生对与问题有关的知识进行叙述、比较、说明等。

③ 使学生明确回答问题的根据和理由（分析思考）。如果学生因为找不出回答问题的根据和理由，或者证据不足、理由不充分而对问题不能进行完满的回答，就应提示其对与问题有关的事实、概念等进行解释、分析、思考，从而使其明确回答的根据和理由。

④ 使学生应用已学过的知识解决问题（应用）。如果学生不能把已学过的概念、原理、法则或技术等和问题联系起来，不能应用已学过的知识来解决新的问题，就应有意识地提示其回忆这些概念、原理、法则等的内涵和外延，应用这些知识来解决问题。

⑤ 引导思考，活跃思维，产生新的想法（综合）。根据学生已回答的事实或条件，提示其进一步思考，进行推理和判断，预想事物发展的可能结果；或者加入新的材料，引导其预想事物的进一步发展，进行新的综合，产生新的想法。

⑥ 使学生进行判断和评价（评价）。根据已有的事实和结论，提示学生依据已学过的原则、概念、定律和规则等进行有根据的判断，评价其价值。

在教学过程中，只有进行有效的课堂提问，才能引发学生积极思考，深化对所学知识的理解，培养学生的思维能力。教师在教学中要善于创设情境，运用好的提问技巧，这样可以起到事半功倍的教学效果。

4．提问技能评价

对提问技能可按表11-7进行评价。

表11-7　提问技能评价表

日期：				
任课教师：				
请您在听课后对以下各项进行评价，并在恰当的等级栏内打勾				
评价项目	评价等级			
	优	良	中	差
① 问题内容明确，没有歧义				
② 问题设计难度恰当，有启发性，能激发学生思维				
③ 提问后适当停顿，给予思考时间				
④ 提示适当，对学生以鼓励为主				
⑤ 面向全体，照顾到各类学生				
⑥ 对学生回答的分析评价中肯，针对性强				
您有什么建议，请写在这里：				

5．提问技能训练

① 精心设计问题。需要注意的问题包括：提问要科学，有明确的方向；必须集中突破重点和难点，把握关键；要有整体构想，顺乎学生的认知规律；要有启发性，善于激疑。

② 把握发问时机。需要注意以下问题：把握教学进程，有针对性地提问；把握教学情境，设置不同的问题；把握学生的心态，在易于生疑时提问。

③ 选准提问对象。需要注意因材施教，因人提问，提问的对象要有层次，适当照顾特殊类型的学生。

④ 善于启发诱导。创造良好的提问氛围，教师应当以愉快、友好、从容、平等交谈的态度来提问；提问的方式一般是先提后问；较平均地分配学生回答问题，鼓励学生提问题，对学生的回答要因势利导。

⑤ 及时分析评价。教师针对学生的回答给予及时准确的评价及反馈，对于学生回答中的可取之处给予鼓励，对于需要改进之处提出中肯的建议，促使学生深入思考，也可以使其他学生对照自己的答案进行自我评价。

三、强化技能

所谓强化技能是指教师在教学中所采取的一系列促进与增强学生反应和保持学习力量的方式。

如何运用有效的方法保持住学生有利于学习的倾向，如何利用有效的策略使学生的学习进一步深化，这时教师需要合理、灵活地运用强化技能。强化是一个心理学概念，是塑造行为和保持行为不可缺少的关键因素。

1．强化技能的类型

强化的方式很多，教师在教学中可以运用激励赞扬的语言、期望称赞的眼神、赞美肯定的手势、会心的微笑，为学生创设的最佳学习环境，增强情感的感染力，强化学生的学习情绪。强化技能主要有语言强化、标志强化、动作强化、活动强化等类型。

（1）语言强化

它是指教师运用语言，即通过表扬、鼓励、批评、惩罚等方式来强化教学的行为。

（2）标志强化

它是指教师运用一些醒目的符号、色彩对比等各种标志来强化教学活动的行为。

① 在作业中加评语、五星等。

② 为重点关键处的板书添加标志，引起学生注意。

③ 在演示实验中，为引起学生注意，在重点观察处加标志。

（3）动作强化

它是指教师通过师生之间的交流动作来强化教学的行为，如用非语言方式（体态语言）肯定或否定学生课堂行为的表现。

① 微笑：对学生的表现表示赞许。

② 点头、摇头：对学生的表现表示肯定或否定。

③ 鼓掌、举手：对学生的表现给予强烈的鼓励或肯定。

④ 接触：接触学生，起到暗示、关心、启动学习的强化作用。

⑤ 接近：教师走到学生身边，停下来倾听其讲话。

（4）活动强化

教师指导学生通过自己的行为相互影响，学生自我参与、自我活动达到强化，起到促进学习的作用。

① 学生有针对性地参与课堂练习，给他们提供表现的机会；或通过设置问题"陷阱"，让学生解答，"先错后纠"，达到强化的目的。

② 请学生"代替"教师，帮助教师进行演示实验。

③ 给个别学生布置新的、高一级的观察练习和习作练习等，促进学生的学习

活动。

④ 开展竞赛性活动。

⑤ 教师通过变换信息的传递方式或变换活动等使学生增强对某个问题的反应，从而进行强化学习。

在各种教学技能中，强化技能被称为巩固之技。孔子曾经说过："学而时习之，不亦乐乎。"强化技能历来都是教育者在教学过程中不可忽视的教学技能之一。

2．强化技能的应用

教师在课堂教学中运用强化技能时，应注意以下几点要求。

① 多样性。单调会让学生感到乏味，故强化的方式要经常变化，强化的类型要根据授课内容的特点经常变化，使用的语言也要变化，要有幽默感。

② 个性化。强化要顾及强化对象的个性及行为程度，强化的方法要符合学生的年龄特征和表现，注意以内部强化为主，促进学生主动学习，多用正面强化，不用或少用反面强化。

③ 针对性。给学生的强化应明确、具体。对于不同性格特点的学生采用不同的强化方法，对于不同的行为采用不同的方法。要特别注意鼓励差生的微小进步。

④ 实效性。对学生的反应要及时给予强化。强化的时间对于强化效果有很大的影响：过早易使学生慌乱，阻碍探究活动的进行；过晚易使学生失去帮助的良机，甚至可能接受不了正确的信息。

3．强化技能评价

对于强化技能可按表11-8进行评价。

表11-8　强化技能评价表

评价内容	权重
① 能随时注意获得教学反馈信息	0.10
② 能通过多种方式获得反馈信息	0.10
③ 能利用反馈信息调节教学活动	0.12
④ 对学生的反应能及时给予强化	0.10
⑤ 对于形式的强化反馈明确具体	0.12
⑥ 强化方法符合学生的表现	0.08
⑦ 鼓励差生的微小进步	0.10
⑧ 以内部强化为主，促进主动学习	0.08
⑨ 以正面强化为主，不用惩罚方法	0.12
⑩ 强化方法符合学生的年龄特征	0.08

4．强化技能训练

（1）训练目的

通过练习，加强教师使用强化技能深化教学目的的能力。

（2）训练步骤

① 请列出30种对学生回答问题后进行强化的不同强化语。

② 举例说明什么是强化，它的心理学根据是什么？

③ 应用强化技能时，教师应注意什么？

④ 结合自己本专业的教学内容，对于不同的强化类型各举一例。

⑤ 请举出一个在你的教学经历中强化失败的例子。

⑥ 请用心理学原理分析上述强化失败的原因。

四、结束技能

一堂好课，不仅应当有良好的开端，还应该有耐人寻味的结尾。教师应当合理安排课堂教学的结束环节，精心设计一个"言有尽而意无穷"的结语，给课堂教学画上圆满的句号。

一般教师在一节课的教学结束前都要进行一下总结，但不同的结束方式所取得的教学效果很不相同。有的仅仅是对前面教学过程的简单回顾和重复，使这一教学环节流于形式；而有的结束环节是有目的、有意识地促进学生对初步获得的知识进行巩固和应用，使教学活动进入了一个新的高潮。从这一现象中我们可以看出，要掌握结束技能，首先要明确结束环节的基本任务，从而使教师的教学行为更加具有目的性。

1．结束技能的含义

结束技能是指教师在一个教学内容结束或课堂教学任务终了阶段，通过重复强调、归纳总结和实践活动等方式回顾与概括所讲的主要内容，强化学生的学习兴趣，使学生形成完整的认知结构的教学行为。

所谓结束从技术上可以定义为：将学生的注意力引导到一个特定的任务或者学习步骤的完成上。结束是一个任务的完成，不是简单地说一声"这个问题（或这节课）就讲到这里"就可以了。最佳的方法是在一个问题或一节课的末尾，将问题的论点、要点等简明地交待给学生，以使学生掌握问题的实质。不仅要使学生将感知到的科学事实和所形成的概念在记忆中固化下来，而且要通过对知识的整理使学生对知识的领会向高一级升华。

结束技能的组成要素主要包括以下几个方面。

（1）简单回顾，提示要点

在教学结束阶段，教师引导学生回顾教学过程中的有关内容，有助于学生对所学知识的理解和巩固。回顾不是按照一节课的教学程序复述一遍，而是对重点知识进行回顾，帮助学生进行记忆。回顾的内容主要如下。

① 对重要概念、定理、公式等的回顾。

② 对所学习的主要概念、定理、公式形成过程的回顾；通过对相关或相似的概念、定理、公式的比较进行回顾，以加深对知识的理解。

③ 归纳和总结分析解决问题的思路与方法。引导学生对分析和解决问题的全过程进行总体认识，把握分析解决问题的思路，培养学生思维的连贯性。

（2）沟通知识

在引入部分从提出问题、疑问、矛盾开始，当问题得到解决之后，就要把悬疑的问题与刚获得的结论之间的关系总结清楚。新的知识常与以前学过的有关旧知识有某种联系，建立这种新旧知识之间的联系是结束技能的重要方面。将新旧知识进行沟通，使学生的认识得到升华。

（3）深化拓展

数学中的"推论"是重要的数学事实，它是定理、公式的拓展。结束技能要素中的拓展与深化则是对课上所讲的结论（包括数学定义、定理、公式等）的适用条件进行分析，使学生对它们的认识得到深化、拓展。

（4）分析评估

通常有以下两个方面。其一，对本课讲过的不同证明方法、不同解题方法的优劣进行分析、评价。其二，教师给出一些不同类型、不同解法的题目，不要求学生具体解出，而是分析题目的特点，指出对策。这样的分析对提高学生的分析能力十分必要，这种结束的方式是具有实效性的。

2．结束技能的要求

教学活动的结束环节应按以下基本要求进行。

（1）自然贴切，水到渠成

课堂教学结束是一堂课发展的必然结果，它既反映了课堂教学内容的客观要求，又是课堂教学自身科学性的必然体现。教师在教学过程中要严格按照课前设计的教学计划，依次展开教学过程，有目的地调整课堂教学的节奏，使课堂教学的结束自然贴切、水到渠成。

（2）语言精练，紧扣中心

课堂教学结束时的语言一定要少而精，紧扣本节课教学的中心，梳理知识，总结要点，形成知识网络结构，干净利落地结束全课，即总结全课、首尾呼应、突出重点、深化主题，让学生的认识产生飞跃。有句格言说得好："没有结束语的结尾平乏无力，可是没完没了的结尾则令人生畏。"课堂教学的结束语切忌冗长、拖泥带水，而应高度浓缩，达到画龙点睛、一语破的的效果。总之，教师应该在结课前的几分钟内，以精练的语言使所讲内容的主题得以提炼升华，使学生对在课堂上所学的知识有一个既清晰完整又主题鲜明的认识。

（3）内外沟通，立疑开拓

在学校教学中，课堂教学只是教学的基本形式，而不是唯一的组织形式。为了充分发挥各种教学组织形式在培养学生中的协同作用，课堂教学结束时，不能只局限于课堂本身，还要注意课内与课外的互动、学科课程与活动课程的联系以及本学科课程与其他学科课程的沟通，以此拓宽学生的知识面。

3．结束技能评价

对于结束技能可按表11-9进行评价。

表11-9　结束技能评价表

日期：				任课教师：
请您在听课后对以下各项进行评价，并在恰当的等级栏内打勾				
评价项目	评价等级			
	优	良	中	差
① 概括本课的知识结构和中心内容				
② 升华思想政治教育要求				
③ 学生印象深刻				
④ 时间掌握恰当（紧凑性），按时下课				
⑤ 作业量和要求合理，有承上启下的作用				
您有什么建议，请写在这里：				

4．结束技能训练

（1）训练目的

基本掌握结束一节课的基本流程，让学生的思维得到拓展和深化。

（2）训练步骤

通常我们可以使用以下4个环节结束一节课的讲解。

① 简单回忆：对整个教学内容进行简单的回顾，整理认识的思路。

② 提示要点：指出内容的重点、关键是什么，必要时可作进一步的具体说明，进行巩固和强化。

③ 巩固应用：把所学知识应用到新的情境中去，解决新的问题，在应用中巩固知识，并进一步激发思维。

④ 拓展延伸：有时为了开拓学生的思维或把前后知识联系起来形成系统，需要把课程内容扩展开来。

五、教学组织技能

走上讲台的教师不但要具备组织教学内容的能力，而且应当承担组织课堂的任务。良好的课堂氛围会激发教师讲课的激情和学生学习的冲动。那么，如何才能有效地进行教学组织呢？

课堂教学是一个动态的、变化的、发展的过程，教师要具备一定的组织管理技巧，能根据教学目标和课堂出现的不同情况，采取相应的对策来完成教学任务，提高教学效率。

1．教学组织技能的含义

在课堂教学过程中，教师不断引导学生注意、管理纪律、指导学习，建立和谐的教学环境，帮助学生达到预期教学目标的行为方式，称为教师的课堂组织技能。这个技能的实施是使课堂教学得以动态调控、教学活动顺利进行的重要保证。它不仅影响到整个课堂教学的效果，而且与学生思想、情感、智力的发展有密切的关系。在一个组织方法得当、秩序井然的课堂上，学生的注意力集中，教师谆谆善诱，必然会使课堂教学得到好的效果。

2．教学组织的类型

课堂组织从其基本特征出发，可归纳为10个行为方面，即行为的作用、方法、活动、题目、认知过程、参加者、时间、陈述、教学辅助和规则确定，从类型上分为以下几种。

① 管理性组织：管理性组织的目的是进行课堂纪律的管理，其作用是使教学能在一种有秩序的环境中进行。课堂是学习的场所，既要使学生积极主动地进行学习，又要有纪律作为保障。

② 指导性组织：这种行为特指教师对某些具体教学活动所进行的组织，以指导学生的学习为目的，包括对阅读、观察、实验等的指导组织，以及对课堂讨论的指导组织等。

③ 诱导性组织：在教学过程中，教师用亲切热情的语言引导、鼓励学生参与教学过程，用生动有趣、富有启发性的语言引导学生积极思考，从而使学生顺利完成学习任务。在这样的教学组织中，教师不是生硬地灌输知识，也没有代替学生思考，把结论灌注给学生，而是积极进行启发、诱导，使学生沿着一定的思考路线，科学地得出结论。

3．教学组织技能评价

表11-10为教师教学组织技能评价表，大家可以在教学演练时作为参考，针对每个方面把握自己的教学组织技能的培养。

表11-10　教学组织技能评价表

评价项目	权重	评价等级			
		好	较好	一般	差
① 提出要求的合理性	0.2				
② 组织方式与时机的适宜性	0.2				
③ 学生的活动范围和参与程度	0.2				
④ 课堂秩序和教学环境的和谐稳定	0.2				
⑤ 教师行为的规范性	0.2				

您有什么建议，请写在这里：

4．教学组织技能训练

教师在进行课堂教学组织时应当尽量做到以下方面。

① 仪表端庄大方，情绪饱满，态度亲切自然。

② 认真组织教学，严格要求全体学生。

③ 尊重学生，处理问题冷静，引导方法得当。

④ 应变能力强，因势利导。

⑤ 让全体学生进入最佳学习状态。

可以进行一个10分钟的教学组织模拟练习。

第三节　微课程的教学评价

高校微课教学中包含科学性、艺术性、情感性、特质性和技术性5个要素。从这些要素出发，教学文本的质量、现代教育技术运用的恰当性和教学风格的科学性是高校微课教学效果量化评价的3个主要方面。以此为基础提出高校微课教学效果量化评价的参考标准，对高校微课的建设而言，有重要的现实意义。

一、高校微课间的差异

高校是多样性的，体现为学校类型、教学对象和学科性质的不同，这些差异形成了丰富的高校教育体系。尽管作为一种与现代教育技术相关联的新课程类型，高校微课与一般的高校传统教学模式有众多相同的特征，但高校微课不具有同质性，众多的高校微课会因为高校类型的差异而表现出差异。分析高校间微课的差异，对微课的建设和评价是必不可少的。

1．由教学对象引发的差异

尽管微课适用于不同的教学类型，中小学、高校都可以采用微课来授课，但高校微课因为教学对象不同派生出了差异性。很容易理解，高校微课教学与中小学微课教学有差异，因为高校教学注重知识的深度和前沿性，着重理性思维的培养，而中小学微课教学则注重知识的基础性、理解性和接受性。进一步而言，即使同是高校微课教学，因高校类型的差异，微课教学亦有差异。研究型高校、应用型高校与高职院校因培养目标不同，教学思维、教学内容以及教学图媒技术的选择和应用皆有差异。以微课中的现代教育技术应用为例，研究型高校的教学内容突出抽象性和理论性，现代教育技术的应用应有利于加快教学节奏，增大教学信息的饱和度，增强学生的问题意识和理论思维能力。高职院校的教学内容突出实践性和操作性，现代教育技术的应用应有利于基本原理的实践应用和提高学生各种操作技能的熟练程度，通过图媒技术加深学生对基本原理的理解和接受程度，强化学生的操作记忆和操作思维能力。

2．由学科性质引发的差异

总体而言，所有的学科都可以进行微课建设，即便是最抽象的数学，只要微课应用恰当，还是很有价值的，不仅能加深学生对知识的理解，还能增强学生对专业知识的学习注意、学习兴趣和思考。例如，"根的存在性定理"是一个很难讲授的抽象内容，表述了在某些条件下，方程的根必定存在于给定的范围内。贾岛的《寻隐者不遇》中的诗句"松下问童子，言师采药去。只在此山中，云深不知处"正反映了这一数学定理。在微课建设中，通过图媒技术将两者的关联性予以表述，可以实现数学与文学相结合、感性与理性相结合、形象与抽象相结合。由此，再激励学生自己从生活实践中寻找、分析、概括同类知识的关联性，就能达到由此及彼、触类旁通、举一反三的效果。可见，普遍联系的思维效能使教学效果得到了充分优化。这说明了微课的普遍适应性。千万不可忽视的是，学科差异必然引发微课教学的差异。例如数学和广告两门课程，前者抽象性强，现代教育技术的应用应保证基本原理的演绎推导清晰，以求达到教学容量和教学效果最大化的目的；后者则实践性、应用性强，和市场密切相关，所以，现代教育技术的应用重在将原理与实践、市场相结合，增强学生对广告与市场关系的认知，提升应用实践能力。可以说，高校学科的差异性决定了高校微课的效果。

3．由微课的技术展现形式引发的差异

即使是同一学科性质的微课程，因教学设计和教学策略的不同，学生的视听觉感受和自主学习的能动性也可能会大大不同。不同技术在微课制作中的运用或同一种技术与不同设计方法的结合都会引发不同的教学效果。在微课设计制作过程中使用不同的教学资源、素材和辅助教学媒体的多少，都会引发微课教学的差异性。可见，微课的设计艺术及制作技术的展现形式会引发微课的差异性。比如，在以录屏的方式制作微课时，整个微课教学过程中授课教师一直不在画面中出现；再如，讲授京剧相关知识的微课以言传身教的思想进行设计制作，在微课教学的整个过程中没有出现PPT课件之类的辅助教学媒体。这就说明微课程具体以什么样的形式展现，不能规定统一的标准，应该"百花齐放、百家争鸣"，能够达到良好的教学效果是微课教学的最终目的。

从以上分析可以看出，对于微课教学效果的评估，要充分注意教学对象、学科性质和技术展现形式，并以此为基础采取灵活性的原则。

二、高校微课中的教学要素

高校微课教学与传统教学的主要差异，就是运用现代教育技术手段设计制作的教学视频不受时空环境限制，供学生自主、便捷和个性化地学习。如果是智能微课，还具有智能诊断和智能提分的功能。尽管高校微课具有差异性，但高校微课教学是人才培养的一种方式，它必然要体现高等教育的本质要求，在传授知识的同时要着力培养学生的创新能力。因此，一个成功的微课必然有可以评价的教学要素。

1．高校微课教学中的科学性要素

高校教学的科学性主要通过教师的教学文本（即讲稿或详细的教案内容）来保障。高校教师授课时对于文科要有讲稿，对于理科要有详细的教案。它们在内容结构上必须包含如下方面：专业课程知识的经典内容、学科专业知识的新近前沿研究动向和成果、教师本人的相关研究成果。如果青年教师对所讲述的问题缺乏研究，至少应有对学科知识前沿研究的思考与评介，这才能显示出教师已经了解了学科研

究前沿。所以，在微课教学过程中，除了讲授学科知识的经典内容外，教学内容也应体现前沿性和创新性，教学过程应置身于学科前沿，赋予教学内容新资料、新观点、新方法，引导学生关注前沿新动向，促进学生对知识的深度理解和理论思维能力的提升，否则就谈不上"研究和创新"，就失去了高校教学的本质要求。可见，撰写逻辑严谨、概念清晰、内容丰富、重点突出、难点清楚、分析深刻、概括全面、知识前沿的讲稿（或详案）是实现微课教学科学性的前提。现代教育技术因素不能替代应有的教学设计，有些教师在制作微课时只撰写讲课提纲或简单的教案，主要依赖教育技术方法复制、粘贴画面，配以音响进行图解加诠释式的教学。有的微课过于追求感官刺激，图媒艺术很美，却与教学联系不紧密。这些不仅违背了高校微课教学的科学性，也不符合在线网络教学的要求。

2．高校微课教学中的艺术性要素

教学艺术是所有课堂教学的基本要素，因为教学艺术关系到知识能否有效传授以及教学目的能否达到。教学艺术也是教学方法的灵魂。没有教学艺术保障，教学的科学性就难以实现。富于教学艺术的教学过程能产生事半功倍的教学效果；缺乏教学艺术的教学过程如同嚼蜡毫无滋味，并大大降低了教学的科学性。当然，艺术性与科学性在教学要素中并不是等同关系。科学性是统领，艺术性为科学性服务，两者是主次关系。高校微课中教育技术的应用属于教学艺术范畴，是为了实现最优的教学效果服务的。所以，微课教学中图媒技术（包括拍摄技术）应用的原则是保证教学容量饱和，教学内容能被学生充分接受，而且接受的难度相对传统教学而言应当显著降低。如果教育技术"稀释"了教学内容，影响了教学节奏，甚至干扰了学生对知识的思维和注意，结果不仅降低了现代教育技术的效能，也违背了教育艺术性的应用原则。

3．高校微课教学中的情感性要素

众所周知，"以情优教"是重要的教学原理。但相当一部分高校教师认为这一教学原理主要适用于中小学教学，高校教学的对象是大学生，他们比较理性，教学中的情感因素不重要，加上微课教学时间短（15分钟左右），也无需考虑教学中情感因素的作用。其实不然，教师在微课教学视频中有无亲和力，自身情绪是否饱满，语言有无感染力，是否有激情，不仅直接影响教学效果，还事关教师教学形象在学生心目中的印象。如果一个教师在使用现代教育技术不停地展示教学内容时，讲授课程的语速却平缓，语言苍白，表情冷漠，在这样的教学过程中，教师就沦为了教学课件的操作者，不仅教学效果差，而且对学生也毫无激励作用，最终会大大弱化教学效能。人有认知与动力两大心理系统，情感属于动力心理系统，教师仅仅依靠现代教育技术是不能有效唤醒学生的学习情绪情感的。人的情绪情感犹如人的感知渠道的"阀门"，当情绪情感低落冷漠时，感知能力必然低下，学习认知能力必然不高。在这种教学情境下，要实现教学效果和教学目的皆无从谈起。此外，任何教学都是在知识与情感两条主线相互作用、相互制约下完成的。微课教学除了知识对流主线外，还有一条情感对流主线，知识有了情感的媒介作用，才能大大增强学生的感知接受乃至思维能力。所以，高校微课教学乃至所有网络教学都必须重视情绪情感要素在教学中的作用。

4. 高校微课教学中的特质性要素

教师因神经类型、个性等特征差异，在教学的语频、语速、语音起伏变化、肢体仪态、教学节奏等方面会形成独特的教学风格。这些独特的教学风格和现代教育技术融合后，也就形成了不同的微课教学效果。教学实践不能也不可能强求教学风格一致化，不能要求一个内向文静的教师去充满激情地讲课，但是要看到与教师个性相应的教学风格是教学过程中的宝贵资源。为了实现教学效果最优化的目标，高校微课教学风格是有共性要求的。如果教师的教学语言频率过低和语速过于缓慢，语调毫无起伏变化，肢体语言刻板单调，不仅教学效果差，微课教学的信息量也难以饱和，甚至会引起学生的知觉疲劳，产生困顿感。在这种条件下，即使现代教育技术应用恰当，也难以实现微课教学目的，所以保持恰当的教学语速，语调起伏抑扬顿挫，肢体语言丰富恰当，无疑是教学要素的基本要求。另外，还要看到不同的教师因个性差异所形成的不同教学风格也可以产生互补效应，即将教师自身有利于教学的个性特征最大限度地加以发挥，以弥补其教学风格的不足。例如，一个教师在微课教学中虽然肢体语言贫乏，语调很少有起伏变化，但是如果教学用语准确、规范、精练、富于逻辑、表述系统，讲授顺序、层次清楚，条理结构明晰，能做到言不烦、少而精，再加上恰当地运用现代教育技术，也能较好地实现微课教学目的。

5. 高校微课教学中的技术性要素

高校微课教学与传统教学的重要差异就是利用现代教育技术手段，通过音、视频向学生提供网络自主在线学习和移动学习环境，这也是高校微课出现的基础。但是，如果没有把握现代教育技术为教学服务的关系，过度使用现代教育技术，使教学过程产生浓郁的"炫技"氛围，就会使现代教育技术对微课教学产生负面作用。在全国综合性大学教务处长联席会上，清华大学教授呼吁高校教师慎用高科技，这正反映了人们对现代教育技术应用是否恰当的担忧。所以，高校微课教学中对现代教育技术的应用必须坚持对教学效果正面促进的原则，同时要看到现代教育技术应用的效果主要取决于教师的教学理念、教学思想和教学理论，而不是现代教育技术的先进程度。唯有认清和把握这一关系，方能避免因为一味追求"技术效应"而弱化微课教学效果。

当然，高校微课教学中除了上述要素外，在学科专业知识条件允许时还应尽可能体现教学的思想性、教育性、实践应用性等诸项特征。这里因学科差异不能一律强求，故不一一赘述。

三、高校微课教学量化评价的依据

高校微课已经存在，并在教学过程中起到了一些作用，高校微课比赛也在全国逐步开展，这说明高校微课受到了教学者和学习者的欢迎。因此，如何评价高校微课的教学效果就成为了一个现实的问题。

可以从以下3个方面来对高校微课的教学效果进行评估。

1．教学文本方面

通过高校微课教学要素分析，可以明确微课教学效果首先取决于教学文本的准备，核心就是教师讲稿（或详案）的撰写。犹如一出戏剧没有好的剧本，演员的演技再高也不能产生良好的演出效果。至于微课教学中出现教师"照屏宣课"或"控详片"的教学现象，那不是现代教育技术的过错，而恰恰反映了教师的教学文本（讲稿）准备不足。有些教师过度依赖课件，在制作课件时创作成分严重缺乏，靠下载、复制、粘贴相关资料拼凑教学文本，使微课教学中的现代教育技术方法成了弱化教师教学责任和教学准备的负面条件。所以，教师的教学文本无疑是高校微课教学评价的核心依据。教学文本的教学设计要体现从教学目标制定、学生分析、内容需求分析和教学媒体选择等方面进行设计的理念，这样才能让教师在较短的时间内运用最恰当的教学方法和策略讲清讲透教学中的每一个知识点，确保微课能够满足学生易用和想用的直接需求。

2．教育技术方面

现代教育技术在微课教学中的应用效果是评价高校微课的主要依据。微课的本质是依据建构主义应用现代教育技术方法，实现以学生自主在线学习或移动学习为目的的实际教学内容。微课教学环节中无论是图媒制作、视频教学、网络环境、拍摄技术还是教师的形象仪态和教学语言素质等，无一不以现代教育技术的应用效果为基础，因此，教育技术的使用失误可能降低微课的教学效果。例如，如果一门课程教学设计科学完好，资料选择正确恰当，但图像不清，画面不稳，或者教学视频中音响噪声明显，这不仅会降低学生在线学习的感知能力，也有损教师的教学形象，教学效果可想而知。另外，如果教师的教学理念有误，不能明确自身的主导地位，过度使用现代教育技术，甚至造成各种图媒音响掩盖遮蔽了自己的教学讲授，这种教学过程虽然增强了微课教学的"技术"含量，但却弱化甚至破坏了微课教学效果。

3．教学风格方面

高校微课教学中教师的教学仪态、语速、语频、音质、语调、肢体语言、情绪、感染力等一系列因素构成了这个教师的教学风格。教学风格不仅是教学艺术的重要内容，还会对学生产生整体的知觉印象，直接影响学生的在线学习效率，对微课教学目标的实现产生正面的激励促进作用或负面的瓦解作用。此外，在微课教学过程中，因为现代教育技术的作用（如视频的画面和音响等），教师的教学风格会产生一种"放大"的教学知觉效应。可见，教师的教学风格是高校微课教学效果评价的重要依据。

四、高校微课教学效果的量化评价标准

我们认为，教学文本、现代教育技术的运用和教学风格是高校微课教学效果评价的核心要素，可以说是高校微课教学效果评价的3个一级指标。相对而言，在高校微课教学效果的评价中，教学文本是基础指标，比现代教育技术的运用和教学风格更重要。以此为基础，我们提出了一个评价高校微课教学效果的参考标准，如表11-11所示。

表11-11　高校微课教学效果评价参考标准

一级指标	二级指标	详细描述
教学文本（60%）	教学内容（20%）	符合高校教学要求，内容体现学科专业知识经典内容；注入新资料、新观点、新方法，显示前沿性、创新性、实践应用性和学术新动向，有教师自身的研究或思考评价
	教学信息量饱和（10%）	在规定的教学时间内，实现教学容量最大化
	教学知识结构（10%）	选题恰当，知识系统逻辑严谨，思想深刻，条理清晰，层次分明，公式演绎推导无认知障碍
	教学内容文字表达口语化（5%）	教学口语准确、规范、精练，形象生动，富于启发、激励和感染（具有积极心理特征）
	教学环节（5%）	新课导入简捷明快，重点突出，难点清晰，易于理解；结束时概括准确精练，有助于记忆
	教学内容方法处理（10%）	教学内容表述富于联系和联想，能处理好感性与理性、理论与实践、新知与旧知、待讲授学科知识与相关学科知识的关系，促进学生产生知识联想，有助于建立知识联系，显示由此及彼、举一反三、触类旁通、普遍联系的思维特征

续表

一级指标	二级指标	详细描述
现代教育技术的应用（30%）	现代教育技术的应用对教学效果产生正面的增强作用（15%）	各种图媒技术的应用较好地显示了教师的教学主体性，图媒资料选择与讲授内容鲜明一致，教学信息量得到有效增强和扩展，促进学生对教学重点、难点知识的理解和认知
	制作技术规范（15%）	画面清晰，图像稳定，音响、画面与教师讲授同步一致，各项技术内容（音响、画面、色彩、形状）构思新颖和谐，对讲授内容产生良好的诠释效果。视听清晰，无杂音干扰。画面变化频率、音响音量、声光刺激适中，图媒与教师讲授转换合理，有助于增强学生的注意力，符合教学要求
教学风格（10%）	教学仪态（2%）	肢体语言规范，着装得体，端庄大方，富于表现力
	教学情绪情感（3%）	教学神态富有亲和力，教学情绪饱满，富有感染力，教学用语富有激励作用，传递正能量
	教学语言（5%）	普通话标准，语速适中，语调有起伏变化，字正腔圆，抑扬顿挫，有效调动学生注意力；教学用语准确，无泛化现象，思想深刻，教学重点得到强调

下面以北京市属高校"创想杯"多媒体课件制作与微课程大奖赛中的《〈消费者权益保护法〉立法目的》微课为例，运用上述量化评价标准进行评价，如表11-12所示。

表11-12　量化评价标准表实例

教学文本（60分）						现代教育技术的应用（30分）		教学风格（10分）		
教学内容（20分）	教学信息量饱和（10分）	教学知识结构（10分）	教学内容文字表达口语化（5分）	教学环节（5分）	教学内容方法处理（10分）	现代教育技术的应用对教学效果产生正面的增强作用（15分）	制作技术规范（15分）	教学仪态（2分）	教学情绪情感（3分）	教学语言（5分）
19分	10分	9分	4分	5分	9分	14分	14分	2分	2分	4分

根据上述量化评价标准，分别从教学文本指标、现代教育技术的应用指标和教学风格指标3个方面对《〈消费者权益保护法〉立法目的》微课教学设计方案和实录的教学内容进行量化评价。

从教学文本方面来看，授课教师选取讲授的主题简明合理，教学内容重点突出，较为翔实。在教学知识结构方面，注重学科知识之间的关联和比较。在教学环节和教学方法方面突出了以学生为中心的教学思想，教学形式新颖，教学模式多样，教学方法有一定的创新。在以60分为满分的教学文本指标中该微课得到了56分。

从现代教育技术的应用方面来看，通过教学视频、PPT和情境式的教学实例，加强了学生对知识的感性认识，奠定了领会相关理论的基础。良好的师生互动和教学形式的变化与创新，引发了学生深层次的思考，教学取得了较为显著的效果。图媒技术运用恰当，画面构图清晰稳定，语音清晰，进一步促进了学生的深入思考，有利于学生探究式学习。在以30分为满分的现代教育技术应用指标中该微课得到了28分。

在教学风格方面，讲授教师的仪表和肢体语言大方得体，教态端庄，课堂语言流畅自然，用语规范、生动活泼，富有感染力。在以10分为满分的教学风格指标中该微课得到了8分。从教学文本、现代教育技术的应用和教学风格3个方面进行综合评定，该微课共得分92分，达到了优秀微课的评价标准。

当然，这只是一个参考的标准。在评价高校微课的过程中，如何量化，每一个指标的具体比例如何，不能一概而论，而应该根据高校微课的差异性来决定。

第四部分
微课程教学画面的拍摄

第十二章 画面构图与拍摄技巧

第一节 摄影画面的构图

一、构图与构思的概念

1．构图

"构图"一词是英语Composition的意译，为造型艺术领域的术语。它的含义是：通过对各部分进行组织、结合、配置并加以整理形成一个艺术性较高的画面。在《辞海》中，构图的意思是艺术家为了表现作品的主题思想和美感效果，在一定的空间内安排和处理人、物的关系与位置，把个别或局部的形象组成艺术的整体。从广义上讲，构图是指设计者从选材、构思到造型体现的整个创作过程；从狭义上讲，构图主要是指画面的布局与构成，也就是说在一定的空间或平面上对自己所要表现的形象进行选择、组织和安排，通过对全部造型因素之间相互关系的调整和处理，使之达到突出主题的目的，成为完整的具有艺术性的整体。

2．构思

构思是艺术家在孕育作品的过程当中所进行的思维活动。它的任务是选取、提炼素材，酝酿、确定主题，探索最恰当的艺术表现形式。构思对于构图是先导，而构图是画面构成或形式结构的具体实施。构图是随着构思的进行而开始，随着构思的确立而展开的；而构思则是随着构图的进行而不断深化的。两者是相互联系、相互依存、不可分割的一个整体。

构图对我们设计与制作多媒体课件来说是必不可少的基础知识，就像节奏、旋律对于音乐家一样。对于设计制作课件，构图的目的是把传达教学信息的主体加以强调、突出，恰当地安排陪体、选择环境，舍弃烦琐的与传递信息无关的东西，使出现在学生面前的多媒体画面上的教学信息更集中，更有冲击力，艺术感更强。只要涉及制作教学媒体，无论是幻灯片、电视教学片还是多媒体课件，在工作中教师首先接触到并时时刻刻都要与之打交道的就是构图。所以，学习和掌握构图规律是十分必要的。

二、构图的形式美法则

形式美法则是画面设计的理论基础，美的画面必然具备合乎逻辑的形式。在多媒体画面设计实践中，掌握形式美的法则，并依据这些法则进行设计是画面构图的基础。

构图属于形式的范畴，它是通过各种构图要素有规律的组合来给人以美感的。这种组合规律就是构图的基本法则。

1．变化与统一

变化与统一是客观事物本身所具有的特性。"变化"体现了各个事物的个性千差万别，"统一"则体现了各个事物的共性或整体联系。变化与统一是形式美法则的最高体现。

一幅画面的构图只有变化而没有统一，就会让人感到杂乱无章，如图12-1所示。只有统一而无变化，缺少节奏与韵律，就会使人感到呆板乏味，容易造成视觉疲劳，直接影响观看者的接受效果，如图12-2所示。

图12-1　构图只有变化而没有统一　　　图12-2　构图只有统一而无变化

变化与统一体现在构图当中就是将所需要的视觉形象安排成有变化、有秩序、有节奏而又和谐统一的整体，如图12-3所示。

图12-3　体现变化与统一的构图

变化是一种智慧、想象力的表现，强调各种元素的差异性方面，造成视觉上的跳跃。统一强调构图中各种元素的一致性方面，这些元素彼此的呼应和联系造就了画面的整体感。

2. 疏密与留白

疏与密的变化，也是构图中的一个重要法则。疏与密在中国画中也叫开合或争让。在构图过程中需要把某些物象集中起来时，叫作密；需要把某些物象分散开去时，叫作疏。只有疏而没有密，画面就会显得散，如图12-4所示。只有密而没有疏，画面就会显得挤，如图12-5所示。画面中疏中有密，密中有疏，疏密得当，才

图12-4　只有疏而没有密的构图

能够形成节奏，如图12-6所示。中国画有"疏可走马，密不透风"的比喻，这样才能给人以美感。但有时为了表现严肃或装饰意味，则不强调疏密变化，而得到一种秩序美或者特殊的个性美。

图12-5　只有密而没有疏的构图　　　图12-6　疏中有密、密中有疏的构图

中国传统美学上还有"计白守黑"的说法。将编排的内容实体认为是"黑"，将空白的区域认为是"白"，"白"也可以是细弱的文字、图形或浅淡的色彩等。一般的画面均有留白的空间和虚实的对比，留白的形式、比例往往决定着画面的空间层次和质量，而其最大的作用就是引人注意，更好地衬托主题，使得观看者将视线集中于主要内容。

3. 重复与节奏

在画面中，如果不断重复的基本线或形的形状、大小、方向都是相同的，就会产生安定、整齐、规律的感觉，但容易显得平淡或缺乏趣味性的变化。这往往被用来设计界面背景，将平淡的背景作为主体的陪衬，如图12-7所示。

图12-7　平淡的背景作为主体的陪衬

节奏是由构成元素按照一定的秩序重复排列形成的，有等距离的排列，也有大小、明暗、形状、高低等不同的排列。在画面设计中，经常将一些辅助性元素，如按钮、装饰等进行有变化、有节奏感的排列，这样能够增强画面的艺术性，如图12-8所示。

图12-8　有变化、有节奏感的排列

4．对称与均衡

均衡也称平衡。平衡在我们的生活中处处都会涉及，如体操、花样滑冰运动员以及杂技演员所做的优美动作都是靠掌握平衡才能完成的。人们的视觉心理都习惯于平衡，所以画面中的形象以及它们之间的联系也要符合人们的习惯和心理上的平衡需求，才会使人感到自然舒服，否则就会造成心理上的不平衡和不稳定感。当然，如果画面传达的意味就要求是不平衡、不稳定的，也可以运用构图中的不均衡处理方法。

两个同一形的并列与均齐就是最简单的对称形式。对称是同等同量的平衡。对称的形式有以中轴线为基准的左右对称（见图12-9），以水平线为基准的上下对称和以放射点为源的放射对称，其特点是稳定、整齐、庄严、安宁，在实际画面设计中的运用并不广泛。

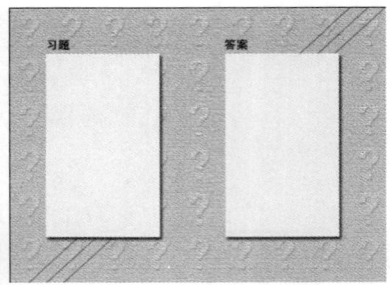

图12-9　以中轴线为基准的左右对称

　　对于非对称的平衡布局，其构图的形式结构打破了对称格局的平衡，在不对称中创造平衡之势，以求画面的稳定感，如图12-10所示。

图12-10　非对称的平衡

　　均衡是一种有变化的平衡，它利用一种等量不等形的方式来表现矛盾的统一性，阐述内在的、含蓄的秩序和平衡，达到一种静中有动或动中有静的条理美和动态美。均衡的形式富于变化，具有有趣、生动的特点。

　　在把画面的各个部分组成一个整体的过程中，最重要的是画面是否均衡。均衡是人们在长期生活中形成的一种心理要求和形式感觉，画面均衡与否与学生的接受心理有着紧密的联系。一幅多媒体教学画面在一般情况下应该是均衡、安定的，使学生感到稳定、和谐、完整。

　　5．对比与调和

　　对比是差异性的强调，把构图元素放置在比较之下，就产生了大小、明暗、粗细、疏密、高低、远近、直曲、浓淡、轻重等的对比。对比是画面设计中必然用到的形式法则，作用是突出主从关系和显示统一变化中的艺术效果。

和对比相反，调和是指适合、安定、统一，是近似性的强调，使两者或两者以上的要素具有共性。对比和调和是相辅相成的，局部的对比往往是为了整体的调和。

6. 比例与面积

比例是形成整体与部分以及部分与部分之间数量的一种比率。成功的构图首先取决于良好的比例。如黄金分割比能够达到最大限度的和谐，使画面被分割的不同部分产生相互联系。画面的分割要从视觉上使观看者在心理上能够接受，比例适度能给人一种有序、明朗的感觉。

三、构图中的心理因素

由于人们在长期的生活中对各种物象有了深刻的印象和经验，所以画面中的某种构图方式就会使观看者产生一定的心理定式，激发起相应的联想。在构图过程中，要充分利用人们的心理因素增强画面的感染力。

1. 物象的重量感

构图中物象的重量感是画面平衡的重要因素，其规律是：颜色相同时，形体大的重于形体小的（见图12-11）；形体大小相同时，复杂的形体重于简单的形体（见图12-12）；对于平面中的等面积色块，明度低的重于明度高的（见图12-13）；对于面积、明度都相等的色块，纯度高的重于纯度低的。

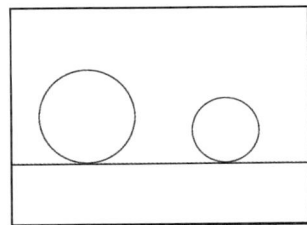 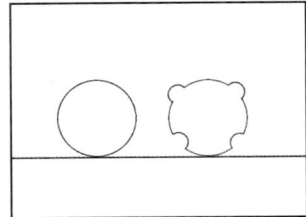 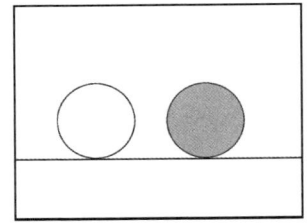

图12-11　形体大的重于形　　图12-12　复杂的形体重于　　图12-13　明度低的重于明
　　　　　体小的　　　　　　　　　　　　简单的形体　　　　　　　　　　度高的

对于构图中的物象，动物比非动物醒目，生物比非生物醒目，人造物比天然物醒目，活动物比固定物醒目。总之，画面中最吸引人注意的物象一般也是构图中对均衡有影响的物象。

2. 物象的空间位置

物象的空间位置对于画面的均衡有着重要的作用，空间位置的不同会产生不同的重量感。在平面空间中，距画面中心远的物体重于距画面中心近的物体（见图12-14）；距画面水平中心线同样远近时，下方的物体重于上方的物体（见图12-15）。在纵深空间中，由于透视的影响，近处的物体感觉重，远处的物体感觉轻。还有动势对重量感的影响，在画面中有动势的物体将在运动方向上产生一种具有方向性的力感。

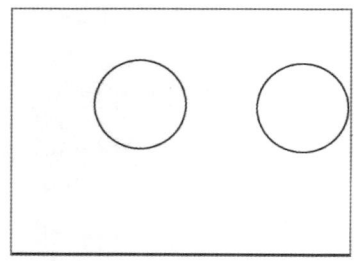 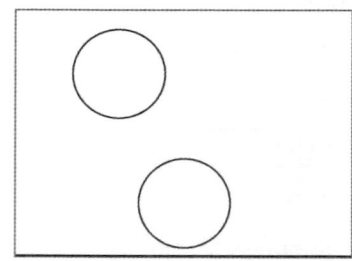

图12-14　距画面中心远的物体重于距画面　　图12-15　画面水平线以下的物体重于画面
　　　　　中心近的物体　　　　　　　　　　　　　　　水平线以上等距离的物体

3．构图形式与心理

① 横向式构图会造成平静而宽广的形式感，水平线的偏移还会产生上升或下沉的感觉，如图12-16所示。

图12-16　横向式构图

② 垂直线对画面的分割会造成稳定而高耸的形式感。当垂直线偏向一侧时，较大的部分压向较小的部分，有明显的运动趋势，视觉中心向较大的部分集中，如图12-17所示。

图12-17　垂直式构图

③ 曲线式构图是较为活泼的分割方式，有较强的动感。圆形构图可造成完美柔和的感觉，对画面的圆形分割不仅具有流动感，而且会使人的视线向圆心集中，因此有收拢、闭合的感觉，如图12-18所示。

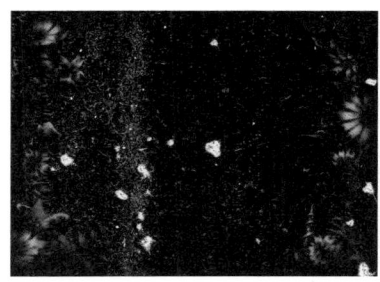

图12-18 曲线式构图

④ 存在两条以上的水平分割线或垂直分割线时，分割后上下两边或左右两边压向中间，会产生向内的压迫感，视觉中心倾向于较大的部分，如图12-19所示。

⑤ 斜线式构图给人以运动感或不稳定感。适当运用斜线式构图能造成画面和谐中的变化效果，如图12-20所示。

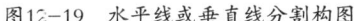

图12-19 水平线或垂直线分割构图　　　　图12-20 斜线式构图

⑥ 十字均衡构图有凝滞感，其交叉点会成为视觉的中心，如图12-21所示。

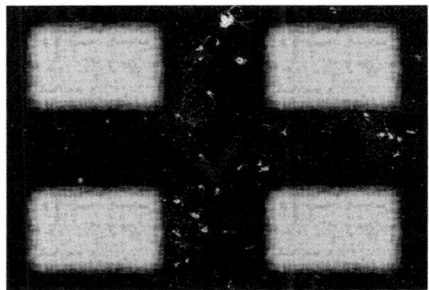

图12-21 十字均衡构图

⑦ 曲线元素的运用使得构图具有流动感，更具韵味、节奏感和曲线美。曲线流程的形式微妙而复杂，可概括为弧线形"C"和回旋形"S"。弧线形构图具有饱满、扩张的感觉和一定的方向感，如图12-22所示。

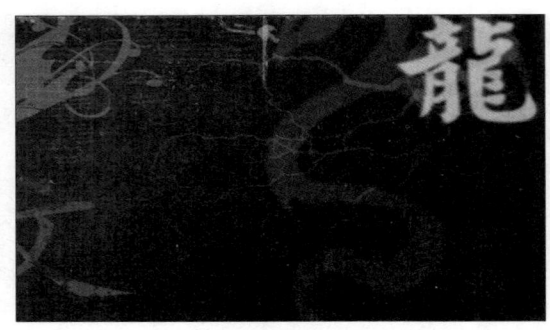

图12-22   弧线形构图

第二节   影视画面构图基础

一、影视画面构图的特点及其与摄影构图的区别

1. 影视画面构图的特点

影视是半个多世纪以来迅速发展起来的一种传播媒体，其运动性、可视性和瞬逝性的特点决定了影视画面的构图特点。

（1）多变性

影视画面的运动、画面中人或物的运动以及摄像机的运动，造成了影视画面构图复杂的多变性。绘画或摄影是从一个方位、一个角度表现主体对象，而获得一个影视画面则需要不断地改变方向、角度，这又给影视画面构图带来了空间的多变性。绘画或摄影只能表现一个景别，且表现对象一旦确定就无法改变，而摄像机的焦距是可调的，这又造成了影视画面景别的不断改变。除此之外，拍摄对象或拍摄重点的变化也必然会带来构图结构的改变。

（2）和谐性

影视画面构图的和谐性是将众多或集中或分散且带有差异的被摄对象，按照烘托主体和画面结构完整的原则，协调地安排在一起，组合成一个整体。它所追求的和谐和统一，不是生活的简单重复和翻版，而是要借助对比、对称和均衡等艺术手法，将生活中无秩序的、杂乱的事物组织成美的、有序的事物。所以，影视画面构图的和谐性也是表现手法的多样统一，以及画面视觉元素与画面的组成成分的多样统一。构图时，一方面要将所需要的各种视觉元素组合到画面中去，并表现出它们各自的特点；另一方面要准确地安排画面的构成成分。最终将这两方面统一起来，构成一个完整的视觉画面。

（3）简约性

影视画面的瞬逝性决定了其构图的简约性。一个镜头所延续的时间长则几分钟，短则几秒钟，它不可能像绘画和摄影那样让观看者反复观看，反复思索。它的特点是一闪而过。在这个有限的时间里，要尽量使观众看到最主要的东西，这样就不能在画面中安排过多的衬景，以免分散观众的注意力。

根据以上特点，对于影视画面的构图可按下面两种形式来考虑。

①　画面形式是固定的（在固定镜头中，即摄像机固定不动时所拍摄下来的画面）。这种形式是画面构图的基础，它是以被摄体的运动和周围环境的构成来处理画面构图的。它在纵深透视、水平线、均衡、动向、主体与前后景及景深的关系、光线和色彩的处理技术等方面都有一些基本的技巧。灵活运用这些技巧，可以得到大小、远近、疏密、虚实、明暗等富于变化的画面形式，产生不同气氛、不同情绪的艺术感染力。

②　画面形式是运动的（在运动镜头中，包括摄像机运动或摄像机和被摄体同时运动时所拍摄下来的画面）。这种构图形式处理起来更加丰富多彩，因为它是以运动的方式表现被摄体及周围环境的，它使画面提供的空间范围更大。这既扩大了画面构图的表现力，又增加了画面的运动感，但得到完美的画面构图效果也会更加困难。

2．影视画面构图与摄影构图的区别

影视画面构图与摄影构图的区别主要表现在以下几个方面。

①　影视摄像有别于图片摄影。图片摄影可以在摄制工作的后期对画面进行任意的放大、缩小、剪裁及其他特殊处理，而影视摄像要求画面构图一次完成，也就是说摄像人员拍摄下来的画面与观众最后看到的画面是相同的。

②　摄像机摄取的画面是运动的。摄影是通过静止的单幅画面独立地表现一个内容，它只能采用主体在某一瞬间的恒定状态来表现主题。而影视画面中的人或物及画面本身都处于运动状态，即使是静止的物体也可以通过摄像机的运动在画面中活动起来，因此，构图也必须在运动中考虑，在不断变化的运动中进行造型处理。

③ 任何一部电视片中的画面都不是单独存在的，而是整个作品结构中的一个元素。一部电视片是通过运动着的、连续不断的若干画面来表现主题内容的。这种运动着的画面通常是在补充和丰富前一个画面，并依赖于下一个画面（或一组画面）的补充来传达所要表达的思想的。由于影视画面的连续性与运动性，在影视画面的设计与拍摄时就必须考虑到画面与画面之间的组接关系。既要考虑每一幅画面的布局，又要考虑整个片子中所有画面的连续性和逻辑性，不能只是孤立地考虑一个个画面的构图。

影视艺术同其他艺术一样，要求有好的主题内容，同时又要有美的表现形式，两者缺一不可。影视画面的存在就是为了传达信息，以及用来反映我们的思想和现实生活，这就是主题内容。而对画面进行构图是一种艺术要求，它是更好地传达信息的手段。这就要求我们寻找适合于内容的表现形式。对画面进行构图是影视创作中的一个重要问题，它贯穿于从构思到形象再现这整个影像创作的过程之中。创作者通过对构图的艺术处理，根据主题思想的要求，把所要表现的客观对象用以现实生活为基础而又比现实生活更富有表现力和艺术感染力的形式表现出来，并有机地组织、安排在画面里，使主题思想的表达更为充分和更加完美。所以说构图过程就是主题思想形象化的过程。

简单地讲，影视构图含有联结、比较、结构、动态、用光等诸多意义。它用其所特有的方式来组织画面语言，让这种语言更加具有说服力，这就是影视画面构图的意义所在。

二、影视画面构图要素

影视画面构图是一种从自然混沌中提取美的艺术创造。这种创造性活动的基础是对点、线、形、影调、色彩等的直觉把握。点、线、形、影调、色彩是构成画面的最基本的形式元素，要想创造美的构图就必须学会在纷繁复杂的场景中辨认出这些形式元素，学会把这些元素艺术地组织起来。

1．形状

在日常生活中，我们每时每刻都能观察到各种物体，如城市的楼群、乡间的村落、行驶着的交通工具、商店里的各种商品、路标、图书、报刊以及室内的桌椅、冰箱、洗衣机和餐具等。这些物体有规则的，也有不规则的；有简单的，也有复杂的；有对称的，也有不对称的。它们以各自不同的形式存在着。当把摄像机对准这些物体进行拍摄时，首先要考虑的是被摄体在画面中应以什么样的形状出现，其次要考虑形状与画面的关系。

　　无论是摄影还是摄像，所拍摄的对象最终都要出现在一个矩形边框中。当图形与边框的相对位置发生变化时，就会产生不同的视觉效果，构图就发生了变化。所以说形状是我们可以把握的物体的基本特征之一，是构图要素中一个最基本的造型因素和构图元素。

　　形状对构图是有影响的。对于同一形状的物体，如果它在画面中的位置不一样，或位置不变而背景的空间和大小以及照明条件等发生了变化，那么它呈现给观众的内容和意义就会有所变化。

　　当把一个相同的图形放在画面的不同位置时，它与画面边框的相对位置就产生了不同的变化，这样也使背景空间的形状发生了变化，从而改变了整个构图，呈现出不同的视觉效果，如图12-23至图12-25所示。

 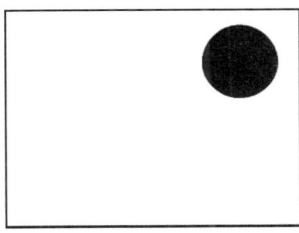 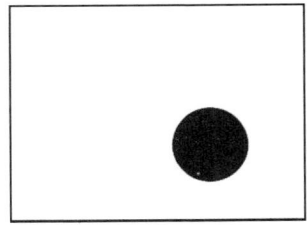

图12-23　在画面的中心位置　　图12-24　在画面的右上方位置　　图12-25　在画面的下方位置

　　当一个图形处在画面的同一位置时，如果它的大小发生了变化，相应的背景空间也就会随之改变，这样仍然能够获得不同变化形式的构图，如图12-26至图12-28所示。

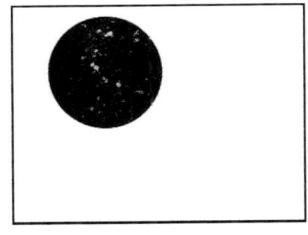 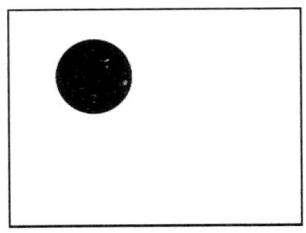 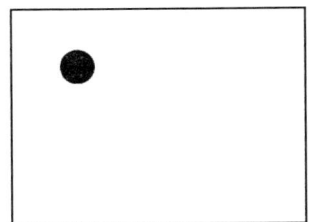

图12-26　大圆在同一位置　　图12-27　中圆在同一位置　　图12-28　小圆在同一位置

　　很多物体的形状都具有方向感（尤其是不规则物体），因此通过改变拍摄的位置可以使画面中物体的方向和背景空间发生变化，从而使观众看到有明显的方向变化的视觉效果，如图12-29和图12-30所示。

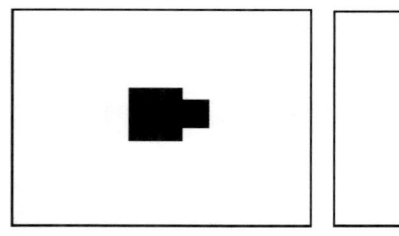
图12-29 物体指向右方

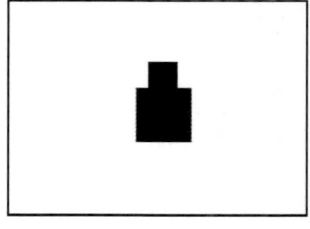
图12-30 物体指向上方

当人们的观察角度发生变化的时候，现实生活中绝大部分物体的形状也会随之发生变化，如图12-31至图12-33所示。

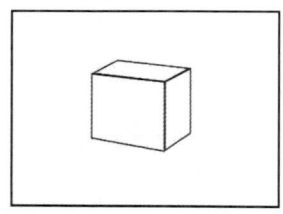
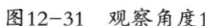
图12-31 观察角度1

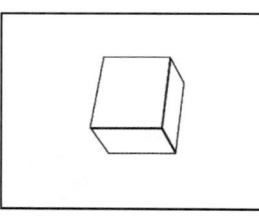
图12-32 观察角度2

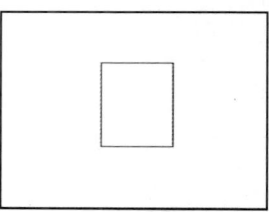
图12-33 观察角度3

如果被摄体的照度发生了变化，也会给人造成不同的视觉感受，如图12-34至图12-36所示。

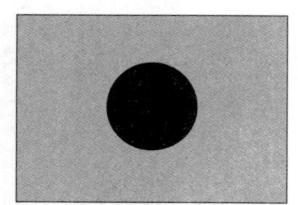
图12-34 被摄体的照度变化1

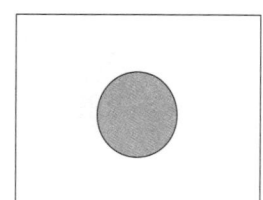
图12-35 被摄体的照度变化2

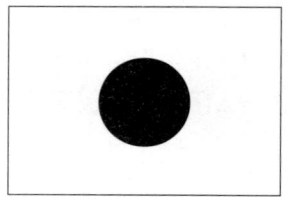
图12-36 被摄体的照度变化3

综上所述，当形状在画面中所处的位置、面积、方向等发生变化时，均会带来不同的构图形式，产生不同的视觉效果。

总之，世界上的物体形状是千变万化的，拍摄人员必须在日常生活中培养对形状的观察意识，要善于发现一些妙趣横生的、有意义的形状，并充分认识形状对画面构图的影响。这样，当我们拍摄时，通过调整摄像机的位置、正确运用光效、突出某一个有意义的形状，便可拍摄出较为理想的画面。

2. 线条

任何画面都离不开线条，线条是最基本的，也是最主要的构图因素。自然界中并不存在实际的、具体的线条，但是客观存在的一切物象都可以用不同的线条来表现。例如，平静的海平面和广阔草原的地平线可以用水平线条表示出来，远处的高层建筑可以用垂直线条来表示，人们已经习惯将这些事物抽象成线条的形式来表现。除此之外，与周围物体相比较，宽度很小的某些物体（如电线、天线、树枝、旗杆等）也常被人们看作是线条。运动物体的轨迹由于人们的视觉暂留特性也可形成轨迹线条，光影也可以形成线条。对于不同的线条结构，人们会产生不同的心理联想。

线条对构图有着很大的影响。线条是形成画面线条透视的主要元素，线条透视可以造成画面的纵深感。另外，画面中由于线条的性质和方向不同，水平线、垂直线、斜线、曲线、折线等都会产生独特的视觉感受。线条源于人们的生活经验与审美经验的积累和定式，对于我们拍摄出来的画面有着独特的影响。

横线结构：可以表示无边无际的天空与大地，给人以广阔、寂静和安定的感觉，如图12-37和图12-38所示。

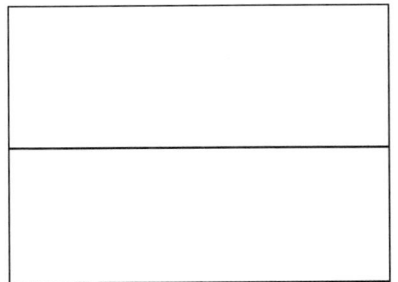
图12-37　横线结构

图12-38　横线结构画面

垂直线结构：经常用以代表生命、永恒和权力，给人以庄严、宏伟、尊严和刚强的感觉，如图12-39和图12-40所示。

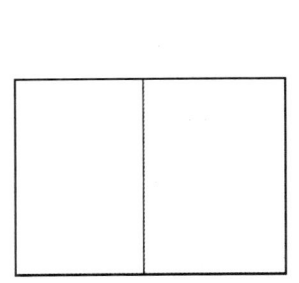

图12-39　垂直线结构　　图12-40　垂直线结构画面

斜线结构：给人以运动和不安定的感觉。如果画面中的地平线是倾斜的，或者旗杆是歪斜的，就会给人们一种倾倒的感觉，很不稳定，如图12-41和图12-42所示。

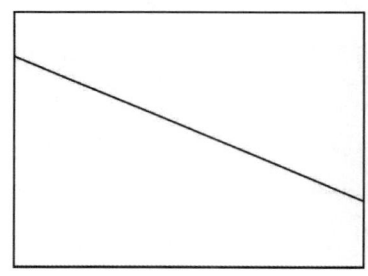

图12-41　斜线结构　　　　　　　　图12-42　斜线结构画面

曲线结构：给人以柔和、优美的感觉，象征着流畅的运动，如优美的舞姿，如图12-43和图12-44所示。

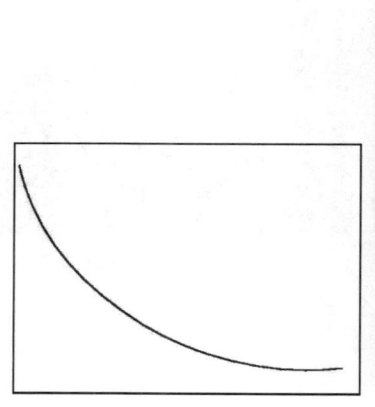

图12-43　曲线结构　　　　　　　　图12-44　曲线结构画面

随着线条在画面布局中的变化，它对背景空间和整个画面会产生不同的影响，从而引起多种多样的视觉效果。

3．明暗

光线照射在物体上时会形成明暗变化效果，如图12-45所示。没有光线就谈不上成像，没有合理的布光也就拍摄不出理想的画面。构图中的其他要素（如形状、线条、质感、立体感等）实际上也都是通过光线的明暗来表现的，因此可以说，光线的明暗是构图中的特殊因素。

图12-45　明暗变化效果

　　光线的明暗在画面中可以形成黑、白、灰3种基本的色调形式，它在构图中的作用主要体现在以下几个方面。

　　① 利用光线的明暗表示时间和环境。例如，若要表现白天，那么白色或浅灰色在画面中就应占据较大的面积。

　　② 利用光线的明暗变化效果突出被摄主体。例如用明亮的背景去衬托暗色调的被摄主体，或用暗色调的背景去衬托明亮的被摄体。灰色调在画面中所占据的比例可根据画面形式的需要适当调配。

　　③ 利用光线的明暗变化效果创造不同的气氛。光线的明暗可以影响人们的情绪：明亮的色调使人感到欢快、有生气；黑暗的色调让人感到沉闷、寂静或神秘。另外，明暗变化效果还能引起人们对善与恶、正确与错误的联想。所以，在画面中明暗部分的面积大小常常可以用作气氛与情绪的暗示，以烘托某一事物，表现某一主题。

　　④ 增强画面的立体感，这是光线在画面构图中最主要的作用。画面中明暗层次充分、细致的表现方式，可以使观众产生凸起和凹下的幻觉，从而构成画面中逼真的立体形状和空间纵深度。物体的立体感是靠物体表面在亮度上的差异形成的，空间感却是通过物体的轮廓形状与前景、背景或周围环境的明暗反差建立起来的。

　　在教育类电视节目中，一般以光线明快、自然、明暗配置整齐的高调画面为主，让学生处于良好的气氛中，并且对学生有强烈的感染力，从而激发学生的学习兴趣。

4. 色彩

　　色彩是构成彩色画面的基本元素。五彩缤纷的世界和飞速发展的摄像器材为我们提供了拍摄美丽画面的客观条件，但是塑造出理想的彩色画面还需要摄像人员了解色彩的基本概念，注意培养观察和鉴赏色彩的能力，掌握色彩变化的规律。

在影视节目制作过程中，要认识到色彩是个复杂的综合因素，运用时应掌握以下几点。

① 根据要传递的视觉信息的不同要求来选择色彩搭配，如用相对色（罗德式色环上直接相对的两种颜色）来突出主体，对比非常强烈，但较为生硬。一般应充分利用相关色（罗德式色环上左右相邻或互相靠近的几种颜色）的对比，使图像色彩和谐。

② 确立整个节目画面的基调色彩，从整体上将人们的情绪和感受带到预期的意境中去。影视教学片中的背景和字幕图表的基调色彩千万不要多变，以免影响学生的学习情绪和注意力。

③ 在整个画面中，色彩应尽量简洁、单纯，同时又要注意形成色彩的"重音"，这有助于主题内容的突出。

5．质感

质感是指人们对物体材料和表面结构的视觉感受，是人们对周围不同物体的某种直觉感受。大自然中的万物有不同的质地，如光滑的、粗糙的、闪光的、凹凸不平的等，如图12-46至图12-48所示。

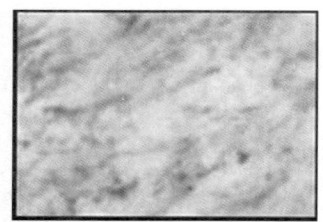

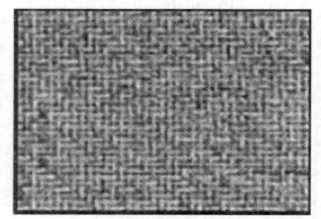

图12-46　光滑的物体　　　图12-47　凹凸不平的物体　　　图12-48　粗糙的物体

生活中人们对物体表面的质感的认识主要依赖于皮肤的触觉和眼睛的视觉。但我们在体验和感知一个物体时，往往是通过听觉、嗅觉、触觉和视觉在体内的互相传递与交融来判断其特征的，尤其是在触觉和视觉之间建立了一定的相互联系。通过对外部特征的观察，视觉上的刺激经过大脑的分析便会产生一种触觉反应，即可感知到物体的质地面貌。比如，看到画面中清楚的明暗面，就能感知物体表面的凹凸不平。所以，在构图中，拍摄人员必须对触觉与视觉之间的心理关系非常敏感，对各种材料的质感很了解，并能充分利用视觉可辨范围内光线明暗和色彩的变化、反射光和阴影的配置等来呈现这种视觉质感，从而使质感的表现更加细腻，富有表现力，以此加深观众的视觉印象。

6．立体感

自然界中的物体是立体的，具有高度、宽度和深度的三维特性。人们在观察时可从不同的角度，在不同的光线下，以不同的背景去体验物体在空间的占有程度。而影视画面是二维的、平面的，只有高度和宽度，而没有深度，也就是说它是以二维的条件去表现三维空间的事物的，如图12-49所示。因此在实际拍摄时，要求对形成立体形象的几个因素予以充分的了解。

图12-49　以二维的条件表现三维空间的画面

首先，一个物体的立体形状是由大小、曲直不同的若干个面组成的。这些面按一定的规律组合，形成了不同的立体形态。立体形状之所以给人以立体的感觉就是因为它有多个面。表现立体形状时，突出物体的多个面与拍摄位置有密切关系，如正面拍摄没有斜侧面拍摄所表现出的立体感强，仰拍、俯拍较平拍所表现的立体感强等，因为它们都能够把物体的多个面呈现在观众面前。

其次，物体的立体形态主要通过一定的光线条件，在画面上形成不同的阶调，并以丰富的明暗层次来突出其立体特点。若画面中展现的是3个方面的阴暗面，立体感就更强了。我们知道，光能够在物体上产生受光面、阴影面和投影。如果一个物体在画面上具备了这几方面，就能感受到它的立体形状和体积。那么，不同的照明条件对于表现被摄体的立体形状有哪些作用呢？

顺光和散射光的光线投射方向与拍摄方向一致，镜头所表现的物体的明暗变化小，立体形状不突出，给人以平的感觉。斜侧光的光线投射方向与拍摄方向构成了一定的角度，使物体有了不同的照度，不但有了受光面，而且有了阴影面和投影，阶调发生了变化，从而显示出了物体的立体形状。因此，斜侧光照明对于表现物体的立体感很有利，可得到明显的立体效果。

采用弱光照明时，被摄物体明暗变化不大，投影不明显，不如强光来得强烈。但是运用弱光照明时，阶调变化细微，光线柔和，有一定的质感。用强光照明时明暗变化大，有一定的反差，物体明暗分明，但是有时物体阶调表现的跳跃幅度比较大，不如弱光细微。

逆光照明一般不利于表现物体的立体形状。逆光照明使物体表现为剪影效果，只能表现其轮廓形状。如果采用高于物体的拍摄位置进行拍摄，逆光则仍能表现出物体的立体形状。所以运用逆光照明时，一定要注意拍摄高度。

再次，立体形态的各个面又是由不同的线条组合而成的，也就是说画面中一定的线条组合也可以表现事物的立体形态。

最后，物体的背景、深度和投影都有助于显示立体物体的形态。

那么，如何用二维的画面去表现三维的空间呢？在画面中，透视是三维空间再现的重要手段。这里把在影视画面上再现立体感的效果称作透视效果。影视画面取得透视效果的主要途径是线条透视、影调透视和焦点透视，现分别加以说明。

① 线条透视。线条透视的特征是：由于同样大小的物体与拍摄点的距离不同，因此，它在画面上形成的影像会呈现出近大远小的效果。纵深方向的平行线条向远处延伸时，在画面中逐渐靠拢，最后消失在视平线上的某一个点上。在画面上处理线条透视时，可以选择自然界中存在着的线条透视现象，如铁轨、河流、公路两旁的树木等；也可以选择合适的拍摄位置，因为不同的拍摄位置会造成不同的透视效果。另外，镜头焦距的不同亦会产生不同的透视效果。使用标准镜头所拍摄的画面的线条透视效果接近于人眼所习惯的透视效果，广角镜头能够夸大线条的透视效果，而长焦距镜头有压缩空间的作用，用它来拍摄时画面的线条透视效果就不明显。除此之外，还可以利用前景来强化线条的透视效果。

② 影调透视。利用空气介质的影响，可以在画面上构成影调、色调近明远暗的有规律的变化，也可以强化表现空间的深度。其主要特征是：近处的景物亮，远处的景物暗；近处的景物清晰度高，远处的景物清晰度低，越远清晰度越差，甚至变得一片模糊；近处景物的色彩饱和度正常，远处景物的色彩饱和度较差；近处景物的明暗反差正常，远处景物的明暗反差小。

③ 焦点透视。利用影像焦点的虚实变化来表现空间的深度则又是一种透视表

现技法，其特征是处于焦点上的影像清晰，焦点以外的影像模糊。

第三节　影视画面的布局与组成

前文所讲到的构图要素都可以看作所拍摄画面的组成部分，也可以说是传达视觉信息的语汇。在画面中，只用其中一种要素即可表示一个视觉概念。但在拍摄中，更多的情况是将这些要素配合起来使用，它们相互作用、相互影响，可以表现出更多、更复杂的视觉形象，从而使事物的本质得到充分的表现。在整个影视节目的拍摄过程中，为了揭示主题的思想内容，应把所有的构图要素结合成一个和谐的整体。在每个画面的结构中选择最能够表现画面内容的构图要素，并根据构图原理加以适当安排，使这些要素搭配得当、布局合理、主次分明，并以完美的形式表现主体和主题思想，这就是我们所说的"构图"。

如前所述，摄像就是将我们在现实生活中所看到的事物通过摄像机展现在二维空间的电子屏幕上。这种再现有它的局限性，因为它只能从一定的视角和视点上去表现。研究画面的布局就是研究怎样使要表现的对象在画面中占有一定的位置，并使它们主次分明、互相关联地形成一个整体。拍摄一幅画面时，首先要通过摄像机的寻像器，把要表现的事物框在取景框中，把无关的事物排除在画框之外，景物在框中所占的位置和面积大小即形成了画面。由于摄像人员用摄像机进行拍摄时是通过摄像机的寻像器对要表现的事物进行取舍的，因此首先要对寻像器有所了解。在拍摄中应考虑到10%～20%范围内的损失，因为视频信号在传播过程中有一定的损失，而且使用的电视机或监视器也各不相同，所以对于摄像人员在寻像器中看到的景物，观众在电视机或监视器上不一定能看得到。因此，一定要注意这种误差。

影视画面一般是由主体、陪体、前景、背景和空白5个部分组成的。由于它们在画面中所占的位置和面积不同，其在画面中所起的作用也不相同。画面构图的任务之一就是将主体、陪体、前景、背景和空白在画面中进行组织、安排，使各部分的功能得以充分发挥。

一、主体

在拍摄画面时，应当首先确定将在画面中主要表现哪一部分。这一主要表现的对象就是画面的主体。主体是画面的重要组成部分，在多数画面中它不但是表达内容的中心，也是画面结构的中心，如图12-50所示。在一幅画面中，主体可能是一个被摄对象，也可能是一组被摄对象；主体可以是人，也可以是物。总之，主体是一幅画面中主题思想的主要体现者，也是吸引影视创作者进行艺术创作的主要因素。若画面中失去了主体，就谈不上主题内容的表现，也失去了画面的意义。

图12-50　画面中的主体

在以表现气氛、气势和规模为主的画面中，主体主要起着结构中心的作用。由于画面中的事物很多，必须从中找出一个在造型、位置、情绪、形象上有特点、有表现力的代表性的人或物作为主体，让它在结构上起支点作用，使其成为画面结构的中心，以照应全局，将其他多种事物组织成一个互相呼应、布局严谨、美观的整体，并使画面有重点、有层次、有整体感。

主体在画面中位置的不同会影响人们的感觉：主体在画面正中时，画面显得呆板，但使人感到稳定；主体在画面下部，会使人产生压抑感；主体在画面上部，令人有轻飘不定的感觉；而主体在画面的一角时，则显得活跃、有动感。那么在画面上如何安排主体的位置呢？关于这个问题，人们有很多见解，常见的说法有：将主体安排在"井"字形构图中4个交叉点的某一点上，如图12-51所示；将主体安置在"L"形构图的对应角上，如图12-52所示；将主体安排在对角线和中点连线的交叉点上，如图12-53所示；将主体安置在"S"形构图中"S"形的某一点上，如图12-54所示。这些安置主体的位置是比较典型的，初学者可以从中有所借鉴。但总的说来，主体在画面中的安排并没有固定的形式，只要是能完美地表达主题思想、深刻地提示事物本质的主体位置都是正确的。所以，在实际运用中要活学活用，不能受条条框框的限制，从而影响内容的表达。

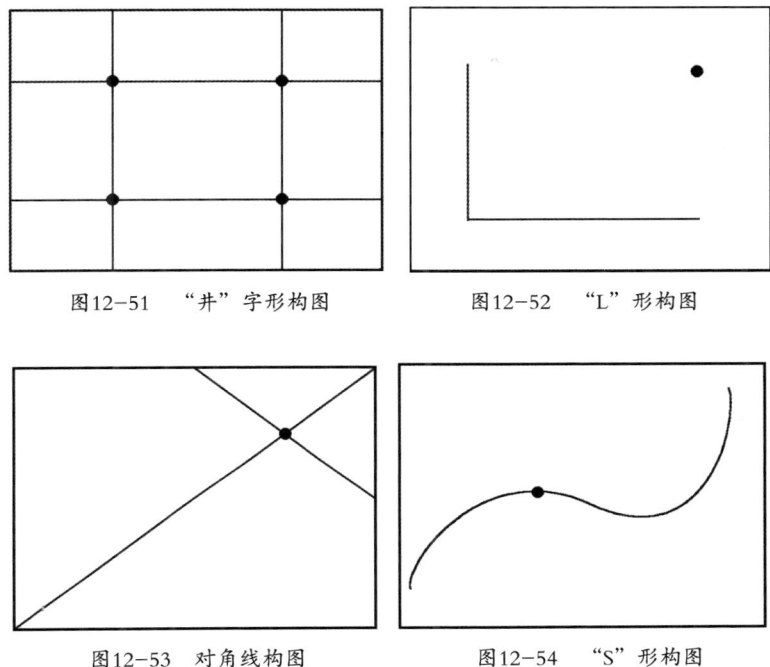

图12-51　"井"字形构图　　　　　图12-52　"L"形构图

图12-53　对角线构图　　　　　　图12-54　"S"形构图

　　除了安排好主体的位置之外，主体的表现方法也是一个值得探讨的问题。在画面中表现主体的形式一般有两种方法：一种是直接表现，即使主体在画面中占据较大的面积、处于突出的位置，或给以最佳的照明效果，使得主体在画面中分外瞩目，有利于鲜明、细致地表现主体的特征和质感，达到开门见山、一目了然的效果；另一种是间接表现，即主体在画面中所占的面积常常不大，有时甚至隐藏在画面的深处，但它仍然是画面的结构中心，同样吸引着人们的视线，发挥着表现主题思想的作用。后一种表现手法比较含蓄，侧重于通过环境的陪衬和气氛的烘托来表现主体。它不着重于阐述主体的特征和质感，而着重于神韵和内涵的传达，使人们有更多的回味。

　　关于主体的突出，在影视画面中往往是从间接表现入手，然后转为直接表现。比如，主体人物从远处的人群中走出来，并且越走越近，在画面中也越来越大。突出主体的方法有以下几种。

　　① 在位置上突出主体。把主体安排在观众视线最为集中的画面位置。在长宽比为4：3的屏幕上，观众视线最为集中的位置在哪里呢？试举几例加以说明。

　　• 位于画面的几何中心。几何中心是指对角线的交点及其附近的区域，这是画面的正中心，如图12-55和图12-56所示。

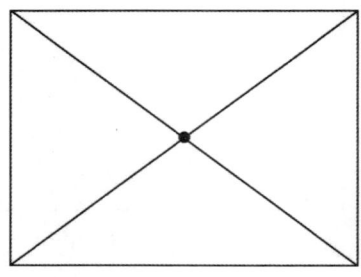

　　图12-55　几何中心构图　　　　　图12-56　几何中心构图画面

　　● 位于九宫格的交叉点上。用4条直线将画面分成9等份，这4条线交叉点的位置是安放主体较理想的位置，如图12-57和图12-58所示。

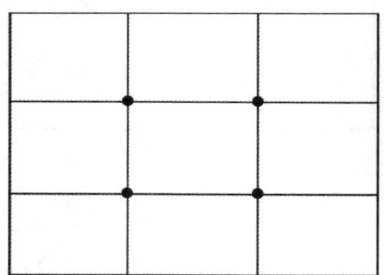

　　图12-57　九宫格构图　　　　　　图12-58　九宫格构图画面

　　● 位于黄金分割法所产生的4个位置的周围，如图12-59和图12-60所示。

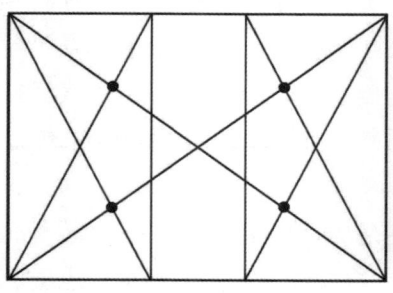

　　图12-59　黄金分割法构图　　　　图12-60　黄金分割法构图画面

　　也可把主体安排在画面中最靠近镜头的地方，这样可使主体在画面中占据较大的面积，达到一目了然、鲜明突出的目的。如表现独唱音乐会的场面时，画面中出现的是演员的形象，其身后的乐队虽然人物众多，但所占面积很小，只起陪衬作用。

② 利用对比的方法来突出主体。对比是利用反衬手法来突出主体的一种方法，是各类艺术的主要表现手段之一，在实践中的运用十分广泛，效果非常明显。在影视画面构图中，对比能够有效地运用任何一种差异，如大小、形状、虚实、明暗、色彩等，把观众的注意力吸引到主体上来。

③ 利用辅助提示手段突出主体。这是一种常用的方法，主要有箭头指示、主体闪烁、字幕说明等形式，对于表现较为枯燥的科学知识来说是十分有效的。在制作中会经常遇到这种情况，就是在一幅物体不变的画面中，主体要产生变化。如在一幅画面中展示了人体全貌，解说词中说人体由头、躯干和四肢构成，此时随着解说的进程，主体必然是变化的，那么用辅助提示手段突出主体就是非常有效的方法。

要注意的是每幅影视画面中的主体不一定是整个节目的主要人或物，而是与主体相关联的人、物、某一景色或某一道具。

画面确立了主体后，整个画面就可以以它为支点，其他诸要素均要围绕着它来配置，与它分清主次，相互呼应，形成一个有机的整体。

二、陪体

在画面中与主体紧密相关、构成一定情节的对象叫作陪体。陪体帮助主体阐明主题，帮助观众理解主体的特征、动作和内涵。在一些情节较强的画面中，陪体是不可缺少的，如图12-61所示。例如，若画面中只有一个正在讲话的人，则我们不能判断他的身份。但如果画面中出现一块黑板作为陪体，那么我们马上就可以明白，他是正在讲课的教师。再比如，要表现跳高运动员，那么横杆就是陪体，如果缺少了这一陪体，跳高运动员的形象就不典型，甚至会让观众产生错误的判断。

图12-61　画面中的陪体

陪体在画面中起"绿叶"的作用，可以帮助观众了解当时的情况，帮助主体说明问题，帮助人们理解画面上主体的神情、动作和内在涵义。

陪体的作用有以下4点。

① 帮助主体说明内容，烘托和陪衬主体，特别是在容易产生歧义的画面中，陪体的作用更为突出。

② 使画面富有生活气息，这种生活气息是任何艺术作品都不可缺少的。

③ 有装饰、美化画面的作用。

④ 避免画面死板。

陪体也可分为直接表现和间接表现两种方法。直接表现是指在画面之中陪体可以出现在主体的前、后或周围，与主体构成情节，形成呼应关系。陪体既要与主体密切配合，又不能影响主体的突出，更不能削弱主体。由于画面范围有限，为了突出主体，陪体在画面中常常是不完整的，只需留下能说明问题的一部分就够了，绝不能为了强调陪体的完整而影响主体的表现。

间接表现是指陪体并不出现在画面中，而是在画面之外，靠观众的联想形成在观众的想象之中。比如影视画面中所谓的"开放性构图"，有的就是通过间接表现陪体而使画面的寓意更为丰富。这样处理陪体可以扩大画面的信息容量，突破时空的限制，让观众参与画面创作，引起观众的欣赏兴趣。陪体的间接表现一般是利用主体视线、动作及线条的朝向来诱发观众的想象，使观众觉得画幅之外确实存在着一个看得见的形象。比如经典名画《踏花归来马蹄香》，作为陪体的花丛并没有直接出现在画面中，作者反用了几只追逐马蹄的蝴蝶作为间接陪体，结果丰富了观众的想象，扩大了画面的容量，加深了画面的意境。在影视画面中，有时主体与陪体是分别表现的，随着镜头的运动（如推、拉、摇、移等），将陪体呈现在画面中，这也是间接表现的一种形式。

三、前景

前景是指处于主体前面的景物，即在画面中最靠近镜头位置的人或物。由于镜头的透视关系和光线的作用，前景往往成像较大，色调浓重，如图12-62所示。前景一般出现在画面的边框部位，有时也可以作为陪体出现。例如，拍摄医生看病的情形时，病人安排在镜头与医生之间，拍摄病人的半身背影。这里病人既是陪体又是前景。

图12-62　处于主体前面的前景

运用前景来陪衬、烘托、渲染主体，可以使主题内容的表达更为完美、深刻。它的主要作用有下述几点。

① 在画面中可以起到渲染气氛、点明时间和地点特征，以及表现和突出时代、季节、地方色彩和环境特点等作用。比如拍摄春天人们游园的镜头，用绿树桃花作为前景，就起到了既说明季节又渲染欢乐气氛的作用。再如，为了反映海南的地理环境，用椰树作为前景，就会使画面富有南国情调。

② 有助于空间感的表现。利用前景成像大、色调浓的特点，与近处的景物形成大小、明暗的对比，或让前景发虚（焦点不实），使人感受到画面内的空间距离。

③ 把事物中最富有特征的形象放到前景的位置上，可以起到加强画面形象概括力的作用，使主体表现得更加深刻和典型化。比如拍摄篮球比赛时，就可以用球架作为前景，以强调该项运动的性质。

④ 根据人们的视觉习惯和经验，可以把有地位特征的景物作为前景，使人们感到自然，产生一种主观的地位感，从而缩短观众与画面之间的心理距离。例如，通过大型圆钢管的内壁拍摄工人工作的场面，就是为了起到这样一种作用。

⑤ 前景还有装饰画面、均衡布局的作用。选择富有装饰性的前景，如门窗、拱门、厅阁、有规律排列的树木和栏杆等，可以起到装饰画面、美化主体的作用。比如，天空无云时显得单调，可将下垂的枝叶置于画面上方；有时画面下方压不住，可用鲜花、山石、栏杆作为前景，像在英模报告会的主席台下摆设鲜花就起到了这样的作用。

那么，如何处理前景呢？

① 要有利于主体的表现，使主题处理得当。选择的前景要有目的性，也就是说选择的物体一定要与主体有形式上的或者内在的联系，不能牵强附会，以帮助观

众了解主题内容、加深印象，更好地表达主题。例如拍摄黄山、华山、泰山等雄伟壮观的山岳时，一般要用树木作为前景，通常选择弯曲、粗壮、苍劲的松柏为宜；而如果拍摄的是秀丽的湖面及河旁小景等，则最好选择下垂的柳枝、河草等作为前景。这样浓淡粗细不同的景物就能得到适当的表现。

② 前景线条结构要与主体相呼应，方向要一致，形式要美观，以起到美化画面的作用，而不是丑化画面，给画面带来负担，让观众有多余之感。比如组织一个画面时，可以利用一根树枝作为前景。树枝的线条有其方向性，这个方向性就要同主体相呼应，始终要以主体为向心点。

③ 前景的运用要注意整个画面的完整性，不可破坏和分割画面。有时透过某一前景拍摄远处景物时，若把浓密的前景、粗糙的直线条拍入画面，就会对画面造成分割，使主体不突出，画面不完整，很难起到前景的作用。

在多数情况下，前景用于场面大、景物层次较多的画面中。由于前景成像大、色调浓，所以一定不可滥用，否则就会成为视觉障碍。在选择前景时，一定要注意与主体的密切配合，凡是破坏主题、破坏整个画面结构的前景都要坚决舍弃，可用可不用时就不要用，宁缺勿滥，以求画面的简洁。

在实际拍摄中，人们已经越来越追求真实自然，因此现在动态前景的运用十分普遍。比如，把主体人物放在车水马龙的街道上拍摄，前景是来往的人流和交通工具。通过这些运动前景来表现主体人物，可以使画面显得很真实自然，现场感很强。

四、背景

位于主体后面衬托主体的景物称为背景。它是画面上离镜头最远的部分，起着烘托主体、丰富主体内涵的作用，如图12-63所示。一幅画面内容和形式上的最终完成在于安排好背景，把主体、陪体、前景等安排在什么样的背景上，对画面构图的成败往往起着关键性的作用。

图12-63 位于主体后面衬托主体的背景

背景的运用十分常见，从表现内容上看背景可以表现主体所处的环境、地理位置及时代气氛，如同我们游览名胜古迹时总要在一些景点前拍照留念一样；从形式上看它表现为空间、色调的衬托及线条结构的影响。

背景有多种表现方式，一般总是以不定的形式存于画面之中，而且占有较大的画面比例。

处理好背景可以从以下几个方面去考虑。

① 要抓住背景的特征，即把反映主体所处的典型环境、地点或事件发生的时代、季节、天气等富有特征的事物组织在背景里，以帮助观众理解主题思想、情节内容和人物性格。

② 要运用背景与主体之间的对比手法，利用光线的明暗、色调的不同，线条和结构的差异，使观众对主体与背景产生距离感，从而有力地衬托出主体的轮廓线条，并使主体具有主体感和空间感。例如，把明亮的主体放在暗色调的背景前，把竖线条结构的主体放在横线条的背景前，或用正方形物体形成的背景来衬托圆形的物体，等等。

③ 背景的色调和线条应力求简洁、单纯，要和主体既有区别又和谐统一。首先背景的色调要与主体有区别，这样才能使主体和背景区别开来，产生距离感。主体色调浅时，背景色调就要深一些，反之亦然。其次，在选择背景时，要避开背景上与主体无关的人或物，避开妨碍表现主体并破坏画面统一的线条，比如树杈从人的头顶伸出、地平线居中将画面一分为二等。遇到这种情况时，可通过改变拍摄角度或调焦使背景变虚，或利用光线使无关的景物隐没在暗色调中。当然，也可以在后期制作时对背景进行处理。

一幅完整的画面应包括以上4个部分，它们是构成画面的最基本的实体形象，但并不是所有的画面都必须具备这4个部分。有的只有主体和背景，有的有主体、背景和陪体，而没有前景。但无论组成如何，都要以突出主体为目的。

安排画面的原则主要有：一是要根据内容的需要，二是要符合观众的思维习惯和视觉习惯，三是要考虑画面的信息量。但无论如何布局，都要首先根据需要和心理要求考虑到突出主体。

五、画面的空白

人生活在真实的空间里，环境能给人很大的影响。当你漫步在辽阔的草原上或航行在浩瀚的大海上时，会感觉到心境开阔；当你走进一个小黑屋子或同矿工一起下到小煤窑中时，会感觉到透不过气。这说明环境能使人产生不同的感受。一幅画面里除了主体、陪体、前景、背景之外，还有一些起衬托作用的空隙部分，它不是具体的形象，而是由单一色调的背景形成的，我们把它称为"空白"（实际上也是背景的一部分）。一些在画面中失去其本身意义的物体（如天空、水面、大地、墙壁、草地、树林，以及利用镜头焦点形成的发虚的背景）都可以看作空白，空白在画面中虽然不是需要表现的具体对象，但却是画面不可缺少的组成部分，有着特别的表现力，它的作用有以下几点。

① 突出主体。主体周围的空白可以使主体轮廓鲜明突出，产生强烈的视觉吸引力，画面也更为简洁。如拍摄英雄纪念碑时，人们总是给纪念碑周围衬以天空，在画面上方形成空白。这样可使英雄纪念碑挺拔、鲜明、突出，轮廓线条清晰。如果英雄纪念碑叠在其他建筑物上，那么主体就没法突出。

② 产生联想。画面上留有一定的空白，能让观众在视觉上有回旋的余地，从而打开思路，产生更多的联想，激起感情上的共鸣。有时还会使人们产生"只可意会，不可言传"的心境。

③ 活跃画面。画面中留有一定的空白，可以使画面生动活泼。空白留取得当能使画面有疏有密，有虚有实，结构流畅，节奏和谐；反之，则会使观众感到压抑、闭塞或者画面松散、空洞。

④ 影响关系。空白对画面中所表现的实体之间的关系也会产生影响，比如不同形象的呼应关系、物体的向背、关系的疏密和远近等。

在影视画面中空白所占的面积经常是有变化的，这种变化可以使画面产生不同的节奏。比如在快节奏的运动镜头中，空白的大小、疏密有很快的变化。在拉镜头时，可以使画面中空白所占的比例越来越大，节奏由快到强，使人感到舒缓。

在处理空白的留余时应合乎人们的视觉习惯和心理要求，要注意以下几个方面。

① 在人物头顶上方、视线方向及人物的动作方向上要留有一定的空白。比如拍摄人物的侧面时，必须在其视线的前方为其留下一定的空白，这样才能使人们的目光、思绪有伸展的余地，如果让人的鼻尖顶在画面的边缘，而脑后留下空白，就会让人感到不舒服。

② 为表达物体的呼应关系，在实体之间留有不同大小的空白。有向背特性的物体的正面方向应多留些空白。

③ 在运动主体的前方应留些空白，这样可以强调物体的动感，并使运动有展

开的余地，使人产生运动继续下去、不受阻挡的感觉。当然，有时为了表达作者的意图，在运动物体的后方也要求留有足够的空白，如拍摄车子后面长长的车辙、运动物体的运动轨迹等。

画面上空白的多少，要根据不同的拍摄对象以及个人的情趣和欣赏习惯来决定。画面中空白占据的面积较大时，画面内显得比较空洞，一般重在写意；反之，主题显得比较重，一般重在写实。由于空白占有的比例不同，画面的意义也产生了相应的变化。一般情况下应避免空白部分与实体在画面中的面积相等或对称，否则将会使画面显得平庸。

六、画面中的心理趋合

在画面构图中，心理趋合的含义是指利用人们的想象力去填充我们实际在画面中并没有见到的空间。电视屏幕是有限的，在突出表现主体的细节特征或思想感情时，往往采用视距近的画面，因此被摄主体不能在画面中完整地展现出来。此时，若恰当地利用人们日常生活的经验，使被摄体在画面中取舍得当，就会产生画面向外扩展的效果，让画面中未被展现的被摄体的其他部分出现在观众的想象之中。这就是我们在画面中利用心理趋合反应的积极意义。

在实际拍摄中，心理趋合也有一定的消极作用。例如在拍摄中要注意拍摄角度与背景的选择，否则画面中主体与某些背景物体的组合会使观众产生错误的联系和概念，形成不恰当的联想，尤其在教学节目中会严重地分散学生的注意力。

另外，拍摄人物时要特别注意画面边缘不能与自然切割线相重合。自然切割线是指通过人物颈部、腰部、膝部、脚踝等的水平线。要调整构图，使这些切割线落在画面内或画面外，以避免观众出现不好的感觉。

由于影视节目是由一系列画面组成的，在多幅画面的组接和蒙太奇手法的作用下，画面中的心理趋合因素表现得更为丰富，所以在考虑表现方式时一定要注意构图的心理趋合。

第四节 影视画面的均衡

均衡是指画面的布局能使人产生平衡感和稳定感，这是人们在生活中养成的一种自然的心理要求和形式感觉。也就是说，在构图时不要使安排在画面上的景物影像出现上下轻重失调、左右空满不一的不稳定感觉。这种均衡有时仅仅是视觉感受上的，但大多数是经过人们的思考和想象所达到的一种心理上的平衡感。这种心理上的平衡感是人们从生活体验中得来的一种审美心理。画面构图就是利用人们的这种均衡心理使画面产生稳定的美感。

一、均衡的形式

均衡有两种形式。一种是主体居中、左右对称的均衡，称为对称式均衡，如图12-64所示。这种均衡形式的稳定感强烈，一些严肃、庄重的场合往往采用这种形式的构图来表现。但这种构图形式显得比较呆板、单调，无趣味，引不起观众的兴趣，也不能使观众产生视觉兴奋，因此只能说它是一般的均衡，而非艺术上的均衡。而我们通常所说的均衡不是指绝对的平均、对称或平稳，大多数情况下是指艺术上的均衡和稳定。所以，多数构图手法往往采用另外的一种形式——非对称式均衡，如图12-65所示。非对称式均衡不是指数量、重量上的不相等或形体上的不对称，而是运用人们心理上的感觉和生活中的体验，形成画面中力度和价值上的均衡。

图12-64 对称式均衡　　　　　　图12-65 非对称式均衡

像前面讲过的在运动物体的前方要留一些空白，实际上也是为了满足均衡的需要。因为虽然这时画面上前方空白大，从形式上看不均衡，但人们的心理经验使人们感到物体即将填满前方的空间，同时人们在视觉习惯上也总是较多地注视运动物体的前方，所以并不感到不均衡。

在处理画面构图的均衡时，应注意以下几个方面。

1．多种构图要素对均衡的影响

① 物体形状、大小和位置的影响。对于同样形状的物体，大的比小的重，位置低的比位置高的重，离中心远的比离中心近的重，规则物体比非规则物体显得重。

② 色彩与明暗的影响。对于形状、大小和位置都相同的物体的感觉是：暖色

调的比冷色调的重；暗色调的比亮色调的重；明亮的物体比灰暗的物体要突出，也显得大些；另外冷色调也比暖色调突出。

③ 质感、线条的影响。通常我们都觉得画面中质感粗糙的物体比质感细腻的物体重，线条粗密的物体比线条细疏的物体重，轮廓实的物体也要较虚的物体重。

2. 空白对均衡的影响

前面已经讲过在画面中应留有一定的空白，在考虑构图的均衡时也要注意空白的大小对均衡的影响。比如，人物视线、动作方向上的空白或物体朝向上的空白大小要合适，留得过大或过小都会使构图不均衡。

如果有其他"力量"进入画面，如人物运动方向、视线方向、姿势的改变，在画面中要出现字幕或画面之间还要进行特技处理等，就应对画面空白重新进行考虑，以求画面均衡。

3. 内在趣味对均衡的影响

在画面中被突出的物体会吸引人们的视线，使人们的视线停留在那里，形成视觉中心或趣味中心。在单个物体与众多物体之间人们的视线总是投向单个物体，所以常常在密集体的另一方安排主体，用孤立主体的办法形成视觉中心，并达到均衡。

另外，主体处于黄金分割和九宫格中的交点位置或临近处时，也会成为视觉中心。一般情况下应使处于支配地位的明显的垂直物（人、高楼等）、水平线（地平线、桌面等）、明暗区以及不同色块间清晰的分界线置于分割线附近，以利于画面的均衡。

4. 要符合自然客观情况

自然界或日常生活中凡不是对称分布、排列的东西，在画面中也不可对称构图，而应使其自然分散。例如，拍摄学生下课后从教学楼里走出来的场面，画面中的学生应该是有左有右、有前有后、三三两两地从楼里往外走向各处。这样的画面能使人们达到感觉上的均衡。

5. 视觉中的右撇现象

视觉中的右撇现象几乎人人都有，人们习惯从左向右观察画面，把注意力停留和集中在右边，所以一般情况下向右倾斜可使人感到比较稳定，而向左倾斜时动感略强。不过前景在右边时也会有拥挤、封闭的感觉。因而在考虑构图时，要注意右撇现象对均衡的影响。例如，把占优势的群体安排在左边容易均衡，否则会过重。摄像机一般从左向右移动也是考虑到人们的这种习惯。

但任何事物都不是绝对的，有时打破画面平衡，运用不平衡的布局手法，也是非常有用的，这可以制造出一些特殊的气氛，如动荡感、危机感等。比如表现滑雪、帆板等运动场面时就常采用对角斜线构图，整个线条都向一边倾斜，使人感到强烈的动感。

在掌握以上均衡构图的一些基本原则的基础上，在运用均衡法则时还应注意有利于突出主体的表现力，并在均衡中求变化，使画面生动活泼。

二、拍摄角度的选择

我们对画面构图的要素和原则有了一定的了解后，就应该进一步考虑对素材的取舍及被摄素材在画面中的位置、所占面积及相互关系，寻找适当的表现形式。拍摄角度的选择是拍摄人员使用最普遍、最主要的表现手法。

拍摄角度是摄像机在拍摄时的视点，所拍摄的画面给予观众的心理体验应该符合人们用眼睛观察各种事物时所形成的习惯和心理要求。如人们在观察事物时总是要先看看正面，再看看侧面；先看整体，再走近去看物体的细节。对于高大的物体，又总是习惯抬头仰视。这些习惯加上周围环境的影响和人们不同的情感要求，就形成了人们的各种视觉感受，所以我们在拍摄时要选好角度。

拍摄角度的变化是无穷的，但是这些变化是有一定规律可循的，即围绕被摄体选择拍摄角度。任何一个空间位置都是由3个坐标所决定的，即拍摄时所采取的方向（拍摄方向）、摄像机安放的高度（拍摄高度）、拍摄点到被摄体的距离（拍摄距离）。

1. 拍摄方向

以被摄主体为中心，在同一水平面上改变拍摄角度，可形成不同的拍摄方向，有以下4种构图方式。

（1）正面构图

摄像机镜头与被摄物体的正视线（朝向）基本上成一直线时所拍摄的画面为正面构图（正拍），如图12-66所示。从正面方向可以看到被摄对象的全貌，表现人物时，人的眉宇、嘴角、发型都匀称地展现在观众面前，使人感到亲切、自然和朴素，因而拍摄教师讲课、新闻广播员播讲

图12-66　拍摄中的正面构图

时都是采用正面构图。表现物体时，画面中多有平行匀称的横线条，给人一种静态感，显得平稳、安详、严肃、庄重，因而常用于拍摄气势雄伟的建筑物。教学片中为向学生提供符合实际、适应教学需要的画面形象，特别是强调物体的对称性和相互位置时，也常用正面拍摄。

正面拍摄人的脸部不在于表现其庄重、严肃、平稳，而在于表现其丰富的面部表情，并通过表情表达人物的内心世界。正面拍摄画面比较呆板，如果希望画面气氛在严肃、庄重之外还能有一些生动活泼的气息，就要对画面进行"挂角"处理，即在画面的一角或两角挂上松枝、柳叶等非对称性的景物，或在前景处安排人物、运动的物体等，以打破画面的绝对对称局面，活跃画面气氛。

正面构图中物体的各个部分平均地展现在画面上，不利于某一部分的突出，画面内人或物之间不能形成呼应关系，显得比较呆板。由于画面中有较多平行的横线条，透视关系不明显，缺乏方向性，所以不利于空间感和立体感的表现。尤其在以"动"为表现特点的影视画面中，正面构图的最大缺点是不利于拍摄有动势的题材，表现运动物体时动感不强烈，人或物的运动线条不能很好地展现出来。当然，在影视节目中这些不利因素也可用来表达某种特定的内容与情感。另外，方向性不强的正面构图还可作为"过渡镜头"来改变视点和轴线。

（2）正侧面构图

摄像机镜头与被摄体的正面成90°角时所拍摄下来的画面为正侧面构图（侧拍），如图12-67所示。这种构图形式可以突出物体的正侧面特点，并强调物体的动作线条和方向，在拍摄人物时有利于表现人物脸部的轮廓特征和人物之间的相互交流。在影视节目中常用正侧面平行追随法拍摄人或物体的运动，能够获得较好的效果。

图12-67　拍摄中的正侧面构图

正面拍摄注重对象的内在气质，而正侧面拍摄则重在表现人物的外部轮廓形状（人物的轮廓形状最能体现其性格特征）以及运动姿态（人物动作的幅度从侧面看最为明显）。此外，剪影构图多数都喜欢用正侧面构图。

和正面构图一样，正侧面构图中横线条、平行线条较多，不利于表现立体感和空间感。

（3）斜侧面构图

当摄像机介于正面和正侧面之间时所拍摄的画面称为斜侧面构图（斜拍），如图12-68所示。这种构图形式能表现被摄对象正面和侧面的特征，既能表现出人物的内在气质、心理活动，又能刻画人物的轮廓形态、性格特征以及作为语言交流辅助手段的手势动作等，有鲜明的立体感。

图12-68　拍摄中的斜侧面构图

此外，这种构图既能充分表现出画面中被摄体的呼应关系，又能突出主体、分清主次，同时还能把横线条转化为斜线条，使画面的动感增强，较为活泼。斜侧面构图中延伸的斜线条能够最大程度地得到展现，观众仿佛进入了画面深处，有利于深度空间的表现。在拍摄运动的人物或物体时，这种构图形式可以使运动的主体获得最大的画面表现空间。由于这种构图兼有正面和正侧面构图的优点，所以不论是图片摄影还是影视摄像都较多地采用了这种构图方式。

（4）背面构图

在背面构图（反拍）中，主体与摄像机的朝向一致，所拍摄的画面常常同时将主体与主体所关注的对象表现出来，使观众容易进入主体人物的内心世界，也可以使镜头表现出强烈的主观感受，在作为主观镜头使用时还可以使观众参与事件的发展。从背面角度拍摄人物时，由于没有表现主体的正面表情，所以观众只能通过人物姿态的某些特征进行想象，所表达的主题比较含蓄，如图12-69所示。背面拍摄时，人物的面部表情完全关闭，也看不到人物的视线指向，给人一种拒绝感（不打算回答）、离去感和神秘感。另外，背面构图还可以展示被摄体的背面特征，有利于表现人物的肩背造型，如纤夫宽厚的肩膀、老书生佝偻的后背等。还有，臀部、穿高跟鞋的双脚等也都可以从背面进行拍摄。若在影视节目一个段落的最后运用背面构图，往往可以使观众对主题有更深刻的回味。

图12-69　拍摄中的背面构图

2．拍摄高度

　　摄像机相对于被摄体的方向与距离不变，通过改变摄像机的水平高度，可以得到垂直方向的不同构图。摄像机在不同高度所拍摄的画面与人们在多种视点观察事物所得到的心理印象是相似的。平摄构图相当于人们对事物的平视，俯摄构图相当于人们从高处观察，仰摄构图相当于人们从下往上看。改变拍摄高度也就相当于人们在观察事物时所处地位的高低变化，下面分几种情况进行讲解。

　　（1）平摄构图

　　这种构图形式是指摄像机与被摄体处在同一水平线上时所拍摄的画面，也称平拍，如图12-70所示。画面中景物的形象是正常的，合乎日常生活中人们的视觉习惯，所以画面的真实感强，尤其是拍摄正面或斜侧面的人像时更使人感到亲切。在影视节目中拍摄人物时，如果不是为了表达特殊意义，一般都采用平摄构图形式，其包括多种运动镜头。在有些情况下，如拍摄液体温度计的刻度，则必须在这个角度拍摄（平摄）才能使读数准确。

图12-70　拍摄中的平摄构图

平摄构图容易突出前景中的物体，而同一水平线上的其他对象却被全部或部分遮挡，故不利于表现前后景物体之间的相互关系。

平摄构图容易使地平线横穿画面中部。除了在某些特殊情况下（如拍摄水中的倒影时要强调上下对称），一般拍摄时应避免画面被平均分割。例如，在拍摄教育类电视节目时，要注意勿使讲台或实验桌面的线条平均分割画面。利用前景物的线条变化及光线变化可以破除平分画面的印象。

（2）仰摄构图

仰摄（抑拍）构图是指摄像机从下向上拍摄被摄体时所构成的画面，如图12-71所示。由于摄像机镜头处在被摄体水平线以下，所以形成的画面地平线及地平线上的景物、背景等都随之降到画面下部，甚至排除在画面之外。

图12-71　拍摄中的仰摄构图

仰摄不仅使处于前景位置的主体鲜明突出、富有表现力，而且还可以突出和夸大被摄体的高度，因而仰摄构图适合表达高大的物体、腾空跃起的动作以及人或物向上的力量等。在影视节目中常利用这种构图来形容被摄体的庄重、人物朝气蓬勃的精神面貌和英雄气概等，以表现某种仰慕心情或胜利的喜悦，使画面带有强烈的主观感情色彩。由于仰摄构图大多以天空为背景，画面中有蓝天白云或绚丽的彩霞，因此带有很强的抒情意味。

仰摄角度不适宜近距离拍摄使用，因为这样形成的画面将产生人物夸张变形和建筑物向后倾倒的感觉。

（3）俯摄构图

俯摄（俯拍）构图是指摄像机从高处向下拍摄被摄体时所构成的画面。由于摄像机镜头处在被摄体水平线以上，所以画面中的地平线显著升高，使景物在画面中由下而上有层次地展开，被摄对象的地理位置、空间距离、相互关系和线条得到充分表现，画面有很好的空间感，如图12-72所示。俯拍角度拍摄适宜于表现优美、开阔的景色和规模大且有气魄的场面，如众多的人物、数量可观的物体等。另外，俯拍可以拍摄出物体的顶部，有利于表现体积和立体感。在教育类节目中拍摄仪器设备和实验装置等时常用俯拍，这样可使学生看得更清楚。

图12-72　拍摄中的俯摄构图

但俯拍人物时给人以压抑感，使形象显得渺小。因此，除特殊意义的镜头外，一般不用俯拍的形式去表现人物。

（4）顶摄构图

顶摄（顶拍）构图是指摄像机垂直向下拍摄时所构成的画面。由于人们日常观察景物时很少采用这种自上而下的视点，所以这是一个特殊的角度。顶摄可以拍摄到物体顶部的全部线条和轮廓，拍摄的景物、人物在画面中被充分展现，有利于强调它们之间的相互关系，形成的画面有特殊的布局和图案变化，并以大线条表达宏伟气魄为优势，如图12-73所示。在教育类电视节目中这种构图也有不少应用，如风光地理片中从高空对地面的拍摄就属于或接近顶摄。在体育比赛节目里有时也利用这个角度进行拍摄，使观众综观全场或以特殊的视点去欣赏动作的优美之处。在医学手术操作、生物活动，以及字幕、图表和动画的拍摄中，顶摄构图更是一种不可缺少的构图形式。

图12-73　拍摄中的顶摄构图

第十三章　摄影拍摄技巧与规范

第一节　数码相机

现代社会已进入信息化时代，信息化最明显的标志就是计算机的普及和应用。伴随其而来的是一场数字化革命，这在摄影领域内的表现就是数码相机的广泛使用。数码相机是照相机家族里的新成员，只不过其工作方式由原来的化学方法转变为电子方法，随之也引起了记录、存储、加工及输出等方法的一系列变革。数字摄影既可以带给人们各种焕然一新的影像，又可以为人们提供一种更加快捷地制作各种高质量照片的方法。

一、数码相机的工作原理

数码相机的外形和结构与传统相机基本相似，其成像原理、镜头和快门技术也都与传统相机完全相同，但其最大的区别就是记录图像信息的载体发生了变化。数码相机用CCD取代了感光胶片，CCD负责影像的感光部分，该元件的好坏将直接影响图像的质量。

CCD是一种金属氧化物半导体（MOS）集成的电路器件，一个CCD芯片由成千上万个微小的光电传感器组成。每一个传感器都能感受到光线强弱和色彩的变化，并将其转变为电流信号。这种电流信号是一种模拟信号，它需要通过模/数转换器进行采集、编码，将其转换成计算机可以识别的、由"1"和"0"组成的二进制数字代码，即将模拟信号转换成数字信号并存储在存储器中。这就完成了一张照片的拍摄，其过程相当于传统照相机中的曝光过程。

用数码相机拍摄好的照片可以直接显示出来，比如说可利用数码相机上的液晶显示屏显示，或输入到计算机中，通过计算机屏幕显示出来。如果利用相应的图形处理软件，那么还可以随时随地对所拍摄的照片进行任意的剪裁、修饰。如果需要的话，还可以直接进行网上传输或打印照片。

二、数码相机的种类

拍摄微课时使用较多的是普通的傻瓜相机和单反数码相机。

1. 普通傻瓜相机

这种相机（见图13-1）的特点是：光圈和快门不可调节，镜头也不可调换，内置式闪光灯能够自动打开，并且可以进行自动曝光和对焦。傻瓜相机还备有多种拍摄模式（如晴天模式、阴天模式、日光灯模式等）以供使用者选择。另外傻瓜相机使用锂电池，具有电池寿命长、闪光灯支持连续拍摄等优点。

图13-1　普通傻瓜相机

一些高档傻瓜相机还增加了更多的自动功能，如调焦系统增加了红外线或超声波测距装置，使调焦更加准确；光圈与快门添加了多种自动程序，拍摄时可根据实际光线情况自动控制曝光；镜头焦距扩展到广角和中焦范围，可适应不同的拍摄要求。

2. 单反数码相机

单反数码相机指的是单镜头反光数码相机，如图13-2所示。在这种系统中，反光镜和棱镜的独到设计使拍摄者可以从取景器中直接观察到通过镜头的影像。单反数码相机在体积上要大于普通数码相机，而且单反数码相机的成像效果要比普通数码相机好很多。同时，单反数码相机可以更换镜头，而普通数码相机的镜头是内置的，不可以更换。

相机的镜头（透镜组）是由一组或多组光学玻璃制成的透镜所组成的。简单的镜头由一个玻璃透镜制成，更为复杂些的镜头是由被称作透镜单元的两片或更多片光学玻璃所组成的。同只有一个透镜的镜头相比，多个透镜的镜头可以使各种像差更好地得以校正。所以，判断相机镜头质量的优劣，从某种意义来说就是看组成镜头的光学透镜的多少。

相机的镜头一般是按照焦距来分类的。焦距是指由镜头的光心到焦平面的距离。通俗地讲，在相机与被摄物体间距离不变的情况下，焦距越长，视角就越窄；反之，焦距越短，视角就越宽。一般来说，相机的镜头分为标准镜头、广角镜头、长焦距镜头、中焦距镜头和变焦距镜头等。

（1）标准镜头

在一般的摄影中，标准镜头是使用得最为广泛的一种镜头，如图13-3所示。它之所以被称为标准镜头，其一是因为这种镜头各方面的性能最为精良，和其他类别同一档次的镜头相比，它的分辨率最高，像幅边缘所产生的畸变最小，外形也最为小巧；其二是因为用这种镜头拍摄照片时摄取景物的范围、被摄景物的比例和透视关系等都与人眼所观看的效果大致相同。标准镜头的视角一般在45°左右，与人眼的视角基本相当。

图13-2　单反数码相机　　　　　图13-3　标准镜头

（2）广角镜头

广角镜头是一种视角大于人眼视角的镜头（人眼视角在45°左右，而通常广角镜头的视角则大于60°），如图13-4所示。这种镜头的特点是：视角宽，焦距短，景深长，因此广角镜头非常适合表现大的场面和在室内进行拍摄。同时，景深长可以保证被摄物体在前后很大的一个范围内都是清晰的；而焦距短又保证了在摄影中使用较慢的速度进行拍摄时，不会因为照相机的轻微震动而使影像发虚。

（3）长焦距镜头

长焦距镜头又称为远摄镜头，它具有类似于望远镜的功能，如图13-5所示。这种镜头的特点是：景深范围小；视角窄；从像幅上显现的景物来看，纵深感缩短，空间距离明显被压缩。这一点同标准镜头所呈现给我们的透视关系完全不同。长焦距镜头主要的特长是能够远距离拍摄景物的较大影像，适合拍摄不易接近的物体。

图13-4　广角镜头　　　　　图13-5　长焦距镜头

（4）中焦距镜头

中焦距镜头是一种介于标准镜头和长焦距镜头之间的镜头。由于这种镜头的焦距和视角介于标准镜头与长焦距镜头之间，所以其景深范围小于标准镜头。这有助于在人物肖像摄影中控制景深，虚化背景，突出主体。用这种镜头拍摄人像特写时，不会因镜头与被摄主体之间的距离过近而产生变形现象。另外，由于中焦距镜头的视角与透视关系都还比较接近于标准镜头，有效口径亦比长焦距镜头的口径大不少，因此在室内摄影、一般户外摄影、人像摄影以及风光摄影等几乎所有领域中的应用都很广泛。

（5）变焦距镜头

顾名思义，变焦距镜头就是焦距可以在一定范围内进行改变的镜头。也就是说，一个变焦距镜头可以代替几个不同类型的其他镜头。变焦距镜头从变焦方式上分可分为单环式和双环式。单环式变焦距镜头的优点是操作简便迅速，缺点是在进行调节时变焦和调焦容易互相干扰。双环式变焦距镜头的调焦和变焦各使用一个调焦环，在调节时不会互相影响，但是调焦和变焦不能同时完成，在操作时速度会慢一些。一般的变焦距镜头在使用时先要将焦距推至最大，对准主体，把焦点调实，然后再拉到所需的焦长。这时无论焦长如何改变，其主体影像总是清晰的。当然，在每次改变主体或者改变镜头和主体的距离时，还要重新调焦。

三、数码相机的使用

1．数码相机的拍摄

① 仔细阅读所用数码相机的说明书，对相机的构造和功能有一个大概的了解。

② 依据规格装好电池，并检查内存卡是否已经安装妥当。

③ 接通电源即可直接拍摄。如果发现按下快门后相机不能工作，则说明光线不足或无法对焦。此时需要重新对焦或打开闪光灯，以满足拍摄条件。

④ 对于拍摄下来的照片，可以通过液晶显示屏即时浏览。如果对拍摄效果不满意，可直接删除，重新拍摄。

2．数码相机的输入

用数码相机拍摄的照片可直接输入到计算机中进行处理。输入方法有两种：一种方法是通过连接线将数码相机与计算机连接在一起进行输入；另一种方法是将内存卡取出，利用专门的读卡器进行输入。这两种方法都需要在计算机上安装相应的程序，否则就无法把照片输入至计算机中。

3．数字照片的处理

数字照片的处理指的是利用计算机和相应的图形图像处理软件对已输入到计算机中的照片进行处理与加工。

数码相机是在计算机发展的基础上应运而生的，计算机是数字摄影系统的核心。如果把数字摄影作为一个整体的话，那么前期拍摄只占一少半的工作，大多数工作是在计算机上利用相应的图形图像处理软件对照片进行修饰和再创作。因此，除了会使用相机外，还要求摄影者对计算机的基础知识有所了解，能够比较熟练地操作和使用计算机，而且还要专门学习如何使用有关的图形图像处理软件，以便更好地对所拍摄的照片进行处理。

图形图像处理软件很多，如PhotoWise、PhotoImpact、Adobe PhotoDeluxe以及Photoshop等。这些软件均可用来对照片进行处理，其中Photoshop是目前应用最广泛的一种图形图像处理软件。

一般来说，图形图像处理软件均可用来对数字照片进行如下处理：改变照片的尺寸，对照片进行任意剪裁，改变照片的颜色、亮度与对比度，修复照片中的污点、缺损等瑕疵。另外这些软件还可对照片进行特技加工，如利用各种滤镜可产生油画效果、浮雕效果、光影效果及柔化效果等。

总之，利用图形图像处理软件可以对所拍摄的数字照片进行随心所欲的修改和再创作。

第二节　数码相机使用技巧

一、取景

照片与实景的重要区别就是它有边框。实景是连续的，而照片是有限的——止于照片的4个边框。对于一个有创意的摄影者来说，拍照时要做的第一件重要工作就是决定对画面内容的取舍。

为了使拍摄对象的构图和角度都更加合理，一定要做好这样的心理准备：围绕着拍摄对象转一转，选个合适的角度，再蹲下来看一看仰角拍摄效果是否会更好些，站在椅子或者其他高一些的物体上也经常会产生意想不到的效果。

以上这些只是对初学者所提出的几点建议，其实在各个角度都能拍摄到好的照片，但前提是要遵循一定的构图原则。取景时不妨问自己以下问题。

① 这张照片的主体是什么？

② 要突出什么样的主题？

③ 这张照片能否让观看者将注意力集中在主体上？

突出主体是取景构图的重点，主体经常会被放到取景框的3个位置：黄金分割位置、中心位置和三分之一位置。让主体位于黄金分割位置是不会出错的，它传达出来的含义是和谐、优美。但有时稍偏一点儿，留出回旋的余地，将给人一种舒畅的感觉，这可以作为家人拍照的首选。但如果你的照片想要给人以较强烈的冲击和刺激，建议不要在此位置安排主体。

一般的摄影者喜欢将被摄主体放在画面的当中，四平八稳，但这就像天坛祈年殿的照片和旧时的皇帝画像一样严肃、单调。它可以被用来表达某种主题，但并不适合广泛运用。仔细想想，这也是为什么大多数旅游照片都了无生趣的原因。

用垂线把画面三等分，把被摄主体大致放在某条分割线上，这是三分之一取景法。它的好处是可以给人以愉快的平衡感和无拘束的宽松感，但这样浪费的画面是不是太大了？如果你看看中国画的疏密对比，就会发现这样做显得更有余地，富有想象力。

对于拍摄中取景这个步骤，摄影者还要确定是横拍还是竖拍。横拍给人以稳定的感觉，适合表现宽阔和舒展的景象，但同时也会传达沉闷、没有变化的感受；竖拍适合表现高大的物体，传达出兴奋和力量的平面语言，但是视野又不够开阔。掌握好这些原则并在实践中灵活地加以运用，才能够拍摄出内容与形式相互一致的作品。

另外，关于取景，初学者也许容易犯一些稍加注意就能够避免的错误，比如说主体不够突出（如果每一方面都想表现得非常突出，那就是哪一方面都没有表现好），在表现人物时容易出现诸如头上长树、切头切脚等毛病。只要有这个意识，在拍摄时细心一些就可以避免。

二、色温

在日常生活中会发生一些有意思的事。例如到商店去买衣服，有时挑选时觉得颜色很漂亮，买回来穿到街上一看，才发现过于艳丽了。再如乘坐火车的时候，拿出小镜子来检查一下眼睑，会惊奇地发现没有血色，好像得了贫血。日常所用的日光灯和白炽灯的颜色也是不一样的；在早晨日出或傍晚日落的时候，周围的环境都会呈现出金黄色，而太阳落山到天黑这段时间，周围的环境又会呈现出淡蓝色。这是为什么呢？原来光源色温的不同会影响人的视觉对颜色的判断。出现判断偏差的原因是日光灯和太阳落山后的色温比较高，光谱中所含的短波光比较多，而白炽灯和日出日落时的色温比较低，光谱中所含的长波光比较多。

由此可见，光源的色温影响着我们对周围环境色彩的判断，同样它也极其明显地影响着彩色摄影的再现效果。在彩色摄影中，色温用"K"来度量：一般晴天的色温是5400K，阴天的色温是7000K左右，傍晚和日出时的色温是3000K左右，日光灯的色温与一般晴天的色温大致相当，白炽灯的色温是2800K（与傍晚和日出时的色温大致相当）。

三、曝光

我们手中的相机所面对着的是一个五彩缤纷、层次丰富、光线变化无穷的世界。摄影的目的就是要用相机来记录和展现现实生活中富于变化的各类事物，而这一切往往取决于如何达到你所需要的曝光程度。所以说曝光是决定照片质量的关键。"正确曝光"的意思应该是，在一定的时间里让感光元件受到适当的光量照射。

也许你在拍摄中会更多地使用傻瓜相机或者自动曝光来控制拍摄，那么拿出以前的照片看一看吧。你会发现一半以上的问题出在了曝光上，为什么本来有着明艳迷人色彩的风景在照片中显得如此苍白和乏味？傻瓜相机和自动测光装置所"认为"的曝光量常常是错误的，这绝不是在打击你的积极性。自动测光只是取一个近乎平均的值，比如在湖边拍摄时，构图中有大面积的湖水，湖水反光很强，自动曝光装置就会认为曝光过度了，自动缩小光圈，结果是画面由于曝光不足而成了一团漆黑。图13-6和图13-7分别是曝光不足和曝光过度的例子。

图13-6 曝光不足的画面　　　图13-7 曝光过度的画面

所以，在可能的情况下应尽量选择主体曝光或者手动光圈曝光。主体曝光就是将带有测光装置的相机尽量靠近所要拍摄的主体进行测光。比如刚才的例子，如果靠近主体面部进行测光，那么就不会使面部曝光不足。

关于手动光圈曝光，表13-1列出了常见情况下的曝光参数以供选择。

表13-1　常见情况下的曝光参数

拍摄时间		6～7时和18～19时	7～9时和16～18时	9～16时
快门速度		1/60s	1/125s	1/125s
应用光圈	蓝天白云	8	11	16
	无云	5.6～8	8～11	11～16
	薄云遮日	5.6	8	11
	多云	4	5.6	8
	阴天	2.8	4	5.6

另外，光线还具有季节性。一般来说，在快门速度一定的情况下，冬季要比春秋季节多加半挡光圈，春秋季节要比夏季多加半挡光圈。

当然，所有这一切都不是绝对不变的，比如我们可以利用曝光过度来表现高调（高调在人物摄影中可以使皮肤色彩变淡、色调洁净，在风光摄影中可以产生强烈、醒目的气氛——指反转片），还可以利用曝光不足表现低调（低调的特点是使影调变暗，从而产生更加丰富的色彩和视觉冲击力）。如果在室外拍摄，暗淡的基调和轻微的曝光不足可以使景物魔法般地呈现暴风雨效果。初学者可以此作为入门参考，以后经验丰富了，还应考虑到照片的感觉、主体的情况等，特殊情况应特殊对待。

在实际拍摄中可能有时候拿不准究竟用哪一挡光圈最合适，这时候不如试试两挡中间的效果。这时的通光量比上一挡小了一点，比下一挡又大了一点，也许是一种不错的选择。但是要注意，光圈可以加减半挡，但快门速度是不可以的，硬要尝试只会损坏机器部件。

四、闪光灯的运用

说到摄影曝光，就不能不提到闪光灯。闪光灯作为最重要的补充光源，为我们的拍摄提供了不少方便。现在常用的闪光灯是电子闪光灯，它具有操作简便、使用灵活、体积小巧、携带方便等诸多优点。它的瞬间发光强度非常大，例如一只闪光指数为18的小功率电子闪光灯的瞬间发光强度就相当于一只1800W的钨丝灯泡。所以，电子闪光灯一般能够在拍摄需要的时候提供足够的摄影用光。闪光灯一次闪光持续的时间极短，通常只有千分之一甚至数万分之一秒；闪光灯的光线色温在5500K左右，与标准日光的色温相同，能满足常用的日光型彩色照片对光线色温的要求。

闪光灯分为内置式和独立式两大类。内置式闪光灯和照相机是一体的，不可以拆卸下来，常见于傻瓜相机。内置式闪光灯的主要优点是使用极其简便，不用考虑闪光曝光的调节问题，因为它是依赖相机的自动曝光系统完成闪光曝光的。内置式闪光灯的主要缺点是功率小，通常闪光指数为12～14（ISO100／m），而这类相机的最大光圈通常为"f/2.8"。这就意味着最远的闪光摄距为4～5m，再远就会曝光不足了。

独立式电子闪光灯平时单独放置，使用时再与照相机连接。它的主要优点是：功率较大，功能较多，装卸方便，能够适用于各种类型的相机。

曝光没有问题了，并不意味着光线在你的照片中就运用得很好了。我们经常看到用傻瓜相机拍摄的曝光很正确的照片，比如说旅游照片，由于是在中午拍摄的，所以人脸明暗分明，显得生硬，很别扭。这是因为正午顶光时间，明暗反差大，影调显得生硬，不适合拍摄人物的缘故。

那么，用光还有其他讲究吗？当然，讲究很多，比如早晨与白天的不同、夜晚曝光的特殊需要、雨天和雾天、顺光和侧光……其中的一些属于用光的技巧问题，这里先来了解一下最常见的几种光照的特性。

1．顺光、逆光、侧光和顶光

光线来自被摄体正面的就叫作顺光。在我们的拍摄经验中，经常会要求被摄主体特别是人物"冲着光站"。顺光照射的确会令被摄主体有足够的亮度，可以使得曝光宽容度较大，出来的照片不会曝光不足。但是，顺光时主体的立体感较差，缺乏明暗变化，拍出来的会是一个缺乏色调和没有层次的影像；尤其是人物的脸对着太阳光线感觉睁不开眼，表情难以控制。所以，这里建议在光线较强的情况下（如晴天），尽量少用顺光进行拍摄。

侧光又分45°侧光和90°侧光。45°方位的正面侧光是最常用的光位，它能产生看起来很舒服的光与影的组合，光和影在影像中的比例均衡，使得所拍摄的景物富有生气和立体感。因此，45°侧光经常被看作是自然光，在拍摄照片的时候不妨多加使用，一定能逐渐体会到这种光线的妙处。90°侧光是用来强调光明和黑暗强烈对比的、具有戏剧性效果的光线。被摄物体朝向光线的一面沐浴在强光之中，而背光的那一面掩埋进黑暗之中，阴影特别突出、明显。如果用90°侧光拍摄人像，可想而知，得到的当然是阴阳脸，太有个性了。世界级大师的人像作品（大多是黑白人像）中有许多都是采用了90°侧光进行拍摄的。

我们知道,太阳的高度是随时变化的,所以同样是侧光,还有不同的高度角问题。角度高的时候主体的阴影短些,角度低的时候主体的阴影长些。一般来说,被摄体的侧面上方45°左右的光线是最佳的。在实际操作中必须仔细观察不同时间、不同方向和不同角度下光线的微妙变化,不断积累经验,这样才能更好、更灵活地运用光线。

逆光又称为背光,光线来自被摄体的正后方。逆光能使被摄体产生生动的轮廓线条,使主体与背景分离,从而使画面产生立体感、空间感,极具艺术效果。如果你就此曝光,被摄体就会变成一个黑色的剪影。如果采用主体与背景兼顾的曝光,尽管被摄体与背后的景物光线反差强烈,但仍然可以捕捉到影像的细节。如果此时光源处于高于主体的位置,就会在被摄体的顶部勾勒出一个明亮的轮廓。例如人物的头发外层出现淡黄色的光圈,制造出一种戏剧效果,这就是所谓的轮廓光。所以,逆光对于拍摄透明物体或毛茸茸的东西(如小动物)是最适宜的。

来自被摄体正上方的光线叫作顶光,如正午的阳光。顶光对拍摄一般的物体都不适宜,用这种光线拍摄人像,会使颧额突出部分的下面产生不讨巧的浓重阴影(如眼窝凹陷),十分难看。用这种光拍摄建筑物,屋顶由于过亮而显得发白,而屋檐下的阴暗部分由于过暗而缺少层次,因此也应该尽力避免。但是顶光反差强烈,阴影浓重,非常适合拍摄反映炎炎夏日或者表现浮躁氛围的作品。

2. 直射光和散射光

直射光又称硬光,一般是指没有云彩或其他物体遮挡的光。在直射光照射下,被光照射到的部分和阴影部分的反差比较大,亮部清晰,阴影浓重,画面对比强烈,立体感强,如图13-8所示。但直射光不适合拍人物,人脸在直射光照射下质感过于显著,一点小小的瑕疵也会变得很明显。所以,在有直射光的天气拍摄人像时,最好让主体站在阴影中,再利用反光板进行一定的补光。

散射光是一种不会产生明显投影的柔和的光线,也称为软光。比如,阴天或太阳被云彩遮挡时的光线便是散射光,早晨和黄昏时的光线也是散射光,使用人造光的影楼通过柔光纸透射或反光板反射的光线也属于散射光。因为光线不是直射而是从不同方向反射到被摄体上,所以阴影很淡,反差较小,影调相对比较柔和,宜于全面地表达物体的细腻质感,如图13-9所示。但是由于阴天地面景物没有投影,所以对摄影造型非常不利,拍摄风光、人像都会显得平淡单调,没有光泽,而且阴天拍彩色照片还会造成色调偏冷、偏蓝。阴天拍摄人像时,可以选择比人脸色调更暗的景物作为背景，衣服也最好穿得暗些，让人脸的色调在画面上显得亮一些。阴天拍摄风光时，同样要从选择色调入手，尽量用暗的门窗、树木作为前景，使前景色调较深，中层景物次之，背景却要亮些，这样可以突破光线的灰平而获得一定的空间感。

图13-8　直射光照射下的被摄体　　　图13-9　散射光照射下的被摄体

有淡淡的云彩遮挡太阳时会形成直射光和散射光混合的明亮的阴天，也就是老百姓所说的"假阴天"，一般被公认是最佳的拍摄天气。这种天气光照比较柔和，光线效果比较均匀，不会形成明显的明暗反差，同时又具有较为丰富的影调、色调层次，所以适合各种题材的拍摄。

五、快门速度

选择快门速度的基本目的就是控制光线照射CCD的持续时间。时间越短，光线越少。如果把时间缩短一半，那么光线也会减少一半。相机在一个刻度盘上显示快门速度，一架相机的典型快门速度标记为8、15、30、60、125、250、500、1000和2000，意思是曝光时间依次是1/8s、1/15s、1/30s……依次类推，如图13-10所示。

快门速度是和光圈配合使用的，它们共同调整和控制曝光量，可以通过不同的组合来得到相同的曝光量。例如，当f/8、1/30s为正确曝光值时，如果用f/5.6、1/60s或f/11、1/15s组合，所得到的曝光量也是一样的。但是，不能认为组合出来的曝光量一样，照片照出来的效果就一样，因为其中还存在景深大小、相机震动等问题的制约。所以，在正常条件下选择的快门速度最好不要低于1/60s。

快门除了能调整和控制曝光量之外，还能

图13-10　相机刻度盘上的快门速度标记

控制被摄体的清晰度。因为快门速度越快，通过镜头的光线（影像）在CCD上停留的时间就越短，所以能够把瞬间的动作记录下来。如拍摄运动物体或体育比赛时，只要使用高速快门，就可以把运动中的一瞬间定格下来。相反，快门速度越慢，光线（影像）在胶片上停留的时间就越长，移动中的被摄体就会留下流动的影像，这也是摄影中表现动感的一种独特方法。但对于不同的运动物体，到底用多大的快门速度才能达到最佳的效果，这就得在实际拍摄中去积累经验了。

六、景深

什么叫作景深？站在一座小桥上，桥的两边各有一排柱子由近到远延伸至远方。拿着相机，对准第四根柱子调焦拍摄，你发现在拍摄出的照片中从第二根柱子到第六根柱子都是清晰的，如图13-11所示。这段清晰的距离就叫作景深。

图13-11　具有景深的画面

一幅照片应该使用多大的景深，取决于这幅照片要传达什么样的信息。换句话说，景深是可以由拍摄者来控制的。在前面的标题里我们提到，由于景深的原因，光圈和快门速度不能根据等量曝光原理任意组合。其原因在于：光圈越大，景深越小；光圈越小，景深越大；焦距越长，景深越小；焦距越短，景深越大；物距越近，景深越小；物距越远，景深越大。举个例子来说吧。如果你正在拍摄一个在运动场上奔跑的运动员，并把焦点对准运动员，光圈调到f/16，快门速度选用1/60s，那么这样拍出照片后你就会发现：后面看台上的人都比较清晰，这是光圈小的原因，所以景深就大，清晰的范围大；而运动员却显得模糊不清，这是快门速度慢的原因。再选择另一种曝光组合，光圈调到f/8，快门速度使用1/250s，拍出照片后你又会发现：后面看台上的人变得模糊不清了，这是光圈较大的原因，所以景深就小，清晰的范围小；而运动员却显得清楚了，这不用说一定是快门速度较快的功劳了。所以，一定要记住，由于景深的问题，不能任意组合快门速度和曝光量。

　　一般相机镜头调焦环的距离标尺后面会有一排以该镜头的最大光圈系数为中心左右对称的各级相对光圈数值，这就是该相机的自动景深表。应该这样使用自动景深表：光圈数值确定后，调整好焦距，然后在景深表两侧找到所用光圈的数值，与这对光圈数值相对应的前方调焦环上的距离标尺所显示的距离就是景深范围。在实际操作中并非景深越大越好，比如人像摄影，为了突出主体，景深不能很大，而傻瓜相机一般都会有较大的景深。

七、焦距

　　相机的镜头主要由一组或多组透镜组成，当平行光线穿过透镜时将会聚到一点，这个点叫作焦点。焦点到透镜中心的距离就称为焦距。焦距也是一个和景深密切相关的概念。如果你有一个带变焦镜头的相机，就一定要注意这一点。通俗地讲，你站在一个固定的位置拍摄一定距离以外的人或物时，所用的焦距越长，主体呈现在CCD上的面积就越大；反之，焦距越短，主体呈现在CCD上的面积就越小。

　　一般标准镜头的焦距在50mm左右，拍摄到照片上的景物与肉眼看到的景物几乎一致。这种镜头基本上能够满足我们日常拍摄旅游照片或者纪念照片的需要。而长焦距镜头取景和拍摄时的感觉就像用望远镜看东西一样，空间被明显地压缩了。这种镜头除了适于拍摄远处不易接近的物体之外，更多地被应用在艺术摄影的创作当中（比如拍摄昆虫），经常会利用长焦距镜头景深短、视角窄的特点来虚化背景，突出重点。由于长焦距镜头的口径一般比较小，在拍摄照片的过程中比其他镜头更容易将照片拍虚，所以一定要准确对焦。在手持相机拍照时尽量要拿稳，最好使用三脚架。广角镜头能看到人眼视角（45°）内看不到的东西，能在较近的拍摄距离内拍摄到较大面积的景物，其特点是焦距短、视角宽、景深长。在使用较慢的速度拍摄时，广角镜头不会因为相机轻微的震动而使影像发虚，这一点和长焦距镜头刚好相反，因此更适合在光线较暗的情况下使用。其缺点是：空间的纵深感和透视感会被夸大，比例失调，照片边缘的水平线条和垂直线条容易出现弯曲的弧形；拍摄距离较近的物体时，会出现中间大、两端小的现象，镜头焦距越短，距被摄物体越近，变形就越严重。选择哪种镜头以及哪种焦距与拍摄需要密切相关，你可以根据实际情况进行选择。

在拍摄中还会涉及的一个概念就是"超焦距"。人们称焦点以后能较为清晰成像的距离为超焦距。一般的傻瓜相机在对焦时就利用了超焦距，也就是说利用短焦镜头在一定距离之后的景物都能比较清晰地成像的特点，省去对焦功能。但是，超焦距范围内的景物由于不在焦点上，所以并非真正清晰成像，所得的照片肯定是模糊的，只是模糊的程度大家能够接受而已。这也是用傻瓜相机拍摄的底片不能放大得太大的原因。

八、对焦

对焦是拍摄过程中的一项基本操作，现在的傻瓜相机都是自动对焦，许多机械相机也增加了半按快门的自动对焦功能，摄影者的确省了很多事。但是，较为高级的半按快门自动对焦相机在拍摄中却出现了很多不尽如人意的地方：该清楚的主体模糊了，忽略的配景却清晰异常。比如拍摄在公园草地上玩耍的孩子时，孩子并不处于画面的正中心位置，于是孩子后方的树就成了相机默认对焦的中心点，结果可想而知。所以，对付半按快门自动对焦的相机就只有一个办法，即先用取景器将焦点瞄准主体，半按下快门，让快门按钮保持半按状态，将此对焦结果锁定下来，然后进行构图和拍摄。有的相机设有专门的自动对焦锁，使用起来更加方便。

许多机械相机仍然在使用调焦环对焦，它是通过观察镜头在调焦屏上成像的清晰度来确定焦距是否准确的。微棱环加裂像对焦法是最常见的：调焦不实时，取景器里微棱环中的景物呈混乱状，聚焦圆环似乎是中间裂开的，要么水平分裂，要么垂直分裂。聚焦时，两个一半的影像会越靠越近，直至形成一个完整的影像，同时微棱环中的景物也就变得清晰了。使用裂像聚焦方式时，应该试着寻找被摄对象的某边界分明的直线，比如电线、栏杆、门框或者人物鼻子的轮廓。如果看不清其脸部上适合聚焦的任何明显线条的话，可以要求被摄对象举起一根手指靠在脸庞，然后将手指作为裂像聚焦的根据。把注意力集中在这些线条上，就可以迅速、准确地使整个影像聚焦清晰。

第三节　数码相机拍摄规范

一、摄影图像拍摄规范

1．选择适宜的图像景别

图像景别用于衡量被摄主体在画面中所占面积的大小。图像媒体的景别选取，应满足学习者从不同视距、不同视角观看景物的心理需求，从而对学习内容建立起完整、清晰的认识，以选择适宜的图像景别展现教学对象。常见的景别有远景、全景、中景、近景、特写、大特写等。不同景别的图像具有不同的叙事、表意能力，在课件设计中应根据教学内容进行选择、搭配使用。

（1）远景景别

远景是空间范围最大的景别，强调主体与自然环境的关系，画面特点是开阔、壮观，有较强的抒情性，常用于表现宏观地理环境、自然风貌、广阔的空间和开阔的场面。对于远景画面，要从大处着手，注意整体气势，处理好山脉、河流和田野起伏、弯曲、延绵的线条，以气势取胜。一般情况下，远景应确保图像的水平线保持水平位置，水平线倾斜的图像应当裁切摆正后使用。

（2）全景景别

全景用于表现人物全身或某一具体场景的全貌。与远景比较而言，全景有着较为明确的表现主体。在全景画面中，被摄体的全貌或被摄主体的形态被完整地表现出来，同时保留了较大范围的环境和活动空间，使观众对画面所表现的事物、场景有一个系统的认识。全景景别图像能够呈现被摄对象的整体外观，在四肢运动幅度较大的体育运动、舞蹈、戏曲表演等教学课件中有较多应用。

（3）中景景别

中景是指拍摄人物膝盖以上部分、物体的大部分或场景局部的画面，可以完整地表现出人物间的情感交流和事物矛盾的焦点。中景以动作情节取胜，环境退至次要地位。对于人物而言，中景景别主要用于呈现人物的上半身动作，在烹饪、雕塑等上半身动作活跃、明显的课件中应用较多。

（4）近景景别

近景是指拍摄人物胸部以上部分或具有主要功能和作用的物体的局部的画面，重点在于突出人物的神情和物体的细腻质感。对于人物而言，近景画面中人物的面部表情是视觉重点。近景景别在授课、演唱、主持、播音类课件中大量使用。

（5）特写景别

特写景别用于表现人物肩部以上的头像或被摄主体的细节，以精微视点刻画主体细节，将被摄体的细微之处放大，进行局部细节演示，因而在机械、电子、医学、生物、化学等学科课件中有着广泛的应用。

（6）全景和特写结合

图像用于呈现教学信息时，全景和特写是较为常用的两个景别，全景用于展示全貌，特写用于展示细节。其中特写景别以精微的视点刻画场景中肉眼无法辨别的细节，能够发挥更好的展示作用，因而课件图像应多使用特写景别配合全景景别进行演示，如图13-12所示。

（7）两极化景别

两极化景别是指特别大或特别小的景别，一般指超出人类视阈范围的大远景、微距大特写等景别，如太空摄影、航拍摄影、微距摄影、显微摄影等。这些景别拓展了学习者观察世界的视野范围，将肉眼不易或无法观察的景物呈现在课件页面上，给学习者留下深刻印象，如图13-13所示。

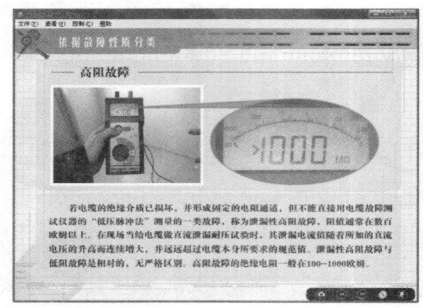

图13-12　万用表全景辅以读数特写，突出　　　图13-13　显微镜下的轮虫图像
　　　　　测量的过程和结果

2．图像镜头焦距的选择

镜头焦距是指光线穿过透镜会聚成的焦点到镜头后节点之间的距离。在同样的拍摄距离下，镜头焦距的长短决定了被摄体在影框中成像的大小。相机镜头焦距可分为长焦、标准焦距和短焦3种类型。对于不可拆换镜头的相机而言，变焦拨杆的T端为长焦端，W端为短焦端，如图13-14所示。

图13-14　数码相机的变焦拨杆

用不同焦距的镜头拍摄的图像有不同的成像特点。在拍摄教学主体时，应当根据教学内容的呈现需要，合理选择镜头焦距进行拍摄。

（1）标准镜头的使用

标准镜头是指成像视野及空间透视关系接近人眼视觉感受的镜头。对于全画幅数码相机而言，标准镜头焦距为50mm。在这个焦距下，被摄体的立体感及彼此的空间关系被如实地呈现出来，被摄体不会产生明显的透视变形，适用于课件中客观真实的景物呈现，特别是对几何形状有严格要求的教学图像。在图13-15所示的使用标准镜头拍摄的石柱图片中，石柱间的平行关系被较好地还原出来。

图13-15　用标准镜头拍摄的图片如实还原了景物的空间透视关系

（2）长焦镜头的使用

长焦镜头的焦距大于标准镜头的焦距。长焦镜头拍摄的图像沿着光轴方向的空间被压缩，纵深感较弱，适于展现较为扁平的拍摄对象的细节，如拍摄叶脉纹理的特写、大特写画面等，如图13-16所示。在课件中出现的微距摄影图片也多是使用具备微距功能的长焦镜头拍摄的。

图13-16　用长焦镜头拍摄的叶脉细节

长焦镜头具有较浅的景深范围，拍摄时如果对焦不准确，极易导致拍摄画面模糊，因此，使用长焦镜头拍摄时，一定要注意清晰聚焦。

（3）短焦镜头的使用

短焦镜头的焦距小于标准镜头的焦距。短焦镜头拍摄的图像沿着光轴方向的空间被夸大，纵深感较强，适于展现透视感强的拍摄对象，如拍摄建筑的空间线条画面等。

焦距极短的镜头称为广角镜头，广角镜头拍摄的画面存在明显的透视变形。拍摄课件图像时，应当选择正确的镜头焦距来表现拍摄对象。焦距过短的镜头加上近距离斜侧拍摄，将使影像产生明显的透视变形，这样的图像夸大了实际的空间透视，会干扰学习者的正确理性认知。图13-17所示图片是采用广角镜头拍摄的，画面变形效果使得镜头看起来比真实尺寸大。

图13-17　广角镜头透视畸变引发认知偏差

3．利用景深突出被摄主体

景深指光学镜头聚焦在拍摄主体上时，被拍摄主体前后景物的清晰范围。景深的深浅与镜头焦距、光圈大小和拍摄距离有关：镜头焦距越大，景深越浅；光圈越大，景深越浅；拍摄距离越近，景深越浅。

拍摄图像时，使用长焦距镜头、大光圈，在距离被摄体较近的地方拍摄比较容易获得较浅的景深。在浅景深图像中，主体清晰，前景、背景虚化，虚实对比明显，这样的画面有助于突出被摄主体。如图13-18所示，在拍摄动物的鼻子外观时，利用浅景深将脸部、眼睛的细节虚化，突出展现鼻子的结构细节。

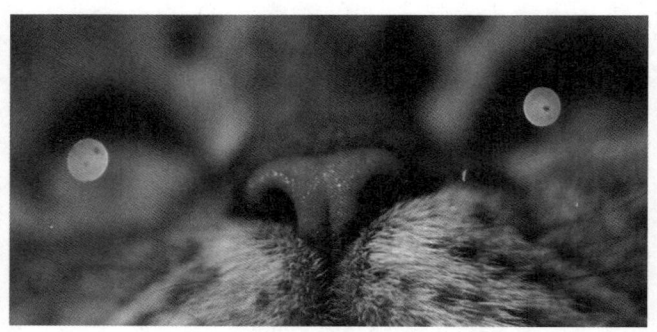

图13-18　利用浅景深突出焦点细节特征

使用短焦距镜头、小光圈拍摄比较容易获得较深的景深。在深景深图像中，主体、陪体、前景、背景一样清晰，空间透视表现良好，有助于表现景物的远近关系、局部与整体的关系。如在拍摄铁轨空间结构时，利用广角镜头、小光圈，靠近轨道拍摄，可获得清晰范围极大的图像，展现近处的铁轨构造与远方的空间延展。

4．拍摄图像的正确方法

多媒体画面中用于烘托气氛、营造意境的图像视角选择相对自由些，而示范演示类图像出于客观、真实的教学表现需要，其拍摄角度则有特殊要求。拍摄角度包括方位和高度两个要素。方位分为正前方、正侧方、正后方、斜前方及斜后方，高度参数包括俯视、平视与仰视。方位和高度的不同组合可产生不同的画面效果，应根据教学内容的需要，妥善选择它们的组合。

（1）选择适宜的拍摄方位

① 从正前方、正后方、正侧方展现无明显纵深厚度的被摄主体。在上述拍摄方位下，被摄主体一般不会产生互相遮挡、透视变形等现象，能够得到清晰明了的平面布局图像。如在拍摄图13-19所示的设备面板时，正前方的拍摄视角将设备面板上的接插件位置、文字内容等清晰、准确地呈现给了学习者。

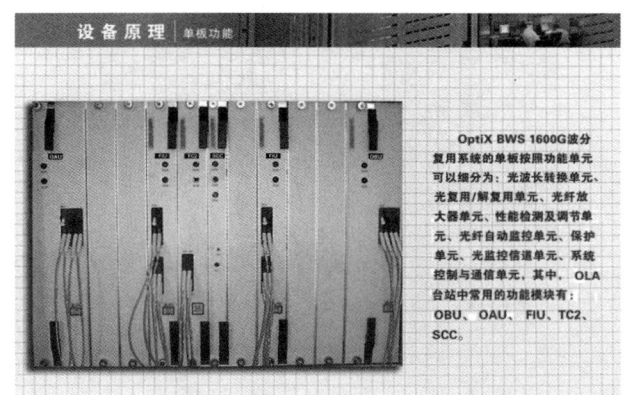

图13-19　正前方的拍摄视角将设备面板清晰、准确地呈现给了学习者

② 从斜侧方拍摄角度展现纵深变化明显、空间立体感强的景物。在斜侧方位，一般能呈现较为明显的透视变化和光影变化，景物具有较为明显的空间特征，这个方位的图像有助于学习者把握被摄体的空间形态和结构关系，如图13-20所示。

图13-20　斜侧方视角展现被摄体的空间形态和结构关系

（2）选择合适的拍摄高度

依据相机与被摄主体的高度关系，将图像拍摄高度划分为俯视、仰视和平视3个视角。拍摄教学图像时，应根据具体需要加以选择。

① 俯拍是从较高的视点自上而下拍摄主体。在这个拍摄角度下，被摄主体呈现出较为明显的平面装饰图案感，这样的图像有助于学习者把握全局，了解被摄体各个构成元素间的结构关系。如拍摄花样游泳教学图像时，俯拍视角清晰明了地展现了运动员组合出的花瓣形图案，也同时明确地呈现了运动员之间的结构关系，如图13-21所示。

图13-21　俯拍图像具有较强的图案装饰效果

② 平视是与被摄主体高度相同的拍摄视角。在这个拍摄角度下，主体被平实、客观地展现出来。平视的视觉感受符合学习者的正常感受，不会因透视而令学习者产生认知偏差，适合学习者长时间观看。在课件中，平视视角被大量运用以展现物体的细节和操作过程。如图13-22所示，仪表面板细节在平视视角下得以清晰呈现。

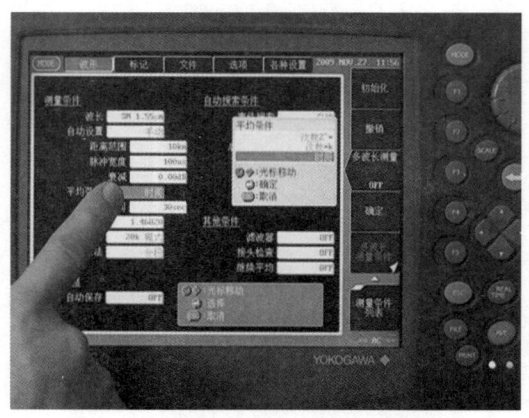

图13-22　使用平视视角拍摄仪表面板细节

③ 使用仰视视角展现被摄体的高大纵深结构。仰拍是从较低的视点自下而上拍摄被摄主体。在这个拍摄角度下，主体被突出，主体之后的物体被排除在画面之外，天空或天花板成为背景，空间被摄主体呈现出较为明显的透视会聚感，有助于调动学习者的主观审美情感，如图13-23所示。

图13-23　使用仰视视角展现高大的建筑

出于方便认知的考虑，用多媒体画面表现内容时一般多采用无明显透视变形的正前视角、正侧视角或顶视角度来拍摄画面主体；斜侧视角一般仅用于主体全貌的展示，以免由于透视原因产生虚假的大小信息干扰，如图13-24所示。

图13-24　利用深景表现景物的远近空间关系以及局部与整体的关系

二、拍摄图像时的光线运用规范

在拍摄图像时，光线照明要保证图像清晰醒目，影调丰富，色彩还原准确，空间立体感强。

1. 照明光线的选择

拍摄时要妥善地选择照明光线，控制好画面内光线投射的阴影，避免复杂光影的干扰。

（1）使用散射光

拍摄教学图像时一般应使用柔和均匀的光源（如日光灯）进行照明，尽量展现物体细腻均匀的光影结构。如在拍摄布满细小元器件的电路板时，使用柔和细腻的散射光照明，能够避免强烈光影的出现，使得学习者能够看清楚密布的细小元器件，如图13-25所示。

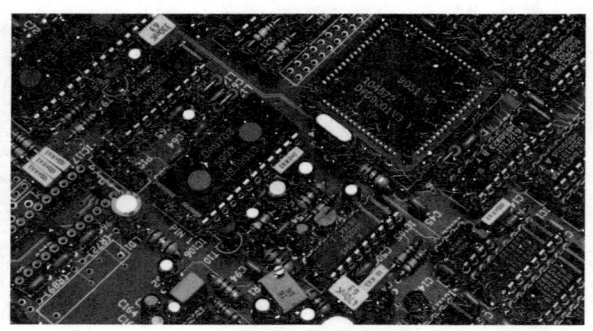

图13-25　柔和均匀的照明有助于微小细节的展现

（2）避免使用聚光照明

在课件图像的拍摄中，一般不使用方向感强、光束生硬的聚光照明，以避免聚光照明形成强烈的光影。硬朗的聚光照明会在画面中留下强烈的高光和浓重的黑色投影，影响学习者认知。当然，强调特殊光影效果的用途（如舞台美术、摄影艺术等）除外。如图13-26所示，较强烈的聚光照明使得右图中的橘子丢失了细节，而散射光能够将橘子的多数细节表现出来。

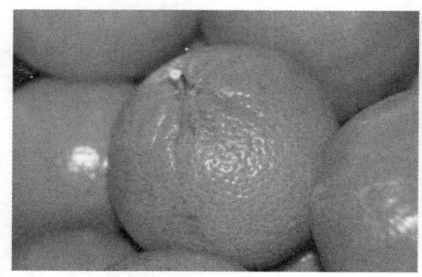 

（a）散射光照明效果　　　　　　　　　　（b）聚光照明效果

图13-26　散射光照明与聚光照明效果对比（见彩图11）

2．依据主体特征合理选择照明光位

依据光源与被摄体的空间方位关系，可将照明光线划分为顺光、侧光和逆光三大类。拍摄教学图像时，应根据教学对象的呈现需要加以选择。

（1）使用顺光照明

顺光也称平光，顺光照明形成的图像明暗均匀、反差适中，中间层次比较丰富，但空间感和质感较弱。这种光线适合表现平面结构的图像。如在拍摄图像资料、国画、书法作品时，采用正面散射光照明，能够制造均匀的画面效果。拍摄中要注意避免图像中高光反射点的出现。

（2）使用侧光照明

侧光是指从主体前侧方、后侧方或正侧方投射的光线。侧光照明会形成明显的阴影，被摄体表面会出现高光、漫反射、阴影丰富的影调，具有较强的空间表现力，能够突出物体表面质感。侧光照明适合表现具有丰富立体结构的被摄体。一般选择主体左上方或右上方45°位置的侧光作为主光光位，将物体的空间形态和表面质感呈献给学习者。使用侧光照明时，应注意避免画面中出现强烈的阴影，一般可通过对阴影区施加额外的辅助光照明来减弱阴影。如图13-27所示，在拍摄油画作品的局部细节时，来自左侧方的光线将油画作品的笔触质感展现得立体感十足。

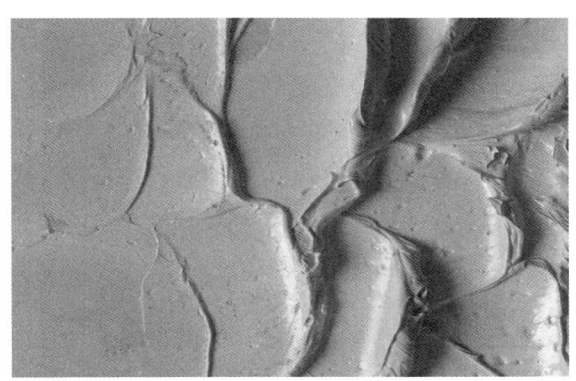

图13-27　侧光照明展现油画作品的笔触质感

（3）使用逆光照明

逆光是指从被摄体后方（一般为后上方）投射的光线。逆光照明会照亮被摄体轮廓，在画面中形成边缘亮线，从而将被摄体从暗色背景中衬托出来。在黑白图像中，逆光照明的作用尤为明显。在课件中，逆光照明主要用于强调被摄体的轮廓特征、透明质感。如在拍摄显微镜下的洋葱表皮细胞图像时，来自洋葱皮后方的照明能够有力地刻画表皮细胞的透明属性和结构特征，如图13-28所示。逆光照明会在主体正面形成强烈的阴影，可在正面投射辅助光以减弱正面阴影。

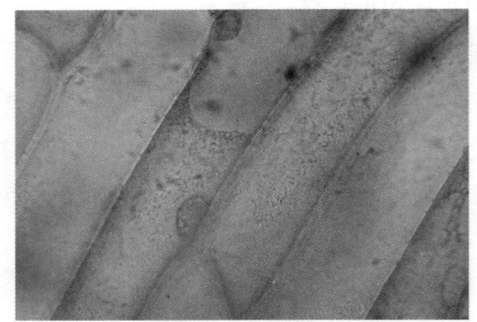

图13-28 逆光照明呈现表皮细胞的结构特征和透明属性

3．使用白色光源照明

在大多数情况下，应使用色温为6500K的白色光源，不使用有颜色的光线照亮被摄体，以免画面偏色，影响学习者对被摄体的色彩认知。

三、摄影图像影调规范

影调是指图像的明暗层次和明暗关系。用于课件的图像影调应当明暗反差适中、层次丰富，这样的影调能赋予课件鲜明、生动的视觉感染力。

1．图像明暗反差的应用

图像的明暗反差应符合内容表现需求。图像中光与影之间的关系可以用反差来表明，即物体光与影的亮度对比以及从光到影的变化率。

（1）使用高反差图像

如果物体表面光亮的一侧与其阴影之间的对比较强，则称之为高反差，表明物体被照射的一侧相对较明亮，而其阴影部分则较暗。高反差图像主要强调明暗交界的形态对比和光影结构特征，在表现建筑光影的课件中有较多应用，如图13-29所示。剪影是一种极致的高反差，常用于强调被摄主体的轮廓特征。

图13-29 高反差图像

（2）使用低反差图像

如果物体表面光亮的一侧与其阴影之间的对比较弱，则称之为低反差，表明物体被照射的一侧与其阴影部分的明暗差别不大。低反差图像主要强调画面整体朦胧的诗意氛围（见图13-30），与此同时也容易给学习者造成消沉的视觉感受，因此在课件中较少使用低反差图像。

图13-30　低反差图像

2．图像影调层次的使用

（1）高调图像的使用

高调图像中白色与灰色占绝对优势，图像中只存在少量的黑色成分。高调图像一般突出亮部的图像细节，给学习者的感觉是轻快、明朗、清新、淡雅、纯洁。高调图像具有较强的主观表意作用和情绪感染力，因而更适用于文学、艺术等学科课件，如图13-31所示。

图13-31　高调图像有较强的主观表意作用

（2）低调图像的使用

低调图像中黑色占绝对优势，图像中只存在少量的亮色成分，它重在突出暗部的图像细节，给学习者的感觉是沉重、浑厚、强硬、神秘，具有较强的感情色彩。低调图像也具有较强的主观表意作用和情绪感染力，因而更适用于文学、艺术等学科课件，如图13-32所示。

图13-32　低调图像也有较强的主观表意作用

（3）正常调图像的使用

在正常调图像中，黑、白、灰层次细腻，具有丰富的图像细节，图像朴实沉稳，利于展示物体结构、仪器操作、实验现象中的图像细节，是大多数课件中经常使用的影调类型，如图13-33所示。

图13-33　正常调图像具有丰富的细节，适用于大多数课件

上述几种影调的图像在不同类型的教学课件中都有应用，应根据教学内容的不同灵活选择。对于大多数课件来说，教学图像一般使用高反差或中等反差、高调或正常调图像，以营造简洁、轻快、明朗、愉悦的观影感受。常规情况下一般不使用低调图像（文学、艺术类等特殊课件除外）。图像的影调调整可以利用图形和图像处理软件的亮度、对比度、曲线、色阶等调整命令来完成。

第十四章 影视拍摄技巧与规范

第一节 摄录一体机

将摄像机和录像机紧密结合成一个整体，使之同时具有摄像和录像的功能，这样就构成了摄录一体机。用它进行工作时，摄像和录像工作就可由一人承担，而且行动方便，可以随机应变拍摄某些瞬间场面。

摄录一体机是影视通信中最基本的设备，也是影视节目制作的基本工具。微处理技术的广泛应用，使得摄录一体机具有体积小、重量轻、耗电量少、功能强、调整简单及使用方便等特点。到了20世纪90年代，摄录一体机已经进入到数字时代。

在一部电视节目制作的全过程中，当进行了必要的剧本准备之后，实拍的第一道工序就是用摄像机摄取图像，因此熟悉摄像机显得至关重要。作为一个摄像人员，你只有对自己手中的摄像机的部件、性能有较为深刻的了解，使用起来才能得心应手、游刃有余。

一、摄像机与录像机的基本原理

摄像机是一种将景物图像的光信号变成电信号（视频信号）以实现记录或重放目的的电子设备。为了完成此项任务，摄像机通常由光学系统、光电转换器件（CCD）和信号处理电路构成。光学系统将景物（被摄体）在CCD的光电转换面上成像。它通常由多片透镜组成，可保证成像清晰，而且能方便地改变焦距。CCD则将光学图像信号变成电信号，它是摄像机的关键部件。信号处理电路对摄像器件输出的电信号进行放大、校正、编码、加入同步脉冲等处理，使之成为适合传送和接收的视频信号。

录像机是一种记录图像信号和声音信号的设备。在记录时，通过视频磁头和音频磁头把视频信号与音频信号变为磁信号记录到磁带上，并可进行长期保存。重放时，磁头再把磁带上的磁信号变为视频信号和音频信号，经过处理后输出，从电视机上便可看到与听到所记录的图像和声音。

二、数码摄像机

数码摄像机（Digital Video，DV）的外形如图14-1所示。

图14-1　数码摄像机

数码摄像机的基本工作原理就是通过CCD将光信号转变成模拟电信号，再将模拟电信号转变成数字信号，由专门的芯片进行处理后，就能得到我们看到的图像画面了。低档的数码摄像机采用单个CCD作为感光器件，单CCD是指摄像机里只有一个CCD进行亮度信号和色度信号的转换，因此拍摄出来的图像在彩色还原上达不到很高的要求。

中高档的数码摄像机则用3个CCD作为感光器件，光线通过一种特殊的棱镜后会被分解为红、绿、蓝3种颜色，分别用一个CCD接收一种颜色的光并将其转换为电信号，然后经过电路处理后产生图像信号，这样就可以不失真地显示影像的原色，不会出现色彩误差。

数码摄像机与传统录像带摄像机最大的一个区别就是它拥有一个可以及时浏览图片的屏幕，称之为数码摄像机的显示屏，一般为液晶结构。

三、数码摄像机的分类

数码摄像机可以按不同的标准进行分类，按照存储介质可分为磁带式、光盘式、硬盘式和存储卡式。比较常见的分类方法是按照它的用途将其划分为广播档、专业档和家用档三大类。

① 广播档摄像机：主要应用于广播电视系统，其各项性能指标高，图像质量好，但价格高。

② 专业档摄像机：主要应用于广播电视以外的教育、科研等专业领域，其图像质量能满足专业要求，而价格低于广播档摄像机。

③ 家用档摄像机：主要供家庭或对图像质量要求不高的部门使用，这类摄像机体积小，重量轻，便于携带，操作简单，价格低。

第二节　光学与电视系统基础知识

一、光学系统知识

1．镜头的划分

镜头是一种光学装置，由许多光学玻璃镜片和镜筒等部分组合而成，它最基本的作用就是把自然环境中景物的影像经过选择之后投射到摄像管靶面上进行成像。

镜头成像的大小受镜头焦距控制。在成像面积一定的前提下，镜头的焦距越长，镜头的水平视角也就越窄，拍摄到的影像范围也就越小，反之亦然。

镜头的种类繁多，一般来说可根据视距的远近、视角的大小、拍摄方法的固定性和客观性或镜头本身的物理特性来进行分类，其中根据较为直观的物理特性可分为普通镜头、广角镜头和长焦距（望远）镜头。

在摄像机和被摄景物距离不变的情况下，应用不同焦距的镜头拍摄画面时效果存在很大的差异，主要体现在景物构图剪裁的范围大小不一样。广角镜头所拍摄的范围最大，标准镜头一般，长焦距镜头最小。

所谓标准镜头是指焦距为50mm的镜头，它的视角相当于人眼，拍摄出的画面与人眼的视野基本相同。焦距小于40mm的镜头称为广角镜头。广角镜头拍摄的画面具有视角广、景深大、视野范围宽等特点。焦距大于50mm的镜头称为长焦距镜头，其特点与广角镜头正好相反，拍摄的画面视角窄，景深小，景物范围也小，与标准镜头相比，等于将远距离的景物拉近。由此可见，不同焦距的镜头具有不同的造型性能和艺术效果。

如果分别用标准镜头、广角镜头和长焦距镜头来拍摄相同景别的同一个景物，则其效果是不一样的。除标准镜头外，广角镜头和长焦距镜头拍摄的画面效果都产生了变形。广角镜头夸大了景物间正常的透视关系，使远处的景物更小而近处的景物更大；密集的物体可以表现得松散，窄小的空间可以显得宽大；视野开阔，摄取的内容增多，无论配合何种技巧进行拍摄都显得十分稳定。长焦距镜头则压缩了景物的空间，减小了景物远近的大小比例，使前后景物紧紧地叠合在一起；同时运用拍摄技巧时动感明显，所拍摄的画面显得仓促、紧凑。

电视镜头不仅应使被摄景物在靶面上的成像十分清晰，而且还应使被摄景物前后一段距离内的景物也能成像清晰。我们称这段距离为景深。这段距离越大，景深越大，反之则景深小。影响景深的因素有以下3个。

① 光圈越大，景深越小。

② 镜头焦距越长，景深越小。

③ 物距越短，景深越小。

2．色温滤色片和中性滤色片

客观景物呈现的色彩不仅与其本身特性有关，而且与照明光源的光谱成分（即光源色温）有关。即使对于同一物体，当使用不同色温的光源照射时，看到的颜色也是不同的。用彩色摄像机在不同色温的光源照射下拍摄同一物体时，在屏幕上重现的颜色也必然随照明光源的不同而有所变化。因此，为适应不同的照明条件，重现正确的色彩，一般在镜头与分色棱镜之间装上数片色温滤色片，利用它们的光谱响应特性来补偿不同色温的光源所引起的光谱特性变化。

摄像机的分光特性是以色温为3200K的演播室灯光为基准设计的。也就是说，当用色温为3200K的光源照明时，镜头与分色棱镜之间不用加色温滤色片。当照明光源的色温改变时，例如光源色温为4800K时，光谱中的蓝色成分偏多，重现的图像偏蓝，白平衡被破坏。在这种情况下，应加一个对蓝光有一定吸收作用的色温滤色片，以降低蓝光的透过率，从而使色温恢复到3200K。

当摄像机在强光下工作时，需要改变光圈，减小通过镜头的光通量。有时为了达到某些艺术效果不允许减小光圈，这样就要在光路中加入衰减器，即中性滤色片。它能够在可见光的范围内将不同波长的入射光按同一比例进行衰减。鉴于高色温与高照度的情况往往同时出现，通常将中性滤色片与高色温的滤色片做在一起。

3．白平衡

由于长期的生活经验，人们在任何光线条件下观看白色物体时都认为它是白色的，但对摄像机来说却并非如此。由于光源的色温不同，摄像机所记录的白色物体，可能会呈浅蓝色或浅橙色。为了使摄制的画面色彩自然真实，必须根据拍摄现场的光线情况来调整摄像机的传感器，这种调整就是白平衡调整。

当摄像机拍摄标准白色时，根据色度学原理，只有当三基色信号相等（即R＝G＝B）时，才能在显像端呈现出标准的白色。但是，实际上由于有许多因素的影响（如外部照明光源的色温变化，R、G、B 3个摄像器件的光电转换特性不一致，放大电路中各电子元件的离散性），最后输出的R、G、B电信号不相等。这样在监视器上重现图像时就使所拍摄的物体并非纯白色，而是偏向某种颜色。这时就需要调整可控增益放大器的放大倍数，使R、G、B三基色信号的幅度相等，从而达到白平衡，保证图象色彩正确。

二、电视系统知识

1．彩色电视的制式

目前，世界上彩色电视的制式主要有3种，即NTSC制、PAL制和SECAM制。NTSC制即美国国家电视制式委员会所制定的标准，用红、蓝两个色差信号来传送彩色信号，两个色差信号经调制后再与亮度信号混合，然后进行传输。PAL制即逐行倒相制，也是用红、蓝两个色差信号来传送彩色信号，但红色差信号要经逐行倒相后再进行调制。在SECAM制中，两个色差信号逐行顺序传送，即一行传送红色差信号，下一行传送蓝色差信号。由于这3种制式各有其优缺点，所以并存下来，并且都拥有相当大的市场。使用NTSC制的国家有美国、加拿大、日本、韩国、菲律宾等，使用PAL制的国家主要有中国、德国、丹麦、意大利、英国等，使用SECAM制的主要国家有法国、匈牙利、波兰等。这3种制式之间是不兼容的，不同的制式需要使用不同的电视设备，这就给电视节目的交换带来了极大的不便。

2．摄像机与电视制式

摄像机是产生视频信号的设备，要根据使用者的要求，产生出符合本国或本地区制式要求的视频信号，这既包括彩色制式又包括黑白制式。也就是说摄像机是有制式之分的，一种摄像机一般只能产生一种黑白或彩色电视制式的视频信号。

由摄像机的构造原理可知，决定彩色制式的电路部分是编码器，而决定黑白制式的是同步信号发生器。因此，在制造摄像机时要根据用户对制式的要求，选用不同的编码器和同步信号发生器。用户在选购和使用机器时亦应注意制式问题。

录像机是记录视频信号的设备，它与电视制式也密切相关。不同制式的视频信号要用不同制式的录像机来录放。录像机中与电视制式有关的部分包括视频电路、伺服电路、电视解调电路和电视调制电路等。由于电视制式不同，不同设备中上述各电路的构成也就不同。一般来说，一种型号的录像机只适合录放一种制式的电视信号。如果所要记录的电视信号与录像机的制式不同，则记录到磁带上的信号可能无颜色、不同步或无声音。同样，若磁带上录制的信号与录像机的制式不同，则重放出来的信号可能无声、无色或声音与画面不同步。

3．电视接收机与电视制式

电视接收机与电视制式密切相关，不同制式的电视信号必须用不同制式的电视接收机来接收，只有这样才能得到满意的图像和声音。如果二者制式不同，就可能收不到声音、没有色彩或没有图像。如果只是伴音载频不同，就可能只是没有声音；如果只是彩色制式不同，则只有黑白图像；如果黑白制式不同，则收不到稳定的图像。

4．图像清晰度

简单地说，图像清晰度就是指分辨图像细节的能力。若清晰度高，则图像的细节部分（如头发、眉毛、眼睫毛等）就能分辨清楚，同时图像的突变部分（如由黑突然变白）也是过渡分明的。反之，若清晰度低，则上述细节部分就分辨不清，模糊一片，有点儿像油画的感觉，而在突变部分也是由黑到白逐渐过渡。

影响图像清晰度的是视频信号的高频成分，高频成分越多，即视频信号的频带越宽，图像的清晰度就越高；反之，清晰度就越低。要想得到高清晰度的图像，就必须在视频信号记录、处理和传输过程中保存丰富的高频成分，保持视频信号有足够宽的频带。图像的清晰度通常用多少线来表示，线数越多表示清晰度越高。一般摄像机的清晰度为400~700线，录像机的清晰度则为200~400线。因为视频信号的带宽决定了清晰度，所以带宽与线数之间也有一定的关系，通常1MHz带宽对应于80线。

5．图像的信噪比

图像的信噪比和清晰度一样，都是衡量图像质量的重要指标。信噪比是指视频信号与噪波信号大小的比值。我们之所以取信号与噪波的比值，是因为这二者是同时产生而又不可分开的。当然，噪波信号是无用的信号，它的存在对有用信号是有影响的，但我们无法将它彻底消除。我们希望有用信号相对于噪波信号大到一定程度，所以取二者的比值作为衡量的标准。信噪比的大小对图像有何影响？信噪比大时图像画面就干净，看不到什么噪波干扰（主要指雪花干扰），人们看起来就感觉很舒服；若信噪比小，则画面上可能满是雪花点，严重影响收看效果。

第三节 摄像机操作基础

一、持机方式

在进行摄像操作时，一定要掌握正确的持机方法。不正确的持机姿势不但会影响摄像机功能的发挥，还会影响成像的质量和效果。家用摄录一体机的持机方式一般分为徒手持机式和肩扛式两种方式。

1．徒手持机式

徒手持机方式是利用双手或单手进行持机，可以把摄像机放在怀里、提在手上，或利用站、仰、蹲、跪、坐等几种姿势托着摄像机进行拍摄。

2．肩扛持机式

肩扛持机方式是把摄像机放在肩上，使用单手操作，利用站、跪、坐等姿势进行拍摄。这种持机方式适用于较大、较重的摄录一体机。在进行拍摄时，还要尽量利用身边的倚靠物，借助稳定的支撑体来进行拍摄，以保持拍摄画面的相对稳定。

二、持机要领

在进行摄像操作时，不但要有正确的持机方式，而且还要掌握摄像操作时的技术要领，只有这样才能拍摄出质量优良的画面。

1．一般规范

对于较大、较重的摄像机，在定点、长时间拍摄时，一般均采用三脚架来固定，这样可以获得稳定的画面。小型家用摄像机由于体积小、重量轻，除了在长时间定点拍摄时使用三脚架外，一般采用肩扛、手提的方式进行拍摄。这样可以随时、快速、灵活地调换拍摄位置，以达到各种拍摄效果。

对于初学摄像者来说，在使用手提或肩扛方式进行拍摄时，拍摄出的画面常常会出现图像抖晃不稳定的现象，通常这是不可避免的。只有掌握相应的技术要领，经过长时期的实践锻炼后，才能拍摄出稳定的画面。

采用肩扛或手提方式进行拍摄时，控制摄像机稳定的要领是在拍摄姿势和控制呼吸两个方面进行体验与掌握。

（1）掌握好拍摄时的姿势

不管采用哪种持机方式，在拍摄时除了要保持重心稳定与身体平衡以外，还应使身体一直处于放松状态，以便进行长时间的拍摄。在条件许可的情况下，尽量避免长时间似蹲非蹲或似站非站的姿势，以避免大腿和腰部肌肉由于长时间处于紧张状态而引起抖动，导致图像画面不稳。在运动中进行拍摄时，为了减轻走路时产生的震动，双膝应略弯，并注意放慢步频，减小步幅，脚与地面平行擦地移动。

（2）控制好呼吸

在利用各种姿势进行拍摄时，由于呼吸带来的身躯起伏也会影响摄像机的稳定。控制呼吸的方法有屏息法和腹式呼吸法两种，较为容易掌握的一般是屏息法。

在拍摄前先进行深呼吸，然后慢慢呼气，待进行拍摄时再开始屏息。也可在拍摄过程中屏住呼吸。总之，在拍摄过程中要注意控制、调整呼吸，以此来减少身躯在呼吸时的起伏对摄像机的影响。

2．技术要领

摄像者除了要掌握好正确的持机方式以及一般操作规范以外，还要掌握好摄像操作技术要领。摄像操作时，可用右手通过扣紧皮带握住摄像机机身或控制把手，用食指和中指操作"推""拉"控制键（变焦控制键），拇指控制"启/停"键。对于肩扛方式，应把机身水平放在肩上，机身紧靠右侧脸。对于单手操作的掌式机，也应尽量保持机身水平。摄像操作的技术要领是"平、稳、准、匀"。

（1）平

平：在操作过程中，无论何时，机身一定都要保持水平。也就是说，所拍摄的画面中的水平线要平，即通过摄像机的寻像器所看到的画面应当是横平竖直的。如何保持画面中的基本线条横平竖直呢？在拍摄画面时，应当利用画面中景物的水平线或垂直线作为参考线，据此检查这些线条是否与寻像器的边框相平行。

（2）稳

稳：在拍摄静止和运动镜头时，机身要平稳，不要抖晃。持机时，要摆好拍摄姿势，并注意拍摄时的呼吸。为了拍摄到稳定的画面，尽可能借助三脚架或其他依托。手持摄像机拍摄时，双脚要叉开站立，双膝略微弯曲，身体重心要降低，呼吸要平稳，这样所拍摄的画面才较为稳定。除此之外，还要尽可能地利用身旁的依靠物，比如墙、树干等。移动拍摄时，要尽量使用广角镜头，以身体的移动来代替步伐的移动。

（3）准

准：每个镜头的开始点与结束点应掌握准确，既使镜头表现完整充分，又要干净、不拖沓。落幅画面（即结束画面）景别越小，要求准的难度就越高。如何做到落幅画面准确呢？首先，要明确所拍摄的画面有哪些构图要求，并且运用了哪些特技技巧。其次，还要反复练习所运用的拍摄技巧，做到心中有数。

（4）匀

匀：在变焦、摇摄操作过程中，动作要均匀，不要忽快忽慢。无论是推、拉、摇、移还是其他技巧，都应当匀速进行，否则就会破坏节奏的连续性。我们通常把连续拍摄画面的过程分为起幅、运动和落幅3个部分，起幅时应均匀加速，运动中的镜头动作要保持匀速，落幅时要慢慢地均匀减速。

第四节　摄像机基本拍摄技巧

一、景别的选用

在拍摄方向与高度不变的情况下，改变拍摄距离会使画面中被摄体的大小发生变化。拍摄位置移近被摄体时，影像增大；反之，则缩小。这种变化使画面中所包括的景物范围也不同，我们称之为景别的不同。景别是镜头的基本特征之一，它是确立画面边框内容纳景物内容大小、多少的重要指标。景别的改变可以通过用同一焦距的镜头在不同距离上拍摄来实现，也可以在同一距离上用不同焦距的镜头拍摄来实现。

景别的选择和变化是画面构图的重要手法之一。景别按范围划分一般可分为远景、全景、中景、近景和特写。有时根据需要划分得更细，如大远景、中远景、中近景、大特写，甚至还有显微景别。如果以拍摄其他物体或仪器为主，划分景别时就要以物体的大小和它在画面中占据的面积作为依据，但到底包括多大景物范围算远景，包括多大景物范围算近景，并没有死板的公式可套。对被摄对象整体而言，它是一个相对的概念。总之，不管是以成人作为标准还是以物体作为标准都是可以的，只是在一部片子中标定景别的基准物一定要统一。下面分别介绍不同景别的不同表现重点。

1．大远景和远景

大远景所包含的景物范围最大，视野广阔，它表现的景物辽阔深远，适合表现浩瀚苍茫的自然景色。较之大远景来说，远景的内容着重介绍剧情赖以展开的大环境，它融入了较多的戏剧元素，如故事发生的地点、人物行动的路线等。在远景中，人物与环境形成点与面的关系，与大远景一样用于表现自然环境和气势，如介绍地理概况、环境特点以及渲染气氛、抒发感情等，如图14-2所示。

图14-2　使用摄像机拍摄的远景

对于远景和大远景的拍摄，要注意从大处着眼，抓住画面中的大线条、大色块和景物的大轮廓等要素来调整画面的整体结构，如山脉的起伏、公路及河流形成的线条走向、河海沿岸的自然态势、植物形成的不同色调以及光线所形成的影调等。

2．全景

全景表现的范围比远景小，画面中交待了被摄体的全貌及周围的环境（指人的全身或物的整体），如图14-3所示。与远景相比，全景有明显的作为内容中心或结构中心的主体。无论主体在画面中所占的面积有多大，都应成为画面的视觉中心。用全景表现某一事件或人物时，往往着重于环境的烘托和气氛的渲染，使观众全面认识被摄体的一般性质及被摄体各部分的空间位置，但全景不能让观众看清细部和细节，不能表现出事物的特点和特征。

图14-3　使用摄像机拍摄的全景

拍全景时，要注意表现主体富有特征的形态和轮廓线条；注意表现主体与周围环境的呼应关系；同时还要注意空间感的表达，如选择适当的前景来加强空间深度，选择与主体色调不同的背景来衬托主体，使主体鲜明突出等。另外还应该注意画面取舍得当，使空间环境得到恰当表现。

3．中景

中景是用画面中较大的面积表现被摄主体的局部，主要表现被摄体最有特征的轮廓线条和人物的姿态动作。中景常用以表现人物膝部以上的活动情况，适于表现人与人之间的感情交流、人与物之间的呼应关系以及物体具有典型意义的特征。由于中景表现的事物在画面中占据的比例比较大，所以背景环境的作用相应降低，但仍不要与环境气氛脱节，如图14-4所示。

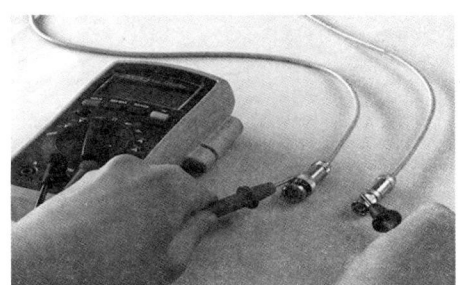

图14-4　使用摄像机拍摄的中景

拍摄中景时要注意抓住被摄体最富有表现力、最吸引观众的部分。拍摄人物时主要表现人物的动作、姿态和神情，拍摄物体时要表现出被摄体典型的线条、层次和特征。中景构图要安排好被摄体的位置，保持与环境气氛的和谐统一。以情节的构成吸引观众的中景镜头在影视节目中是最常用的。

4．近景

近景在画面中所表现的被摄体局部是比中景更为主要的部分，即人物胸部以上的活动。近景在拍摄人物时比中景更着重于神情的表现、动作的描写和内在气质的表达，在拍摄物体时更注意局部特征和形、质的美感，使观众仿佛置身于事件中，观察更为细致、清晰。图14-5所示即为近景拍摄。

在拍摄近景画面时，不论被摄对象是人还是物，在光线造型上都要特别注意。光线处理得好，才能使人物的神情、物体的质感更好地表现出来。在教育类电视节目中近景使用得较多，拍摄时更应注意画面中形象的真实性、情节的科学性，以保证教学效果。

图14-5　使用摄像机拍摄的近景

5．特写

特写是指让被摄体的某一局部充满画面（如拍人物肩部以上的活动），如图14-6所示。这种画面构图比较单一、集中，内容简洁，表现力强。所表现的人的面部表情或物体的某一细部都能起到形象放大、内容深化、强调内在本质的作用。特写镜头还可以烘托气氛，形成节奏，并出现在多个镜头节奏的高潮点上。

图14-6　使用摄像机拍摄的特写

拍特写镜头时一定要抓住被摄体上最能表现其内在本质的地方或部分。拍摄人物时并不一定要拍摄头部或眼睛，也可以是其他最能表达感情的部分，如手的特写等。拍摄特写时，光的运用是否得当对画面的表现力同样起着至关重要的作用。

景别的运用是构图的重要手段。景别选择不合适，画面范围取舍不恰当，对于主题的表现有很大影响，尤其是电视摄像要求一次完成构图，一般条件下不能进行后期放大、剪裁，所以在拍摄时景别一定要运用得恰到好处。在确定景别时，还应考虑电视节目中多幅画面的连续性这一因素。在教学类电视节目的拍摄中，可以根据教材的内容、教学目的及学生视觉心理来确定和运用素材，决定被摄体的画面取舍范围。用什么样的景别来表现具体内容要考虑周到。一般情况下，常用中景、全景进行一般介绍，而用近景、特写甚至大特写来完成教学的重点和难点。在决定画面的取舍时，要排除一切次要的、非本质的甚至是多余的部分，使更重要的内容在画面中得到充分表现，这样才能有利于明确地表达出主题，取得良好的教学效果。

二、镜头的运动形式

镜头的运动是指在摄像中有目的地变换摄像机的角度、移动机位和改变镜头焦距，按照人的视觉要求在运动中构成不同类型的画面。我们把这种在运动中进行拍摄的方法称为运动拍摄。运动拍摄的画面称为运动镜头。镜头的运动形式有很多，常见的有推、拉、摇、移、跟等。

1．推镜头

推镜头是指画面的构图由大范围景别向小范围景别连续过渡的拍摄方法。被摄主体的位置不变，摄像机由远而近向被摄主体推进，被摄主体由小变大；或者采用变焦距镜头由远至近地推向被摄体。推镜头的作用是表现细节，突出主体。推镜头可以采用变焦镜头变换焦距来实现，也可借助摄像移动车甚至由摄像人员直接手持、肩扛摄像机移动拍摄而成。

2．拉镜头

拉镜头与推镜头相反，是摄像机远离被摄主体或者采用变焦距镜头由近及远（由大变小）离开被摄体的一种拍摄方法。拉镜头的作用是表现被摄主体与周围人或物和整个环境的关系以及被摄局部与整体的关系，突出主体。

3．摇镜头

摇镜头是指在保持摄像机的机位、景别及视角都不变的情况下，由摄像人员保持摄像机机位不动，在原地上下、左右摇转并改变摄像机镜头的轴线方向进行拍摄。这是通过改变镜头拍摄的轴线方向，以扇面形式展开场面，逐渐扩大视野的一种拍摄方法。

摇镜头的运动形式多种多样，如水平摇、垂直摇、环摇和复合摇等。不同形式的摇镜头包含着不同的画面语言，具有不同的表现意义。摇的方向和转角依画面内容和要求而定，通常对横线条的景物采用水平摇方式，对纵线条的景物采用垂直摇方式。

4．移镜头

移镜头是指把摄像机放在移动车和升降机上，或者由摄像人员直接持机移动，以便在运动中拍摄静止或运动的物体。它比推、拉、摇、移镜头能更有效地表现空间。移镜头的作用是表现人、物、景之间的空间关系。移镜头有横移、纵移、垂直移和同步移动等方式。移镜头和摇镜头有相同之处，但效果却不尽相同，其区别是：摇镜头时摄像机位置不变，只改变镜头的拍摄方向和拍摄角度，适用于拍摄远距离的景物；而移镜头时镜头方向、拍摄角度无变化，只是改变摄像机的位置，适用于拍摄距离较近的景物。

5．跟镜头

跟镜头是指摄像机镜头始终对准运动着的被摄对象进行拍摄，获得的景别大体不变，而只是背景发生改变，即镜头跟踪运动着的人或物进行拍摄。跟镜头可以更好地表现运动的物体，造成连贯流畅的视觉效果。跟镜头有摇跟和移跟两种方式。机位不动，用摇镜头进行跟踪称为摇跟；机位移动，用移镜头进行跟踪称为移跟。

三、运动镜头的运用

运动镜头可以把横长的、高耸的、众多的景物呈现出来，又可以把人物和物体的运动形态连续地拍摄下来。在使用运动镜头拍摄时，要注意以下3点。

① 起幅要稳，落幅要准。在使用运动镜头前，要有一个持续时间不少于2秒的固定画面，通常称为起幅。运动镜头停止后，也要有一个持续时间不少2秒的固定画面，称为落幅。也就是说在起幅和落幅时，需要有一段持续时间大于2秒的固定画面，时间既不能太长也不能太短，要恰到好处。这样既可以看清镜头运动前后画面上的景物，又可以保证镜头连贯、流畅。

② 推拉镜头，速度均匀。使用运动镜头时，要保持速度均匀，不要忽快忽慢、忽推忽拉，更不能断断续续，否则画面将出现晃动。

③ 被测物体位置相对固定。用运动镜头拍摄运动的人和物时，要保证被摄主体在画面中占据相对固定的位置，避免上下左右大幅度摆动。运动镜头千变万化，而且可以相互接合，构成丰富多彩的画面。

四、拍摄时的构图方法

1. 电视画面构图的特点

构图是指画面的结构与布局。电视画面与电影画面虽然基本相同，但是电视画面的构图也有其自身的特点：一是对比鲜明，如拍摄一个大物体时，一定要选取一个为人熟识的参照物，以显示比例关系；二是主次分明，由于电视摄像机的清晰度不如电影高，因此，在画面构图上不可能包罗万象，只有抓住画面中的主要对象，提供能说明问题的典型动作，才能弥补难以看清的细微缺陷。

2. 电视画面构图的基本要求

一幅画面主要由主体、陪体、前景、背景和空白5个部分组成，称之为构图五要素。陪体用于帮助表现主体特征、烘托主体。前景是处于主体之前靠近镜头的景物，起到美化画面、增强空间感的作用。背景是位于主体后面的人物或景物，使画面产生纵深感。空白，也称单一色调的背景，对抒发情感、塑造形象起到特殊作用。正确处理好上述5个方面的关系，使之相互呼应、和谐统一，就可使画面新颖简洁，具有较强的艺术感染力。

3．电视画面的构图方法

在电视摄像中，构图包括两方面内容。首先根据创作意图，选择构图对象——主体、陪体、前景、背景和空白，然后选定具有一定距离、角度的最佳视点作为机位。

布局严谨、主体突出是合理构图的首要因素。初次使用摄像机的人往往分不清主次，觉得屏幕上的一切都重要，恨不得都拍进去。这种拍法只会冲淡中心，干扰主题。在画面构图中，还要把主体形象安排在观众视线最集中的画面部位。通常不把主体形象安排在画面的中心，而是安排在画面中心附近。这样既突出了主体，又使画面具有艺术性。黄金分割法用4条直线构成"井"字形分割屏幕画面，每两条分割线交叉形成的点就是观众视线最集中的部位，称之为视觉刺激点。可以将人或物安排在上述任意一点或临近处。

在选月景别时，不要过多拍摄远景、大远景场面，因为拍摄目标过小，人们就得集中目力费劲地辨认，不但突出不了主题，同时也破坏了画面的艺术表现力。

在拍摄构图中，一定要相对固定地选择在距离目标一定方向之间、一定角度之上、一定距离之外的最佳视点进行拍摄，才会达到预期的效果，否则就可能像初次打猎一样，漫无目的地去瞎碰、瞎"抢"镜头。

第五节　布光技巧

一、摄像用光分类

摄像用光根据其功能和效果可分为主光、辅助光、轮廓光、背景光和装饰光等，下面分别加以介绍。

1．主光

主光是指某一特定场景的主要光源，因此，用它来获得主要的造型效果，摄像机的主要操作数据（如光圈）就以它为主要依据，而其他光源的光位、光强等则与它相配合。

如果需要主光灯源，则主光灯源应放置在被摄主体的前方，位于偏斜一点的较高位置，它相对于摄像机的方位角和倾斜角以30°～35°较合适，但要根据具体情况进行适当调整。

主光可以有目的地放置，也可以无目的地放置，但同一场景的光源光位、光线方向要统一。在室内，主光的照度最好在2000lx左右。

2．辅助光

辅助光也叫补光或副光，它的作用是弥补主光的不足，在照明主光所不能照亮的地方帮助主光塑造形象。辅助光源一般位于与主光源相对的一侧，应发出散射光，柔和而无方向性，以圆润的光线同主光融合为一体。

辅助光的亮度取决于造型要求，有些节目要求有浓暗的阴影，而有些节目则要求阴影很淡。辅助光可强到使阴影消除，称为"高调"处理；若辅助光较弱，而阴影较深，则称为"低调"处理。辅助光的照度要求为1200～1500lx。

3．轮廓光

轮廓光也叫背光或逆光，它的作用是使被摄物体与背景拉开空间，突出主题，增加画面的纵深感。若被摄主体是人物，则要使人的头部、肩部有光亮的轮廓，使人与背景分开，增大反差来提高景物的鲜明度。

轮廓光的光源必须放在主体的背后，但光线不得摄入镜头或直射到主体顶部。轮廓光的光源要大于主光，通常取2250～3000lx。一般可通过观察监视器上的画面效果来仔细调整轮廓光的强弱。

4．背景光

背景光是用以照明布置、强调背景造型的用光，以达到衬托主体对象、表现事件发生的时间和地点为目的。背景光的位置取决于场景安排。背景光应尽可能表现背景的质感和空间形态，增强镜头的纵深感。当光源倾斜放置时，会加强皱纹、褶形的强光和质感；当较正放置时，景物的皱褶就变平了。背景光的照度以1200～1500lx为宜。

5．眼神光

眼神光是装饰光的一种，是指照射到人的眼球上造成眼球反光的光线，在拍摄近景、特写时尤其有用。它能强调人的思想感情，刻画性格、神态，赋予人生命的活力。

眼神光一般用100～200W的聚光灯，从拍摄方向左侧和右侧60°角方向直射人的眼睛。但是当人的动作连续时，用一只灯难以达到目的，此时通常用主光兼作眼神光，其方法是把主光灯靠近摄像机放置，尽量使光束直射入人的眼睛。

6．底光和低光

底光又叫基本光或基础光，是指泛射到整个场景的漫射光，其作用是防止局部曝光不足，它是其他布光的基础。

低光是从低处以某个仰角发出的光，故又称脚光，其作用是获取光线的某种特殊效果，消除主体下部和向下部位的阴影，完成造型任务。

若光源放置在人物的脚前，由下向上照射人的面部，则称为前脚光。若光源位置不是很低，灯光照到人的面部后，会使人产生丰满的感觉。

若光源放置得很低，在人物面部产生很多阴影，则使人产生一种恐怖不安的感觉。若光源放置在人物身后某处，由下向上照射人的头部，则称为后脚光，其作用是烘托气氛，突出人物的发型、头饰等。

二、三点布光与光位布光

1．三点布光

利用主光、轮廓光和辅助光进行布光的方法称为三点布光，这是最常用、最基本的布光方法，如图14-7所示。

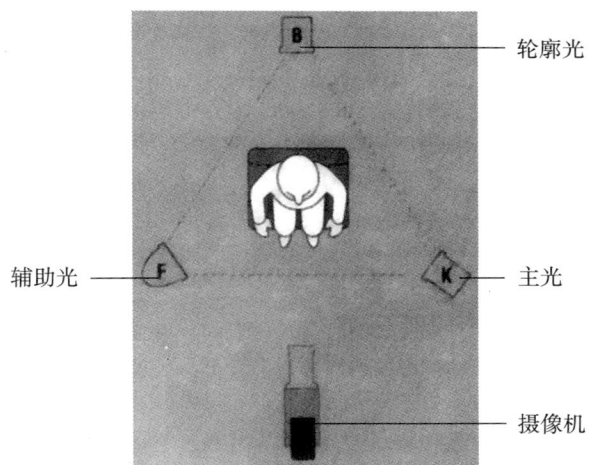

图14-7 三点布光方法

普通的电视屏幕只是二维空间，所呈现的画面没有纵深感，若巧妙地利用三点布光，使光线和阴影合理配置，就能突出物体的形状、体积和质感，也能表现出它的立体感。在拍摄小型场面时，最常用的就是三点布光。

2．光位布光

光位是布光的又一种方法，是以光源所在的位置来划分的，其含义是：以拍摄对象的三面为中心，光源的位置叫光位。以水平方向来划分，有顺光、顺侧光、侧光、逆侧光和逆光；以高低角度来分，有顶光、俯光、平光、仰光和脚光。下面对各光位加以简单介绍。

① 顺光：光线从正前方照射被摄对象，用作普通照明，不宜过强，不能作为主光，用以纠正过大的反差或消除其他光位照不到的死角。

② 顺侧光：也叫前侧光，光线从前侧面照射到被摄对象，有2/3的受光面和1/3的阴影，造成较明显的反差，常作为主光使用。

③ 侧光：光线从侧面照射被摄物体，使其一侧明一侧暗，对比清楚，富于立体感。

④ 逆侧光：也称背侧光或侧逆光，光线从侧后面照射被摄对象，使其大部分处在光线的阴影中，被照一侧有明显的轮廓线，形成纵深感，故这种光常作为轮廓光。

⑤ 逆光：也叫背光，光线从被摄对象的背面进行照射，使被摄对象完全处在阴影中，周围有鲜明的轮廓线，常作为轮廓光。

⑥ 顶光、脚光：顶光是从顶部照射被摄对象，脚光则从下部照射被摄对象。这两种光除特殊情况外，一般使用较少。

⑦ 俯光可作为主光或装饰光，而仰光可作为背景光。各种光位的应用须根据实际情况灵活掌握。

三、节目拍摄用光

1．摄像用光与照相用光的区别

对于摄影来说，拍摄的场面一般比较小，而且被摄对象（人物）是固定不动的，又由单机进行拍摄，因而在每次拍摄前都要把光精心布置好，在拍摄过程中布光不再变动。而摄像则不同，一般场面较大，而且人们在不断变动位置。在整个拍摄过程中，摄像位置和景别都在不断地变化，因此用光也要随之变化。

在比较专业的拍摄过程中，一般要在大场景底光照明的基础上，根据分镜头稿本将大场景分成若干景区，对每个景区再分别进行布光。用到哪个景区时，就用该景区的布光进行拍摄。对于特殊的景区还可特殊布光，因而，在正规的摄像工作中都要事先拟定好布光计划。我们在业余条件下也应尽可能地考虑布光需要，拍出水平较高的影像来。

2．布光的作用

布光是整个节目制作工作的重要组成部分，是不可忽视和缺少的工作。布光工作主要有下列几个作用。

①　足够的照度和合适的色温是获得高质量电视画面的重要保证。照度不足，会使图像的清晰度下降，甚至完全不能进行摄像。色温不合适时，色彩就不能真实再现，产生失真。

②　合理布光可以用来塑造环境特点。

③　合理布光可以把视觉注意力引导到特定的地点，以此烘托、突出重点，有引导视觉转移的作用。

④　用光的作用来保持全片的调子平衡，保持视觉连贯性。

⑤　用光来表现形状、轮廓、体积、形式等，并起到造型作用。

总之，合理的布光不仅可以得到高质量的图像，还可以取得许多特殊效果。

3．节目拍摄所需照度

要拍摄到清晰的图像和鲜艳的画面，除保证其他技术条件外，被摄体必须有足够的照度。在进行彩色摄像时，最佳照度通常定为2000lx，其光圈指数可在F4~F2之间选择。但在现场实际摄像时，照度往往偏低，有时不允许或没有条件增设附加照明，结果是拍摄的图像模糊不清。在实际拍摄时照度也不可过大，否则会影响图像的拍摄质量。当照度过大时，必须将光圈调小。用自动光圈往往不能满足要求，故需要手动调整光圈。

四、布光注意事项

1．室内布光

布光运用得当，可以提高画面质量，运用不当时则效果相反。室内布光所用的光是灯光。室内布光应注意以下几个问题。

①　布光目的要明确。首先要明确画面的主体和要求，弄清主体是人还是物，是动还是静，以及对画面有何要求。在此基础上就可以选择光位进行布光。布光要讲求实效，不要追求多而全，在满足要求的前提下，灯光用得越少越好。

②　灯光的色温要一致。室内布光时，要用到多种灯光。要求这些灯光的色温一定要一致，这样才可能拍摄出鲜艳而正确的色彩，否则，色彩就不能真实还原。

③　掌握好布光的程序。布光要按一定的程序进行，这不仅可以保证布光效果，还可以节省时间。布光程序要由场面的大小来决定。大场面时，要先布背景光，后布主体光（指照射到主体的光的总和）。若是小场面，则要先布主体光，再根据主体光来布背景光。布主光的顺序是：主光—辅助光—轮廓光—装饰光。

④　要进行全面检查。灯光布置好以后，将其全部打开，并打开摄像机，进行

全面检查。检查的顺序是从小到大，从局部到整体。检查内容包括明暗对比是否合适，色彩还原是否正确，各种光线是否相互干扰，画面气氛是否合乎要求等。发现布光不合适时，要及时调整，确保画面质量。

2．反光点的消除

若被摄物体的表面有光泽或比较亮，当被灯光照射时，常常会产生很强的反光点或反光斑，这对摄像很不利，必须消除。消除反光的办法常用以下几种。

① 变换拍摄角度和光位。通过改变摄像机的位置或被摄对象的位置，都能改变拍摄角度，从而避开反光点和反光斑。通过改变光位也可改变光线的入射角，从而把反光点和反光斑移向别处，这些都是简单而有效的方法。

② 柔化光线。在灯前加纱、纸等，将直射光变为散射光；或者先把灯光打到反光板或天花板上，用反射光照明，就可以把反光点和反光斑大大减弱。

③ 加偏光镜。当非金属表面出现反光点和反光斑时，可以在灯光前加偏光镜加以消除；而当金属表面出现反光点和反光斑时，则要同时在灯光前和镜头前加偏光镜，并且偏光角度要呈90°。

④ 降低物体表面的光洁度。在反光物体表面抹肥皂、凡士林或喷气溶胶等，使物体表面的光洁度降低，减弱反光点和反光斑的强度。

五、用光拍摄技巧

1．混合用光拍摄

照明光源的色温不同，常常混合使用自然光和灯光。这是人为的，但有时是不可避免的。面对这种情况时如何处理呢？现分两种情况加以说明。

① 室内混合光摄像。在室内用混合光摄像时，应确定以哪种光源为主。若以自然光为主，灯光为辅，可在灯光前加蓝色的雷登82（或82A、82B、82C、82D）透明纸，使灯光的色温与自然光一致或接近。若以灯光为主，自然光为辅，可以把自然光遮挡住，只用灯光；也可在透光处挂上橘黄色的雷登85透明纸，以降低自然光的色温，使其与灯光的色温相同或相近。然后分别选用适合自然光或灯光的滤色片，调整白平衡后即可进行摄像。

当光源的色温不可改变时，则要选择以一种光源为主进行拍摄。如以自然光为主，则要使被摄体尽量靠近透光处；若以灯光为主，则要尽量增强灯光的强度，并使被摄体尽可能远离透光处，这样使被摄体上的灯光强于自然光。然后根据主光源选用滤色片，调整白平衡后便可进行摄像，这样在主要部分基本上可实现色彩真实还原。

② 室外混合光摄像。一般以自然光为主，灯光为辅。若自然光照度不足，也可以灯光为主，自然光为辅。在室外把自然光和灯光混合使用时，也要根据自然光的色温选用和调整灯光的色温，使二者的色温一致或接近，并选用合适的滤色片，调整白平衡后便可以进行摄像。

2．室外自然光拍摄

在室外进行拍摄时，一般所用的光就是自然光（太阳光）。因此，在室外拍摄的节目质量的高低在很大程度上取决于自然光的运用。自然光可分为太阳直射光和散射光两种，现分别加以说明。

（1）太阳直射光

根据太阳在空中的位置可分为以下3个时期。

① 早晚时期：此时太阳与地平线的夹角小于15°，垂直面受光多，平面受光少，投影长，此时拍摄能较好地表现景物的轮廓线。

② 上午9~10点钟和下午4~5点钟：太阳与地平线的夹角在15°和60°之间，此时太阳高度适中，大气透明度好，光线稳定，景物层次分明，是进行拍摄的最佳时间。

③ 中午前后：此时太阳当头照射，光强度大，亮部和暗部反差强烈，一般不在这个时间进行拍摄。

（2）太阳散射光

不是直接照射物体的太阳光称为太阳散射光。比如日出之前、日落之后，阴、雨、雪、雾天和云层遮日天，照到地面上的光都是太阳散射光。这里特别提出的是薄云遮日的天气，地面受太阳直射光的照射，光线被柔化，亮度降低，但层次分明，是摄像的好时机。

3．室内亮度较差环境的拍摄

在亮度较差的室内条件下，拍摄出的图像清晰度差，色彩还原不好，呈灰蒙蒙的一片。因此，要尽量改善照明条件，充分利用自然光，选择全天中光线最亮、室内反光最强的时机进行拍摄。

第五部分
微课程制作方法与流程

第十五章　真人拍摄型微课程的制作

微课以视频为主要方式呈现教学内容，它的编制过程与电视教材有类似之处，在编制过程、任务等方面可以借鉴相对成熟、完善的电视教材编制的相关做法。不同的是，由于微课程编制的知识点较为集中（一个或几个），编制人员配置少（通常为教师自己一人），拍摄设备简单（DV、单反相机或手机），成片时间短（10~15分钟）等，在微课编制中编导与制作任务就有了相应的新变化。

第一节　微课程编制过程与编制人员

一、微课程编制过程

微课虽然短小，但它的编制过程也包括3个相对独立完整的阶段：准备阶段、摄制阶段以及后期制作阶段。在这3个阶段中，微课教师需要完成不同的工作，如图15-1所示。

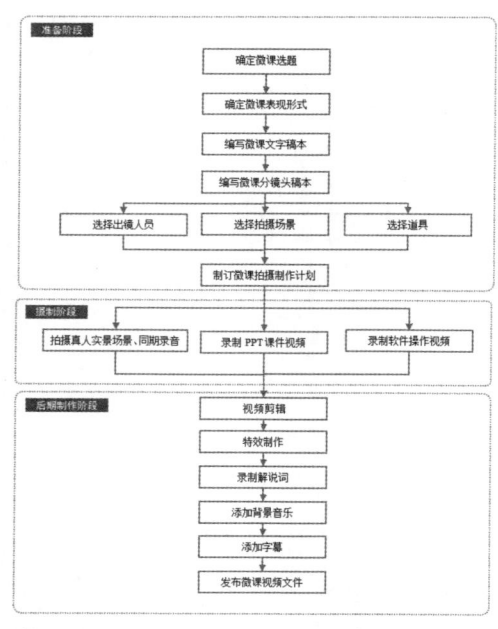

图15-1　综合型微课编制过程

1．准备阶段

准备阶段主要完成微课正式拍摄制作前的计划准备工作，具体工作包括：根据教学大纲规定的教学内容和微课程编制的选题原则，发挥微课教学特长，确定选题；根据教学内容及教学对象的年龄特征和知识水平选定微课表现形式；编写文字稿本、分镜头稿本，选择出镜人员、拍摄场景，制订拍摄计划等。

2．摄制阶段

摄制阶段按照分镜头稿本的要求和制订的拍摄计划进行现场拍摄和屏幕录制，具体包括微课中出现的真人实景授课和演示示范场景的拍摄、PPT课件视频录制以及软件操作屏幕录制等任务。这个阶段的工作目的在于为微课的后期剪辑制作提供符合分镜头稿本教学性、技术性与艺术性要求的充足、适用的视听素材。

3．后期制作阶段

在后期制作阶段对摄制阶段拍摄、录制的真人实景授课演示视频、PPT课件视频以及软件操作视频素材进行精挑细选，按照微课教学设计中的教学目标和教学结构要求，充分发挥数字视频后期剪辑制作的强大功能，结合数字视频特效手段突出教学重点，化解教学难点，将前期拍摄录制的视听素材剪辑制作成短小精悍、逻辑清晰、声画并茂、适于碎片化学习的微课，最终发布为符合网络传播要求的视频格式的文件。

二、微课教学编导人员的工作与要求

1．微课教学编导人员的工作

顾名思义，编导要担任编与导两方面的工作。"编"即编写微课教学的稿本；"导"即根据稿本按拍摄与制作的规律，指导录制工作的全过程。"编"与"导"这两项工作可以同时由一人去承担，承担这两方面工作的人称为编导。

通常编与导两项工作由两人分别承担。承担"编"的人称为"编稿"，其主要工作包括：第一，根据教学需要、学科教学的特点，确定适合微课教学的选题；第二，根据教学目的、要求，编写出微课的教学文字稿本；第三，协助导演完成微课的拍摄录制和后期的编辑工作。

承担"导"的人称为"导演"，其主要工作包括：第一，参与编稿，选定微课选题，对微课选题提出相关的建议；第二，根据微课的教学文字稿本写出符合拍摄录制要求的分镜头稿本；第三，指导拍摄录制和后期剪辑工作全过程，直到最后编制完成微课。

编与导这两项工作既有分工又有着密切的联系，两者要相互配合，才能保证微课的质量。总之，编导工作是一项有机联系的整体工作。由于任务涉及的范围广、技术要求高，往往难以做到一个人既具有"编"的学识水平又具有"导"的技术与艺术水平，所以，通常将编与导的工作分配给两个以上的人去承担，但分工后仍须密切配合，互相协调，做好工作。

2．微课教学编导人员的素质要求

与文字教材编写或教师在课堂上讲好一节课比较，微课的编制过程相对复杂，难度也大得多。所以，要编制出一堂好的微课，既是一项教学研究工作，又是一项创造性的劳动，同时也是教学与艺术结合的产物。在这些工作中，起关键性、指导性作用的是编导人员的工作，因此，对编导人员有较高的业务素质要求。

对于编稿的业务素质要求是，首先要在课题（课程）的学科专业方面具有较渊博的知识，既要掌握扎实的专业基础知识，又要掌握学科的最新发展成果，以保证微课教学的科学性与完整性；其次还要具备电视教材编制的基本知识，编稿要懂得一些电视教材编制常识，具备一定的艺术修养与写作能力，以此保证写出有较高水平的符合编制要求的文字稿本。综合上述条件，编稿通常由在学科专业上有一定专长的、有丰富教学经验的教师担任，他们只要再去学习一些编制电视教材的知识与技巧，就能胜任编稿的工作。

对于导演的业务素质要求是，首先掌握电视艺术编导与制作的理论知识和技巧，由于微课教学借用电视手法体现教学内容，因此，导演要熟练掌握拍摄用光和画面构图的知识、电视摄像镜头运动与镜头组接的技巧、录音与后期剪辑制作技术；其次，导演还要熟悉制作设备的操作与使用方法。微课从编写分镜头稿本到拍摄录制工作全过程，都要求导演熟练掌握制作设备系统的全部功能和具体使用技巧。综合上述条件，导演的素质要求应着重于影视艺术的理论与技巧以及制作技术，同时也应懂得教学与学科专业知识。

三、微课编制对教师素质的要求

前面对微课编制中教学编导人员的职责提出了明确的要求，由于编与导两项工作通常由两人分别承担，虽然有分工有配合，可以互相协调，但是也容易出现两张皮的现象，尤其是导演在不熟悉教学内容时，经常出现该切换镜头时不切换，该用的镜头没有及时表现，教师的讲授与导演的指挥不一致甚至不协调。

同样，教师在编写教学文字稿本时，不熟悉电视镜头的运用也会影响微课教学质量。所以，为了提高微课的教学质量，微课编制对教师的素质水平提出了更高的要求，通常会将编与导两项工作交由教师一人去承担。

教师在微课的编制中需要承担前期编稿、现场导演和后期制作3项工作。在前期编稿阶段，教师需要按照教学大纲和教学目的的要求，确定微课程选题，编写微课文字稿本和分镜头稿本；在现场导演阶段，教师按照微课分镜头稿本组织、实施现场视频素材拍摄、计算机屏幕录制以及后期的视频剪辑制作；在后期制作阶段，教师需要对原始素材进行深入的加工处理。在微课制作中，教师一人需要承担上述3项工作，这就要求教师既具有编稿的专业学识水平，又要具备视频导演的艺术水平以及制作的基本技术水平。

概括下来，微课教师需要具备以下素质。

1．学科专业知识

微课教师首先应具备本学科领域的前瞻性视点，学科专业基础扎实牢靠，了解本专业的现状与未来发展趋势，了解本学科课程在社会生活中的应用现状，了解社会发展对自己讲授课程的现实需求。

2．教学设计能力

教师应具备教育学、心理学知识，具有较为丰富的学科专业教学经验，能够分析出现有教学模式中存在的问题，理解微课在教学活动中的特殊作用，具备以微课开发为基础、改革现有教学模式与教学方法的能力。

3．编写微课文字稿本的能力

教师需要了解微课的表现形式与表现特点，具备依据教学大纲将教学内容以微课形式进行呈现的设计、制作能力，具备微课文字稿本的写作能力，能够将微课的设计以微课文字稿本的形式表达出来。

4．编写微课分镜头稿本的能力

教师需要掌握影视艺术的基本理论知识，具备具象化、时空自由、视听结合的影视蒙太奇思维能力，了解影视视听语言叙事表意的基本方法，能够在微课文字稿本的基础上，编写出具有视听语言特色，可用于指导拍摄、录屏和后期剪辑的微课分镜头稿本。

对于大多数教师而言，分镜头稿本的写作需要相对专业的视听语言知识，也许较难实现，那么在拍摄之前，文字稿本写作相对容易一些，在微课摄制前就要更加重视文字稿本的详细写作了。

5. 微课拍摄、录制能力

拍摄微课时，教师需要身兼数职，如导演、摄像、表演等，这就对教师的个人素质提出了较高要求。教师需要具备条理清晰的拍摄现场组织、协调能力。微课摄制前，教师需要事先结合分镜头稿本，向参与拍摄的摄像、出镜人员等说明每个镜头的拍摄内容与要求，并组织排练。

教师需要了解微课的制作过程，熟悉拍摄设备的基本操作方法（如白平衡、色温、感光度等参数的设定），熟练使用摄像机、单反相机或手机等器材拍摄需要的镜头素材，具备基本的画面构图、摄像用光以及同期录音的知识与技能。拍摄画面要求主体突出，构图合理，镜头运动流畅，没有抖动与晃动，同期录音声音清晰。教师还要能够熟练使用屏幕录制软件（如Camtasia Studio）录制PPT课件视频和其他软件操作视频。

6. 微课视频剪辑制作能力

教师应掌握镜头组接的基本原则与技巧，能够利用屏幕录制软件（如Camtasia Studio）的音、视频剪辑功能，将前期拍摄、录制的音、视频素材组接为逻辑清晰、视听流畅的教学视频；善于利用视频剪辑软件提供的视频特效功能突出教学重点与难点；善于利用解说、音效、音乐等声音形式进一步增强微课程的听觉感染力；了解基本的微课视频文件格式类型，掌握微课的发布方法。

第二节　真人拍摄型微课程的分类与制作设备

真人拍摄型微课程是指利用摄像机对教学环境中的人、景、物进行连续拍摄、记录，而后经过后期剪辑形成的微课类型。教师、学生及其他演示示范人员出现在这类微课镜头画面内，展现真人讲解、操作示范等内容，形声兼备，生动形象。此类微课中真实人物的出现使学生在情感上易与教师产生共鸣，增加了微课教学中的人性化传播成分。

一、真人拍摄型微课程的分类

依据微课教师在微课视频中授课方式的差异，我们可将真人拍摄型微课程划分为传统授课型微课程和情境教学型微课程两大类。

1．传统授课型微课程

传统授课型微课程的教学形式类似于传统课堂教学方式，教师面对摄影机讲授相关知识，拍摄背景可以是教室、工作室、实验室或虚拟空间。微课呈现的主体内容是教师的出镜讲解画面，在讲解过程中穿插板书、字幕、演示动画或视频资料加以丰富表现。这种微课是传统课堂教学的视频化呈现，适用于拍摄教学现场表现力强、富有仪表举止魅力的教师的授课活动。它的优点是拍摄制作相对简单，易于实施；缺点是微课视频的时间、空间呈现较为单一，没有充分发挥时空高度自由的蒙太奇思维特点，按照此类模式拍摄的过于简单的微课教学形式接近"课堂搬家"，只是对传统授课过程进行了视频记录重现，对于学生而言，这样的视频表现显然缺少吸引力。

2．情境教学型微课程

情境教学型微课程将教学内容以情境剧的方式呈现出来，在剧情化的情节呈现中讲解相关知识内容，情境创设中的人物可以是教师、学生、实验人员、专业人士等，拍摄环境则是与教学内容相关的工作、生活场所。如荣获第二届全国高校微课教学比赛一等奖的微课《遮罩特效应用》围绕分身特效在师生之间以情境化的方式引出了微课知识点，情节设计诙谐幽默，富有视频表现力。比较而言，这类微课充分发挥了视频媒体的时空自由表现力，具有较好的教学效果。情境教学型微课程的前期创意设计是重要环节，它的拍摄需要按照影视剧的模式进行，需要较强的计划、组织、实施能力，这就对微课教师提出了更高的素质要求。

二、真人拍摄型微课程制作设备

1．视频拍摄设备

微课视频的前期拍摄可使用具有动态视频拍摄功能的单反数码相机，这类相机一般都能拍摄 1920×1080 像素的高清数字视频。配合单反相机庞大的可拆换镜头群，单反相机拍摄的视频影像在清晰度、色彩、景深等方面的视觉表现力有着非专业级摄像机不可比拟的优势，已经成为微课前期拍摄的主要方式。此外，坚实稳定的三脚架能保障稳定的画面拍摄效果，柔和细腻的灯光照明可以保证微课画面的细节呈现，这些辅助拍摄设备在拍摄微课视频时必不可少。

在移动通信时代，手机成为现代社会人人具备的随身数字设备，使手机自身提供的高清视频拍摄功能在教学中的应用成为一种可能。教师可以随时随地地将教学过程拍摄下来，后期加入其他视听元素，制作微课视频。拍摄教学视频时，需要选择成像质量高的手机，此外由于手机自身较轻，手持拍摄极易产生晃动，影响拍摄画面的稳定性，因此在用手机拍摄视频时，注意要将手机固定在稳定的支架上，避免产生晃动。

2. 后期视频剪辑软件

在前期拍摄阶段完成微课视频所需素材的拍摄之后，在后期剪辑软件中按照微课构思对前期拍摄取得的素材进行选择、修剪、组接，并添加声音和字幕，最终得到体现教学意图的微课视频。

专业的视频剪辑软件有Final Cut Pro、Premiere、Edius等，这些视频剪辑软件功能强大，能剪辑制作效果复杂、要求较高的微课视频，只是学习掌握这些软件的使用方法需要一段时间。

我们也可以使用免费的"爱剪辑"视频剪辑软件来完成视频的剪辑工作，"爱剪辑"视频剪辑软件的最大特点是简单易学，支持的视频格式多，视觉效果多样，适合剪辑制作娱乐性、趣味性突出的微课视频。

此外，录屏视频剪辑软件Camtasia Studio也是一款易学易用、特色突出的视频剪辑工具，可以用来对拍摄的视频进行剪辑处理。它的最大优势是针对教学需求而设计的动画标注功能，对于微课后期剪辑而言，使用这个软件能在短时间内剪辑制作出教学性突出的微课视频。

第三节　分镜头稿本的编写及出镜人员的选择

一、分镜头稿本的编写

微课分镜头稿本是在微课文字稿本的基础上编写的用于指导微课拍摄、录制、编辑的关于微课每个镜头视听效果的文字方案，它是对微课文字稿本的专业视听细化。微课分镜头稿本是微课摄制的依据，每位微课教师都应学习基本的影视艺术理论，掌握微课分镜头稿本的写作方法。

一般而言，讲授型微课不必写出分镜头稿本，教师在微课文字稿本的基础上就可以开始摄制工作了，而情境剧型和综合型微课由于涉及不同镜头间的组接和多个场景的转换，如果在筹备阶段没有编写分镜头稿本，那么在拍摄、录制现场教师就会陷入一种忙乱之中，无法保证摄制工作的质量与效率。对于此类微课，教师在摄制前期必须在微课文字稿本上编写可用于指导拍摄、录屏的微课分镜头稿本。

1．微课的分镜头设计

微课教学内容是以视频方式呈现的，因而微课教学内容的组织编排需要借助视听语言手段来完成。一段完整的微课视频通常由若干个场景构成，每个场景由若干个镜头段落组成，每个镜头段落则是由若干个独立的镜头组接而成的，此处所说的镜头是指微课视频中两个剪辑点之间的一段连续画面。如学生奔跑上楼梯的全景画面是一个镜头，学生打开教室门的近景画面则是另外一个镜头。微课中出现的PPT课件视频中的每一个页面都可以理解为一个镜头，镜头是微课视频的基本组成单位。

教师需要根据教学大纲的要求，依据微课教学设计，在微课文字稿本的基础上，依据视觉心理规律和镜头组接基本原则，将微课分解成为一个个的可供拍摄（或录屏）的镜头，这就是微课编制中的分镜头工作。微课分镜头工作的成果形式就是微课分镜头稿本。

2．微课分镜头稿本的格式

微课分镜头稿本是将微课中每个镜头的内容用文字描述出来的可供拍摄、录制和后期制作使用的工作稿本。它是使用视听语言手段对微课文字稿本的再创作，是关于微课细节结构的文字性描述，具有具象化、可视性的特点。分镜头稿本的构成要素包括镜头序号、镜头内容、镜头组接方式以及与镜头组对应的解说、音乐或音响效果等。

微课分镜头稿本常采用表格形式，如图15-2所示。

镜号	景别	技巧	时长	画面内容	解说词	效果声	音乐	备注

图15-2　微课分镜头稿本的格式

上述各表格栏目的含义如下。

（1）镜号

镜号即微课视频成片的镜头序列号，按照组成微课的镜头的先后顺序，用阿拉伯数字依次标出。在微课拍摄制作中，镜号可作为某一镜头的代号。为了提高拍摄效率，拍摄微课时不必按镜号顺序依次拍摄，可将同一场景或同一景物的镜头在一个时间段内进行统一拍摄，后期剪辑时再将拍摄、录屏素材按照镜号顺序组接起来。

（2）景别

景别用于表示被摄主体在镜头画面中所占据面积的大小，常见的镜头景别有远景、全景、中景、近景、特写等。对于景别，需要根据微课教学设计要求仔细选择，以反映被摄对象的整体或突出局部。

（3）技巧

技巧包括摄像机拍摄时镜头的运动技巧（如推、拉、摇、移、跟等）、镜头内部画面的组合技巧（如分屏和键控画面等）以及镜头之间的组接技巧（如切、淡入淡出、叠化、划像等）。对于微课中的重点、难点内容，适时地使用数字视频动画、特效等视听技巧有助于微课内容的形象化表现。

（4）时长

这里的时长是指微课中每个镜头的时间长度，一般以秒为单位来表示该镜头的长短。如果以解说词的长度来计算镜头时间长度，微课中3~4个字的解说词用时约为1秒钟。微课中每个镜头的具体时间长度首先需要满足教学信息清晰呈现的需要，让学生看清楚、看懂镜头内容；其次则要考虑微课整体的节奏因素。想要得到较为舒缓的节奏，镜头长度可以略长些，而时间长度较短的镜头组接起来则会形成较为欢快、紧凑的节奏。

（5）画面内容

教师需要用文字描述微课视频中每个镜头的具体画面内容，文字描述越详尽越好，可以多使用具象化的形容词、副词来对景物和动作加以细节描述，如"空无一人的教室""飞快地奔跑"等，力求具象、生动、详细。文字描述要具有动作性和可拍摄性，能够给摄像和剪辑工作提供有益的文字参考。对于文字描述不清的内容，还可以使用简图来辅助说明。为了描述方便，推、拉、摇、移、跟等镜头拍摄技巧也可与具体镜头画面内容结合在一起加以说明。

（6）解说词

注明与一组镜头对应的解说词内容（也包括人物的对白内容）。解说词的内容要求科学、准确、简练、口语化。在分镜稿本中，需要明确解说词与画面的对应关系，以方便拍摄和剪辑。

（7）效果声

注明与一组镜头对应的音响效果声内容，如打开电源开关的声音或鼠标点击的声音。效果声的使用需要明确与画面的对应关系。

（8）音乐

注明与一组微课镜头对应的音乐内容（一般为背景音乐），需要明确音乐与画面的位置及音量的对应关系，如音乐的开始和结束位置以及音量随画面内容的变化等。

（9）备注

备注栏用于教师注明微课摄制中的未尽事宜，在拍摄、制作中也可用于记事。

为了便于读者理解微课分镜头稿本的编写方法，图15-3展示了微课《遮罩特效应用》的前期分镜头稿本中的两页内容。

《遮罩特效应用》微课分镜头脚本

镜号	时长（秒）	景别	镜头运动	过渡效果	画面内容	人声	音效	音乐	备注
1.	6秒	全景	固定镜头	淡入	简洁明了的微课片头 呈现以下文字内容： 遮罩特效应用 河北师范大学美术与设计学院数字媒体艺术系 刘成锁 画面背景为体现遮罩应用的图片			轻松的音乐	
2.	5秒	全景	摇镜头	淡变	从校园时光塔中央部位摇起至塔尖，时钟显示为即将上课的时间				
3.	2秒	全景	固定镜头	淡变	仰拍美术教学楼，可见美术楼楼标牌				清晨拍摄
4.	6秒	全景	固定镜头	淡变	美术教学楼门口，一名男生自镜头处入画，轻快地向门口跑去，进入教学楼		跑上楼梯的脚步声		
5.	5秒	全景	摇跟	切	男生迎着镜头自楼下跑上楼梯，在摄影机前转弯，继续向楼上跑去		跑上楼梯的脚步声		同期录音
6.	2秒	近景	固定镜头	切	研修室内视角，关闭的房门被打开，男生探身室内		开门声		
7.	1秒	全景	固定镜头	切	研修室内的三个老师，一个在计算机前工作，一个在白板前写字，第三个在看书，三人同时抬头看男生，三个老师为同一个人				
8.	1秒	特写	固定镜头	切	男生惊愕的表情		滑稽音效		
9.	2秒	全景	固定镜头	切	研修室内的三个老师仍在看着男生		滑稽		
10.	1秒	特写	固定镜头	切	男生面露惊愕之情退出研修室，正面视角				
11.	4秒	近景	固定镜头	切	自研修室外拍摄男生退出研修室的背影， 男生抬着看天花板，很疑惑， 画面上叠加一个思维气泡，里面是9号镜头中的三个老师， 男生想不明白怎么回事， 由右侧画外伸入一只手，拍打男生肩膀， 男生转身，看着画外，更加吃惊的表情		滑稽音效		
12.	2秒	近景	固定镜头	切	教师对画外的学生幽默地说话	教师：淡定			同期录音
13.	10秒	中景	固定镜头	闪白过渡	研修室内，工作台旁，教师与男生面对面坐下后开始谈话	男生：老师你刚才分身了， 教师：对，那就是这次特效作业最终效果，我们先来看一下这次作业的要求。	闪白音效		
14.	20秒	全景	固定镜头	切	显示写明作业要求的PPT页面	教师：作业要求3人一组，拍摄、制作同一个人的分身特效短片，具体要求在这个页面上已经写明。为了便于大家理解作业要求，我们来——			

图15-3 《遮罩特效应用》微课分镜头稿本节选

二、出镜人员的选择

真人拍摄型微课需要通过人员出镜扮演相关角色，通过他们之间的语言、表情、动作表演将教学内容呈现给学生，这就涉及微课出镜角色的选择问题。在微课拍摄中，一般由生活中从事本职工作的人（非职业演员）来扮演相应角色，如由真实的教师扮演微课中的教师，由真实的学生扮演微课中的学生。鉴于微课制作成本较低的原因，一般无需由专业演员来扮演相关角色。在微课中担任表演任务的人员应在形象气质上符合课程要求，同时具备一定的文艺素养，语言、表情以及肢体动作具有表现力和感染力。

我们应当根据微课的教学目的、表现形式来确定微课的出镜角色。通常在微课中出现在镜头画面里的人员有教师、学生、演示示范人员以及虚拟角色等。

1．教师

微课教师就是出现在微课视频中的教师，对于教师个人编制的微课而言，微课教师就是其本人。教师是微课中的主要出镜角色，出现在微课中的教师应当精通学科专业内容，熟悉微课的表现特点，五官端正，形象气质好，善于运用语音、面部表情与肢体动作传递教学信息，感染学生。教师的普通话应当标准，语言清晰流畅，具有情绪感染力。教师的着装应体现职业特点，干净整洁、简单大方，符合教学工作规范。

2．学生

为了体现师生之间的互动关系，微课中往往需要设置学生角色来与教师共同完成教学任务，这个学生角色是镜头外部学生的代言人，代表学生以听讲、提问、练习等方式参与到微课教学活动中。微课中的学生数量无需很多，依据教学设计选择1~3人即可，没有必要让整个班级的学生都出现在微课镜头中。扮演学生的表演人员需要能够呈现现代学生的精神风貌，屏幕性格特点突出，具备一定的语言、表情、动作表演能力。

3．演示示范人员

微课中的演示示范人员主要使用身体动作语言进行示范（如跨栏跑运动员示范跨栏动作），或操作仪器、设备演示动作过程（如摄影师使用摄像机演示如何拍摄摇镜头）。演示示范人员应由本行业的专业人员担任，如优秀的跨栏跑运动员、数控车床技术能手等，要求其示范操作规范、熟练。如果由微课教师本人承担演示示范任务，则教师应在理论基础上具有较高的专业实践能力。

4．虚拟角色

虚拟角色是指在微课中出现的非真实人物、动物、植物或其他幻想角色。微课中的虚拟角色一般是利用二维、三维或定格动画手段制作的卡通角色，也可以是真人扮演的偶类角色。虚拟角色的出现能够增加微课的趣味性，易于引起学生的有意注意，取得较好的教学效果。

虚拟角色的设计应与微课内容相关，如在讲授摄影课程时，可将虚拟角色设计为数码相机和胶片相机，通过它们之间的对话与动作来讲解数码摄影与传统摄影的不同，这样的授课方式形象生动。在虚拟角色的选取上，主要考虑学生年龄与学习风格的差异。对于低幼年龄的学生而言，卡通化的动漫角色显然更为适宜。

第四节　拍摄场景的选择与拍摄计划的制订

一、拍摄场景的选择

场景是指微课中展开教学内容的空间环境，包括教师授课场景和操作演示场景等。场景的设计首先要突出教学主题，烘托教学主体，营造学习氛围；其次应使画面富于变化，有造型感。

微课场景可划分为内景和外景两大类。内景主要包括教室、报告厅、研修室、舞蹈室、实验室等室内环境。内景拍摄的优点是拍摄环境的声音、光线等易于控制，拍摄进程不易受外部因素干扰，拍摄效率较高；其缺点是教学环境较为常见，缺少视觉新奇感，有时显得呆板。外景包括运动场、校园等室外环境。外景拍摄的优点是拍摄环境光线明亮，植物、建筑等空间表现富于变化，场景构成丰富；缺点是外景拍摄易于受到外部噪声、天气因素的影响，拍摄效率较低。

微课的场景选择不必局限在教室内，可充分发挥微课视频在空间表现上的高度自由性，通过蒙太奇手段将多个空间组合在同一微课中，扩充教学信息量，增强微课的情绪感染力、可视性。拍摄微课时，可采用内外景结合的拍摄方式，克服内景、外景本身的局限性。在实践中，一般将微课开头、结尾以及中间串场过渡性的内容安排为外景拍摄，将教师授课和操作演示内容安排为内景拍摄。这样做既能提高拍摄效率，也能够使微课镜头画面富于变化，有利于突出表现特定的教学内容。

1．真实场景

真实场景是指现实教学活动中存在的真实环境，在微课中出现较多的有教室、报告厅、研修室、舞蹈室、运动场等。利用真实场景拍摄的视频具有教学环境的真实性，易于拉近与学生之间的距离，学生感觉较为亲切。为体现以学为本的教学策略，在微课场景选择上尽量避开讲台课桌布局的传统教室、报告厅这样的以教师为中心的教学场景，多选用体现合作学习与自主学习的类似研修室的实景场地。

微课真实场景应当简约、安静，注意避免现场杂散因素的干扰（如行人、噪声等）。对于需要同期录音的外景，需要考虑现场的声音条件是否满足录音要求。利用自然光拍摄时，还要考虑不同时段自然光线的明暗、角度变化。

微课拍摄成本一般都较低，因而选择低成本拍摄场景是个较为现实的问题。可以选择黑、白、灰等没有明显特征的中性背景来拍摄。中性背景形式简单，拍摄的画面中没有分散学生注意力的元素，教师能够被有效地突出。简约的背景配合图板、字幕等内容，能够形成简约大气的视觉效果。中性背景在现实生活中很容易找到，如白墙、窗帘、植物背景等就是不错的选择。

2．虚拟场景

微课虚拟场景是指利用计算机图形（CG）技术制作的非真实场景。利用虚拟场景拍摄，配合视频后期图形、文字制作，能够丰富微课视频画面的构成，增强微课的可视性。虚拟场景一般用于呈现高科技类课程内容，它的制作需要专业的计算机图形绘制技术，如图15-4所示。

图15-4   虚拟场景一般用于呈现高科技类课程内容

3．道具

道具是指微课中出现的教具、装置、设施等，在微课中的作用十分重要。在某些微课中，道具就是镜头画面的主体，人物反而成为陪衬。如在讲授用万用表测量电流的方法时，万用表就成为了微课镜头画面的主体内容，而操作人员则只需出现背影或局部肢体，成为万用表的陪体。合理使用不是教学主体的道具，也可以刻画演示人员的性格，烘托环境气氛，丰富画面构成，增强画面的可视性。如在教师与学生讨论时出现在桌面上的笔记本电脑，或者教师呈现图板时使用的教鞭等教学道具都可以丰富微课画面的构成，如图15-5所示。

图15-5　利用道具丰富微课画面构成

如果拍摄的现实条件允许，应尽量选择与教学活动相关的真实物品作为情境化微课道具，如研修室内的桌椅、摄影棚内的摄影灯架、琴房里的钢琴、实验室内的计算机图形工作站等。这些道具可以为微课学习活动营造真实的现场氛围。

二、拍摄计划的制订

正式摄制真人拍摄型微课前应制订详尽的拍摄计划。在制订拍摄计划时，建议把同一场景、同一景物的相关镜头安排在同一个时段一起拍摄，录制屏幕或录音工作应在同一个时段内统一完成。比如，可将微课开始介绍、中间串场以及结尾总结部分需要教师出镜讲解的内容在同一地点集中拍摄下来，后期剪辑时再将拍摄素材分开使用。这样做既可以提高微课的拍摄制作效率，也可以保证所录制画面、声音质量的一致性，避免出现因录制时间不同而出现的画面色彩亮度偏差以及声音语气的不同。制订拍摄计划时，在天气条件许可的情况下，应首先安排易受天气情况影响的外景拍摄任务，再安排相对稳定的内景拍摄任务；先拍摄表演难度低、容易拍摄的场景，再拍摄表演难度大、拍摄困难、不易实现的场景。

为使微课拍摄计划的制订更加规范，可采用下面的微课拍摄录制表格来制订拍摄计划，如图15-6所示。

拍摄日期	拍摄地点	拍摄镜号	所用设备	参加人员	备注
2016.12.10	研修室	6、7、8、9、10	相机、灯光、桌椅	教师、一名学生、摄像师	同期录音
2016.12.11	动画实验室	14～20	计算机、录音话筒、录屏软件、非编软件	教师	现场安静

图15-6 微课拍摄计划表示例

　　对于有出镜人员参与表演的微课，在正式拍摄前，微课教师应组织出镜人员认真研究微课的分镜头稿本，研读、理解相关镜头的表演要求，按照稿本要求组织排练活动，使大家熟悉表演与摄影的配合关系，直到符合拍摄要求为止。对于包含演示、示范内容的微课，微课教师需要提前准备好相关的场地、仪器、设备等，并反复进行演练，以保证正式拍摄时正确、顺利、熟练地进行演示。在上述排练活动中，建议摄影师按照分镜头要求同时拍摄排练过程。这样做一方面可以演练摄影工作，另一方面也可以从拍摄的镜头画面中发现肉眼不易直接观察到的表演不足。

第五节　前期拍摄与后期制作

一、真人拍摄型微课程的前期拍摄

　　真人拍摄型微课通常在前期使用数字摄像机、具有视频拍摄功能的单反相机或者智能手机按照分镜头稿本逐个拍摄每个镜头，如果在拍摄过程中出现问题，可随时停止，重新拍摄。

　　真人拍摄型微课程从拍摄方式上可划分为单机拍摄和多机拍摄两大类。单机拍摄就是使用一台摄影机按照分镜头稿本的设计，逐个拍摄不同景别角度的镜头。其优点是操作简便，易于实施，所需设备少；缺点是某些动作需要多次拍摄，以满足后期剪辑的需要。使用多台摄影机从不同机位同时拍摄同一动作场景，可同时记录下不同角度、不同景别的镜头，对于难于多次执行的动作有较高的拍摄效率。这种拍摄方式的缺点是需要多台拍摄设备与多名拍摄人员，拍摄的素材量大，后期剪辑工作量大。有条件的教师可利用现场视频切换台进行不同机位的现场切换，以减少后期剪辑的工作量。

　　教师在拍摄现场组织拍摄时，应使用简要、明了的现场指挥口令。教师指挥现场拍摄时的口令一般为："预备""开始""停"。教师发出"预备"口令时，出镜表演人员做好表演准备，同时摄影师开机。教师发出"开始"口令时，出镜人员开始表演，摄影师继续拍摄。"开始"口令应在"预备"口令3秒钟之后发出。教师发出"停止"口令时，出镜人员停止表演，摄影师停止拍摄。"停止"口令应在需要拍摄的动作结束3秒之后发出。

教师应当在拍摄现场及时回放拍摄的微课镜头素材，仔细检查、确认拍摄效果，并马上组织重新拍摄有问题的镜头，直到符合分镜头稿本的要求。对于多次拍摄同一个镜号的镜头素材，教师需要在拍摄现场做好相关的文字记录工作，以方便后期视频剪辑时查找与使用素材。在拍摄现场，由于多种客观原因，经常会根据拍摄的实际情况对拍摄分镜头方案进行临时调整。在这种情况下，教师更需要做好现场的文字记录工作，以方便后期视频剪辑处理。

二、真人拍摄型微课程的后期制作

在后期制作阶段主要对前期拍摄阶段记录的拍摄素材进行精挑细选、去粗取精，按照微课教学设计中的教学目标和教学结构要求，充分发挥数字视频后期剪辑制作软件的强大功能，结合数字视频特效手段突出教学重点，化解教学难点，将前期拍摄录制的视听素材剪辑制作成短小精悍、逻辑清晰、声画并茂、适于碎片化学习的微课，最终发布为符合网络传播要求的视频格式的文件。

真人拍摄型微课程具体的后期剪辑过程与录屏型微课程的后期制作部分基本相同，请阅读本书第十六章相关内容。

三、真人拍摄型微课程的制作注意事项

1．注重镜头内容的动态呈现

微课视频的表现优势在于画面的运动性。视频画面的运动主要通过被摄主体运动、镜头运动和镜头剪接来获得。当视频画面是完全静止的图像时，视频媒体的优势就无法显现。例如，长时间地用全景固定镜头表现一幅书法作品或一座建筑时就缺乏视觉的生动性。又如，在课堂搬家型的教学视频中，摄像机镜头景别、角度始终没有变化，固定地拍摄教师讲课过程，画面中除去教师嘴部的运动外，其余全部处于静止状态。长时间观看这种缺少动感的画面，学习者会昏昏欲睡。我们要通过呈现运动和运动地呈现来增强微课视频画面的视觉吸引力。

2．出镜教师的仪表举止要符合教学要求

在真人拍摄型微课的制作中，教师的妆容、着装、谈吐、举止需要符合教师授课行为规范的要求。在端庄得体的基础上，可适当加入轻松、活泼的风格设计，以

适度诙谐、幽默的语言、动作将教学过程趣味化、形象化，达到引人入胜的教学目的，但也要避免镜头前面过于随意的言语、行为表现，以免产生不良影响。

3．摄像构图与现场照明要突出教学重点

微课视频的摄像应当构图合理，画面均衡，主体突出，清晰稳定，运动镜头的变化准确、均匀。微课拍摄现场的照明光线一般应当均匀、柔和、细腻，避免在镜头画面中出现过于强烈的光影。在室内拍摄时，发光面积较大的日光灯、大窗户都是较好的现场照明光源。在为拍摄对象布置人工光源时，需要注意主光、辅助光和轮廓光的光源位置以及彼此间的配比关系等问题。

4．微课设计中的情境化呈现不要喧宾夺主

在微课设计中适当地使用情境化呈现手段，有助于提高微课教学的趣味性和应用性，让学生在相对真实的教学应用环境中获取知识。微课情境的创设必须符合教学规律，始终把握突出教学重点、难点的原则，合理分配微课时间。情境导入的时间不宜过长，一般10分钟微课的情境导入时间应控制在1分钟以内。不要出现过长的情境导入环节，以免喧宾夺主，对主体内容的认知产生干扰。

第十六章　录屏型微课程的制作

录屏型微课程是指以PPT内容讲解或软件屏幕操作为主的微课。在这类微课中，教师形象一般不出现在视频画面中，教师主要借助语音来完成教学，学习者结合教师的语音讲解，对视频内容进行学习。

近年来，越来越多的课程开始使用计算机屏幕录制视频来讲授教学内容，这种计算机屏幕视频记录下来的屏幕操作影像包含了教师的语音以及屏幕操作等内容，一般教师本人并不出现在视频画面里。这种教师不出镜的录屏型微课程的制作不需要复杂的拍摄剪辑设备与拍摄场地，不需要复杂的拍摄团队支持，教师个人利用一台简单的个人计算机就可完成全部工作。它的制作难度低，便于实施教学，在教学中具有很高的实用价值。

第一节　录屏型微课程的分类与制作设备

一、录屏型微课程的分类

这种微课程的制作主要利用录屏软件来实现，其常见的形式包括PPT课件视频和软件操作视频两大类。

1．PPT课件类微课

在教学实践中，有时我们需要使用PPT课件来呈现文字、图像、图形、动画等内容。某些类型的微课甚至全部为PPT课件演示内容，如绘画鉴赏类微课的内容就是教师语音讲解配合经典绘画作品PPT画面的演示。对于不具备视频拍摄制作条件的教师而言，将自己已有的PPT课件资源制作成微课，是切实可行的、最易实现的微课制作方式。这就要求教师应熟练掌握PPT制作技术，以及将PPT录制或输出为视频文件的方法。

2．屏幕操作类微课

录制屏幕操作视频就是指利用计算机屏幕录制软件将教师操作计算机相关软件

的过程记录下来并生成视频文件。与信息技术相关的课程多含有软件操作内容，经常需要使用屏幕操作视频来进行演示示范。对于这类微课的制作，授课教师应熟练掌握利用屏幕录制软件（如Camtasia Studio）录制屏幕操作视频的方法。

二、录屏型微课程的制作硬件与软件

制作录屏型微课程并不需要特殊的硬件设备，利用一台运行稳定的普通计算机加上录音话筒就可完成制作工作。为了保证所录制语音的音质，建议使用品质较高的外接耳麦来录制声音，尽量不使用计算机的内置话筒，以免计算机的运行噪声影响录音质量。

在硬件基础上，我们还需要在计算机中安装屏幕录制软件。此类屏幕录制软件很多，如Camtasia Studio、FlashBack、Captivate、ViewletCam、Wink等，其中Camtasia Studio（见图16-1）是微课录制实践中广泛使用的一款屏幕录制和视频剪辑软件，它能录制下计算机屏幕上的任何动作，并且在后期剪辑中可以方便地添加片头、字幕、动画等内容，最终输出MP4等格式的视频文件。

图16-1　Camtasia Studio软件界面

利用PPT课件制作微课视频的方法有两种：一种方法是利用屏幕录制软件录制PPT演示过程来生成视频，另一种方法是使用PowerPoint软件中提供的创建视频功能来实现。

PowerPoint 2010以上版本已经具备了直接导出视频文件的功能，该功能可以将整个PPT文件输出为WMV格式的视频文件，十分方便快捷。在将PPT输出为视频文件时，选择"文件"菜单下"保存并发送"命令组中的"创建视频"命令，在右侧面板上选择"计算机和HD显示"后，单击"创建视频"按钮即可，如图16-2所示。

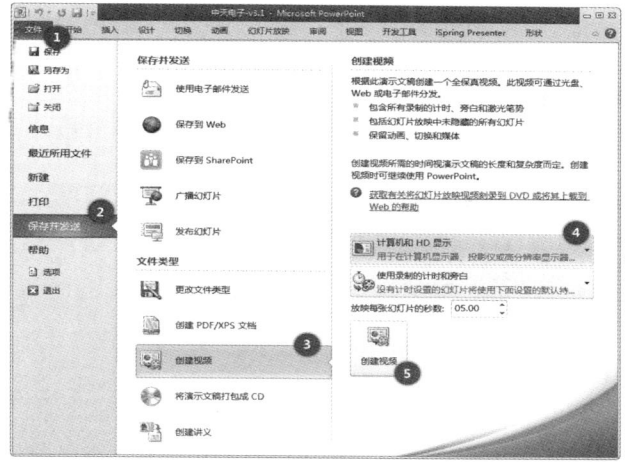

图16-2　将PPT输出为视频文件

第二节　录屏型微课程的后期制作

录屏型微课程的制作包括屏幕录制、视频剪辑、特效制作、声音制作以及输出文件等工作内容。

一、屏幕录制

运行Camtasia Studio软件后，在弹出的欢迎面板上单击红色的"录制屏幕"按钮，进入录制设定状态，如图16-3所示。

图16-3　在弹出的欢迎面板上单击红色的"录制屏幕"按钮

在弹出的捕获设定面板上设定录屏区域，根据需要选择全屏或指定尺寸，一般制作微课时应录制分辨率不低于1280×720像素的视频。需要同步录制解说词时，保持面板上的"音频开"按钮处于打开状态，并使用右侧的音量滑块控制录音音量，如图16-4所示。

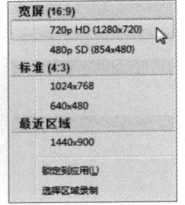

图16-4   在捕获设定面板上设定录屏区域

单击红色的"rec"按钮，开始记录，面板上显示的持续时间为已经记录的视频时长。在记录过程中，可按"暂停"按钮暂时中断记录，按"继续"按钮恢复记录，需要结束录屏操作时按"停止"按钮，如图16-5所示。

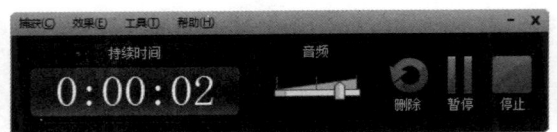

图16-5   记录过程中的面板显示

按下"停止"按钮后，将弹出预览窗口，显示刚才记录的屏幕操作视频，我们可以在此播放刚才录制的文件。如果对录制结果不满意，可单击"删除"按钮删除刚才录制的文件。如果对录制结果满意，可单击"保存并编辑"按钮保存刚才录制的文件，并进入编辑窗口，如图16-6所示。

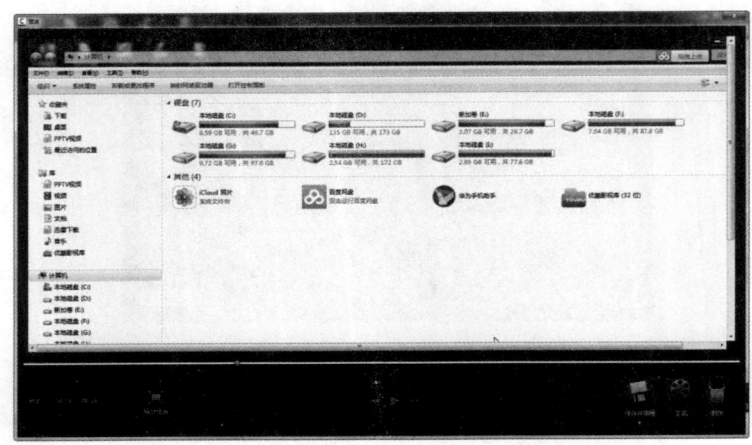

图16-6   在预览窗口中查看刚才录制的屏幕操作视频

二、视频剪辑

在视频剪辑阶段，教师需要挑选前期录制的视频素材中可用的部分，剔除有问题的部分，将这些视频素材在视频剪辑软件（如Camtasia Studio）的时间轴上按照微课的结构顺序依次组接为有意义的教学镜头段落，再由若干个镜头段落形成最终的微课。使用Camtasia Studio剪辑视频文件的方法如下。

①　在Camtasia Studio软件的剪辑箱面板上单击"导入媒体"，选择之前录制好的视频文件，将它们导入到剪辑箱中，如图16-7所示。

图16-7　导入视频素材到剪辑箱中

②　使用鼠标的左键将剪辑箱中的视频素材拖放到屏幕下方时间轴上的轨道中，如图16-8所示。

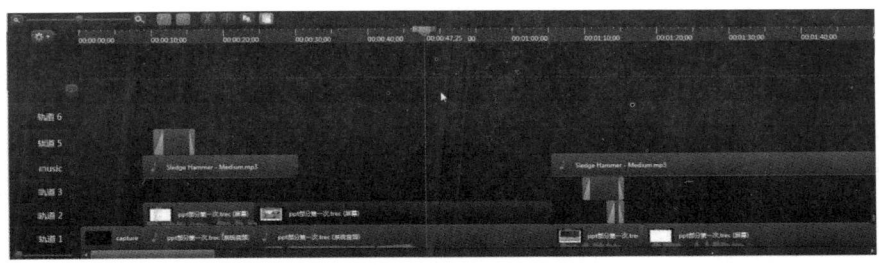

图16-8　将剪辑箱中的视频素材拖放到时间轴上的轨道中

③　使用鼠标的左键拖拽每条素材时间轴左端和右端的边缘位置，修改视频素材的开始点和结束点，改变素材文件的长度，如图16-9所示。

图16-9　修改视频素材的开始点和结束点

④ 将播放指针放置在某个时间点上，单击"分割"按钮，可将该素材文件分割为两段，如图16-10所示。若要删除某段文件，按键盘上的"Delete"键即可。

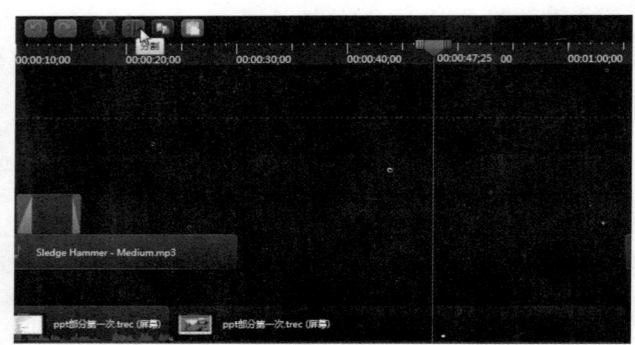

图16-10　视频素材的分割

视频素材的剪辑既是技术工作也是艺术创作。从技术的角度看，剪辑是将单个分散的镜头素材组接在一起形成一节完整微课的过程；从艺术的角度看，微课镜头间的流畅衔接、情绪感染力和视听节奏的形成也是通过剪辑实现的。

微课的视频剪辑首先需要满足学习者的学习心理需求，合乎生活逻辑，叙事逻辑缜密，条理清晰，知识点突出，镜头的组接顺序便于学习者理解与接受；其次微课视频剪辑应符合视频剪辑的基本规范，注意镜头间组接时剪辑点（两个相邻镜头的衔接点）的选择，相邻的两个镜头中主体的位置、运动方向等应前后匹配，相邻镜头间的构图、影调、色彩一般不应有过大差别，景别的过渡自然，不能出现明显的视觉跳动与闪烁。镜头组接时一般选择静接静、动接动的组接方式。在实拍、录屏及PPT课件等不同场景之间转换时，需要考虑场景间的前后承接关系，力求场景转换自然流畅。剪辑时可以考虑使用相似动作组接、主体出画入画组接、相似主体组接、因果关系组接、声音组接、不含拍摄主体的空镜头组接等多种方式。再次，微课镜头的组接要具有一定的艺术性，画面清晰流畅，色彩和谐，声音悦耳，声画关系协调，整体视听节奏依据教学内容富于变化，具备艺术感染力。

三、特效制作

特效是指特殊的镜头画面效果。在微课编制中，经常需要使用特效镜头来突出教学中的重点、难点内容，分析、综合、比较、抽象、概括事物的本质，对于微课中抽象的难于理解的内容，特效具有明显的表现优势。常见的用于增强教学内容的呈现效果的微课视频特效有标注、缩放、画中画、分屏、快慢动作、定格、倒放等。

1．标注

标注就是使用特殊的图形、文字对镜头画面内出现的需要突出的部分进行标示和注解。使用标注能够引发学习者对重点内容的注意，是一种有效的强调手段。标注时，需要注意局部标注与整体画面的关系，标注图形和文字出现的位置、大小比例、色彩与背景图像之间的关系应协调，既要清晰醒目，突出重点，又要简洁和谐，不可干扰学习者的正常认知，如图16-11所示。

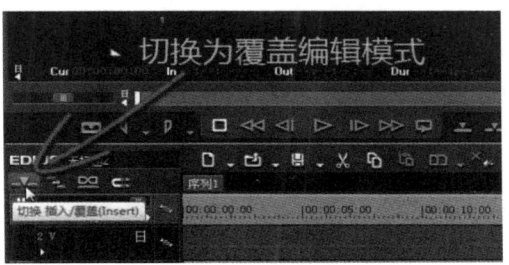

图16-11　标注应清晰醒目

在微课标注的制作中，可以利用Camtasia Studio 的标注面板提供的各种标注功能。打开Camtasia Studio标注面板，可以看到这个面板上提供了箭头、思维泡、边框等多种标注功能，这些标注还内置有动画效果。将播放指针放置到时间轴上需要添加标注的位置，单击标注面板上相应的形状按钮，这个标注便被添加到了时间轴上的相应位置，如图16-12所示。

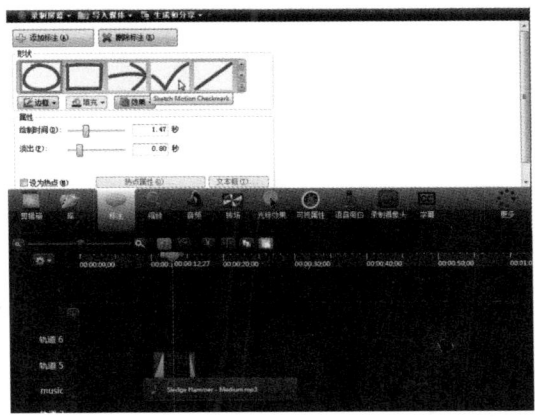

图16-12　使用标注面板添加画面标注

利用PPT课件制作微课时，可以使用PPT软件演示时右键指针选项里的水彩笔功能来完成画面的标注，教师可以使用鼠标或手写板在PPT演示页面上进行书写、勾画。利用这个功能，能实现课件页面上类似于黑板板书的手绘标注功能，具有较强的亲和力，如图16-13所示。

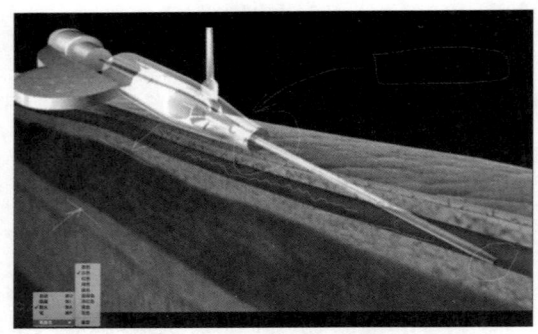

图16-13 使用PPT软件的鼠标右键指针选项进行标注

2．缩放

缩放是指将微课视频画面中的重要内容放大或缩小后呈献给学习者。在软件操作类微课中，由于屏幕中呈现的软件界面面积有限，有时界面中的细小文字、图标命令不易辨认。此时，使用缩放功能就可将该部分放大并清晰地呈现给学习者。在绘画赏析类微课中，使用缩放功能可将绘画中的笔触纹理细节清晰醒目地呈现给学习者，缩放的动态过程也能表现出画面局部与整体的空间构成关系，丰富微课的表现形式。

在屏幕录制视频中画面的放大与缩小功能，可利用Camtasia Studio软件中的缩放面板来实现。打开Camtasia Studio软件缩放面板后，在画面的四周会出现一个缩放操作框，用鼠标左键选中并拖拽操作边框上的控制点，便可放大或缩小视频画面。可将时间轴上的播放指针放置在不同时刻，依次缩放和平移画面，从而实现画面的缩放与平移关键帧动画效果，如图16-14所示。

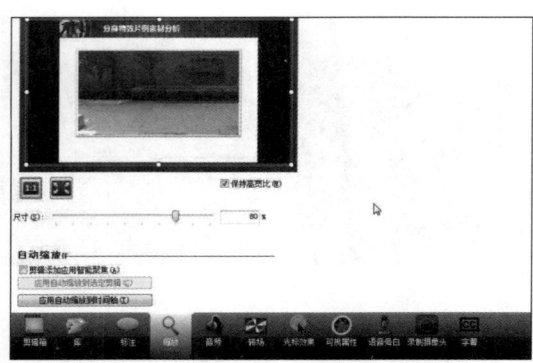

图16-14 Camtasia Studio的缩放和平移处理

3．分屏

分屏是指在同一微课视频画面中，通过某种形式的组合呈现两个以上的视频素材画面。常见的分屏方式有左右分屏、画中画等。分屏呈现的目的在于强调组成分屏画面的各个素材之间的对应关系。在对比类演示视频中，经常使用左右分屏方式，让学习者同时观察左右两个物体的变化过程，如图16-15所示。

图16-15 使用分屏技术展示调色前后的对比

用Camtasia Studio软件制作分屏画面效果时，首先将两个视频素材分别放置到时间轴上的两个轨道上，如图16-16所示。

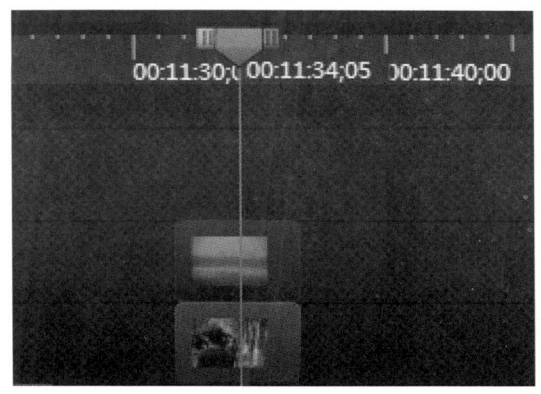

图 16-16 将两个视频素材分别放置到时间轴上的两个轨道上

选中时间轴上面一个轨道的素材片段，单击显示器窗口上方的裁切按钮，使用鼠标左键拖放画面中的裁切边框操作点，将该层视频裁切掉1/2，显示出下面轨道的视频画面，完成两个视频画面的分屏显示，如图16-17所示。

图16-17 使用裁切功能制作分屏效果

4．抠像

在微课制作中，有时需要将教师出镜的背景画面替换为特殊的背景图像，如虚拟场景或其他不宜实现的场景，这就需要利用视频剪辑软件的抠像功能来实现。抠像需要在蓝色或绿色背景前拍摄教师的教学活动，然后利用软件将教师的授课影像合成到需要的任何背景上，从而实现不可能或不容易制作的场景合成效果。抠像制作时，应注意前景人物与背景场景之间在光照关系、透视、亮色关系方面的匹配，避免出现虚假的合成效果。

使用Camtasia Studio软件制作抠像效果时，首先将拍摄的绿幕背景视频导入剪辑箱并添加到时间轴上，然后选中该视频文件，单击打开左上方的可视属性面板，勾选"清除一个颜色"选项，使用下方的颜色吸管在画面中的绿色背景处单击，通过调整容差（又称公差）值将背景完全删除，调整柔软度值使边缘过渡自然柔和，如图16-18所示。

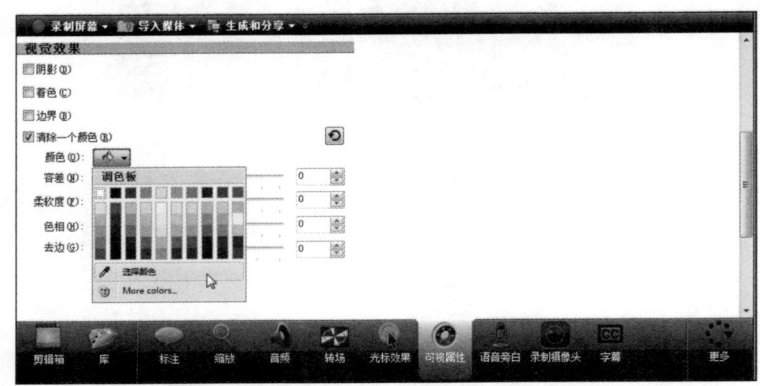

图16-18 清除画面中的一种颜色

5．字幕

字幕是指在微课视频画面中出现的说明性文字，包括微课名称、要点提示以及配合语音的字幕等。

用Camtasia Studio 软件添加字幕的方法如下：打开字幕面板，在这个面板上选择字体、字号，然后在字幕输入区域输入文字即可，字幕效果会显示在显示器窗口中，字幕左侧的时间码表示字幕在微课中出现的时间，如图16-19所示。

图16-19 使用 Camtasia Studio 的字幕面板制作字幕

四、时间特效

时间特效主要是指通过对微课视频素材播放速度的控制来强调在正常播放速度下不易观察到的影像细节。常见的微课时间特效有快放、慢放、定格、倒放等。

通过快放可以将植物生长、花朵开放等长时间缓慢变化的过程压缩到较短的时间内呈现给学习者，也可对重复拖沓的进程进行压缩，从而节省微课时间。此外，快放可使影像中的角色、运动物体以一种跳跃、加速的方式运动，这样的影像类似于默片时代的电影影像，在某种程度上具有一定的喜剧效果。慢放则可以将快速运动的物体和稍纵即逝的现象放慢后呈现给学习者，把需要突出的教学重点放大后呈现给学习者，如将快速的爆炸过程减慢速度后给学习者观看，让学习者对爆炸过程进行深入分析。

制作快放、慢放效果时，在Camtasia Studio软件界面中的编辑时间线上右击素材，选择"剪辑速度"命令，在弹出的"剪辑速度"面板中输入新的速度百分数来改变播放速度，如图16-20所示。100%为原始速度，输入值大于100%时为快放，输入值小于100%时为慢放。

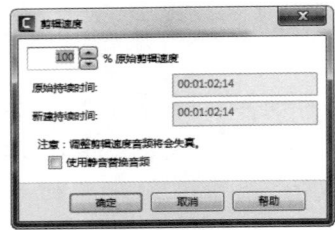

图16-20　改变素材的播放速度

　　定格也称为静帧，是对物体运动过程中某帧图像的静止呈现，它将运动过程中不易观察到的重要时刻冻结后呈现给学习者观看，可起到突出教学重点的作用。如将水滴落入水面的瞬间冻结，让学习者观察水花的特殊形状。

　　在制作定格效果时，在Camtasia Studio软件界面中的剪辑时间线上右击素材，选择"扩展帧"命令，在弹出的面板中输入时间长度，以冻结播放指针所指向的当前画面，如图16-21所示。时间单位为秒，1代表冻结当前画面1秒钟。

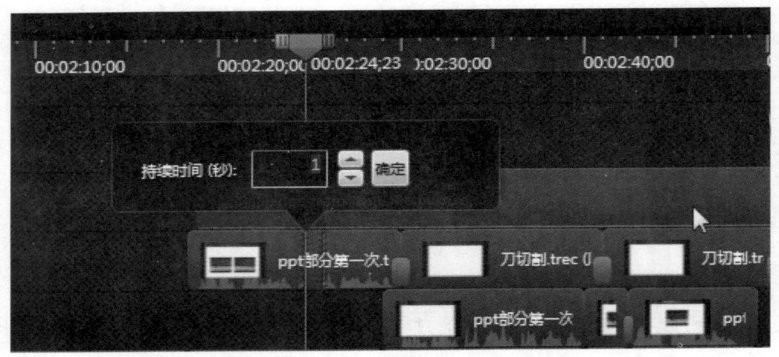

图16-21　定格播放指针所指向的画面1秒钟

　　在微课制作中，适度地使用特效能够增强微课的可视性，取得较好的教学效果；而盲目地使用特效，则会干扰学习者的正常认知活动，要避免这种问题出现。

五、声音制作

　　微课的声音制作包括录制解说词、添加效果声和添加背景音乐3个部分。声音制作的总要求是解说清晰、优美、动听，语言规范，效果声真实自然、形象生动，音乐的情绪和节奏适合教学内容。3种声音的构成比例要协调，充分发挥声音的感染力，促进学习者的学习。

1．录制解说词

解说是微课视频中重要的信息呈现形式，起到对画面内容的补充、提示、概括与强化作用。解说在辅助画面讲解抽象、概括性内容方面有着不可替代的作用，在微课中通常以角色对白和第三人称旁白形式出现。

解说通常是由授课老师自己完成的。在录制前，教师要熟悉解说词，搞清楚各种专用名词、符号、生字等的规范读法，做到朗读流畅、准确无误。

录制解说词的方式有同期录音和后期录音两种方法。同期录音是在录屏的同时将教师的语音记录下来，一般微课视频中PPT讲解以及软件操作录屏内容多采用同期录音方式进行录制。后期录音是指在录屏完毕后，再单独录制解说词。

在Camtasia Studio中后期录音的具体方法如下。首先在时间轴上将播放指针放置在需要添加语音旁白的位置，然后打开"语音旁白"面板，对着麦克风讲话。注意观察面板上的录音音量表，通过调节录音音量滑块，使音量处于合适的范围内。单击"开始录制"按钮，软件开始在播放画面的同时进行语音旁白的录制，如图16-22所示。在需要停止的位置单击"停止录制"按钮，在弹出的"旁白另存为"面板上输入文件名称和保存路径，然后单击"保存"按钮，保存这个语音文件，这个语音文件也同时自动添加到了时间轴上播放指针所在的位置。

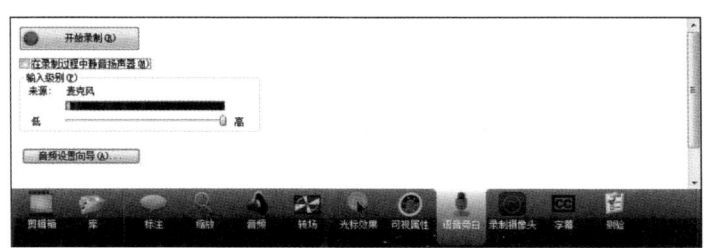

图16-22　后期录制语音旁白

2．添加背景音乐

对于相对枯燥的教学内容，音乐的加入也可提高微课的视听吸引力。一般的做法是在微课的开始部分使用简短的音乐来唤起学习者注意，引发学习者的学习兴趣；在微课的中间部分使用一些符合教学内容情绪、节奏的音乐，有助于调节学习者的学习情绪，营造轻松愉悦的学习氛围；在结束部分使用简短的结束性音乐，舒缓学习者集中精力学习后的紧张情绪。效果声和音乐的使用应服务于微课需要，不要喧宾夺主，干扰学习者注意。微课中的音乐使用尤其需要慎重，应避免在课件中从头到尾使用大段音乐作为背景音乐。

在Camtasia Studio的库面板中，提供了不同风格的背景音乐供微课制作使用，双击以"Music"命名的系列文件夹将其展开，使用鼠标左键将其中的背景音乐声音文件拖放到时间轴上的相应轨道上，就为录屏画面添加上了背景音乐，如图16-23所示。

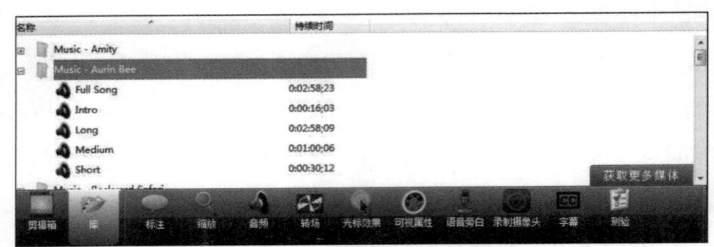

图16-23　选择库面板中的背景音乐文件

为使微课的音乐变化柔和细腻，需要对微课中出现的音乐开始部分进行渐强处理，音乐结束部分需要做渐弱处理，两段音乐之间过渡时一般做交叉淡变处理。单击打开Camtasia Studio的音频面板，在时间线上选中声音文件，分别单击音频面板上的"淡入""淡出"按钮，就可以对声音文件进行渐强、渐弱处理，如图16-24所示。

图16-24　在Camtasia Studio音频面板中进行声音渐变处理

六、输出文件

为方便微课的网络传播与学习使用，微课教师需要将微课输出为指定大小的视频文件。发布微课视频文件时，应考虑微课的视频数据量问题，权衡微课视频文件数据量与视频图像质量之间的关系。现阶段微课视频输出分辨率一般为1280×720像素，帧率为每秒25帧，采用H.264编码的MP4格式。

Camtasia Studio的视频输出操作如下。单击Camtasia Studio软件工具栏上的"生成和分享"按钮，在"生成向导"面板上选择"MP4 only（up to 720p）"预制，生成1280×720像素的MP4视频文件，然后单击"下一步"按钮，设定输出文件名和文件夹后，单击"完成"按钮，即可输出文件，如图16-25所示。

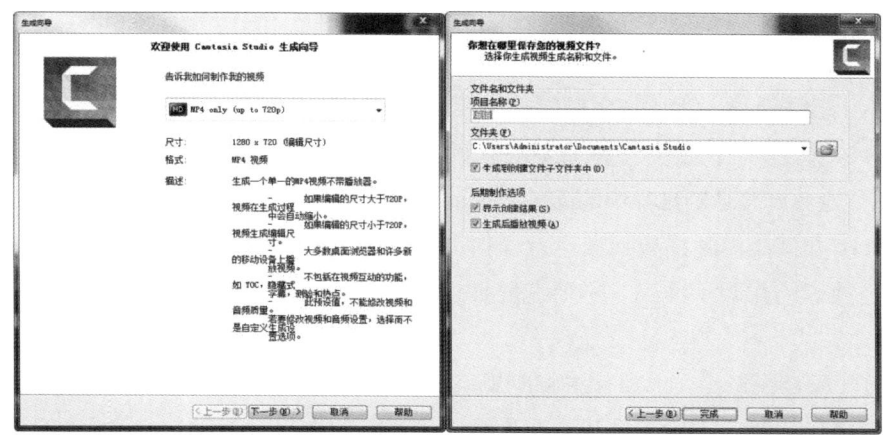

图16-25　输出指定格式的微课视频

七、录屏型微课程制作的注意事项

1. PPT课件录屏应注意媒体的多样性和呈现的动态性

在以PPT课件为主的微课中，教师应该仔细设计每一个页面的教学内容呈现形式、媒体文件布局、各媒体间的呈现顺序以及页面间的组接关系。除了基本的文字信息外，尽量多使用图像、图形、动画、视频等来讲解相关的知识内容，利用多种媒体集成的优势丰富课件的表现形式，避免将PPT仅用作板书替代物的做法。

PPT课件的基本单位是页面，它的原有呈现特征通常是静态的，如何使静态的页面内容产生动态的变化，是利用PPT制作微课时面临的一个主要问题。例如，一张照片长时间静止地呈现在屏幕上时，对微课学习者而言就缺少视觉吸引力。可以伴随语音讲解为这张照片添加缓慢的放大、平移等运动效果，或将画面的局部截取下来，按照时间顺序剪辑组接在一起，分区域、分步骤地逐渐呈现给学习者，从而使该图片的呈现形式生动化。如在微课《遮罩特效应用》中就利用PPT动画功能制作了刀片切开素材后两个素材组合的动画，以动态的方式讲解遮罩合成的原理；还使用了学生实拍的分身特效素材来演示遮罩特效的最终效果并分析制作原理。图片、视频、动画多种媒体的使用使得微课媒体构成丰富，将遮罩这一概念及应用以形象生动的方式呈献给了学习者。

2. 选择适宜的讲解速度

在传统课堂教学中，教师的讲授速度需要综合考虑全班学生的接收、理解能力，通常以中等速度进行讲解，并且需要多次反复以强化重点、难点内容。与之不同，学习者通过微课学习时，可以依据自己对微课的接受理解程度，及时暂停、倒回、反复观看该视频，直到掌握为止。视频教学的这一特点使得教师无需担心学习者跟不上教学进度，因此在录制屏幕操作视频时，教师的讲解、演示操作速度可以比平时课堂教学时稍微快一些，这样可以保证微课教学的信息传递效率。

3. 避免屏幕录制过程中的无关干扰

录制屏幕操作时，教师应注意操作动作的准确、熟练与规范，鼠标移动、单击、拖拽等动作明了准确，不要在屏幕上随意晃动光标，以免引发学习者的有意注意。

教师配合图像操作的语言讲解应规范、标准、清晰、连贯，富有感染力，尽量使用口语化的第一人称（如我、我们等）表述，营造与学习者共同学习的听觉氛围，增强微课视频的亲和力。